U0816523

21世纪高等院校国际经济与贸易专业精品教材

河北省精品在线开放课程

省级精品课程

International Trade Practices

INCOTERMS 2020

国际贸易实务

（第四版）

徐静珍 主编

东北财经大学出版社
Dongbei University of Finance & Economics Press
大连

图书在版编目（CIP）数据

国际贸易实务 / 徐静珍主编. —4版. —大连：东北财经大学出版社，2019.10（2022.1重印）
（21世纪高等院校国际经济与贸易专业精品教材）
ISBN 978-7-5654-3683-3

Ⅰ.国…　Ⅱ.徐…　Ⅲ. 国际贸易-贸易实务-高等学校-教材　Ⅳ. F740.4

中国版本图书馆CIP数据核字（2019）第202754号

东北财经大学出版社出版
（大连市黑石礁尖山街217号　邮政编码　116025）
网　址：http：//www.dufep.cn
读者信箱：dufep@dufe.edu.cn

大连日升彩色印刷有限公司印刷　东北财经大学出版社发行

幅面尺寸：185mm×260mm　字数：501千字　印张：21.75
2019年10月第4版　2022年1月第6次印刷

责任编辑：孙　平　王　斌　责任校对：行　者
封面设计：冀贵收　版式设计：钟福建

定价：46.00元

教学支持　售后服务　联系电话：（0411）84710309
版权所有　侵权必究　举报电话：（0411）84710523
如有印装质量问题，请联系营销部：（0411）84710711

第四版前言

“国际贸易实务”作为外贸人才培养中的一门必修课程，在外贸业务人员的知识体系中占有极其重要的地位；作为实践性很强的一门应用课程，不仅要将外贸业务中的基本理论问题讲清理顺，更重要的是学以致用，让读者能够运用所学知识解决实际问题。正是基于这样的考虑，本书无论是在内容的编排上，还是在复习思考题目的选择上，都高度重视对读者实务能力的培养，更多地通过个案讨论、案例思考等方式激发其学习热情，鼓励其综合运用相关知识、惯例、法律、法规解决实践中出现的问题，帮助读者尽快系统地掌握对外贸易业务的主要程序和环节，提高实务操作能力。

1.本书的特点：

（1）实践案例丰富。在本书的编写中，编者参阅了大量的国际贸易业务案例，将其加以浓缩、整理后，通过个案讨论话题、案例思考等形式提供给读者，使得读者有更多的机会去接触一些国际商务活动中出现的问题，从而提高对相关知识的理解程度，提高处理实际问题的技能。

（2）知识要点清晰。在每一章的章首，有明确的学习目标提示；在每一章的章末，有本章要点提示。每一章后还为读者准备了单元自测、关键术语、思考题、案例思考等，便于复习和学习。

（3）内容体系开放。在各章章末，都列示了一些推荐阅读文献，感兴趣的读者可以以此为切入点，对相关的参考文献进行深入研究。此外，对于部分案例，也提示了深度阅读的文献资料，便于读者将自己的思考与其他人的分析研究进行对比分析，从而加深对相关问题的理解。

（4）学科动态体现。密切跟踪国际贸易的相关法律、惯例，电子商务以及运输、保险、电子信息传递等方面的最新动态。例如，最新版的《联合国国际贸易法委员会仲裁规则（2013年修订）》已经完成修订并发布；《中国国际经济贸易仲裁委员会仲裁规则》（2015年版）已经中国国际贸易促进委员会（中国国际商会）批准通过并于2015年1月1日实施；我国的外汇管理体制处于不断深化改革的过程中，外贸企业处理外汇业务的环节和方式与以前有所不同；我国的电子口岸经过十多年的建设和发展，应用领域不断扩展，企业外贸业务中通过电子口岸办理相关手续更加便捷、高效，具有明显的成本优势；跨境贸易电子商务近年来发展十分迅速，国家对跨境电子商务予以高度重视。因应上述新动态、新形势，本书在相关章节中将这些最新动态融入原有的内容体系，并且专门增加了跨境电子商务的章节，帮助读者了解和掌握跨境电子商务这一热门领域的理论知识和操作技术。

2.本书的适用范围：

（1）作为高等院校国际经济与贸易专业学生学习国际贸易实务课程的教材；

（2）作为非国际经济与贸易专业学生学习外贸业务的参考教材；

（3）作为从事进出口业务的企业进行外贸业务培训的参考用书；

（4）作为参加国际商务专业硕士入学考试人员的参考用书；

（5）作为高职院校学生学习国际贸易实务课程的参考教材。

本书由徐静珍主编，参加本书编写的还有王超、董琳、陈红、崔海英、高秀春、王丽霞、钱春楠等。

在本书的编写过程中，编者参阅了大量的相关资料，吸收了国内外专家、学者的部分成果，并得到了华北理工大学、东北财经大学出版社的大力支持，在此表示衷心的感谢。

本课程作为河北省精品在线开放课程，在学堂在线（网址：http://www.xuetangx.com）上有专门的课程展示，本书是该慕课的配套教材。

本书为省级精品课程教材，登录华北理工大学在线教育综合平台（网址：http://elearning.ncst.edu.cn/meol/course），可以获取如下资源：教学大纲、授课教案、授课计划、多媒体课件、网络课堂视频、作业习题、案例分析、试卷样卷、实践教学环节指导、参考文献等。

各章案例思考答案请登录东北财经大学出版社的网站（www.dufep.cn）查询和下载。

由于编者水平有限，错漏之处在所难免，敬请专家、读者予以批评、指正。

编　者

目 录

第一章

商品的品名与品质

学习目标

重点掌握：国际贸易中商品品名的命名方法；商品品质的表示方法及分类；品质条款的基本内容；品质公差条款和品质增减价条款。

一般了解：商品品名、品质的含义；合同中规定品名和品质条款的重要意义。

能力要求：能够运用本章所学知识正确拟订和审核商品品名和品质条款。

意识培养：培养合同意识，注重合同品名和品质条款的规范性与合理性。

第一节　商品的品名

商品的品名（name of commodity）即商品的名称，它在一定程度上体现了商品的自然属性、用途以及主要的性能特征。加工程度低的商品，其品名一般较多地反映该商品所具有的自然属性；加工程度高的商品，则更多地体现出该商品的性能特征。在国际货物买卖合同中，商品的品名指的就是合同的标的物（subject matter），品名条款即标的物条款。

一、构成合同标的物的条件

国际贸易中有形商品的买卖，以一定货品的实际交付为要件，即买卖的对象是具有一定外观形态并占有一定空间的有形物。双方签订国际货物买卖合同的目的是，通过合同的履行，卖方得到货款，买方则得到合同标的物的所有权。在国际贸易中，合同的标的物必须符合三个条件：（1）必须是出口方所占有的；（2）必须是合法的；（3）必须是双方当事人一致同意的。

二、合同品名条款的内容及规定方法

国际货物买卖的标的物都是具体的商品。由于进入国际贸易领域的商品种类繁多，即使是同一种商品，亦可因品种、品质、产地、花色、外形设计、型号等的不同而存在着差别。这些差别，不仅影响了运输、包装、用途等，也影响到商品的价格。因此，明确规定合同的标的物及其品质要求，是买卖双方在洽商交易和签订合同时必须首先解决的问题之一。

买卖合同中的品名条款一般比较简单，通常都是在“商品名称”或“品名”的标题下，列明缔约双方同意交易的商品的名称，故又称之为“标的物条款”。有时为了省略起见，也可不加标题，只在合同的开头部分，列入双方同意买入或卖出某种商品的文句。合同条款示例如下：

例1　买卖双方同意按照下列条款签订本合同：

The Seller and the Buyer agree to conclude this contract subject to the terms and conditions stated below:

（1）货物名称、规格和质量（Name，Specifications and Quality of Commodity）：

（2）数量（Quantity）：

允许________的溢短装（________% more or less allowed）

（3）单价（Unit Price）：

（4）总值（Total Amount）：

……

例2　This sales contract is made by and between the Seller and the Buyer，whereby the Seller agrees to sell and the Buyer agrees to buy the under-mentioned goods according to the terms and conditions stipulated below:

（1）品名及规格（Name of Commodity and Specifications）

（2）数量（Quantity）

（3）单位（Unit）

（4）单价（Unit Price）

（5）金额（Amount）

……

采用上述规定方法时，可以在商品名称的标题下，直接列明成交商品的名称。

在有的合同中，只需列明双方意欲买卖商品的名称，如大豆、苹果、小麦等就可以了，但是同一种商品往往有不同的品种、型号、等级等，为明确起见，亦可把有关品质、产地或型号等描述性内容列入合同条款中作进一步的限定。总之，合同中品名条款的规定并没有统一的、固定不变的格式，如何规定，可根据双方当事人的意思予以确定。

三、合同中列明品名条款的意义

国际货物买卖的对象是具有一定外观形态并占有一定空间的有形物。双方交易的最终目的是，通过合同的履行，卖方将合同标的物转移给买方，并获得合同价款；买方通过支付价款，获得货物的所有权。但是，在国际货物贸易中，看货成交，一手交钱、一手交货的情况较少，而且，从签订合同到交付货物往往相隔一段时间，因而交易双方在签订合同时，通常凭借对拟买卖的商品作必要的描述来确定具体的商品。在国际货物买卖合同中，列明合同的标的，是合同成立必不可少的条件。

从法律角度看，在合同中规定商品的具体名称，关系到买卖双方在货物交接方面的权利与义务。按照有关法律与惯例，对交易商品的具体描述，是有关商品说明（description）的一个主要组成部分，是双方当事人交收商品的基本依据之一，是买卖合同中的主要交易条件。如果卖方交付的货物不符合合同规定的品名或说明，买方有权拒绝接受货物，可以撤销合同并提出损害赔偿的要求。

从业务角度看，品名的规定是双方交易的物质内容，是交易赖以进行的物质基础和前提条件。因为，只有在确定标的物具体内容的前提下，卖方才有可能赖以安排生产、加工或收购，买卖双方才有可能据以决定包装和运输方式、承保险别和支付方式，并在此基础上就价格问题进行具体的洽商，并达成一致意见，进而签订和履行国际货物买卖合同。可见，在买卖合同中列明品名条款，具有重要的法律和实践意义。

四、拟订品名条款时应注意的问题

在国际货物买卖合同中，品名条款是合同中的主要条款，在规定此条款时，必须注意下列事项：

1.内容明确、具体

商品品名用文字来描述和表达，应能确切地反映标的物的特点，切忌空泛、笼统，以免给合同的履行带来不应有的困难，从而埋下贸易纠纷的隐患。

2.切实反映商品的实际情况

就卖方而言，标的物必须是其所能生产或供应的品类或型号；就买方而言，标的物必须是其需要进口的品种，做不到或不必要的描述性词句，都不应列入。

3.尽可能使用国际上通行的名称

目前，一部分商品名称在各国的使用并不完全一致，有的在不同的地方可以有不同的叫法，为了避免误解，在签订合同时应尽可能使用国际上通行的名称。如果必须使用地方性的名称，则需要双方就其含义取得共识。而对于一些新商品的品名及其译名，必须做到准确、易懂，符合国际习惯。

4.方便进出口

如果一种商品有不同的名称，则在确定品名时，必须注意有关国家的海关税则和进出口限制的有关规定，在不违背相关法律法规的前提下，从中选择有利于降低关税和方便进出口的名称，作为合同的品名。

5.有利于节省运费和其他费用

班轮运费往往是按照商品的等级规定收费标准的，由于商品名称并不统一，存在着同一商品因名称不同而计费标准不同的现象。选择合适的品名，是节省运费开支和降低费用的一个重要方面，应予以相应的重视。

第二节　商品的品质

一、商品品质的含义及对出口商品品质的要求

1.商品品质（quality）的含义

商品的品质是商品的外观形态和内在素质的综合。商品的外观形态是通过人们的感觉器官可以直接获得的商品的外形特征，如商品的大小、长短、结构、造型、款式、色泽、光彩、宽窄、轻重、软硬、光滑粗糙以及味觉、嗅觉等；商品的内在质量则是指商品的物理性能、化学成分、生物特征、技术指标和要求等，一般需借助各种仪器、设备分析测试才能获得，例如，纺织品的断裂强度、伸长率、回潮率、缩水率、防雨防火性能、色牢度等，化工商品的熔点、沸点、凝固点等，机械类产品的精密度、光洁度、强度等，肉禽类商品的各种菌类含量等。

2. 商品品质的重要性

在国际贸易中，商品质量的优劣不仅关系到商品的使用效能，影响着商品售价的高低、销售数量和市场份额的增减，以及买卖双方经济利益的实现程度，而且还关系到商品信誉、企业信誉、国家信誉。近几十年来，随着各国消费者消费水平和消费结构的变化，消费者对商品质量的要求越来越高，国际市场上日趋激烈的商品竞争已逐渐从价格竞争转向非价格竞争。因此，根据消费者现实和潜在的需要改进和提高商品的质量，保证商品质量的稳定性，已成为各国生产商、销售商增强自身竞争力的重要手段。此外，各国贸易摩擦不断加剧，许多国家通过对进口商品的品质进行限制，来保护本国的相关产业。例如，有些国家规定，凡质量不符合其法律、法规规定的，一律不准进口。提高商品质量已成为许多生产商、销售商冲破质量保护壁垒、扩大出口的重要途径。因此，正确订立合同中的品质条款对买卖双方具有重要意义。

从一笔具体的交易来看，商品品质是合同的主要条件之一，品质条款一经订立便成为交易双方交付货物的品质依据。另外，双方交易商品品质的高低直接关系到贸易双方的利益。因此，品质条款至关重要。

3. 对出口商品品质的要求

出口商品应满足国外消费者的需要，必须贯彻“以销定产”的方针和坚持“质量第一”的原则，大力提高出口商品质量，使其符合下列具体要求：

（1）树立商品国际化观念，尽量采用国际标准

采用国际标准和国外先进标准是我国的一项重要技术经济政策，这样做不仅有助于促进我国技术水平的提高，也有助于更好地规避来自其他国家的贸易壁垒。《世界贸易组织贸易技术壁垒协议》中明确规定：一切需要有技术规则或标准的地方，缔约方均应以这些国际的技术规则或标准作为制定本国技术规则或标准的依据。以国际标准进行生产和供货，可以在相当大的程度上规避来自各个国家烦琐的技术限制。

目前，我国的很多企业通过采用一些通用的国际标准或者获得国际标准认证来实现扩大出口的目标，取得了成功的经验，对于促进我国产品走向国际市场发挥了重要的作用。获得ISO 9000 、ISO 14000等认证，已经成为许多企业的产品成功进入发达国家市场的重要条件。

（2）适应进口国的消费需求水平和消费习惯

由于世界各国经济发展不平衡，各国生产技术水平、生活习惯、消费结构、购买力和各民族的爱好互有差异，因此，我们要从国外市场的实际需要出发，搞好产销结合，使出口商品的品质、规格、花色、式样等适应有关市场的消费水平和消费习惯。

（3）在产品质量上精益求精

凡质量不稳定或质量不过关的商品，不宜轻易出口，以免影响声誉。即使质量较好的商品，也不能满足于现状，要本着精益求精的精神不断改进，提高出口商品品质，加速更新换代，适应世界消费潮流发展趋势，增强商品在国际市场上的竞争能力。

（4）适应进口国的有关法律规定和要求

各国对进口商品的质量通常都有相关的法律规定和要求，凡质量不符合法律规定和要求的商品，一律不准进口，有的还要就地销毁，并由货主承担由此引起的各种费用。因此，我们必须充分了解各国对进口商品的法律规定和管理制度，以便于我国商品顺利进入

国际市场。

以美国为例，进入美国的产品，除符合贸易限制法规外，还要符合美国的产品质量法及安全、卫生、劳动保护等法规。这方面的法规包括《食品、药品和化妆品法》《危险物质法》《易燃织物法》《烈性毒物法》《毒物防护包装法》《油漆含铅法》《肉品检验法》《公共卫生服务法》《营养标签和教育法》《婴儿药法》《婴儿食品法》等。

从各国的情况来看，实施比较普遍的相关法律法规包括安全卫生法、标签法、商标法、有害物质限量法、自动扣留法等。

（5）适应国外自然条件、季节变化和销售方式

由于各国自然条件和季节变化不同，销售方式各异，商品在运输、装卸、存储和销售过程中，其质量可能发生某种变化。因此，注意自然条件、季节变化和销售方式的差异，掌握商品在流通过程中的变化规律，使出口商品质量适应这些方面的要求也有利于增强我国出口商品的竞争力。

二、表示商品品质的方法

国际贸易往往是大宗的货物贸易，买卖双方往往地处两国，在洽谈交易时没有看到全部商品，因此需要有某种说明品质的方法，作为洽谈和履行合同的依据。鉴于品质对商品的效用、市场价格和销路有重大影响，买卖双方为了保证交易的商品符合一定的质量标准，要在协商一致的基础上，在买卖合同中订立品质条款，就商品品质和买卖双方的义务加以说明。当前，进入国际贸易的商品种类繁多，特点各异，用来说明品质的方法也就不可能一致。概括起来，国际贸易中通常用来表示商品品质的方法主要有两大类。

1.以实物表示商品品质

所谓以实物表示商品的品质，是指用拟成交货物自身的品质或者样品的品质表示商品的品质。在国际贸易中通常有两种方法：看货买卖和凭样品买卖。

（1）看货买卖

看货买卖又称为看货成交，即卖方向买方展示双方拟行交易的商品，经买方检验，一旦达成交易，卖方就应按对方验看过的商品交货，即交货品质的标准是买方检验货物时的品质状态，只要卖方所交付的货物是经买方查验过的货物，买方就不得以任何理由或借口对其品质提出异议。看货买卖用于现货交易，而且要求买方亲临货物存放地点查看货物。一般这种交易方式主要用于寄售、拍卖、展卖等业务中。

（2）凭样品买卖

该方法是指买卖双方在洽商时，由卖方或买方提供一种或数种少量的足以代表商品品质的实物作为样品，交对方确认，经对方确认后该样品即成为双方交接货物的品质依据，这种方法，在国际贸易中称为“凭样品成交”（sale by sample）。样品（sample）通常是指从一批商品中抽取出来的，或由生产、使用部门加工、设计出来的，足以反映和代表整批商品品质的少量实物。它一般有两种形式：一是参考样品（reference sample），即作为促成交易的媒介，使对方通过参考样品，对货物的品质有一个大致的了解，以便考虑是否可能谈成交易，所以参考样品只供对方参考，不作为交货的最终依据；二是标准样品（standard sample），又称成交样品，是买卖双方成交货物品质的最后依据，若采用这种方式，卖方要保证其所交的货物与样品完全一致。一种样品若没有标明其为参考样品还是标

准样品，一律以标准样品看待。在国际贸易中，有些商品如农产品，因受自然条件的影响较大，难以用文字说明，无法确定固定的标准，只能借助样品来确定其品质。

在国际贸易中，凭样品成交种类较多，根据提供样品方的不同可分为以下三种：

①凭卖方样品买卖（sale by seller's sample）

凭卖方提供的样品洽商交易和订立合同，并以卖方样品作为交货的品质依据，称为凭卖方样品买卖。凭卖方样品成交时，应注意以下几个问题：

第一，卖方所提供的样品必须有足够的代表性（representative sample），即样品能代表整批货物的平均品质。样品的品质与货物相比，不能太高也不能太低。太高，会给日后交货工作造成困难，引起争端；太低，会造成价格上的吃亏或影响成交。

第二，卖方在向国外客户寄送代表性样品时，应留存一份或数份同样的样品，以备日后交货或处理争议时核对之用，该样品称为“复样”（duplicated sample）。寄发样品和留存复样，都应编上相同的号码或注明寄送日期，以便日后联系时引用并便于查核。必要时，可加封后保存，称为“封样”（sealed sample）。

第三，在订立合同时，为了留有余地，可在合同中规定：“卖方交货与所提供样品的品质基本相符”（Quality to be considered as being about equal to the sample），以防买方因卖方所交货物与样品有微小差异而拒收或索赔。

第四，要严格区分参考样品和标准样品。为了避免误会，对于非作为成交品质依据的样品，应在合同中明确规定样品“仅供参考”。

②凭买方样品买卖（sale by buyer's sample）

凭买方提供的样品磋商交易和订立合同，并以买方样品作为交货的品质依据，称为凭买方样品买卖，又称凭来样成交。采用这种方法，可提高出口货物的适应性和竞争能力，也是把买卖做活的一种销售方法。但是，卖方应注意对方的来样是否包含反动的、黄色的、丑陋的式样和图案，还需注意原材料供应、生产加工技术和生产安排的可能性，并防止侵犯第三者的工业产权。

③凭对等样品买卖（sale by counter sample）

所谓对等样品（counter sample），是指卖方根据买方提供的样品，加工复制出一个类似的样品提供给买方确认，经确认后的样品，就是对等样品，有时也称“回样”，业务上有时还称为“确认样”（confirming sample）。凭对等样品磋商交易和签订合同，即称为凭对等样品买卖。

当前国际市场对商品的品种、规格或花色需求多变，市场竞争激烈，为了把买卖做活，特别是为了利用国外客户对当地市场比较熟悉的有利条件，以及他们在产品设计方面的能力，来提高我国出口商品的适销性，在接到国外来样后，可以提供“对等样品”供买方确认。这样，就把凭买方样品成交转变为凭卖方样品成交。这样操作，既可适应国外要求，又照顾到国内生产的实际可能。

凭样品买卖一般适用于在造型上有特殊要求或具有色、香、味方面特征的商品。目前，我国出口某些工艺品、服装、轻工业品等，常用这种方式来表示其品质。不过，在目前的国际贸易实践中，单纯凭样品成交的情况不多，一般只是作为规定商品的某个或某几个质量指标的依据。例如，为了表示商品的颜色，采用“色样”（colour sample）；为了表示商品的造型，采用“款式样”（pattern sample）等。纺织品、服装等就采用这种做法。而对商品其他方面的质量，则采用其他相应的方法来表示。

对于凭样品买卖，许多国家的法律 都有专门的规定和解释。例如英国的《货物买卖法》第15条规定：“凭样品买卖的合同，应包括下列默示条件：卖方所交付的货物必须与提供的样品完全一致；买方应有合理机会对货物和样品进行比较；所交货物不应存在合理检查时不易发现的、导致不合商销的瑕疵等。”《联合国国际货物销售合同公约》第35条规定：“货物适用于订立合同时曾明示或默示地通知卖方的任何特定目的；货物的质量与卖方向买方提供的货物样品或式样相同。”由于凭样品买卖要求卖方所交货物的品质必须与样品一致，因而凡属“货与样”不能做到完全一致的商品，一般不适于采用此种方法。

2.以文字说明（description）表示商品品质的方法

在国际货物买卖中，除部分商品采用“凭样品买卖”外，大部分采用“凭说明买卖”（sale by description）的方法来表示商品品质，即以文字、图表、相片等方式来说明商品的品质，具体又分为以下几种：

（1）凭规格买卖（sale by specification）

商品的规格（specification）是指用来反映商品品质的一些主要指标，如成分、含量、纯度、大小、长短、粗细等。凭规格买卖，就是以规格来确定商品的品质。各种商品由于品质的特点不同，规格的内容也各不相同。买卖双方在洽谈交易时，可以通过提交规格来说明一种商品的基本情况。

例如，出口我国东北大豆，合同中可以就大豆的规格作出如下规定：水分含量（最高）15%；含油量（最低）17%；含杂质（最高）1.5%；不完善粒含量（最高）8%。又如，我国桐油的出口规格是：色泽，不深于新制的0.4克重铬酸钾溶于100毫克硫酸（比重1.84）的溶液；比重（20/4℃）0.9360~0.9390；折光指数（20℃）1.5185~1.5220；碘值（韦氏法）163~176；皂化值192~196；水分杂质（最高）0.30%；酸值（最高）4；华氏脱热试验（最高）7.5分钟；BETA型桐油试验，负值（无晶体沉淀）。

用规格表示商品品质的方法简单易行、明确具体，而且具有可根据每批货物的具体情况灵活调整的特点，所以它在国际贸易中应用非常广泛。

（2）凭等级买卖（sale by grade）

商品的等级（grade）是指把同一种商品按其品质或规格上的差异划分为不同的级别和档次，用数字或文字表示，从而产生品质优劣的若干等级。不同的等级代表着不同的品质，而每一种等级都规定有相对固定的规格。凭等级买卖，只需说明商品的级别，就可以明确买卖货物的品质。

例如，皮蛋按重量、大小分为奎、排、特、顶、大五级。奎级为每千只75千克以上，其后每差一级，减5千克。又如，我国出口的钨砂主要根据其三氧化钨和含锡量的不同，分为特级、一级、二级三种（见表1-1）。

商品的等级，一般是制造商或出口商根据其长期生产或经销该项商品的经验，在掌握其产品的品质规律的基础上制定出来的。它有助于更好地满足各种不同的消费需要，简化交易手续，做到优质优价，同时有利于安排生产和加工。但是，这种由个别厂商制定的等级并没有约束力，买卖双方在签约时，完全可以根据自己的意愿予以调整或改变。

表1-1　　　　钨砂等级表（%）

成分等级	三氧化钨（最低）	锡（最高）	砷（最高）	硫（最高）
特级	70	0.2	0.2	0.8
一级	65	0.2	0.2	0.8
二级	65	1.5	0.2	0.8

（3）凭标准买卖（sale by standard）

标准（standard）是指统一化了的规格和等级。目前，世界各国政府或工商团体就许多商品制定和公布了统一化的等级以及具体的规格要求和检验方法，在一定范围（如一国、一地区或一个部门及行业）内实施，作为评定同一商品品质的依据。在国际货物买卖中，人们也经常使用标准作为说明和评定商品品质的依据。

例如，在买卖美国小麦时，经常使用的是美国农业部制定的小麦标准；而在买卖泰国稻米时，经常使用泰国农业部门制定的稻米标准。在我国，商品的标准分为国家标准和部颁（专业）标准。前者如《中华人民共和国药典》（简称C.P.）；后者如原农业部标准《松香》（LY204-74）等。

在国外，商品的标准分为五类：①企业标准；②团体标准，如美国试验材料协会（ASTM）标准、英国劳氏船级社《船舶规范和条例》等；③国家标准，如美国国家标准（ANSI）、日本国家标准（JIS）等；④区域标准，如欧洲标准化协会（CEN）制定的标准；⑤国际标准，如国际标准化组织（ISO）制定的标准等。

从法律角度看，目前世界上的各种标准中，有些是有约束性的，品质不符合标准要求的商品不得进口或出口，但也有些标准不具有法律效力，仅供买卖双方参考，买卖双方可另行约定品质的具体要求。在国际贸易中，对一些已经有了被广泛接受的标准的商品，一般倾向于按该项标准进行交易，不另订规格。这样做的好处是规范、简单，只需列明标准的名称和等级即可，如美国2号冬小麦。另外，对许多工业品来说，这样做可以方便生产或加工，节约原材料，降低成本，买方也可争取到比较便宜的价格。

许多商品不仅有我国的标准，也有国际标准。在进行这些商品的交易时，可根据我国的标准进行买卖。但是，为了扩大出口，提高我国产品在国际市场上的认可度，应根据需要和可能，采用国际上通行的标准。在进口方面，也可根据国外标准所体现出来的技术先进程度和我国具体国情及经济上的利益，考虑按国外标准订货。

商品的品质标准是随生产和技术的变化而不断修改和变动的。同一部门制定的某一种商品的标准，可能有不同年份的不同版本，版本不同，内容会有所不同。因此，在援引国外标准时，必须标明所援引标准的版本年份，以免引起纠纷。

除了等级和标准外，目前还有一些初级产品的交易，由于长期形成的习惯或出口的国家尚未对产品予以等级化或标准化，可采用下列两种方法说明其品质：

①良好平均品质（fair average quality，FAQ）

良好平均品质一般是指中等货，它有以下几种含义：第一，指农产品的每个生产年度的中等货，即由生产国在农产品收获后经过对产品进行广泛抽样，从中制定出该年度的

FAQ标准。第二，指某一季度或某一装船月份在装运地发运的同一种商品的平均品质，即从各批出运货物中抽样后进行综合评定，取其中者作为FAQ标准。在我国出口的农副产品中，也有用FAQ来说明品质的，但我们所说的FAQ一般是指大路货，是与“精选货”（selected）相对而言的，而且除了在合同中标明大路货之外，还订有具体规格。例如，过去我国出口大豆，就有这样的规定：“东北大豆，大路货（FAQ），含油量最低18%。”在交货时，以合同规定的具体规格作为品质依据。目前，我国从澳大利亚进口的澳麦，也有混级大麦FAQ的规定。

②上好可销品质（good merchantable quality，GMQ）

上好可销品质是指品质上好，可以销售。在国际贸易中，有些商品没有公认的规格和等级，如冷冻鱼、冻虾等，有时卖方在交货时，只要保证所交的商品在品质上具有“商销性”即可。由于这种表示方法的含义笼统，难以掌握，履约时容易引起争议，故不宜采用。

（4）凭品牌或商标买卖（sale by brand or trade mark）

商品的品牌（brand）是指厂商或销售商所生产或销售商品的牌号；商标（trade mark）则是指通过进行注册，取得商标权，并受有关国家法律保护的品牌或品牌的一部分。使用品牌与商标的主要目的是使之区别于其他同类商品，以利销售。

在国际贸易中，在市场上行销已久、质量稳定、信誉良好的产品，其品牌或商标往往为买方或消费者所熟悉喜爱，生产厂商或销售商便可凭品牌或商标来规定商品的质量，与买方达成交易，这种方法即“凭品牌或商标买卖”，如红双喜乒乓球、海尔冰箱等。

商品的品牌或商标不仅代表着一定的质量水平，而且能够诱发买方或消费者的购买欲望，成为强有力的竞销手段，因此，应当注意维护名牌商标的声誉。在“凭品牌或商标买卖”时，如果同一种品牌的商品有不同型号或规格，则必须在合同中明确牌名或商标的同时，规定型号或规格。应当指出的是，商标属于工业产权，各国一般都制定相关法律法规以保护商标权，在凭品牌或商标交易时，生产厂商或销售商应注意有关国家的法律规定，在销往国办理登记注册手续，以维护商标专用权。

（5）凭产地名称买卖（sale by the name of origin）

有些地区的产品，尤其是一些传统农副产品，因具有独特的品质特征，或者特殊的加工工艺而在国际市场上享有盛誉，对于这类商品的出口，可以采用产地名称或地理标志来表示其独特的品质。例如，东北大米、西湖龙井茶、绍兴花雕酒等，这些标志不仅标注了特定商品的产地，也体现了这些商品的特殊质量特征。

（6）凭说明书买卖（sale by illustration）

在国际货物买卖中，有些机器、仪表、电器、大型设备、交通工具等技术密集型产品，由于其结构复杂，制作工艺不同，无法用样品或简单的几项指标来反映其质量全貌。对于这类商品，买卖双方除了要规定其名称、商标牌号、型号等外，通常还必须采用说明书来介绍该产品的构造、原材料、产品形状、性能、安装和使用方法等，有时还附以图样、图片、设计图纸、性能分析表等来完整说明其具有的质量特征。例如：在合同中规定“品质和技术数据必须与卖方所提供的产品说明书严格相符”（Quality and technical data to be strictly in conformity with the illustration submitted by the seller）。

在国际货物买卖合同中，以说明书和图样表示商品品质时，卖方要承担所交货物的质量必须与说明书和图样完全相符的责任。

在实际业务中，用文字说明商品质量的办法常常与凭样品表示商品质量的方法结合使用。这时，卖方既要承担交货质量符合文字说明的规定，又负有与样品质量完全一致的责任。在国际贸易中，有些特种商品，既无法用文字概括其质量，也没有质量完全相同的样品可以作为交易的质量依据，如珠宝、首饰、字画、特定工艺制品等，对于这类具有独特性质的商品，买卖双方只能看货洽商，按货物的实际状况达成交易。

三、合同中的品质条款及应注意的事项

在合同的品质条款中，一般需要写明商品的名称和具体的品质。由于商品的品质不同，表示商品品质的方法也就不同，合同中品质条款的内容也不尽相同。

1.基本内容

品质条款是合同中的一项主要条款，它是买卖双方对商品的质量、规格、等级、标准、牌号等的具体规定。卖方须以约定品质交货，否则买方有权提出索赔或拒收货物，以至撤销合同。合同中的品质条款一定要列明商品的品名。在凭样品买卖时，除了要列明商品的名称外，还应订明确认样品的编号，以及确认日期。在凭文字说明买卖时，合同中应明确规定商品的名称、规格、等级、标准、品牌、商标或产地名称等内容。在以图样和说明书表示商品质量时，还应在合同中列明图样、说明书的名称、份数等内容。合同条款示例如下：

例1　样品号NT008长毛绒玩具熊尺码24英寸

Sample NT008 Plush Toy Bear Size 24 inch

例2　雅士利婴幼儿米粉（蔬菜味）

Yashili infant rice cereal（vegetable flavor）

例3　枸橼酸钠规格

（1）符合1980年版英国药典标准

（2）纯度：不低于99%

Specifications of Sodium Citrate：

（1）In conformity with B.P.1980

（2）Purity：Not less than 99%

国际货物买卖合同中的品质条款是买卖双方交接货物时的品质依据。卖方所交货物的品质如果与合同规定不符，卖方要承担违约的法律责任，买方则有权对因此而遭受的损失向卖方提出赔偿要求或解除合同。为了防止品质纠纷，合同中的品质条款应尽量明确具体，避免笼统含糊。所涉及的数据应力求明确，但应该切合实际，避免订得过高、过低、过繁、过细。

2.规定品质条款时应注意的事项

品质条款的内容有时极其繁杂，应视商品特性而定。在规定品质条款时，应注意以下一些问题：

（1）从实际出发，规定的品质指标要适当

在规定品质条款时，首先要从产、销实际出发，防止品质条件规定偏高或偏低；其次要合理规定影响品质的各项重要指标，对于一些与品质无关紧要的条件，不宜订入；最后要尽量准确具体地描述品质要求，既忌笼统含糊如“大约”“左右”“合理误差”等，又忌绝对化如“棉布无瑕疵”“山兔彻底放血”等。

（2）重视品质公差条款和品质增减价条款的应用

有些商品的交易难以做到交货品质与合同规定标准或样品完全相符，在这些商品的交易中，可以订立品质公差条款，或者品质增减价条款，订明具体的公差或机动幅度的允许值，以免日后产生争议。

①制成品：品质公差条款（quality tolerance clause）

品质公差条款主要是针对工业制成品而言的。品质公差是指国际同行业所公认的或买卖双方认可的产品的误差，即卖方所交付的货物品质可以高于或低于合同规定品质的最大限度。这种误差的存在是绝对的，它的大小是由科技发展程度及水平所决定的，所以，只要卖方所提供的货物品质在公差范围内，就认为是符合合同的，买方不能拒收或因此要求调整价格。如果国际上无公认的误差，或公差不明确，则应在合同中具体规定公差的内容。

②初级产品：品质增减价条款

品质增减价条款主要是针对某些初级产品而言的，由于这类商品品质不稳定，为了照顾双方的经济利益，可以在规定品质机动幅度的基础上，辅之以价格调整条款，称为品质增减价条款。它有以下三种情况：

第一，对机动幅度内的品质差异，可以根据交货时的实际品质，按规定增价或减价；

第二，只规定交货品质机动幅度的下限，对低于合同规定而不超过一定范围者，予以扣价，对高于合同规定者，不予增价；

第三，在第二种规定的基础上，在机动幅度范围内，按低劣的程度，采取不同的扣价办法。

合同条款示例：

China sesame seed Moisture（MAX）8%；

Admixture（MAX）2%；

Oil content 52% basis，Should the oil content of the goods actually shipped be 1% higher or lower，the price will be accordingly increased or decreased by 1%，and any fraction will be proportionally calculated.

（3）正确运用各种表示品质的方法

表示商品品质的方法很多，对于具体商品究竟采用何种方法，应视商品的特性而定。一般来讲，凡是能够用科学的指标说明其质量的商品，适用于凭规格、等级或标准买卖；有些难以规格化和标准化的商品，如工艺品等则适用于凭样品买卖；有些质量好的名优产品，适用于凭商标或品牌买卖；有些性能复杂的机器、电器，则适用于凭说明书和图样买卖。凡是能用科学指标表示商品品质时，就不宜采用样品来表示商品的品质，更应避免既凭实物样品又用文字说明来表示商品质量的做法。若采用两种或两种以上方式表示，则所交货物应同时符合各项要求。

此外，在合同中，还可以争取加入降低货物被拒收风险的条款，例如：

①规定禁止买方拒绝条款。这是一种只准买方索赔损失，但不能拒收货物的条款。

②规定违约后的价格调整条款。这是一种允许卖方在一定百分比的质量偏差范围内灵活交货而不被拒收的条款。在这一百分比内的货物偏差，买方只可要求货价调整，而不能拒收。但如超出这一百分比，买方有权拒收。

③规定装运港检验证书为最终检验证书条款。运输途中的事故是导致货物品质不符的重要原因，有时卖方会怀疑买方凭以拒货的进口检验证书的公正性。规定以装运港检验证书为交货和处理纠纷的最终依据可减少卖方这方面的风险。

本章要点

商品的品名是指能使某种商品区别于其他商品的一种称呼或概念。品名即商品的名称，就是合同的标的物，它必须符合构成合同标的物的条件。买卖双方在洽商交易和签订合同时必须首先明确规定合同的标的物及其品质要求，并采用适当的方法在合同中作出规定。无论从法律角度看，还是从业务角度看，在国际贸易买卖合同中列明合同的标的物，是必不可少的条件，具有重大的现实意义。在拟订品名条款时，应注意：商品的品名必须做到内容明确、具体；必须切实反映商品的实际情况；要尽可能使用国际上通行的名称；确定品名时应恰当地选择商品的不同名称；必须考虑其与运费的关系等问题。

商品的品质是商品的外观形态和内在素质的综合。在国际贸易中，商品质量的优劣不仅关系到商品的使用效能，影响着商品售价的高低、销售数量和市场份额的增减，以及买卖双方经济利益的实现程度，而且还关系到商品信誉、企业信誉、国家信誉。正确掌握和订立合同中的品质条款对买卖双方具有重要意义。出口商品品质必须符合以下要求：树立商品国际化观念，尽量采用国际标准；商品的品质应适应进口国的消费需求水平和消费习惯；产品质量上应精益求精；适应进口国的有关法令规定和要求；适应国外自然条件、季节变化和销售方式。正确规定合同的品质条件具有重要意义，当前，国际贸易中通常采取以实物表示商品品质和以文字说明表示商品品质两种方法。以实物表示商品的品质，是指用拟成交货物自身的品质或者样品的品质表示商品的品质。在国际贸易中通常有两种方法：看货买卖和凭样品买卖。凭样品成交的种类较多，根据提供样品方的不同又可分为：凭卖方样品买卖、凭买方样品买卖、凭对等样品买卖三种。在国际货物买卖中，除部分商品采用“凭样品成交”外，大部分采用以说明约定商品品质的方法。以说明约定商品品质具体又分为以下几种：凭规格买卖、凭等级买卖、凭标准买卖、凭品牌或商标买卖、凭产地名称买卖、凭说明书买卖。

品质条款的内容比较繁杂，应视商品特性而定。在规定品质条款时，应注意以下一些问题：品质条件应符合有关国家或有关国际组织的标准，以提高产品的竞争能力；重视品质机动幅度和品质公差在表示品质方面的作用；正确运用各种表示品质的方法；品质条件要有科学性和合理性；从实际出发，规定的品质指标要适当。

单元自测

一、单项选择

1.“标的物”条款就是合同的（　　）。

A.品名条款　　B.品质条款　　C.数量条款　　D.包装条款

2.适用于在造型上有特殊要求或具有色、香、味方面特征的商品，表示品质的方式是（　　）。

A.凭等级买卖　　B.凭商标买卖　　C.凭说明书买卖　　D.凭样品买卖

3.凭卖方样品成交时，应留存以备交货时核查之用的是（　　）。

A.回样　　B.参考样　　C.复样　　D.确认样

4.一种样品若没有标明是参考样品还是标准样品，应看作（　　）。

A.参考样品　　B.标准样品　　C.没有任何意义　　D.双方协商

5.品质增减价条款一般用于某些（　　）。

A.机电产品交易　　B.仪表产品交易　　C.初级产品交易　　D.工业制成品交易

二、多项选择

1.珠宝、首饰等商品具有独特性质，在出口确定其品质时（　　）。

A.最好用样品磋商　　B.最好用文字说明

C.最好看货洽谈成交　　D.最好凭规格买卖

2.对工业制成品交易，一般在品质条款中灵活制定品质指标，通常使用（　　）。

A.品质机动幅度　　B.品质公差

C.品质和样品大致相符　　D.规定一个约量

3.在国际上，对冷冻鱼或冻虾等没有公认规格和等级的商品，其交货时规定品质的方法常有（　　）。

A.看货买卖　　B.凭样品买卖

C.良好平均品质　　D.上好可销品质

4.用文字说明表示品质的方法有（　　）。

A.凭规格等级标准买卖　　B.凭牌号商标买卖

C.凭产地名称买卖　　D.凭说明书和图样买卖

5.用实物表示商品品质的方法有（　　）。

A.看货买卖　　B.凭样品买卖　　C.凭规格买卖　　D.凭等级买卖

6.商品的品质是商品的（　　）的综合。

A.科学　　B.内在素质　　C.技术　　D.外观形态

7. 概括地说，国际贸易中惯常用来表示商品品质的方法包括（　　）。

A.看货买卖　　B.凭样品买卖

C.用实物表示商品品质　　D.以说明约定商品品质

8.用实物表示商品品质的方法是指以作为交易对象的商品的（　　）或以代表商品品质的（　　）来表示商品品质。

A.商品自身　　B.样品　　C.规格　　D.等级

9.为了避免交货品质与国际货物买卖合同稍有不同而造成的违约，可在合同条款中作出某些变通的规定，灵活制定品质指标，通常使用的是（　　）条款。

A.商品公差　　B.样品　　C.品质增减价　　D.说明

10.品质机动幅度的规定有三种方法，即规定（　　）。

A.商品公差　　　B.样品　　　C.品质增减价　　　D.说明

关键术语

商品品质　样品　对等样品　商品的规格　商品的等级　标准样品　品质增减价条款　良好平均品质　品质公差条款

思考题

1.什么是合同的标的物？在国际货物买卖合同中列明标的物的意义何在？

2.规定标的物条款时应注意的事项有哪些？

3.合同中规定商品品质的方法有哪些？约定品质条款应注意哪些事项？

推荐阅读文献

1.冷柏军，段秀芳. 国际贸易实务［M］. 北京：北京大学出版社，2017.

2.程铭，等. 国际贸易实务案例与解答［M］. 上海：上海大学出版社，2012.

案例思考

1.韩国KM公司向我BR土畜产公司订购大蒜650公吨，双方当事人几经磋商最终达成了交易。但在缮制合同时，由于山东胶东半岛地区是大蒜的主要产区，通常我国公司都以此为大蒜货源基地，所以BR公司就按惯例在合同品名条款中打上了“山东大蒜”。可是在临近履行合同时，大蒜产地由于自然灾害导致歉收，货源紧张。BR公司紧急从其他省份征购，最终按时交货。但KM公司来电称，所交货物与合同规定不符，要求BR公司作出选择，要么提供山东大蒜，要么降价，否则将撤销合同并提出贸易赔偿。试问，KM公司的要求是否合理？请评述此案。

2.国内某公司与外方签订出口书写纸的合同，出口合同规定的商品名称为“手工制造书写纸”（handmade writing paper），买方收到货物后，经检查发现货物部分制造工序为机械操作，并据此要求我方赔偿。对此，我方予以拒绝，原因如下：（1）该商品的生产工序基本上是手工操作，而且关键工序完全用手工操作；（2）该交易是经买方当面先看样品成交的，而且实际货物品质与该样品一致，因此应该认为所交货物与商定的品质一致。在本案件中，你认为责任在谁？应该如何处理？

第二章

商品的数量与包装

学习目标

重点掌握：商品数量条款的基本内容及拟订；数量的溢短装条款；运输标志；商品包装条款的内容及拟订。

一般了解：对出口商品包装的要求；包装的种类；指示性标志；警告性标志；中性包装等。

能力要求：具备拟订完善严谨的合同数量、包装条款的能力。

意识培养：培养国际化意识，注意国际货物买卖合同的特点，确保合同数量与包装条款的规范性与合理性。

第一节　商品的数量

一、商品数量（quantity）条款的重要性

数量条款是合同中的重要条款。前面章节中介绍的品质条款是要求卖方按“质”履行交货义务，而商品的数量条款则是要求卖方按“量”履行交货义务。在国际贸易中，商品的数量是国际货物买卖合同中不可缺少的主要条件之一，合同中的数量条款是双方交接货物的数量依据。

《联合国国际货物销售合同公约》第52条第2款规定：“如果卖方交付的货物大于合同规定的数量，买方可以收取也可以拒绝收取多交部分的货物。如果买方收取多交部分货物的全部或一部分，他必须按合同价格付款。如果卖方交货少于合同规定的数量，卖方应该在规定的交货期届满前补交，但不得使买方遭受不合理的不便或承担不合理的开支，即便如此，买方也有保留要求卖方损害赔偿的权利。”英国《货物买卖法》第30条第2款也规定：“如卖方交付买方货物的数量多于约定的数量时，买方可以只接受约定部分而拒收超过部分，他也可以全部拒收。”由此可见，数量条款是合同中的重要条款，交易的双方对数量条款都应予以高度重视。

【案例与教训】

我某出口公司与日本客户达成驴肉出口合同，出口驴肉25公吨，箱装，每箱净重16.6千克，共计1 500箱。如按合同规定装货，总重量为24.9公吨，余下的100千克可以

不再补交。当货物运抵日本港口后，日本海关人员在抽查该批货物时，发现每箱净重不是16.6千克，而是20千克，即每箱多装了3.4千克。因此，该批货物实际装了30公吨。但在所有单据上都注明装了24.9公吨，议付货款时也是按24.9公吨计算的，白送了5 100千克驴肉。此外，由于货物单据上的净重与实际重量不符，日本海关还认为我方少报数量有帮助客户偷税嫌疑，向我方提出意见。经我方解释，承认错报重量是由于工作上的疏忽后，才未予追究，但多装的5 100千克驴肉不再退还，也不补付货款。

二、数量的计量单位

1.常见的度量衡制度

在国际贸易中确定计量单位和计量方法，首先要先了解国际度量衡制度，因为同一计量单位在不同的度量衡制度下所代表的含义有时会有很大的不同，例如，重量单位吨（ton）有公吨（metric ton）、长吨（long ton）、短吨（short ton）之分。所以，熟悉不同的度量衡制度关系到货物的计量单位是否符合进口国有关计量单位的使用习惯和法律规定等问题，必须予以充分的重视。目前，国际上通用的度量衡制度有以下几种：

（1）公制（the metric system）

基本单位为千克和米。公制为欧洲大陆及世界大多数国家所采用。

（2）国际单位制（the international system of units）

国际单位制是国际标准计量组织在公制基础上制定公布的，基本单位包括千克、米、秒、摩尔、坎德拉、安培和开尔文等七种。我国的法定计量单位是国际单位制。

（3）英制（the British system）

基本单位为磅和码。英制为英联邦国家所采用，而英国因加入欧盟，在一体化进程中已宣布放弃英制，采用公制。

（4）美制（the U.S. system）

基本单位与英制相同，为磅和码，但有个别派生单位不一致。如英制1长吨等于2 240磅，而美制1短吨等于2 000磅。此外，容积单位加仑和蒲式耳，英美制名称相同，而实际代表的数量不同。

2.国际贸易中常用的计量单位

商品数量的计量单位主要有6种：

（1）重量（weight）单位

重量单位通常用于农作物及天然物，如油（oil）、肉（meat）、谷物（corn）、黄金（gold）等。常用计量单位有：千克（kilogram）、吨（ton）、磅（pound）、盎司（ounce）等。常用的重量单位“吨”，在不同的计量单位制式下，有如下换算关系：

1 metric ton =1 000kgs =2 204.6 pounds

1 long ton =1 016.05kgs =2 240 pounds

1 short ton =907.1849kgs =2 000 pounds

在合同中，一定要明确采用的是哪一种计量单位制式下的“吨”。

【案例与教训】

我某出口商在交易会上与国外客户洽商订立了出口10 000公吨大米合同，价格为每公吨275美元，但在卖方拟订合同时将公吨简写为吨，卖方以为吨就是指公吨，但外商在开来的信用证中明确指出数量条款中的吨是指长吨。1长吨合1.016公吨，如果该出口商根据信用证的要求，按照长吨供货，则需多交付大米160余公吨，按照合同价款计算，至少多交付44 000美元的货物。

（2）个数（numbers）单位

个数单位通常用于工业制成品及杂货类商品，如服装（costume）、车辆（vehicle）、玩具（toy）等。常用计量单位有：件（piece）、打（dozen）、罗（gross）、大罗（great gross）、令（ream）、台或套（set）、箱（case）、头（head）、辆（unit）、袋（bag）等。

（3）长度（length）单位

长度单位多用于布匹（piece goods）、绳索（cord）、电缆（cable）的交易中。常用计量单位有：码（yard）、米（meter）、英尺（foot）等。

（4）面积（area）单位

面积单位常用于玻璃（glass）、地毯（carpet）、皮革（leather）等商品的交易中。常用计量单位有：平方米（square meter）、平方英尺（square foot）、平方码（square yard）、平方英寸（square inch）等。

（5）体积（volume）单位

体积单位常用于木材（timber）、天然气（natural gas）和化学气体（chemical gas）等商品。常用计量单位有：立方米（cubic meter）、立方码（cubic yard）、立方英尺（cubic foot）、立方英寸（cubic inch）等。

（6）容积（capacity）单位

容积单位多用于谷物（corn）及流体货物，如小麦（wheat）、玉米（maize）、汽油（gasoline）、酒类（alcohol）、化妆品（cosmetic）等。常用计量单位有：公升（liter）、加仑（gallon）、蒲式耳（bushel）等。

3.规定商品重量的方法

在进出口贸易中，具体采用何种方法计量成交商品的数量，要根据商品的性质、包装种类、运输方式、市场习惯等因素综合确定，其中按重量计量的方法最为常见，它可以具体分为以下几种：

（1）毛重（gross weight）

毛重是指商品本身的重量加包装物的重量，即加上皮重。这种计重办法一般适用于低值商品，如大米、大豆、饲料等。

（2）净重（net weight）

净重是指商品本身的重量，即除去包装物后的商品实际重量，等于毛重减去皮重。这是国际贸易中最常用的计量方法，通常计算价格时以净重为标准。在采用净重计重时，对于如何计算包装重量，如何去除皮重，国际上有下列几种做法：

①实际皮重（actual tare or real tare）：它是将整批商品的包装逐一衡量，算出每件包装的重量和总重量。

②平均皮重（average tare）：如果商品所使用的包装材料和规格较统一，重量相差不大，就可以从全部商品中抽出一定数量的商品，测量出实际皮重后取平均值，再乘以总件数，就可算出全部皮重。目前，这种方法已经广为使用。

③习惯皮重（customary tare）：比较规格化的包装，其重量已被市场所公认，可以不必过秤，按公认重量即可。

④约定皮重（computed tare）：买卖双方事先约定的包装重量。

（3）以毛作净（gross for net）

对有些单位价值不高的商品，单位重量商品的价值与单位重量包装的价值相差不多，分开计算意义不大，经常采用按毛重计量的方法，即以毛重计算合同的价格，在实务中，此种方法被称为“以毛作净”。

《联合国国际货物销售合同公约》第56条明确规定：“如果价格是按货物重量规定的，如有疑问，应按净重确定。”可见，除非合同明确规定采用以毛作净的方法来计算价格，否则，应该按照净重计算。

（4）公量（conditioned weight）

有些商品经济价值较高，含水量极不稳定。例如，棉花、羊毛、生丝等商品有比较强的吸湿性，所含的水分受客观环境的影响较大，其重量很不稳定。为准确计算这类商品的重量，国际上通常采用公量计量的办法。公量的计算公式是：商品干净重+标准含水量。

其中，干净重即干量，是用科学的方法抽出商品中所含的水分后的重量，也就是纯干态物质的量；标准含水量，是指在特定的温度，湿度状态下，物质持续放置一段时间，其含水量趋于稳定，在此状态下衡量的一定单位的物质所含的水量。

实际业务中，不可能将所有的待称重商品都这样进行处理，通常会采用下面的公式来进行计算：

公量=商品净重×（1+标准回潮率）÷（1+实际回潮率）

【计算示例】

某公司对外出口羊毛10公吨，合同规定按公量计算，标准回潮率为11%。装运前抽取样品10千克，用科学方法去掉水分后，净剩羊毛为8千克（去除的水分为2千克）。问：该批货物的实际回潮率为多少？该批货物的公量应为多少公吨？

解：首先求出实际回潮率：2÷8×100%=25%

公量=10×（1+11%）÷（1+25%）=8.88（公吨）

（5）理论重量（theoretical weight）

理论重量是从商品规格和数量推算出的重量。这种计量重量的方法适用于有固定规格和尺寸的商品，如钢板。只要其重量一致，或每件重量大体是相同的，一般即可从其件数推算出总重量。

（6）法定重量（legal weight）或实物净重（net net weight）

所谓法定重量，是指商品重量加上直接接触商品的包装物料，如销售包装等的重量；而除去这部分重量所表示出来的纯商品的重量，则称为实物净重。法定重量和实物净重是海关依法征收从量税时，作为计税基础的计量方法。按照一些国家海关法的规定，在征收从量税时，商品的重量就是以法定重量或实物净重计算的。

三、买卖合同中的数量条款

1.数量条款的基本内容

合同中的数量条款，主要包括成交商品的具体数量、计量单位和计重方法等。为了保证卖方按“量”交货，数量条款的规定应该明确具体，特别是计量单位要统一，不应该使用含糊不清的计量单位。有的合同还需要规定计重方法。例如，新西兰大米10 000公吨，新麻袋包装，以毛作净。合同未规定计重方法，一般惯例是以净重计。

数量条款是合同的主要条款之一，按照合同规定的数量交付货物是卖方的基本义务。有些国家规定，卖方交货数量必须与合同规定相符，否则买方有权提出索赔，甚至拒收货物。为了避免买卖双方日后的争议，合同中数量条款应当完整准确，对计量单位的实际含义双方应理解一致，采用对方习惯使用的计量单位时，要注意换算的准确性，以保证交货数量与合同数量一致。

2.数量的机动幅度条款

在国际贸易货物买卖中，由于计量不准确、包装限制、交通工具容量限制、自然环境和商品特性等原因，导致实际装货的数量不能完全与合同规定相符。很显然，将责任完全归咎于卖方，买方据此提出拒收或者要求索赔，都未免有些偏颇。为了避免一些不必要的麻烦，可以在合同中作出有关货物数量的机动幅度的规定。

(1)“约”量条款

在合同规定的交货数量前加上“约”(about，circa，approximate)等字词，表明货物数量为大约数量，如“东北黄豆，约5 000公吨”。但这种方法仍然有可能引起纠纷，因为“约”数的含义，在国际上有不同的解释。有的解释为2.5%，有的解释为5%，还有的解释为10%等，容易因双方理解上的分歧引起争议。

但是，在少数场合，也有使用“约”数条款来表示实际交货数量可有一定幅度的伸缩，即在某一具体数字前加“约”或类似含义的文字，例如，约10 000码。在一些特殊商品如粮食、矿砂、化肥和食糖等大宗商品的交易中，由于受商品特性、货源变化、船舱容量、装载技术和包装等因素的影响，要求准确地按约定数量交货，有时存在一定困难，买卖双方可在合同中合理规定约量。至于约量的具体百分比，在《跟单信用证统一惯例》(UCP 600)第30条中有明确的规定：“在信用证未以包装单位件数或货物自身件数的方式规定货物数量时，货物数量允许有5%的增减幅度，只要总支取金额不超过信用证金额。”这一规定的主要适用对象是大米、矿砂等散装货物以及以重量计价且货物包装后每件具体重量或数量不加注明，每包装单位也不作为计价单位的货物。

(2)溢短装条款(more or less clause)

溢短装条款是指在合同中明确规定，允许卖方多交或少交合同规定数量的一定百分比或具体数量，有时双方还就溢短装的选择权以及溢短装部分的价格作出明确的规定。

溢短装条款的内容包括：

①可溢短装的百分比。卖方交货数量只要在允许的范围内即可视为按“量”交货。例如，合同规定“中国大米1 000公吨，允许卖方多交或少交5%”，在这个幅度内多交还是少交一般由卖方决定。

②溢短装的选择权。可以由卖方选择、买方选择，或者船方选择。

③溢短装部分的作价。目前，对机动幅度范围内超出或低于合同数量的多装或少装部分，一般是按合同价格结算，这是比较常见的做法。为了防止有权选择多装或少装的一方当事人利用行市的变化，有意多装或少装以获取额外的好处，也可在合同中规定，多装或

少装的部分，不是按合同价格计价，而是按装船时或到货时的国际市场价格进行计算，以体现公平合理的原则。

【个案讨论】

某企业对中东某海湾国家出口电扇1 000台，国外来证规定不许分批装运，但在出口装运时发现有40台包装破裂，临时更换已来不及，为了保证质量，发货人认为根据《跟单信用证统一惯例》的规定，即使不准分批装运，在数量上也有5%的伸缩，少装40台，并未超过5%。结果实装960台，持单去银行议付时，银行不予议付。问：为什么？

【个案讨论】

一份出口合同的数量条款规定净重2 000千克，纸箱包装，每箱净重30千克，不允许分批装运。这样的规定是否合适？

第二节　商品的包装

商品的包装是实现商品价值和使用价值并提高商品附加值的重要手段之一。在国际商品市场竞争日益激烈的今天，许多国家都把改进包装作为加强对外竞销的重要手段之一。因为，良好的包装，不仅可以保护商品在流通过程中数量完整和质量完好，而且还能宣传美化商品，提高商品身价，吸引顾客，扩大销路，提高售价，并在一定程度上体现出出口国家的科技、文化艺术水平。鉴于包装如此重要，生产企业和销售部门应该共同做好包装工作，使我国出口商品的包装符合科学、经济、牢固、美观、适销和多创外汇的要求。

一、商品包装（packing）的种类

现代商品的品种繁多，性能和用途也多种多样。按所起作用的不同，可分为运输包装（即外包装）和销售包装（即内包装）两种类型。前者的主要作用在于保护商品和防止出现货损货差；后者除起到保护商品的作用外，还具有促销的功能。

1.运输包装（transport packing，outer packing）

运输包装又称外包装（outer packing）、大包装（giant packing），它是指将货物装入特定容器，或以特定方式做成成件或成箱的包装。其主要作用在于保护商品，以免货物在运输、装卸、储存作业时被损坏。完善的出口运输包装，一般应当做到牢固完整，适合货物特性，尽可能减少重量和体积，整齐、大小划一，便于装卸、堆放、计算、计量、识别，有利于节省仓容、运费和包装费，并合乎进口国海关的有关规定。

商品在运输过程中不一定都需要包装。随着运输、装卸技术的进步，越来越多的大宗颗粒状或液态商品，如粮食、水泥、石油等，都采用散装方式，即直接装入运输工具内运送，配合机械化装卸工作，既降低了成本，又加快了速度。另外，还有一类可以自行成件的商品，在运输过程中只需加以捆扎即可，这种方式称为裸装，如钢材、木材等。但绝大多数商品，在长途运输过程中需要进行包装。

（1）运输包装的种类

根据商品在运输、装卸过程中的不同要求，运输包装可分为单件运输包装和集合运输包装两种。

①单件运输包装

单件运输包装是指货物在运输过程中作为一个计件单位的包装。单件运输包装按其造型不同，可以采取如下包装方式：

箱装：不能紧压的货物通常装入箱内，如火柴、茶叶、药品、仪器等商品的包装。

捆包：凡可以紧压的商品，捆包后进行运输可以节省空间，如羽毛、棉花、丝绸等货物的包装。

袋装：粉状、颗粒状或块状的农产品及化学原料，如豆类、麦类、水泥等货物的包装。

桶装：液体、半液体以及粉粒状货物，如挥发性液体、半液体、粉状等货物的包装。

篓装：一些农副产品等，如水果、蔬菜等商品的包装。

瓶罐装：液体或含有液体的商品，如酒类、硫酸等货物的包装。

②集合运输包装

集合运输包装又叫成组化运输包装，是指在单件运输包装的基础上，为了适应运输、装卸工作现代化的要求，将一定数量的单件包装组合成一件大的包装，以适应港口机械化作业的要求，常见的有集装箱（container）、托盘（pallet）、集装包和集装袋（flexible container）等。集装箱是进行货物成组运输、便于机械装卸的一种运输工具。

（2）对运输包装的具体要求

①必须适应商品的特性；

②必须适应各种不同运输方式的要求；

③必须考虑有关国家的法律规定和客户的要求；

④要便于各环节有关人员进行操作；

⑤要在保证包装牢固的前提下节省费用。

（3）运输包装的标志

在进出口货物的交接、运输、验关和储存的过程中，为了便于识别货物，避免错发、错运，或者为了提示储运过程中的相关人员谨慎处置相关货物，避免因搬运、储存不当而造成货物损失或带来危险，在每件货物的外包装上必须以不易脱落的油墨或油漆，刷上一些易于识别的图形文字和数字等明显标志，这就是包装标志。运输包装的标志是货物包装的一个组成部分，按其作用可分为运输标志（shipping mark）、指示性标志（indicative mark）、警告性标志（warning mark，dangerous mark）等。

①运输标志

运输标志俗称“唛头”，通常是指书写、压印或刷制在外包装上的图形、文字和数字，其作用是使运输、保管过程中的有关人员容易识别，以防错发、错运。它通常由收发货人代号、目的地名称或代号和批件号等三部分组成。有些运输标志还包括体积重量标志、原产地标志等。

鉴于运输标志方面存在着较大的随意性，内容差异较大，有的过于繁杂，不适应货运量增加、运输方式变革和电子计算机在运输与单据流转方面应用的需要，也影响了装载、提货、结汇等业务环节的顺利进行，需要对运输标志予以规范化。在这种背景下，按照国际标准化组织的建议，联合国欧经会简化国际贸易程序工作组在国际标准化组织和国际货物装卸协调协会的支持下，向各国推荐使用标准化的运输标志。该标准运输标志应为四行，每行不得超过17个字符（包括数字和符号），不采用几何图形，一般包括以下几部分内容：

A.发货人或收货人名称的缩写或代号；

B.合同号码，如运单号、订单号或发票号；

C.目的港标志，不能用简称或缩写，如有重名，则列明国别或地区名称；

D.批件号，该项内容既要列明该件货物的序号，又要列明该件货物的总件数。

例如：

SGL	收货人缩写
99zp25258/s/c	合同号码
NEWYORK	目的港标志
NO.1-500	箱号和件数

②指示性标志

指示性标志是指根据商品的性能和特点，用简单醒目的图形和文字在商品的外包装上标示仓储、装卸和运输过程中需注意的事项和要求，即用于易碎、易坏、易变质一类商品外包装上的醒目的图形和文字。例如，对于易碎、需防湿、防颠倒等的商品，在包装上用醒目图形或文字，标明“小心轻放”“防潮湿”“此端向上”等。

③警告性标志

警告性标志又称危险品标志，是指为了保障货物和操作人员的安全，在易燃、易爆、有毒等危险品的运输包装上标明危险性质的图形和文字说明以示警告，例如，有毒物品、爆炸物、腐蚀性物品等。其作用在于警告有关人员按货物的特性采取相应的防护措施。

2.销售包装（sales packing，inner packing，small packing，immediate packing）

销售包装通常又称为小包装或内包装，是指直接接触商品、随商品进入零售市场和消费者见面的包装，即为适应商品销售的需要，直接盛装一定零售商品的包装，通常作为商品的组成部分卖给消费者。这类包装除必须具有保护商品的功能外，更应具有促销的功能，而且有些商品，如胶卷、液体饮料和食品类商品，没有销售包装是无法进入市场的。随着世界市场竞争的加剧，市场对销售包装的要求越来越高，销售包装也日益显示出它的重要性。

（1）对销售包装的要求

①便于陈列展售；

②便于识别商品；

③便于携带及使用；

④有艺术吸引力。

（2）销售包装的种类

销售包装可采用不同的包装材料和不同的造型结构与式样，这就导致了销售包装的多样性。究竟采用何种销售包装，主要根据商品特性和形状而定。常见的销售包装主要分为陈列类、识别类和使用类。陈列类销售包装如堆叠式、吊挂式、展开式；识别类销售包装如透明式、开窗式、封闭式；使用类销售包装如普通式、便携式、礼品装、易开式、喷挤式、复合式等。

在销售包装上，一般都附有装潢画面和文字说明，有的还印有条形码的标志。商品包装上的条形码是由一组带有数字的、粗细间隔不等的黑白平行条纹所组成的，它是利用光电扫描阅读设备为计算机输入数据的特殊的代码语言。目前，世界上许多国家都在商品包装上使用条形码，只要将条形码对准光电扫描器，计算机就能自动地识别条形码的信息，确定商品名称、品种、数量、生产日期、制造厂商、产地等，并据此在数据库中查询其单价，进行货款结算，打出购货清单，这就有效地提高了结算的效率和准确性，也方便了顾客。目前，许多国家的超级市场都使用条形码技术进行自动扫描结算，如果商品包装上没有条形码，即使是名优商品，也不能进入超级市场，而只能当作低档商品进入廉价商店。有些国家对包装上无条形码标志的商品，禁止进口。目前，条形码在我国出口商品包装上已经广泛推广使用。目前，在国际上通用的条形码种类主要有美国统一代码委员会编制的UPC码和欧洲物品编码协会编制的EAN码。中国物品编码中心于1991年代表中国加入欧洲物品编码协会，该会分配给我国的国别号为690、691和692，凡条形码前三位为690 、691、 692的商品表示中国出产的商品。

近年来，随着计算机、互联网、手机及移动通信的普及，二维条码（2-dimensional barcode，简称二维码）在各行各业得到了较为广泛的应用。二维码是指在横向和纵向两个方位上同时用黑白相间的特定几何图形来记录数据信息的一种编码方式。企业将产品的二位码设计在包装中，为产品防伪和溯源提供了极大的便利。消费者通过利用手机等终端扫描二维码，查核产品真伪，追溯产品来源，了解产品信息。

3.定牌生产和中性包装

定牌生产、中性包装是国际贸易中的通常做法。在出口业务中，我国一些出口企业有时会应客户的要求采用这些做法。

（1）定牌生产

定牌是指卖方按买方要求在其出售的商品或包装上标明买方指定的商标或牌号，这种做法叫定牌生产。当前，世界上有些国家的超级市场、大百货公司和专业商店，对其经营出售的商品，都要在商品上或包装上标有本商店使用的商标或品牌，以扩大本店知名度和显示该商品的身价。许多国家的出口厂商，为了利用买主的经营能力、商业信誉和品牌声誉以提高商品售价和扩大销路，也愿意接受定牌生产。

在我国出口贸易中，定牌生产的使用有以下几种情况：

①接受国外买方指定的商标或牌名，同时在商标处或牌名下注明由买方所在国家工厂制造，即定牌定产地。

②接受国外买方指定的商标或牌名，但在商标处或牌名下注明“中华人民共和国制造”或“中国制造”。

③对于某些国外大量的、长期的稳定订货，为了扩大销售，可以接受买方指定的商标，不加注生产国别的标志，即定牌中性包装。

【个案讨论】

某港商拟订购我方“船牌”化工原料进行转口贸易，但要求包装上不得使用“中华人民共和国制造”和“船牌”商标。为了打开销路，扩大出口，我方是否可接受？

（2）中性包装

中性包装是指在出口商品和内外包装上不注明生产国别和生产厂商的包装，主要是为了适应国外市场的特殊需要。在实际业务中，中性包装可以分为无牌中性包装和定牌中性包装。前者是指包装上既无生产国别和厂商名称，又无商标、品牌；后者是指包装上仅有买方指定的商标或品牌，但无生产国别和厂商名称。采用中性包装是为了打破某些进口国家与地区的关税和非关税壁垒以及适应交易的特殊需要（如转口销售等），它是出口国家厂商加强对外竞销和扩大出口的一种手段。

二、合同中的包装条款

1.包装条款的内容

国际货物买卖合同中的包装条款主要包括包装的材料、包装方式、包装规格及总件数，有时还要规定包装费用和运输标志等内容。

（1）包装材料、方式、规格和数量

包装材料与方式应根据商品的性质和运输方式作出具体明确的规定，如木箱装、铁桶装、纸箱装、麻袋装等。有时还须注明每件货物的重量和数量。例如，木箱装，每箱30匹，每匹40码；麻袋装，每袋货物净重60千克。如有必要，还可以注明内包装所采用的材料以及每件内包装所包装的数量。例如，木箱装，每箱60纸盒，每盒1双。

（2）包装费用

包装费用通常由卖方承担，也可规定由双方分摊或由买方承担。若买方提出额外要求，卖方应考虑技术上的可行性。如果希望强调在售价中包括了包装费用，可以作出如下规定：售价中包含包装费用（packing charges included）。

（3）运输标志

合同中一般规定运输标志由卖方决定。若买方对运输标志有特殊要求，卖方可以同意，但买方必须在卖方将货物装船前一段时间（一般为30~40天）将标志送到卖方手中，否则，卖方有权自行决定。

【个案讨论】

某公司出口核桃1.5公吨，合同规定纸箱装，每箱15千克（内装15小盒，每小盒1千克）。交货时，此种包装的商品无货，于是便将小包装（每箱仍为15千克，但内装30小盒，每小盒0.5千克）货物发出。货到后，对方以包装不符合为由拒收货物，拒付货款。卖方认为数量完全符合，要求买方付款。讨论：责任在谁？应该如何处理？

2.订立包装条款应注意的问题

为了签订好包装条款，在进行磋商时，需要注意以下事项：

（1）对包装的规定应该明确具体

约定包装材料、方式要明确、具体，如木箱、纸箱、铁桶等，不宜笼统地规定，如："适合海运包装"（sea-worthy packing）、"习惯包装"（customary packing）之类的术语。合同包装条款示例如下：

①每听6卷，每听净重342克，48听装一箱（In tins of 6 rolls each，weighing 342 grams net per tin，48 tins to a case）。

②木箱装，每箱装30匹，每匹40码（To be packed in wooden cases，30 pieces per case of 40 yd each）。

③铁桶装，每桶净重25千克（In iron drum of 25kg net each）。

④聚丙烯编织包装袋包装，每包重50千克，以毛重作净重，包装袋质量良好，适于海运，包装袋上用英语写上品名、重量、原产国别和包装日期（To be packed in polypropylene woven bags，50kg each，gross for net.The bags should be fairy good in quality and suitable for ocean transportation，on which the name of the goods，weight，country of origin and package date should be written / marked in English）。

（2）明确包装材料的提供和包装费用的负担问题

关于包装材料的提供，通常有下列三种情况：

①由卖方供应包装，包装连同商品一并交付买方；

②由卖方供应包装，但交货后，卖方将原包装收回；

③由买方供应包装或包装物料。采用这种做法时应明确规定买方提供包装或包装物料的时间。

（3）关于运输标志的提供问题

按照国际贸易习惯，唛头一般由卖方决定，并没有必要在合同中作具体规定，如买方要求使用由其指定的唛头，应在合同中明确规定唛头的具体式样和内容，或规定买方提交唛头式样和内容的时限。

【个案讨论】

在荷兰某一超市上有黄色竹制罐装的茶叶一批，罐的一面有中文“中国茶叶”四个字，另一面刻有我国古装仕女图，看上去精致美观，颇富民族特色，但国外消费者少有问津，试讨论其原因何在。

本章要点

在国际贸易中，商品的数量是国际货物买卖合同中不可缺少的主要条件之一，合同中的数量条款是双方交接货物的数量依据。数量是指以一定的度量衡单位表示的货物重量、个数、长度、面积或容积等。在国际贸易中，要确定计量单位和计量方法，需要了解国际度量衡制度。目前，国际上通用的度量衡制度有以下几种：公制、国际单位制、英制、美制。在国际货物买卖中，通常采用6种计量单位：重量、个数、长度、面积、体积、容积。具体采用什么方法，要根据商品的性质、包装种类、运输方法、市场习惯等因素确定。在表示数量的方法中，重量是最常见的，它可以具体分为以下几种：净重、毛重、以毛作净、公量、理论重量、法定重量或实物净重等。合同中的数量条款主要包括成交商品的具体数量和计量单位。在国际贸易货物买卖中，为了方便卖方履约，可以规定数量的机动幅度条款，如“约”量条款和溢短装条款等。

商品的包装是实现商品价值和使用价值并提高商品附加值的重要手段之一。根据包装在流通过程中所起作用的不同，可分为运输包装（即外包装）和销售包装（即内包装）两种类型。前者的主要作用在于保护商品和防止出现货损货差；后者除起保护商品的作用外，还具有促销的功能。运输包装可分为单件运输包装和集合运输包装两种。运输包装的标志是货物包装的一个组成部分，按其作用可分为运输标志、指示性标志、警告性标志等。国际货物买卖合同中的包装条款主要包括包装的材料、包装方式、包装规格，有时还要规定包装费用和运输标志等内容。为了签订好包装条款，在磋商包装条款时，需要注意以下事项：对包装的规定力求明确具体；明确包装材料的提供和包装费用的负担问题；关于运输标志的提供问题。

单元自测

一、单项选择

1. 如果合同中未明确规定以何种方法计重的话，其计量方法应为（ ）。

A. 毛重　　B. 净重　　C. 以毛作净　　D. 公量

2. 出口日用消费品、轻工业品及机械产品常用的计量单位为（ ）。

A. 重量单位　　B. 数量单位　　C. 长度单位　　D. 面积单位

3. 对于价值较低的商品，通常用来计算其重量的是（ ）。

A. 毛重　　B. 净重　　C. 以毛作净　　D. 法定重量

4. 如果卖方按每箱150美元的价格出售某商品1 000箱，合同规定“数量允许有5%上下，由卖方决定”。问：

（1）最多可装（ ）箱。

（2）最少可装（ ）箱。

（3）如实际装运1 040箱，买方应付货款（ ）美元。

A. 1 050（箱），950（箱），150 000（美元）

B. 1 050（箱），1 000（箱），156 000（美元）

C. 1 050（箱），950（箱），156 000（美元）

D. 1 000（箱），950（箱），156 000（美元）

5. 运输包装和销售包装的分类，是按（ ）。

A. 包装的目的来划分的　　B. 包装的形式来划分的

C. 包装所使用的材料来划分的　　D. 包装在流通过程中的作用来划分的

6. 采用定牌和无牌时，在我出口商品或包装上（ ）。

A. 均不须标明我国制造字样

B. 均须标明我国制造字样

C. 是否标明我国制造字样，由买卖双方协商而定

D. 是否标明我国制造字样，由我方决定

7. 条码标志主要用于商品的（ ）上。

A. 销售包装和运输包装　　B. 运输包装

C. 销售包装　　D. 任何包装

8. 按照国际惯例，如果合同中没有相关规定，则运输标志一般由（ ）提供。

A. 开证行　　B. 卖方　　C. 买方　　D. 船方

二、多项选择

1. 在国际贸易中，对于计算商品重量时如何计算商品包装的重量，下述做法正确的有（ ）。

A.按实际皮重计算　　B.按平均皮重计算

C.按习惯皮重计算　　D.按约定皮重计算

2.包装标志包括（　　）标志。

A.运输　　B.指示性　　C.国别　　D.警告

3.根据包装在流通过程中所起的作用不同，可分为（　　）。

A.运输包装　　B.保护包装　　C.销售包装　　D.外部包装

4.根据国际标准化组织的建议和推荐，运输标志的内容包括（　　）。

A.收货人的英文缩写字母或简称　　B.参考号

C.目的地　　D.件数号码

5.合同中的包装条款，主要包括（　　）。

A.包装材料　　B.包装方式

C.包装费用　　D.运输标志

6.采用中性包装的目的有（　　）。

A.打破进口国家和地区实行的各种限制

B.打破进口国家和地区实行的政治歧视

C.扩大出口

D.激发消费者购买兴趣

7.中性包装可分为（　　）。

A.无牌中性包装　　B.定牌中性包装

C.运输中性包装　　D.销售中性包装

8.指示性标志主要用于（　　）的商品。

A.易碎　　B.易变质　　C.剧毒　　D.易损坏

9.出口商品采用中性包装就是（　　）。

A.包装上仅有外商指定的商标或牌号，但无生产地名和厂商名称

B.包装上既无商标、牌号，又无生产地名和厂商名称

C.在采用外商指定的商标或牌号同时，标示“中国制造”字样

D.包装上无商标或牌号，仅标示中国的某产地名称

10.集合运输包装可以分为（　　）。

A.集装袋　　B.集装包　　C.集装箱　　D.托盘

11.使用类包装一般包括（　　）。

A.携带式包装　　B.易开式包装　　C.开窗式包装　　D.习惯式包装

12.定牌中性包装包括（　　）。

A.商品和包装上无商标、牌号

B.商品和包装上无生产国

C.商品和包装上有买方指定的商标、牌号

D.商品和包装上注明生产国别

13.运输标志的作用有（　　）。

A.便于识别货物　　B.方便运输　　C.易于计算　　D.防止错发错运

三、判断

1. 在商品和包装上不注明生产国的包装是中性包装。 （ ）

2. 运输包装上的标志就是运输标志，也就是通常所说的唛头。 （ ）

3. 采用定牌出口商品时，除非买卖双方另有规定，一般都应在商品包装上注明“中国制造”字样。 （ ）

4. 包装费用通常在单价以外另行计价。 （ ）

5. 国际上通用的条形码有两类：UCP和EAN。UCP码是目前国际公认的物品编码标识系统。 （ ）

6. 商品的外包装上都必须刷上运输标志、指示性标志和警告性标志。 （ ）

关键术语

毛重　净重　以毛作净　公量　溢短装条款　运输包装　指示性标志　销售包装　定牌生产　中性包装　标准运输标志

思考题

1. 数量条款在合同中的法律地位如何？约定数量条款应注意哪些事项？

2. 在国际货物买卖中，有哪些常用的计量单位和计量方法？

3. 什么是数量的溢短装条款？在某些大宗商品交易中为什么要约定溢短装条款？溢短装的选择权应当由谁掌握？

4. 在合同未约定溢短装条款的情况下，能否多装或少装？

5. 运输包装的作用是什么？它是如何分类的？

6. 销售包装的作用是什么？它是如何分类的？

7. 包装标志按照所起作用的不同分为哪些种类？为什么在运输包装上要刷写有关标志？

8. 何谓中性包装和定牌生产？在国际贸易中为什么会使用中性包装和定牌生产？

9. 包装条款的内容有哪些？如何规定？

推荐阅读文献

1. 冷柏军，段秀芳. 国际贸易实务［M］. 北京：北京大学出版社，2017.

2. 程铭，等. 国际贸易实务案例与解答［M］. 上海：上海大学出版社，2012.

案例思考

1. 我国某出口公司对外签约出口农产品200公吨，合同规定新麻袋包装，每袋25千克。付款方式为信用证。当出口公司凭信用证装运并办妥结汇手续时，却收到买方来电，称卖方所交货物扣除皮重后实际重量不足200公吨，要求按净重计算价格，退回因短量而多收取的货款。我方是否应该退回因短量而多收取的货款？

2. 国内某出口公司与日本某公司达成一项出口交易，合同指定我方出唛头，因此，我方在备货时就将唛头刷好。但在货物即将装运时，国外开来的信用证上又指定了唛头。在此情况下，我方应如何处理？

3.菲律宾某公司与上海某自行车厂洽谈进口业务，打算从我国进口“永久”牌自行车1 000辆，但要求我方改用“剑”牌商标，并且在包装上不得注明“中国制造”（Made in China）字样。我方是否可以接受？在处理此项业务时，应注意什么问题？

4.国内某公司向俄罗斯出口大豆，合同规定数量为1 000公吨，用麻袋装。我方在装运中，由于麻袋数量不足，将100公吨的货物擅自改用塑料袋代替麻袋装运。我方的行为是否构成违约？对方是否有权拒收或以此为由向我方提出索赔？

第三章

国际贸易术语

学习目标

重点掌握：有关贸易术语的国际惯例；六种最常用贸易术语的风险、责任与义务的划分，以及具体的应用情况；2020年《国际贸易术语解释通则》的变动情况。

一般了解：国际贸易术语的产生与发展历程；有关贸易术语的国际贸易惯例的演进简况；其他主要贸易术语的责任义务的划分。

能力要求：具备根据贸易伙伴及交易标的、风险防范、运输方式等因素合理选择贸易术语的能力，并在合同中能够就贸易术语作出合理的规定。

意识培养：提高国际化意识和全局意识，签订合同价格条款时，尽可能全面、规范、合理。

第一节　贸易术语的含义与作用

国际贸易与国内贸易有很大的不同。由于国际贸易的交易双方分别处于不同的国家，往往距离遥远，在双方交接货物的过程中，需要经过长途运输，涉及多次装卸和存储，双方在交易中必须考虑如下问题：何时何地办理货物的交接？由谁租船、订舱和支付运费？由谁办理货运保险？由谁承担货运途中可能出现的各种风险？由谁办理进出口许可证？买方应在什么时候付款？根据什么付款？等等。如果每一笔交易都需要对以上方面的问题逐一反复洽商，不仅造成时间、费用上的大量浪费，而且极易因为某些方面考虑不周而造成严重的后果。为此，在国际贸易的长期实践中，逐渐形成了不同的贸易术语，以明确交易双方责任、费用和风险的划分，从而极大地促进了交易的达成与合同的顺利履行。

一、贸易术语的产生

国际贸易起源于奴隶社会，而贸易术语（trade terms）却是在国际贸易发展到一定历史阶段的产物。据史料记载，中世纪时，海外贸易的主要形式是商人自己到海外采购货物或将货物运至海外销售，有时商人在出售货物的同时，购进所需货物。货主自己承担货物在长途运输中的全部责任、费用和风险。这种做法，在当时商品经济不很发达的情况下被广泛采用。直到18世纪末19世纪初，才产生了装运港船上交货贸易术语，即FOB（free on board）。不过，FOB贸易术语当时的含义与目前我们所应用的FOB贸易术语不完全相同。据有关资料记载，当时的FOB贸易术语是指买方事先在装运港口租订一条船，并要求卖方将其出售的货物交到买方租好的船上。买方在此过程中要对货物进行检验并监督装船的情况，如果认为卖方的交货合乎要求，就在当时当地支付货款。这种做法与我们目前在国际贸易中应用的FOB贸易术语的实际做法有一定差异。到19世纪中叶，CIF贸易术语产生，并得到广泛应用。随着科学技术的进步，国际运输、保险业的迅速发展，银行业务的广泛拓展，国际贸易的条件发生了深刻的变化，国际上采用的贸易术语也有了较大变化，除传统的贸易术语，近年来又出现了一些新的贸易术语。在长期的贸易实践中，贸易术语无论是在数量、名称还是内在含义方面都经历了很大的变化。

二、贸易术语的含义与作用

贸易术语又称贸易条件、价格术语（price terms），是在长期的国际贸易实践中产生的，用来表明商品的价格构成，明确买卖双方有关费用、风险和责任的划分，并确定卖方交货和买方接货方面的权利和义务的专门用语。

贸易术语明确了买卖双方各自承担的义务，每种贸易术语都有其特定的含义。采用某种专门的贸易术语，主要是为了确定交货条件，即说明买卖双方在交接货物方面彼此承担的责任、费用和风险的划分。例如，按装运港船上交货条件（FOB）成交同按目的地交货条件（DAP）成交，由于交货条件不同，买卖双方各自承担的责任、费用和风险就有很大区别。在FOB条件下，买方要负责派船到约定的装运港接运货物，并承担货物装上船后的一切费用和风险，而卖方则负责按时把约定的货物交到买方指定的船上，并承担货物装上船以前的一切费用和风险；在DAP条件下，卖方要负责将合同规定的货物按照通常航线和惯常方式，在规定期限内将装载于运输工具上准备卸载的货物交由买方处置，即完成交货，卖方负担将货物运至指定地为止的一切风险。

同时，贸易术语也可用来表示价格构成因素，特别是货价中所包含的从属费用。例如，按FOB价成交与按CIF价成交，由于其价格构成因素不同，成交价应有所区别。具体地说，前者不包括从装运港到目的港的运费和保险费，而后者则包括从装运港到目的港的通常运费和保险费，所以买卖双方确定成交价格时，FOB价格应较CIF价格为低。

不同的贸易术语，表明买卖双方各自承担不同的责任、费用和风险，而责任、费用和风险的大小又影响成交商品的价格。一般来说，凡使用出口国国内交货的各种贸易术语，如工厂交货（EXW）和装运港船边交货（FAS）等，卖方承担的责任、费用和风险都比较小，所以商品的售价就较低；反之，凡使用进口国国内交货的各种贸易术语，如目的地交货（DAP）和完税后交货（DDP）等，卖方承担的责任、费用和风险都比较大，商品的售价通常较高。因为，运费、保险费、额外的开支与费用等因素必然要反映到成交商品的价格上，所以，在进口国国内交货比在出口国国内交货的价格高，有时甚至高出很多。由于贸易术语体现出商品的价格构成，按不同的贸易术语成交，会体现出商品的不同价格构成，所以，有人便把它当作单纯表示价格的用语，而称其为“价格术语”或“价格条件”。

贸易术语是国际贸易发展过程中的产物，它的出现反过来又促进了国际贸易的发展。贸易术语在实际业务中的广泛应用，对于简化交易手续、缩短洽商时间、节约费用开支和减少贸易争端都具有重要的作用。

具体来讲，贸易术语的作用主要表现在下列几个方面：

1.有利于买卖双方洽商交易和订立合同

目前，一些国际组织已经对贸易术语进行了统一的解释与规定，并得到各国的广泛认可。因此，贸易术语的含义是相对确定的。只要买卖双方商定按合同中的贸易术语成交，即可明确彼此在交接货物方面所承担的责任、费用和风险。例如，上海某出口商打算出口一批货物，双方商定由中方负责办理出口许可证，负责将货物运到上海港码头船舶吊钩可及之处，承担货物装上船之前的风险；买方负责租船订舱、保险，承担货物装上船后的风险，负责卸货、办理进口手续等。如果双方在有关责任等方面作出如上约定也未尝不可，然而这种约定方法既烦琐又不十分全面。如果采用FOB吊钩下交货贸易术语，则不仅可以将以上意思表述清楚，而且其他相关的方面也因有国际贸易惯例的规定而不至于出现纰漏。这就简化了交易手续，缩短了洽商交易的时间，从而有利于买卖双方迅速达成交易和订立合同。

2.有利于买卖双方核算价格和成本

由于贸易术语表示价格构成因素，买卖双方确定成交价格时，就可以将相关的费用计入货价，力求报价公平合理。不同的贸易术语在运费、保险费、装卸费、关税、增值税和其他费用的承担方面的规定大不相同，确定了合同中选用的贸易术语，费用开支范畴也就基本确定了，这就有利于买卖双方进行比价和加强成本核算。

3.有利于解决贸易争端

买卖双方商订合同时，对合同条款考虑欠周，很可能因此而产生贸易争端。在合同中采用了贸易术语的情况下，可以援引有关贸易术语的一般解释来处理，因为贸易术语的一般解释已成为国际惯例，并被国际贸易界从业人员和法律界人士所理解和接受，从而成为国际贸易中公认的一种行为规范和准则。

第二节　有关贸易术语的国际贸易惯例

一、国际贸易惯例的性质

贸易术语的产生尽管比较早，但在产生的初期，国际上并没有形成对各种贸易术语的统一解释。不同的国家和地区在应用贸易术语时，有着不同的解释和做法，这在一定程度上妨碍了国际贸易的发展。为解决这一问题，国际商会、国际法协会等国际组织以及美国的一些著名商业团体经过长期的努力，分别制定了解释国际贸易术语的规则，这些规则在国际上被广泛应用，成为一般的国际贸易惯例。

国际贸易惯例是在长期的国际贸易实践中产生的一些习惯做法，经过国际组织编纂与解释而形成。国际贸易惯例的性质与作用体现在如下几方面：首先，国际贸易惯例不是法律，对贸易双方不具有强制性。国际贸易惯例的适用是以当事人的意思自治为基础的。如果当事人在合同中作出与某项国际贸易惯例不符的规定，只要合同依法成立，该规定就会受到有关法律的保护，而不必拘泥于贸易惯例的规定。其次，国际贸易惯例对国际贸易实践具有很强的指导作用。这是因为，一方面，如果交易双方都同意采用某项国际贸易惯例来约束该项交易，则这项约定的惯例就具有了强制性；另一方面，如果合同中既未排除，又未注明使用某项惯例，在合同履行中产生争议，受理该争议案的司法和仲裁机构也往往会援引某一国际贸易惯例进行判决或裁决，而这种判决或裁决一般具有法律强制性。由此可见，国际贸易惯例对国际贸易的指导意义十分重大。

在国际贸易实践中，形成了有关交易各个环节、各个方面的国际贸易惯例，如价格、合同、运输、保险、支付、仲裁等方面，都形成了一定的国际贸易惯例，它们的广泛应用，极大地促进了国际贸易的发展。

二、主要国际贸易惯例

在国际贸易实践中，影响较大的有关贸易术语的国际贸易惯例主要有以下三个：国际法协会制定的《华沙-牛津规则》（Warsaw-Oxford Rules）、美国一些商业团体制定的《美国对外贸易定义修订本》（Revised American Foreign Trade Definitions）、国际商会制定的《国际贸易术语解释通则》（International Rules for the Interpretation of Trade Terms，简称INCOTERMS）。

1.《1932年华沙-牛津规则》（Warsaw-Oxford Rules 1932）

为了对CIF合同双方的权利与义务作出统一的规定与解释，国际法协会于1928年在波兰华沙举行会议，制定了有关CIF合同的统一规则，共22条，称为《1928年华沙规则》。后来，经1930年纽约会议、1931年巴黎会议和1932年牛津会议修改为21条，定名为《1932年华沙-牛津规则》。这一规则为那些按CIF贸易术语成交的买卖双方提供了一套可在CIF合同中易于使用的统一规则，供买卖双方自愿采用。

《1932年华沙-牛津规则》主要说明CIF买卖合同的性质和特点，并具体规定了采用CIF贸易术语买卖双方的权利和义务。按该规则，CIF合同的卖方需承担以下主要义务：

（1）必须提供符合合同说明的货物，并按港口习惯方式在合同规定的时间或期限内，在装运港将货物装到船上；承担货物损坏或灭失的风险，直到货物装上船为止。

（2）必须根据货物的性质和预订航线或特定行业通用的条件，自付费用，订立合理的运输合同，并提供“已装船”提单。

（3）必须自负费用，办理货物运输保险，并取得保险单，作为一项有效的确实存在的保险合同的证明。

（4）必须在货物装船后通知买方，说明船名、唛头和细节。

（5）必须尽力发送单据，并有责任以各种适当的方式提交单据或使其得以提交给买方。

《1932年华沙-牛津规则》公布后，一直沿用至今，并成为国际贸易中颇有影响的国际贸易惯例。这是因为，此项规则在一定程度上反映了各国对CIF合同的一般解释。不仅如此，其中某些规定的原则，还可适用于其他合同。例如，《1932年华沙-牛津规则》规定，在CIF合同中，货物所有权移转至买方的时间，应当是卖方把装运单据（提单）交给买方的时刻，即以交单时间作为所有权移转的时间。此项原则，虽是针对CIF合同的特点制定的，但一般认为也可适用于卖方有提供提单义务的其他合同。

2.《1990年美国对外贸易定义修订本》（Revised American Foreign Trade Definitions 1990）

美国九大商业团体于1919年制定了《美国出口报价及其缩写条例》（The U.S. Export Quotations and Abbreviations）。其后，在1941年和1990年对其进行了修订，命名为《1941年美国对外贸易定义修订本》和《1990年美国对外贸易定义修订本》。修订本为美国商会、美国进口商协会和美国对外贸易协会所组成的联合委员会所采用，并由全国对外贸易协会予以公布。

《1990年美国对外贸易定义修订本》规定了以下六种贸易术语：

（1）Ex（point of origin）——产地交货；

（2）FOB（free on board）——在运输工具上交货；

（3）FAS（free along side）——在运输工具旁边交货；

（4）C&F（cost and freight）——成本加运费；

（5）CIF（cost insurance and freight）——成本加保险费、运费；

（6）Ex Dock（named port of importation）——目的港码头交货。

《1990年美国对外贸易定义修订本》也是国际贸易中具有一定影响的国际贸易惯例，不仅在美国使用，而且也为加拿大和一些拉丁美洲国家所采用。由于该惯例对贸易术语的解释，尤其是对第（2）种和第（3）种贸易术语的解释与《国际贸易术语解释通则》有明显的差异，所以，在同这些国家和地区进行交易时应加以注意。

3.《国际贸易术语解释通则》（INCOTERMS）

《国际贸易术语解释通则》是国际商会为了统一对各种贸易术语的解释而制定的。国际商会自20世纪20年代初即开始对重要的贸易术语作统一解释的研究，并于1936年提出了一套解释贸易术语的具有国际性的统一规则，定名为INCOTERMS 1936。INCOTERMS来源于“International Commercial Terms”三词，其副标题为“International Rules for the Interpretation of Trade Terms”，故译作《国际贸易术语解释通则》（以下称INCOTERMS或简称《通则》，后加年份以区别版本）。

《通则》的宗旨是为国际贸易中最普遍使用的贸易术语提供一套解释的国际规则，以避免因各国不同解释而出现的不确定性，或至少在相当程度上减少这种不确定性。《通则》产生后，国际商会根据国际贸易发展的新形势、新需要，于1953年、1967年、1976年、1980年、1990年、2000年、2010年和2020年发布和实施了新的修订版。现行的版本INCOTERMS 2020是在INCOTERMS 2010的基础上修订产生的，并于2020年1月1日起生效。

在《通则》不断修订过程中，其涵盖的贸易术语的数量、含义是在变化的。例如，在1990年版本中，删除了1980年版本中的FOR/FOT（铁路交货/敞车交货）和FOA（启运机场交货），增加了DDU（未完税交货），使所包含的贸易术语由原来的14种变成了13种；对部分贸易术语的国际代码进行了调整，将原来的FRC改为FCA，原C&F改为CFR，原DCP改为CPT，原EXS和EXQ改为DES和DEQ；将每种贸易术语项下卖方和买方各自应承担的义务均排列成相互对应的10项，并将13种贸易术语分别列为E、F、C、D四个组。第一组为“E”组（EXW），指卖方仅在自己的地点为买方备妥货物；第二组“F”组（FOB、FAS和FCA），指卖方需将货物交至买方指定的承运人；第三组“C”组（CIF、CFR、CIP和CPT），指卖方须订立运输合同，但对货物灭失或损坏的风险以及装船和启运后发生意外所产生的额外费用，卖方不承担责任；第四组“D”组（DAF、DES、DEQ、DDU和DDP），指卖方须承担把货物交至目的地国交货地点所需的全部费用和风险。

与INCOTERMS 1990相比，INCOTERMS 2000在以下两个方面作出了实质性的改变：

(1) 在FAS和DEQ术语下办理清关手续和缴纳关税的义务；(2) 在FCA术语下装货和卸货的义务。在贸易术语中双方当事人各自的义务的规定方法，以及贸易术语的分类方面，INCOTERMS 2000则延续了INCOTERMS 1990的做法。

在INCOTERMS1990中，为了便于理解，将所有的术语分为4个不同的基本类型，在INCOTERMS 2000中则沿袭了这种分类方法（见表3-1）。

表3-1　INCOTERMS 2000贸易术语的分类

组别	术语缩写	术语英文名称	术语中文名称
E组（启运）	EXW	ex works	工厂交货（……指定地点）
F组（主要运费未付）	FCA	free carrier	货交承运人（……指定地点）
	FAS	free alongside ship	船边交货（……指定装运港）
	FOB	free on board	船上交货（……指定装运港）
C组（主要运费已付）	CFR	cost and freight	成本加运费（……指定目的港）
	CIF	cost，insurance and freight	成本、保险加运费（……指定目的港）
	CPT	carriage paid to	运费付至（……指定目的港）
	CIP	carriage and insurance paid to	运费、保险费付至（……指定目的地）
D组（到达）	DAF	delivered at frontier	边境交货（……指定地点）
	DES	delivered ex ship	目的港船上交货（……指定目的港）
	DEQ	delivered ex quay	目的港码头交货（……指定目的港）
	DDU	delivered duty unpaid	未完税交货（……指定目的地）
	DDP	delivered duty paid	完税后交货（……指定目的地）

鉴于地区经济一体化的迅速发展、电子商务的日趋成熟以及不断加强的货物运输中的安全和变化等问题，INCOTERMS 2010以货物的运输方式为标准，将术语分为两大类共11种（见表3-2），并且使得所有术语的表述更加简洁明确，以利于使用者更加轻松地作出准确直接的选择。

表3-2　INCOTERMS 2010贸易术语的分类

组别	术语缩写	术语英文名称	术语中文名称
适用于任何运输方式或多种运输方式的术语	EXW	ex works	工厂交货（……指定地点）
	FCA	free carrier	货交承运人（……指定地点）
	CPT	carriage paid to	运费付至（……指定目的地）
	CIP	carriage and insurance paid to	运费、保险费付至（……指定目的地）
	DAT	delivered at terminal	运输终端交货（……指定港口或目的地的运输终端）
	DAP	delivered at place	目的地交货（……指定目的地）
	DDP	delivered duty paid	完税后交货（……指定目的地）
适用于海运及内河运输的术语	FAS	free alongside ship	船边交货（……指定装运港）
	FOB	free on board	船上交货（……指定装运港）
	CFR	cost and freight	成本加运费（……指定目的港）
	CIF	cost，insurance and freight	成本、保险加运费（……指定目的港）

第三节 INCOTERMS 2010

一、INCOTERMS 2010修订背景

INCOTERMS 2000自公布和使用到INCOTERMS 2010生效有10年之久，10年里国际贸易环境发生了巨大的变化。随着经济全球化进程的不断加速，世界各国更加重视通过区域经济一体化组织来推进贸易自由化，欧盟、东盟等区域经济一体化组织中，成员国之间取消边境手续，免除关税，商品在成员国之间实现了自由流动，在这样的情况下，贸易术语中关于由何方负责进出口清关、缴纳关税的规定就失去了原有的意义。传统单一的运输方式已经不适应经济全球化的发展，国际集装箱运输以及包含水上运输、陆地运输、航空运输在内的多式联运的发展，给国际货物运输带来了极大的便利，同时也为INCOTERMS 2000指出了修订的方向。国际电子商务的发展使国际贸易的运作方式发生了巨大的变化，特别是电子数据交换系统EDI的应用，不仅将国际贸易传统的制单方式变得标准化、简单化，而且大大提高了工作效率，减少了错误，降低了成本。在“无纸贸易”的新形势下，如何确保相应的电子信息的法律地位和法律效力就成为一个亟待解决的现实问题。2001年美国“9·11”事件后人们开始高度关注货物的运输安全问题，各国海关纷纷采取更加严苛的措施加强对进出口货物的安全检查和核准工作，这大大增加了进出口双方的工作难度和工作量，而这些工作究竟由谁来完成必须在INCOTERMS中加以明确。

除此之外，大宗货物在运输途中的转售、船舷作为风险转移点的争议、码头作业费的承担、伦敦保险协会制定的协会货物运输保险条款（即ICC保险条款）的修订等问题，也成为国际商会讨论和修订的主要议题。

二、INCOTERMS 2010与INCOTERMS 2000的主要区别

1.贸易术语的数量缩减为11种

INCOTERMS 2000中，规定了13种贸易术语。而在INCOTERMS 2010中，由DAP术语和DAT术语取代了INCOTERMS 2000中的DAF、DES、DEQ和DDU 4个术语，贸易术语的数量减少至11种，原D组术语中仅保留了DDP。

DAT和DAP是INCOTERMS 2010增加的两个全新术语。DAT（delivered at terminal）是指在指定目的地或目的港的运输终端交货，“terminal”可以是任何地点，如码头、仓库、集装箱堆场或者铁路、公路或航空货运站等。DAP（delivered at place）是指在指定目的地交货，“place”可以指港口，也可以指陆地的地名。两者的主要差异在于DAT术语下卖方需要承担把货物由目的地（港）运输工具上卸下的费用和风险，DAP术语下卖方只需在指定目的地把货物置于买方控制之下，而无须支付卸货费用。

2.术语按适用运输方式的不同分为两大类

INCOTERMS 2000将贸易术语根据开头字母划分为E、F、C和D组，且按照卖方责任逐步增加、买方责任逐步减少依次排列。而INCOTERMS 2010按照所适用的运输方式将贸易术语分为两大类。第一类包括那些适用于任何运输方式（包括多式运输）的术语，EXW、FCA、CPT、CIP、DAT、DAP和DDP均属此类。第二类包括那些只适用于海运或内河运输的术语，FAS、FOB、CFR和CIF均属此类，此类术语下卖方交货点和货物运至

买方的地点均是港口，所以这类术语的特点是“唯海运不可”。

3.取消了越过船舷作为风险转移的概念

在INCOTERMS以前版本中，对于适合于水上运输的FOB、CFR、CIF术语的风险转移均是以越过船舷为界，在INCOTERMS 2010中删除了以船舷作为风险转移点的表述，强调以货物在装运港被装上船时为界，风险由卖方转移给买方。这样的规定虽然更符合现代商业现实，减少了不必要的争议，但有可能增加卖方的责任、风险和费用，因此卖方需要适当调整报价，以分散风险、分摊费用。

4.新增连环销售（string sales）的规定

INCOTERMS 2010在FAS、FOB、CFR和CIF等术语中首次加入了货物在运输期间被多次买卖（连环销售）的责任义务的划分。大宗货物买卖中，货物常在运送至销售链终端的过程中被多次转卖，销售链始端的卖方负责安排运输，销售链中间的卖方无须装运货物，只需背书相关单据即完成交易，因此处在销售链中间的卖方是以“取得”货物的方式履行自己的义务。INCOTERMS 2010中规定了“取得运输中的货物”的义务，并将其作为在相关贸易术语下运输货物义务的替代义务。

5.贸易术语的适用范围扩大至国内贸易

INCOTERMS 2000规定适用于货物跨越国界的国际货物销售合同，而INCOTERMS 2010则考虑到一些大的区域贸易集团内部贸易的特点，正式明确规定INCOTERMS 2010不仅适用于国际销售合同，也适用于国内销售合同。

6.更全面地包括了电子信息的使用

随着电子商务的飞速发展，遵循促进贸易便利化的宗旨，国际商会进一步明确在双方约定或符合惯例的情况下，赋予电子信息与纸质信息同等效力。这一规定必将为新的电子程序的发展提供有利契机。

7.与安全有关之清关措施

美国“9·11”事件后，世界各国在各个方面均加强了安全措施，国际贸易也不例外。INCOTERMS 2010对A2/B2和A10/B10改动较为明显。在A2/B2中增加了与安全有关的清关手续。在A10/B10中特别要求卖方和买方分别帮助对方提供包括与安全有关的信息和单据，并可向受助方索偿因此而发生的费用。

8.新增指导性阐述（guidance note）

INCOTERMS 2010每个规则均由三部分构成：

（1）guidance notes——指导性阐述；

（2）the seller's obligation——卖方义务；

（3）the buyer's obligation——买方义务。

指导性阐述对每一个规则做根本性的解说，例如，说明何时应适用本规则、风险负担何时移转、买卖双方间的成本或费用如何划分等事宜。指导性阐述只是用来帮助使用者准确而有效地为特定交易选择合适的术语，而非术语正式规则的一部分。同时需要强调的是，在指导性阐述中通常要求双方当事人自行明确风险转移的临界点，而非由INCOTERMS 2010本身去规定这些风险临界点，这就需要买卖双方在订立合同时认真考虑该问题，必要时应另行明确规定双方认可的风险临界点。

三、适用于海运和内河水运的术语

1.FAS（船边交货）

FAS是free alongside ship（…named port of shipment）贸易术语的简称，即船边交货(……指定装运港)。

FAS通常被称为装运港船边交货。在这一贸易术语下，卖方要在规定的时间内将合同规定的货物交到指定的装运港买方指派船只的船边，在船边完成交货的义务。买卖双方承担的费用和风险均以船边为界。如果买方所派船只不能靠岸，卖方则要负责用驳船把货物运至船边，在船边完成交货义务。装船的责任和费用由买方负担。FAS术语要求卖方办理出口清关手续。

值得注意的是，INCOTERMS 2000对FAS贸易术语的阐释与INCOTERMS 1990有所不同。INCOTERMS 2000规定在该术语下的出口清关手续由出口人负责办理，而在INCOTERMS 1990中规定该责任是由进口人承担的，这是INCOTERMS 2000修订时的一项重大变化。

针对FAS术语，INCOTERMS 2010进行了如下修订：

（1）在集装箱运输中，卖方货交承运人通常发生在集装箱码头而非指定装运港船边，因此较FAS，此时FCA术语更适合。

（2）卖方承担装运港船边交货前的一切风险和费用，由于各个港口的情况不同，这些费用和相关的港口作业费用会有所差异，因此买卖双方应尽可能清楚地订明具体装货点。

（3）卖方交货有两种方式，即将货物置于买方指定的船舶旁边或取得已经在船边交付的货物，后者适合于连环销售。

（4）买卖双方均有义务提供相关安检信息。

（5）在各方约定或符合惯例的情况下，任何所需单证均可以是同等作用的电子记录或程序。

2.FOB（船上交货）

FOB是free on board（…named port of shipment）贸易术语的简称，即装运港船上交货(……指定装运港)。

装运港船上交货是国际贸易中常用的价格术语之一。卖方承担的基本义务是在合同规定的装运港和规定的期限内，将货物装上买方指派的船只或取得已交付至船上的货物（适用于连环销售），并及时通知买方。货物在装上船或取得已如此交付的货物（适用于连环销售）时，风险即由卖方转移至买方。买方要负责租船订舱，支付运费，并将船期、船名及时通知卖方。货物在装运港装上船后的其他责任、费用也都由买方负担，包括取得进口许可证或其他官方证件，以及办理货物入境的手续和费用。如果买方指定了船只，而未能及时将船名、装货泊位及装船日期通知卖方，或者买方指派的船只未能按时到达，或未能承载货物，或者在规定期限终了前截止装货，买方要承担由此产生的一切风险和损失，前提是货物已清楚地分开或被固定为供应本合同之用。

在FOB条件下，卖方要自负风险和费用领取出口许可证或其他官方证件，并负责办理出口手续。卖方还要自费提供证明其已按规定完成交货义务的证件。在买方要求下，并由买方承担风险和费用的情况下，卖方可给予一切协助，以便买方及时取得任何单证和信息，包括与安全相关的信息。

INCOTERMS 2010特别指出FOB术语可能不适合于货物在上船前已经交给承运人的情况，例如用集装箱运输的货物通常是在集装箱码头交货。在此情况下，应当使用FCA术语。

（1）采用FOB贸易术语买卖双方各自承担的基本责任与义务

①卖方责任

A.在合同规定的时间和装运港口，将符合合同规定的货物交到买方指派的船上，并及时通知买方；

B.承担交货前的一切费用和风险；

C.自负风险和费用，取得出口许可证或其他官方批准证件，并且办理货物出口所需的一切海关手续；

D.提交商业发票和自费提供证明卖方已按规定交货的清洁单据，或同等的电子信息；

E.应买方要求并由其承担风险和费用的前提下，卖方需将其所拥有的关于货物清关以及与安全相关的信息和文件提供给买方。

②买方责任

A.订立从指定装运港口运输货物的合同，支付运费，并将船名、装货地点和要求交货的时间及时通知卖方；

B.承担受领货物之后的一切费用和风险；

C.自负风险和费用，取得进口许可证或其他官方证件，并办理货物进口所需的海关手续；

D.根据合同规定受领货物并支付货款；

E.及时告知卖方任何安全信息要求。

（2）采用FOB贸易术语时应注意的问题

①风险划分问题

INCOTERMS 2010以货物装上船作为划分买卖双方所承担的风险的界限，这里的风险是指货物灭失或损坏的风险。按照INCOTERMS 2010的解释，货物装上船之前的风险，包括货物装船时掉落码头或落海所造成的损失，均由卖方承担；货物装上船之后，包括在运输途中所发生的一切风险都由买方承担。

②船货衔接问题

在FOB贸易术语下，由于买方负责租船订舱，一般由卖方负责装船，这样就存在船货衔接的问题。如果处理不当，必然影响到合同的履行。根据有关法律和惯例，如果买方派船早于或晚于合同规定的期限，则卖方有权拒绝交货，由此而产生的各种损失，如空舱费、滞期费以及卖方增加的仓储费等，都由买方承担。如果买方船舶按期到达，而卖方没有备妥货物，那么，由此产生的费用则由卖方承担。有时，双方按照FOB贸易术语成交，买方委托卖方租船订舱，卖方可以酌情接受，但是，这属于代办性质，其风险和费用仍由买方承担。

为了尽可能减少买卖双方由于船货衔接不当带来的损失，双方应当加强联系，密切配合，以保证船货衔接。买方应给予卖方关于船名、装船地点和所要求的交货时间的充分通知。在实务中，为了保证卖方备货和买方派船接货互相衔接，到船通知是必不可少的。如有需要，可在合同中对买方应在船到港多长时间前通知卖方作出规定。

③装船费用的负担问题

卖方要承担将货物装上船之前的一切费用，但由于各国对于“装船”的概念并没有统一而明确的解释，在实际装船业务中涉及的各项具体费用，如将货物运至船边的费用、吊装入舱的费用、理舱费、平舱费等，究竟由谁负担，各个国家的惯例也不相同。按FOB价格成交，如果采用班轮运输，装船费用包括在班轮运费之中，与装船有关的各项费用自然由负责办理运输事项的买方承担。而如果采用程租船运输，按照航运惯例，通常在租船合同中规定船方不负担装船费用。在这种情况下，买卖双方应在合同中明确装船、理舱、平舱费用的负担问题。为了避免买卖双方在装船等费用的负担问题上发生争议，在国际贸易中形成了FOB贸易术语的变形，以明确装船费用由谁负担的问题。具体来讲，有以下几种形式：

A.FOB班轮条件（FOB liner terms）。装船的有关费用按照班轮的做法办理，卖方不予承担。由于船舶是买方租订的，因而该笔费用实际上是由买方负担的。

B.FOB吊钩下交货（FOB under tackle）。卖方仅负责把货物交到买方指派船只的吊钩所及之处，吊装入舱等装船费用则由船方或买方负担。

C.FOB理舱费在内（FOB stowed）。卖方负责将货物装船并负担包括理舱费在内的装船费用。

D.FOB平舱费在内（FOB trimmed）。卖方负责将货物装入船舱，并承担平舱费在内的装船费用。

以上FOB贸易术语的变形，只是为了明确装船费用由谁负担的问题而产生的，并不改变FOB贸易术语的交货地点以及风险划分的界限。

④《1990年美国对外贸易定义修订本》对FOB贸易术语的不同解释

在《1990年美国对外贸易定义修订本》中，也对FOB贸易术语进行了规定，然而，在交货地点以及买方承担的责任义务等方面都与INCOTERMS 2010有着较大的不同。具体来讲，体现在以下方面：

A.使用范围不同。INCOTERMS 2010中对于FOB的规定，专指海洋运输和内河运输。《1990年美国对外贸易定义修订本》中FOB则既被用作装运港船上交货，也被用作各种运输工具上交货，使用范围非常广。

B.交货地点不同。按照INCOTERMS 2010的解释，使用FOB贸易术语不必加入“Vessel”字样，即代表在港口交货。按《1990年美国对外贸易定义修订本》的解释，如果在某装运港口船上交货，则必须加“Vessel”字样，如“FOB Vessel NEWYORK”代表在纽约港船上交货。

C.出口税的负担不同。INCOTERMS 2010中，规定由出口方负担出口税，因该笔费用是在装船前发生的。《1990年美国对外贸易定义修订本》中则规定进口方要支付在出口国征收的一切出口税和其他费用。

【案例与教训】

FOB贸易术语下客户指定货代，可能会有风险

2003年底，青岛市某进出口公司（以下简称青岛某公司）与加拿大某服装公司签订价值22万美元的出口合同。合同规定：价格条款为FOB，由客户指定青岛某国际货运代理公司承运并出具提单。青岛某公司凭全套正本提单及相关单据通过银行向加拿大某服装公司收取货款（D/P）。2004年6月，青岛某公司收到青岛银行通知：因为加拿大服装公司拒绝支付货款，包括正本提单在内的全套单据已退回青岛某公司所在地银行。

为减少损失，青岛某公司立即要求该加拿大公司说明原因并告知提单项下货物状况。该公司先是通知青岛某公司，该批货物在温哥华码头，没有提货，后又给青岛某公司发函称，因为该批货物存在质量问题，影响销售，要求青岛某公司将总货款从22万美元降至8万美元。收到此函件后，青岛某公司怀疑对方可能已经提取货物（否则，未提货不可能事先知道货物存在质量问题）。青岛某公司立即致函承运人——青岛某国际货运代理公司，告知正本提单在青岛某公司保管，如果无单放货将要承担法律责任，同时要求该货运代理公司确认提单项下货物的现状。

该货运代理公司接到青岛某公司信函后，一开始完全否认无单放货的事实，而在青岛某公司要求派人提货时，又以需支付近40万元人民币高额仓储费的苛刻条件，百般阻挠青岛某公司提货、看货。为彻底弄清楚该批货物的真实情况，青岛某公司严正指出，可以支付相应的费用，但前提是，要派人到加拿大港口看货和必须有加拿大相关部门提供的费用明细及发票。对此，该货运代理公司迟迟不予答复。

在一直没有得到答复的情况下，青岛某公司被迫于2004年9月份派人持正本提单到该货运代理公司在加拿大温哥华的货运代理公司S公司，要求查看货物并洽谈提货事宜，却遭到S公司的无理拒绝：不仅拒不提供货物存放地点信息，也提供不出费用明细。至此，青岛某公司认定，青岛某国际货运代理公司与加拿大某服装公司之间存在恶意串通、无单放货的违法行为。

在提货不着的情况下，青岛某公司继续向承运人——青岛某货运代理公司主张货物权利。这时，加拿大某服装公司给青岛某公司发函要求与其面谈该批货物的处理问题。在面谈中，该加拿大服装公司默认已经提货的事实，并一再要求青岛某公司降价，解决问题。青岛某公司考虑到该批货物自出口之日起到2004年9月底已经长达半年之久，该公司面临着既无法正常结汇又无法办理退运的两难境地，为维护自身利益，减少损失，被迫与该服装公司签订了“城下之盟”，合计损失75万元人民币。

进出口企业应以此案例为戒，谨慎选择FOB客户指定货代条款，使那些不法货代公司的违法行为不能得逞，最大限度地减少企业出口收汇风险。

资料来源　张犇. 客户与货代恶意串通设陷阱［J］. 市场周刊（新物流），2006（9）.

【个案讨论】

对卖方来讲，采用FOB还是FCA更有利

我国某进出口公司与日本某商社磋商一笔出口矿产品金属硅的出口业务。在贸易谈判过程中，日方公司提出采用FCA贸易术语，货物交给日方公司驻广州办事处的代表（收货人）。但是，中方公司的业务员由于不熟悉FCA贸易术语，坚持采用FOB价格条件成

交。结果双方签订合同时采用的价格条件是FOB湛江，总价值12万美元。该货物在短途运输过程中被大雨淋湿，到湛江港时，由于货物淋湿不敢装船，只好晒干后再装船，结果错过装运期。中方公司只好与日方公司协商延长信用证的有效期和装运期，日方公司则要求降价，否则不但不延长信用证的有效期，而且还要进行索赔。中方公司不得不同意日方公司的要求，结果造成了一些损失。在本项业务中，采用哪一种贸易术语对卖方更有利？

3.CFR（成本加运费）

CFR的全称是cost and freight（…named port of destination），即成本加运费（……指定目的港）。

CFR贸易术语是国际贸易中应用最为广泛的三种贸易术语之一。在实际业务中，有时被称为运费在内价。在INCOTERMS 1990颁布之前，以C&F表示，在INCOTERMS 1990中改为CFR，在INCOTERMS 2000中再次强调采用CFR表示。按照INCOTERMS 2010的解释，采用该贸易术语成交时，卖方需要自负货物运至目的港所需的通常运费，在合同规定的装运港和规定的装运期限内，将货物装上船或取得已交付至船上的货物（适用于连环销售），并及时通知买方。货物在装上船或取得已如此交付的货物（适用于连环销售）时，风险即由卖方转移至买方。此外，卖方还要自负风险和费用，取得出口许可证或其他官方证件，并负责办理货物出口手续。卖方需要提交的单据主要有商业发票和通常的运输单据，必要时需提供证明其所交货物与合同规定相符的证件，所有单证均可以是同等作用的电子记录或程序。买方需要办理货物的保险手续，承担卖方交货后的责任、费用与风险。买卖双方均有义务提供安检所需相关信息。

INCOTERMS 2010特别指出与FOB术语类似，CFR术语也不适合于货物在上船前已经交给承运人的情况，因此，在此情况下应当使用CPT术语。

（1）双方的基本责任

①卖方责任

A.签订从指定装运港将货物运往约定目的港的运输合同，在合同规定的时间和港口，将合同要求的货物装上船并支付至目的港的运费，在装船后及时通知买方；

B.承担交货前的一切费用和风险；

C.自负风险和费用取得出口许可证或其他官方证件，并且办理货物出口所需的一切海关手续；

D.按合同规定提供正式有效的提单、发票及其他有关凭证，所有相关单证均可为同等作用的电子记录或程序；

E.应买方要求并由其承担风险和费用的前提下，卖方必须及时向买方提供或协助其取得相关货物进口和/或运输所需的单证和信息，包括与安全相关的信息。

②买方责任

A.承担货物在装运港装上船后的货物灭失或损坏的风险及费用；

B.在合同规定的目的港受领货物，并办理进口清关手续和交纳进口捐税；

C.受领卖方提供的各种约定的单证，并按合同规定支付货款；

D.及时告知卖方任何安全信息要求。

（2）采用CFR贸易术语时应注意的问题

①关于装船通知

在CFR贸易术语下，卖方向买方发出装船通知，具有通知买方及时办理保险的作用。买方办理进口货物保险时，保险公司按有关的装船通知承保。如果卖方未能及时向买方发出装船通知，致使买方未能及时办理保险，则万一货物在运输途中发生灭失或损坏，其风险由卖方承担。所以，采用CFR贸易术语成交时，卖方应特别注意及时向买方发出装船通知。

②关于卸货费用的负担

在费用划分上，CFR贸易术语下卖方只支付承运人从装运港至目的港的正常运费，由于运输途中遭遇风险而产生的额外费用，则应由买方负担。此外，从该贸易术语对于卖方承担费用的规定上来看，对于在目的港卸货时产生的费用究竟由谁来承担并不能清楚地判定，不同港口的习惯做法也有所不同。为了避免在这一问题上产生歧义，在国际上已经形成了一系列贸易术语的变形。

A.CFR班轮条件（CFR liner terms）。卸货费用按照班轮办法办理，买方不予承担。

B.CFR卸到岸上（CFR landed）。卖方负担到岸上为止的卸货费，包括轮船到码头转运时可能发生的驳船费、码头费、卸货费等。

C.CFR舱底交货（CFR ex ship's hold）。卖方不承担卸货费、码头费、驳船费，只将货物运到目的港，买方承担由启舱费开始的各项费用。

D.CFR吊钩下交货（CFR ex tackle）。卖方负责在目的港将货从船舱吊起卸到船舶吊钩所及之处的费用。在船舶不能靠岸的情况下，租用驳船的费用和货物从驳船卸至岸上的费用，概由买方承担。

4.CIF（成本、保险费加运费）

CIF的全称是cost，insurance and freight（…named port of destination），即成本加保险费、运费（……指定目的港）。CIF贸易术语是产生较早、应用最为广泛的贸易术语。

（1）双方的责任

①卖方责任

A.负责按通常条件租船订舱，支付到目的港的运费，并在规定的装运港和装运期内将货物装上船，装船后及时通知买方；

B.承担交货之前的风险；

C.负责办理从装运港到目的港的海运货物保险，支付保险费；

D.自负风险和费用取得出口许可证或其他官方证件，并负责办理出口手续；

E.提交商业发票以及通常的运输单据、保险单据等，所有单证均可是同等作用的电子记录或程序；

F.应买方要求并由其承担风险和费用的前提下，卖方必须及时向买方提供或协助其取得相关货物进口和/或运输所需的单证和信息，包括与安全相关的信息。

②买方责任

A.承担货物装上船之后的风险；

B.负责货物装船后，自装运港到目的港的通常运费、保险费以外的费用；

C.自负风险和费用取得进口许可证或其他官方证件，办理进口手续；

D.按合同规定支付价款；

E.及时告知卖方任何安全信息要求。

针对CIF贸易术语，INCOTERMS 2010还特别强调如下两点：

第一，当使用CIF术语时，买方货交承运人即完成其交货义务，而不是货物到达目的地之时。

第二，与FOB术语和CFR术语类似，CIF术语亦不适合于货物在装船前已经交给承运人的情况，因此与CIF术语相比，此时CIP术语更适合。

采用CIF贸易术语成交，对买卖双方都有益处。对于卖方来讲，可以将租船订舱、办理保险掌握在自己手里，便于组织货源，安排船只舱位，及时办理保险，便于这些环节之间的衔接与安排，工作比较主动。此外，以CIF贸易术语成交，卖方安排运输、保险事宜，可以优先租用本国船舶，在本国保险公司办理保险，既有利于发展本国航运、保险业，又有利于多创外汇。对于买方来讲，采用这一贸易术语成交，买方不必亲自办理租船订舱、保险，特别是成交金额不大的交易，采用CIF贸易术语成交非常方便。同时，在买方国家航运或保险业不发达的情况下，由卖方办理相关业务将从总体上有利于节约相关费用开支。

通过以上规定我们可以看到，CIF贸易术语与CFR贸易术语和前面介绍的FOB贸易术语有许多相同之处，但同时，在办理运输、保险等手续和费用的承担方面又有着明显的差别。在实际业务中，可以根据拟承担的费用和风险等来确定采用何种贸易术语。

（2）采用CIF贸易术语时应注意的问题

①办理保险问题

在CIF贸易术语下，由卖方办理保险，支付保险费，但是，卖方办理保险实际上属于代办性质，主要是为了买方的利益而办理的。保险金额与保险险别的确定，将影响到双方的经济利益，因而在办理保险时十分重要。在实际业务中，通常采用如下做法：

按照国际贸易惯例，出口方办理投保的保险金额一般以CIF货价为基础加成10%来办理，其中，高出货价的部分可以理解为买方交易费用的弥补和预期利润。当然，在买方请求下，并且在保险公司也认可的情况下，投保加成也可以高于10%，如20%、30%等，但应在合同中作出明确的规定。

关于保险的险别，应当按照合同的规定来办理。如果合同中没有作出明确的规定，那么，按照惯例，出口方只需投保最低限度的保险险别即可。也就是说，按照中国人民保险公司的保险条款，可以投保责任范围最小的基本险——平安险（FPA）。当然，合同中也可以规定，投保承保范围较广的基本险别，或者在投保基本险别的基础上再加保附加险别。

②租船订舱问题

在CIF贸易术语下，租船订舱是卖方的一项基本责任。这里，涉及租船订舱的时间，对租订船舶、所走航线的规定等。卖方应当“按照通常的条件自行负担费用订立运输合同，将货物按惯常路线用通常类型可供装载该合同货物的海上航行船只（或适当的内河运输船只）装运至指定目的港”。也就是说，如果合同中没有相反的规定，那么卖方将按通常条件和惯常行驶航线，租用适当的船舶将货物运往目的港。买方提出的限制船舶的国籍、船型、船龄、船级，以及对航线、港口等的特殊限制，卖方有权拒绝接受。但如果卖方考虑到买方在以上方面的要求卖方能够办到且不至于增加额外开支，也可根据实际情况予以通融。

③费用划分问题

在CIF贸易术语下，同CFR贸易术语类似，同样面临着如何准确地划分在目的港卸货时卸货的费用问题。在CFR贸易术语下的几种变形，同样适用于CIF贸易术语。具体来讲，包括：

A.CIF班轮条件（CIF liner terms）。卸货费用按照班轮办法办理，买方不予承担。

B.CIF卸到岸上（CIF landed）。卖方负担到岸上为止的卸货费，包括轮船到码头转运时可能发生的驳船费、码头费、卸货费等。

C.CIF舱底交货（CIF ex ship's hold）。卖方不承担卸货费、码头费、驳船费，只负责支付将货物运到目的港的费用，买方承担由启舱费开始的各项费用。

D.CIF吊钩下交货（CIF ex tackle）。卖方负责在目的港将货物从船舱吊起卸到船舶吊钩所及之处的费用。在船舶不能靠岸的情况下，租用驳船的费用和货物从驳船卸至岸上的费用，概由买方承担。

CIF贸易术语的变形，只是为了明确货物到达目的港后的卸货费由谁支付，不涉及货物风险和所有权转移的问题。

④象征性交货问题

从交易方式上来看，CIF贸易术语是一种典型的象征性交货（symbolic delivery）贸易术语。象征性交货是指卖方只要按期在约定地点完成装运，并向买方提交合同规定的、包括货物所有权凭证在内的有关单据，就算完成了交货义务，而无须保证到货。

在象征性交货方式下，卖方是凭单交货，买方是凭单付款。只要卖方如期向买方提交了合同规定的全套合格单据，即使货物在运输途中损坏或灭失，买方也必须履行付款义务；反之，如果卖方提交的单据不符合要求，即使货物完好无损地运达目的地，买方仍然有权拒付货款。

与象征性交货相对应的概念是实际交货（physical delivery）。实际交货是指卖方要在规定的时间和地点将符合合同规定的货物提交给买方或其指定的人，不能以交单代替交货。

【个案讨论】

湖南C公司与沙特阿拉伯D公司达成一笔运动鞋出口交易，合同条件为CIF，双方约定卖方在装船前必须取得质量检验合格证书，并且以货物到达目的港经检验合格作为付款条件。货物在装运港经质量检验合格，按时发送至目的港。但是货物到达目的港后，买方宣称经过检验发现大量鞋面出现脱胶现象，据此拒绝支付货款。C公司在多次与D公司交涉未果后，将D公司告上法庭。问：D公司是否有权拒绝付款？

【小资料】

FOB、CFR和CIF术语在出口业务中的风险防范

FOB、CFR和CIF术语都属于在装运港交货的贸易术语，采用这样的贸易术语成交，

除了对买方的资信状况有总体的把握，并且在结算方式等方面进行必要的控制外，在贸易术语的选择和交货环节上，应该注意防范以下风险：

1.买方不按时派船的风险

在采用FOB条件成交时，对于买方派船到港装货的时间应在合同中作出明确规定，以免卖方货已备好，船迟迟不到，贻误装期的事情发生。也可以采用CFR或者CIF贸易术语来代替FOB贸易术语。

2.船货衔接不当的风险

在FOB贸易术语下，由买方租船订舱，卖方负责装船，有时难免出现船货衔接不当，卖方由此可能会承担额外的开支。在CIF和CFR术语下，卖方可根据情况统筹安排备货、装运、投保等事项，从而保证作业流程上的相互衔接。并且，将国际贸易中最重要的运输环节及代表货权凭证的运输单据把握在自己手中，这样可以规避一些由此产生的风险。

3.买方不凭正本提单提货的风险

在FOB贸易术语下，对于买方指定境外货代的情况应慎重考虑是否接受，以防买方与货代勾结，要求船方无单放货，造成卖方钱货两空的事件发生。

对托运人的规定，特别是在FOB条件下，有些国外买方常在信用证（尤其是转开信用证）或D/P支付的合同中要求卖方提交的提单要以买方作为托运人（shipper），这种做法也同样会给卖方带来收汇的风险。货物在运输途中，买方以提单的托运人的名义指示承运人将货物交给他指定的收货人。同时，对单据以“鸡蛋里挑骨头”的方式找出不符点拒付（信用证项下），或直接以各种理由不赎单（D/P）。这样一来，卖方虽控制着作为物权凭证的提单，然而货物却已被买方指定的收货人提走。因为按照《汉堡规则》的解释，在FOB条件下，买方或卖方均符合作为托运人的条件。因此，为安全起见，还是以卖方作为托运人为好。在CFR或CIF贸易术语下，由于是卖方安排运输，一般不会出现提单上规定买方为托运人的情形。

4.漏保及运输途中的风险

在采用FOB和CFR贸易术语成交的情况下，卖方应注意及时向买方发出装船通知。根据INCOTERMS 2010，在FOB和CFR术语下，卖方必须给予买方已装船的充分通知，以便在卖方装船后，买方可以及时向保险公司办妥保险。如果卖方未按照合同要求及时向买方发出装船通知，而货物遭受灭失或损坏，卖方可能需要承担责任。

在正常情况下，运输途中的风险是由买方承担的。但是，如果国际市场行情有变，买方不打算接受货物，那么，在采用FOB或CFR贸易术语的情况下，就不会为货物办理保险了。卖方会因此而承担运输途中的风险，虽然手中仍然掌握着运输单据，却会因货物在运输途中受损而造成钱货两空的风险。如果采用CIF贸易术语，就可以避免这样的风险了。

四、适用于任何单一运输方式或多种运输方式的术语

1.EXW（工厂交货）

EXW贸易术语的全称是ex works（…named place)，即工厂交货（……指定地点）。

“工厂交货（……指定地点）”是指当卖方在其所在地或其他指定的地点（如工场、工厂或仓库）将货物交给买方处置时，即完成交货，卖方不办理出口清关手续或将货物装

上任何运输工具。

这一贸易术语代表了在商品的产地或所在地交货的交货条件。卖方按照这一贸易条件达成交易，在性质上类似于国内贸易，因为其所承担的风险、责任和费用都局限于国内，卖方不必过问货物出境、入境及运输、保险等事项。所以，在卖方与买方所达成的合同中可不涉及运输和保险问题。而且，除非合同中有相反约定，卖方一般无义务提供出口包装。如果签约时已明确该货物是供出口的，并对包装的要求作出了规定，卖方则应按规定提供符合出口需要的包装。

（1）卖方责任

①按合同要求提供货物和商业发票或者同等的EDI电子发票，以及合同可能要求的、证明货物符合合同规定的其他任何凭证；

②在通常的地点或合同规定的时间和地点，将货物交由买方处置；

③应买方要求并由其承担风险和费用，在需要办理海关手续时，卖方必须给予买方一切协助，以帮助买方取得为货物出口所需的出口许可证或其他官方许可；

④卖方必须承担货物交至买方处置前的一切费用和风险；

⑤自费提供货物的包装，在包装上打上适当的标志，并承担对货物进行必要检查的工作及费用；

⑥根据买方请求并由买方承担风险和费用的前提下，卖方需将其所拥有的关于货物清关以及与安全相关的信息和文件提供给买方，并向买方提供必要的买方投保的信息。

该术语是卖方承担责任最小的术语，买方必须承担在卖方所在地受领货物后的全部费用和风险。

（2）买方责任

①买方必须自负风险和费用，取得任何出口和进口许可证或其他官方许可，在需要办理海关手续时，办理货物出口的一切海关手续；

②在通常地点或合同规定的地点，及时提取卖方提供的货物，承担卖方交货后的一切费用与风险；

③买方必须支付任何装运前检验的费用，包括出口国有关当局强制进行的检验；

④在卖方协助下取得进出口报关所需的，由出口国所提供的各种文件或同等的EDI的有关费用，由买方承担；

⑤按照合同规定支付价款；

⑥买方必须及时告知卖方任何安全信息要求。

2.FCA（货交承运人）

FCA的全称是free carrier（…named place），即货交承运人（……指定地点）。

采用这一贸易术语成交时，买方要自费订立从指定地点启运的运输契约，并及时通知卖方。卖方在规定的时间、地点把货物交给买方指定的承运人或其他人，如运输代理人，并办理了出口手续后，就算完成了交货的义务。

FCA贸易术语适用于各种运输方式，包括公路、铁路、江河、海洋、航空运输以及多式联运。无论采取哪种运输方式，卖方承担的风险均于货交承运人时转移。风险转移之后，与运输、保险相关的责任和费用也相应转移。

在FCA贸易术语下，卖方除须提交符合合同规定的货物外，还必须提交约定的交货凭证及有关单据。INCOTERMS 2010特别指出在双方约定或符合惯例的情况下，任何单证均可以是同等作用的电子记录或程序。INCOTERMS 2010特别强调买卖双方均有义务提供关于货物安检的信息。

采用FCA贸易术语时应注意以下问题：

（1）关于交货责任与地点

在FCA贸易术语下，通常由买方安排承运人，与其订立运输合同，并将承运人的情况通知卖方。交货地点的选择直接影响到装卸货物的责任划分问题，因此应当对此作出明确的规定。INCOTERMS 1990详细列举了铁路、公路、内河、海洋、航空、多式联运等各种运输方式下卖方的交货义务何时完成，但是没有明确规定装载和卸载货物的义务由哪一方来承担。INCOTERMS 2000则很好地解决了这一问题。按照相关条款规定，如果交货是在卖方的场所进行，卖方有义务装载货物；如果交货是在任何其他场所进行，则卖方没有义务卸载货物。这就有效地解决了可能产生的问题，使交货义务完成的时间更加明确。在装载和卸载货物的义务上的变更，使得FCA贸易术语成为INCOTERMS 2000中有实质性变化的三个贸易术语之一。INCOTERMS 2010沿袭了INCOTERMS 2000对此项目的规定。

（2）风险转移问题

在采用FCA贸易术语成交时，买卖双方的风险划分是以货交承运人为界的。FCA贸易术语是由买方订立运输契约，并将承运人的名称及有关事项及时通知卖方，卖方才能完成交货义务，并实现风险转移。如果买方未能及时给予卖方上述通知，或者他所指定的承运人在约定的时间未能接受货物，则自规定的交付货物的约定日期或期限届满之日起，由买方承担货物灭失或损坏的一切风险，但以货物已被划归本合同项下为前提条件。由此可见，所谓风险划分以货交承运人为界，是指在一般情况下，买卖双方都严格按照合同规定履行相关义务情况下的风险划分标准。如果买方的不履约而导致卖方无法按时交付货物，只要货物已被特定化，那么风险转移的时间可以前移。

（3）有关责任和费用的划分问题

卖方要自负风险和费用，取得出口许可证或其他官方证件，并办理货物出口所需的一切海关手续。运输手续方面，如果买方有要求，并由买方承担风险和费用的情况下，卖方可以代替买方指定承运人并订立运输合同。当然，卖方也可以拒绝订立运输合同，如果拒绝，应当立即通知买方，以便于买方另行安排。

FCA贸易术语下买卖双方承担的费用一般以货交承运人为界，即卖方承担货物交给承运人控制之前的有关费用，买方承担货物交给承运人之后的各项费用。但是，在一些特殊情况下，买方委托卖方代办一些本属于自己义务范围内的事项所产生的费用，以及由于买方的过失所引起的额外费用，均应由买方负担。

3.CPT（运费付至目的地）

CPT的全称是carriage paid to（…named place of destination），即运费付至（……指定目的地）。

采用此贸易术语成交，卖方要自负费用订立将货物运往目的地指定地点的运输契约，并负责在合同规定的时间内，将货物交至约定地点承运人的有效处置之下，办理出口清关手续，即完成交货义务。交货后，卖方要及时通知买方，以便买方办理货运保险。卖方承担的风险，在承运人控制货物后转移给买方。卖方必须提供买卖合同约定的商业发票等相关单证及文件。INCOTERMS 2010特别指出，在双方约定或符合惯例的情况下，任何单证均可以是同等作用的电子记录或程序。买方在合同规定的地点受领货物，支付货款，并承担除运费以外的货物自交货地点直到运达指定目的地为止的各项费用，以及在目的港的卸货费和进口税捐。INCOTERMS 2010特别强调买卖双方均有义务提供货物安检通关时所需的相关信息。

“承运人”是指任何人，在运输合同中，承诺通过铁路、公路、空运、海运、内河运输或上述运输的联合方式履行运输或由他人履行运输。风险自货物交给第一承运人时转移。

【小资料】

货物通过国际铁路货物联运的方式进行运输，应避免CPT贸易术语

FCA、CIP、CPT贸易术语都属于适应多种运输方式的贸易术语，但鉴于国际铁路货物联运的特殊性，采用铁路联运的方式运输货物时，应当避免CPT贸易术语。

（1）卖方有可能收不到货款。货物到达目的国终点站后，收货人只需要将到达国国内的运费及相关费用付清，就可以提取货物，因为铁路运单并非物权凭证，卖方不可能像控制海运提单那样，来控制铁路运输货物的所有权，因而有可能给卖方的收汇带来极大的风险。

（2）卖方有可能承担额外的保险费、保价费。在CPT条款中，应当由买方承担货物除运费外的一切风险和费用（包括保险费）。可是在国际铁路联运中，不论是哪种交货形式，都是由我国发运人投保运输险（全程的或到国境站的）。因为我国铁路规定，进出口外贸货物运输必须是保险、保价运输，且须是我国铁路认可的保险公司。这样，发运人不上保险时，发运站会强制铁路保价（只到国境站），所以CPT条款实际是不可行的。

资料来源　王为. 慎选国铁联运交货条款和贸易术语［EB/OL］.（2010-07-20）［2010-08-28］. http：//ibdaily.mofcom.gov.cn/show.asp？ id=137748.

4.CIP（运费和保险费付至目的地）

CIP的全称是 carriage and insurance paid to（…named place of destination），即运费、保险费付至（……指定目的地）。

在CIP贸易术语下，卖方除了必须承担在CPT术语下同样的义务外，还需为货物办理运输保险，并支付保险费。如买卖双方事先未在合同中规定保险险别和保险金额，卖方只需按最低责任的保险险别办理保险，最低保险金额为合同价款加10%，即CIP合同价款的110%，并以合同货币投保。

针对CIP贸易术语，INCOTERMS 2010特别指出如下两点：在双方约定或符合惯例的情况下，交易过程中所涉及的任何单证均可以是同等作用的电子记录或程序；买卖双方均有义务提供货物安检通关时所需的相关信息。

CIP贸易术语与CIF贸易术语十分相似，其价格构成中均包括了通常的运费和约定的保险费，而且，按照这两种术语成交的合同均属于装运合同，但是，在以下方面，这两个贸易术语之间又存在着明显的差别：

第一，交货地点不同。

CIF贸易术语下，卖方在装运港完成交货；而在CIP贸易术语下，卖方交货地点是在卖方所在地或承运人所在地，可能是内地，也可能是港口。

第二，风险划分界限不同。

在CIF贸易术语下，双方风险划分的界限是装运港的船上；而在CIP贸易术语下，卖方将货物交给承运人或第一承运人处置，风险由卖方转移给买方。

第三，适应的运输方式不同。

CIF贸易术语适用于水上运输；而CIP贸易术语适用于各种运输方式。

第四，卖方承担的交货责任与费用不同。

在CIF贸易术语下，卖方必须在装运港将货物装船并以提交相关单据作为交货，交货前卖方办理的是海上货物运输手续，支付海上货物运输的运费，办理的保险险别是海上货物运输险，并以此为依据支付保险费；而在CIP贸易术语下，卖方的交货责任是以货交承运人为止，但在此前，卖方需要办理从交货地点至目的地的全程运输，可能包括不同的运输方式，办理的保险种类一般包括各种运输险。

5.DAP（目的地交货）

DAP的全称是delivered at place（…named place of destination)，即目的地交货（……指定目的地)。

（1）双方的责任

①卖方责任

A.负责按照通常路线和习惯方式订立将货物运至进口国约定地点的运输合同，并支付运费；

B.在合同规定的时间、地点，将货物置于买方控制之下；

C.承担在指定地点将尚未从运输工具上卸下的货物交由买方控制之前的一切费用和风险；

D.自负费用和风险，取得出口许可证和其他官方文件，并办理货物出口和交货前从他国过境运输的一切海关手续；

E.提交商业发票或具有同等作用的电子信息，并自负费用提供通常的交货凭证；

F.应买方要求，必须及时向其提供或协助其取得包括与安全有关的信息和单据，并可向其索偿因此而发生的费用。

②买方责任

A.接受卖方提供的有关单据，在指定的交货地点受领货物，并按合同规定支付货款；

B.承担受领货物后发生的一切费用和风险；

C.自负费用和风险，取得进口许可证和其他官方文件，并办理货物进口的一切海关手续；

D.支付任何装运前必需的检验费用，但出口国有关机构强制进行的检验除外；

E.及时告知卖方任何安检信息。

（2）采用DAP贸易术语应注意的问题

按照INCOTERMS 2010的解释，在DAP贸易术语下，卖方要在规定的时间内自负运费、自担风险将符合合同规定的货物运输至指定目的地，将还在抵达的运输工具上且已做好卸载准备的货物交由买方处置即完成交货。

6.DAT（运输终端交货）

DAT的全称是delivered at terminal（…named terminal at port or place of destination），即运输终端交货（……指定港口或目的地的运输终端）。

在DAT贸易术语下，卖方需自负风险和费用将货物从出口国运到进口国国内指定目的地或目的港的终端，卸货之后，将货物置于买方控制之下，才算完成交货义务。因此建议卖方在运输合同中尽可能清晰地约定运输终端，或直接将指定港口或目的地运输终端内的某一特定点作为终点地或终点港。

DAT贸易术语和DAP贸易术语均是INCOTERMS 2010中新增加的，它们有很多相似之处，例如：术语都规定由卖方自负费用签订运输合同，将货物运至指定地点交货；卖方承担货物交由买方控制前的一切风险；卖方负责出口清关等。但二者也存在明显的不同：在DAT情况下，卖方需从运输工具上卸下货物交由买方处置（这和先前的DEQ术语一样）；在DAP情况下同样交由买方处置，但卖方无须卸货，只需做好卸货的准备即完成交货。

新贸易术语DAT的目的地可以是港口，因此该术语完全适合INCOTERMS 2000中的DEQ术语，同样DAP术语适合于任何运输方式，而目的地也可以是港口，因此该术语可完全适用于INCOTERMS 2000中的DES术语适用的场合。

7.DDP（完税后交货）

DDP贸易术语的全称是delivered duty paid（…named place of destination），即完税后交货（……指定目的地）。

以DDP贸易条件成交，卖方要负责将货物运到合同规定的进口国的指定地点，将仍处于抵达的运输工具上但已完成进口清关，且已做好卸载准备的货物交由买方处置时完成交货。在货物交由买方处置以前的所有责任、费用和风险，其中包括关税及有关交货的其他费用，货物在运输途中发生灭失损坏的风险以及办理货物出口和进口手续的费用、风险概由卖方承担。在这一交货条件下，卖方承担的责任义务是最大的。

按DDP术语成交，卖方应自行承担费用和风险直接取得进口许可证或其他官方批准证件，也可以在卖方承担费用和风险的情况下，要求买方协助，以间接取得这些证件，如卖方不能直接或间接地取得进口许可证，就不应当采用DDP术语。如当事方希望将任何进口时所要支付的一切费用（如增值税）从卖方的义务中排除，则应在销售合同中明确写明。若当事方希望买方承担进口的风险和费用，则应使用DAP术语。

第四节　INCOTERMS 2020

INCOTERMS 2010发布以后，得到了广泛的应用。与此同时，国际形势的变化使得交易双方面临的风险和交易中所要考虑的问题也有了新的特征。而且，伴随着国际贸易规模不断扩大，贸易的复杂程度也进一步提升。在这种背景下，原有的INCOTERMS 2010对贸易术语所作的修订并不能充分体现这些最新的动态。为适应国际贸易实务的最新发展，国际商会于2016年9月正式启动了INCOTERMS 2020的起草工作，并在全球进行了广泛的意见征询，与来自各个国家和地区的法律、保险、银行、进出口、海关等行业专家开展了研讨。2018年10月，国际商会商法与惯例委员会秋季会议审议并讨论通过了INCOTERMS 2020终稿，2019年9月10日，国际商会正式向全球发布了INCOTERMS 2020，并于2020年1月1日生效。

一、INCOTERMS 2020中贸易术语的分类

INCOTERMS 2020沿袭了INCOTERMS 2010中以货物的运输方式为标准进行的分类，将术语分为两大类共11种（见表3-3）。INCOTERMS 2020将DAT改为DPU，并将两个贸易术语（DPU和DAP）的排列次序进行了调整，因而与INCOTERMS 2010的表达略有不同。

表3-3　**INCOTERMS 2020贸易术语的分类**

组别	术语缩写	术语英文名称	术语中文名称
适用于任一或多种运输方式的术语	EXW	ex works	工厂交货（……指定地点）
	FCA	free carrier	货交承运人（……指定地点）
	CPT	carriage paid to	运费付至（……指定目的地）
	CIP	carriage and insurance paid to	运费、保险费付至（……指定目的地）
	DAP	delivered at place	目的地交货（……指定目的地）
	DPU	delivered at place unloaded	目的地卸货后交货（……指定港口或目的地的运输终端）
	DDP	delivered duty paid	完税后交货（……指定目的地）
适用于海运及内河运输的术语	FAS	free alongside ship	船边交货（……指定装运港）
	FOB	free on board	船上交货（……指定装运港）
	CFR	cost and freight	成本加运费（……指定目的港）
	CIF	cost，insurance and freight	成本、保险加运费（……指定目的港）

二、INCOTERMS 2020的主要变化

1.新增用户解释说明的内容

INCOTERMS 2020将每个术语开篇的“使用说明”修订为“用户解释说明”。在INCOTERMS 2010中，使用说明主要包括术语适用的运输方式、术语的定义、风险转移的节点、使用建议、费用分担等。该部分引入的目的是使得用户准确高效地选择适合特定交易的贸易术语。然而，旧版使用说明相对简略，并未涉及出口/进口清关、多式联运中承运人的识别等具体问题，对于风险转移节点的表述也更倾向于让当事人在使用贸易术语时明确目的地，并未考虑到C组术语中风险转移和费用分担的节点不重合这一情况。因此，INCOTERMS 2020将使用说明扩展为更加详细的用户解释说明，从交货与风险、运输方式、明确约定目的地的必要性、出口/进口清关等方面明确解释该术语对解决各类实践问

题的规定，并列出规则中的重要修订，以帮助用户准确、高效地选择合适的术语，并为相关合同争议提供解决方案或解释指南。

2.交付和风险转移的条文内容在顺序上被前置

INCOTERMS 2020将交货和风险转移的规定移到当事人基本的货物/付款义务之后，置于更加显著的位置，也间接说明在选择贸易术语时，当事人应当更加重视对交货和风险转移节点的规定，卖方将货物“交付”给买方的同时，风险随之转移（见表3-4）。

表3-4 INCOTERMS 2020与INCOTERMS 2010规定排序对比

INCOTERMS 2020	INCOTERMS 2010
A1 / B1——一般义务（general obligations）	A1 / B1——一般义务（general obligations）
A2 / B2 ——交货 / 提货（delivery / taking delivery）	A2 / B2——许可证、授权、安检通关和其他手续（licences，authorization，customs clearance and other formalities）
A3 / B3——风险转移（transfer of risks）	A3 / B3——运输合同和保险合同（contract of carriage and insurance）
A4 / B4——运输（carriage）	A4 / B4——交货 / 提货（delivery / taking delivery）
A5 / B5——保险（insurance）	A5 / B5——风险转移（transfer of risks）
A6 / B6——交货 / 运输单据（delivery / transport document）	A6 / B6——费用划分（allocation of costs）
A7 / B7——出口 / 进口清关（export / import clearance）	A7 / B7——通知买方 / 通知卖方（notices to the buyer / notices to the seller）
A8 / B8——查验 / 包装 / 标记（checking - packaging - marking）	A8 / B8——交货凭证 / 交货证据（delivery document / proof of delivery）
A9 / B9——费用划分（allocation of costs）	A9 / B9——查对 - 包装 - 标记 / 货物检验（checking - packaging - marking/inspection of goods）
A10 / B10——通知（notices）	A10 / B10——协助提供信息及相关费用（assistance with information and related costs）

3.在运输义务和费用中加入与安全有关的要求

受“9·11”事件的影响，INCOTERMS 2010呼应各国对运输安全的重视，在A2 /B2增加保障运输安全的清关手续，A10增加提供安全信息的规定，以明确有关安全检查中产生的额外成本和费用的分担问题。运输安全的义务在INCOTERMS 2020得以进一步增强，在A4 / B4——运输中增加了卖方保证运输安全的义务，并在A7 /B7——出口/进口清关、A9 /B9——费用划分和A10 /B10——通知中多次重申运输安全保证义务，并强调买卖双方均应遵守运输安全规定并协助对方提供必要信息，以保证货物安全送达目的地。

4.各项费用统一规定于第九项费用栏目项下

INCOTERMS 2010的费用散见于各术语下的不同规定，除了A6 / B6——费用划分之外，A8 /B8——交货凭证/交货证据、A10 /B10——协助提供信息及相关费用中都有涉及相关费用的规定，看起来比较凌乱。INCOTERMS 2020 则将各个术语之下涉及的所有的费用合并到第九项 A9 /B9——费用划分中，删除其他规定中有关费用分担的表述，便于当事人了解该术语下买卖双方应当承担的全部费用。

5.FCA术语下已装船提单的规定

如果货物以FCA术语成交，经由海运方式运输，卖方或买方可能需要已装船提单。然而，FCA术语下的交货在货物装船之前已经完成，无法确定卖方是否能够从承运人处取得货物已装船提单。根据运输合同，只有货物在实际装船后，承运人才可能有义务并有权签发已装船提单。为了满足这种情形，INCOTERMS 2020中，FCA中的A6 / B6现在提供了一个附加选项。买方和买方可以约定，买方将指示其承运人在货物装船后向卖方签发已装船提单，然后卖方有义务，通常通过银行，向买方提交该提单。这是FCA术语下A6 / B6中新的附加选项，对已装船提单作出了明确的规定。

6.CIF和CIP中保险险别的不同级别

通常来讲，CIF（成本加保险费加运费）更多地用于海上大宗商品贸易，CIP（运费和保险费付至）作为多式联运术语更多地用于制成品贸易，为了满足上述不同的需要，INCOTERMS 2020调整了CIF以及CIP的不同保险范围，即CIP保险条款调整为必须符合《协会货物保险条款》条款（A）（即“一切险”，不包括除外责任）的承保范围，对CIF术语的保险义务维持现状，即默认条款（C），相当于平安险，但买方可以同卖方约定更为合适的投保要求。

7.在FCA、DAP、DPU、DDP中使用卖方或买方自己的运输工具安排运输

随着货物贸易规模的扩大，实践中已经出现一些大型贸易公司开始使用自己享有所有权的运输工具将货物运至交货地，或自行安排从交货地到买方所在地的货物运输，从而节省与第三方承运人订立运输合同的费用。INCOTERMS 2020及时反映了国际贸易实践的变化，在FCA的买方运输义务中，增加买方自付费用安排从指定交货地进行的货物运输，在DAP、DPU、DDP术语的卖方运输义务中，也相应增加卖方可以自行安排货物运输的规定。这一修改契合货物贸易的发展趋势，赋予当事人更大的选择空间，有利于当事人根据实际情况灵活安排货物运输方式，以履行己方的运输义务。

8.将DAT的三个首字母缩写改为DPU

DAT和DAP是INCOTERMS 2010新增的两个术语，取代旧版DAF（边境交货）、DES（目的港船上交货）、DEQ（目的港码头交货）和DDU（未完税交货）四个术语，意在配合自由贸易区、保税区、电子商务的发展，从而可以将D组术语扩展至陆港、海港和空港。从INCOTERMS 2010对上述术语的界定看，DAT与DAP的关键区分点在于前者要求卖方完成卸货义务，后者只要求卖方将货物运至目的地准备卸货，卸货与否是区分两个术语的根本。因此，INCOTERMS 2020 将 DAT 术语修改为 DPU（delivered at place unloaded），以强调卖方的卸货义务，使两个术语的区分更加明显，并将该规则下特定运输目的地的表述修改为“地点”（原为“运输终端”）。此外，鉴于INCOTERMS 2010将DAT术语顺序排在DAP之前，违反了卖方义务从小到大的排序原则，因此INCOTERMS 2020对此进行了顺序调整，以使得规则的逻辑结构更加合理。

本章要点

贸易术语是在长期的国际贸易实践中产生的，用来表明商品的价格构成，明确买卖双方有关费用、风险和责任的划分，并确定卖方交货和买方接货方面的权利和义务的专门用语。

国际贸易惯例是在长期的国际贸易实践中产生的一些习惯做法，经过国际组织加以编纂与解释而形成的。国际贸易惯例虽然不是法律，对贸易双方不具有强制性，但对国际贸易实践具有很强的指导作用。在贸易的各个环节都已形成了相关的国际贸易惯例，其中，有关贸易术语的国际贸易惯例主要有三个：国际法协会制定的《华沙–牛津规则》；美国九大商业团体制定，并由美国对外贸易协会予以公布的《美国对外贸易定义修订本》；国际商会制定的《国际贸易术语解释通则》(INCOTERMS)。通则是包含贸易术语最多、应用范围最广的有关贸易术语的国际贸易惯例，最新的版本为INCOTERMS 2020。

INCOTERMS 2020定义了11种贸易术语，按照适用的运输方式分为两个组别。其中适用于任何运输方式或多种运输方式的贸易术语包括EXW、FCA、CPT、CIP、DAP、DPU和DDP，适用于海运和内河水运的术语包括FAS、FOB、CFR和CIF。

在国际贸易中，应用最广的三种贸易术语是FOB、CIF和CFR。它们都属于装运即交货贸易术语，交货地点都是在出口国的装运港，风险在货物装上船时转移，并由卖方办理有关出口的各项手续，承担相关费用。其区别主要体现在办理运输、保险的手续及费用，以及提交单据的责任等方面。为了明确在装运港装船时装船费用的划分，或者在目的港卸货时卸货费用的划分问题，这三种贸易术语均引进了四种变形条件。

FCA、CIP和CPT贸易术语是为了适应国际多式联运和集装箱运输迅速发展的需要，在FOB、CIF和CFR三种贸易术语的基础上产生的，与这三种常用贸易术语非常相似，区别仅在于交货地点不同、风险划分界限不同、适应的运输方式不同、卖方承担的交货责任费用不同等方面。

单元自测

一、单项选择

1.在以CIF和CFR术语成交的条件下，货物运输保险分别由卖方和买方办理，运输途中货物灭失和损失的风险（　　）。

A.前者由卖方承担，后者由买方承担　　B.均由卖方承担

C.均由买方承担　　D.前者由买方承担，后者由卖方承担

2.根据INCOTERMS 2020的解释，在FOB条件下买卖双方风险的划分是以（　　）。

A.装运港船边为界　　B.货物在装运港装上船为界

C.目的港船上为界　　D.目的港码头为界

3.按照INCOTERMS 2020，若以CFR条件成交，买卖双方风险的划分是以（　　）。

A.货物交给承运人保管为界　　B.货物交给第一承运人保管为界

C.货物在装运港装上船为界　　D.货物到达目的港为界

4.卖方在货物交付运输前不必预先通知买方交运时间的贸易术语是（　　）。

A.FOB　　B.CFR　　C.CPT　　D.DPU

5.我国甲公司欲与美乙公司签订合同出口冰箱到美国，拟采取海运方式，甲公司承担将货物运至指定目的地的运费并支付保险，根据INCOTERMS 2020，应采用的贸易术语为（　）。

A.EXW　　B.CIF　　C.FAS　　D.FOB

6.某出口公司与外商按CIF条件成交一批货物，采用租船方式运输，如果出口人不愿承担卸货费用，应采用的贸易术语为（　　）。

A.CIF liner terms　　B.CIF landed

C.CIF ex ship's hold　　D. CIF stowed

7.国际法协会制定的有关CIF合同的统一规则是（　　）。

A.海牙规则　　B.汉堡规则

C.华沙-牛津规则　　D.托收统一规则

8.根据INCOTERMS 2020，在按FOB吊钩下交货的术语成交时，其货物风险转移是（　）。

A.以装运港船舷为界　　B.以装运港吊钩下为界

C.以装运港船边为界　　D.以货物在装运港装上船为界

9.CIF liner terms和CIF landed两种术语都是CIF的变形，都是由卖方承担卸货费，其不同是使用CIF landed术语时，可能发生的驳船费和码头捐税由（　　）。

A.卖方支付　　B.买方支付

C.船方支付　　D.保险公司支付

10.在以下列条件成交的合同中，不属于装运合同的是（　　）。

A.CIF东京　　B.FOB上海

C.DAP雅加达　　D.CFR伦敦

11.在使用（　　）贸易术语进行交易时，卖方及时向买方发出“已装船通知”至关重要，因为它将直接影响买卖双方对运输途中风险的承担。

A.CIP　　B.DAT　　C.FCA　　D.CFR

二、多项选择

1.按EXW术语成交时，买卖双方责任和义务描述正确的是（　　）。

A.卖方承担的风险、责任以及费用都是最小的

B.在交单方面卖方只需提供商业发票或电子数据，如合同有要求，才须提供证明所交货物与合同规定相符的证件

C.卖方无义务办理货物出境所需的出口许可证或其他官方证件

D.如果买方办理出口证件有困难，卖方应买方的要求，并在由买方承担风险和费用的情况下，也可协助办理出口手续

2.根据INCOTERMS 2020，FOB、CFR、CIF术语仅适应于海运或内河运输，如果双方当事人无意以船舷为界交货，则应改用（　　）术语。

A. FAS　　B. FCA　　C. CPT　　D. CIP

3.根据INCOTERMS 2020，以FOB价格条件成交，买方应承担的责任包括（　　）。

A.进口国家的有关证件并办理进口手续，按合同规定支付货款
B.自负费用签订运输合同，承担自装船后的一切风险及费用并支付进口国的各种费用
C.按合同规定的日期在指定装运港将货物装上指定的船舶
D.通知卖方船舶装货地点和所要求的交货时间

4. 根据INCOTERMS 2020，FCA、CPT与CIP的相同之处表现在（　　）。
A.交货地点相同　　B.风险划分界限相同
C.适用的运输方式相同　　D.都是由卖方负责办理出口清关手续

5. 我国某外贸公司业务员对外出口报价，以下正确的有（　　）。
A.每打30英镑CFR英国　　B.每公吨200美元FOB新港
C.每箱CIF伦敦50.50元　　D.每辆40美元CFR新加坡

6. FOB、CFR、CIF的主要区别在于（　　）。
A.风险划分的界限不同　　B.交货地点不同
C.买卖双方所承担的责任不同　　D.买卖双方所承担的费用不同

7. 按INCOTERMS 2010的规定，下列术语中只能适用于水上运输方式的有（　　）。
A.FCA　　B.CIF　　C.FOB　　D.DAT

8. 在按FOB条件成交时，如果买方不愿承担装货费用，他可要求采用（　　）。
A.FOB stowed　　B.FOB liner terms
C.FOB under tackle　　D.FOB ST

9. 根据INCOTERMS 2020，C组贸易术语与F组贸易术语相同的方面有（　　）。
A.交货地点都在出口国　　B.风险划分的界限都在出口国
C.风险划分点和费用划分点相同　　D.出口手续都是由出口商办理

10. 根据INCOTERMS 2020，采用FCA术语成交，属于卖方责任的是（　　）。
A.按时交货　　B.提交交货凭证
C.办理进口手续　　D.向买方发出装运通知

11. 根据INCOTERMS 2020，下列贸易术语中属于主要运费未付的是（　　）。
A.FAS　　B.FCA　　C.EXW　　D.CPT

12. 按照CFR ex tackle成交的一批货物，不应由卖方负责的费用有（　　）。
A.运费　　B.进口关税　　C.装船费　　D.保险费

13. 在下列贸易术语中，货交承运人的贸易术语是指（　　）。
A.CFR　　B.FCA　　C.CPT　　D.CIP

14. 关于FCA术语，下列表述中正确的有（　　）。
A.由买方订立运输合同或指定承运人
B.卖方应买方请求，可以协助办理运输事项
C.买方办理运输，买方承担费用和风险
D.卖方办理运输，卖方承担费用和风险

15.INCOTERMS 2020比INCOTERMS 2000增加的贸易术语包括（　　）。
A.DAQ　　B.DAP　　C.DPU　　D.DDP

三、判断

1. 如合同未规定卖方在货物装船后向买方发装运通知，卖方就没有该义务。（　）

2. 在 CFR 条件下，卖方在货物装船后必须发出装船通知，以便买方办理投保手续，否则卖方不能以风险在船舷转移为由免除责任。（　）

3. 按 CIF/CIP 术语成交，尽管价格中包括至指定目的港/目的地的运费和保险费，但卖方不承担货物必然到达目的港/目的地的责任。（　）

4. 按 CIF 术语成交的合同，货物在运输途中因火灾被焚，应由卖方负责请求保险公司赔偿。（　）

5. 按 FOB 术语签订的合同，采用程租船运输的大宗货物，应在合同中具体订明卸货费由谁负担。（　）

6. 我某公司从上海出口一批货物到伦敦，在 CIF 伦敦条件下，交货地点为伦敦。（　）

7. 买卖双方按 CIF liner terms 成交，卖方发运的货物必须采用班轮装运。（　）

8. 根据 INCOTERMS 2020 的解释，以 CIF 纽约成交，卖方对货物所承担的风险界限是只负责货物在装运港装上船为止。（　）

9. 按 CIF ex ship's hold Louis port 条件成交后，卖方应负担从装运港到目的港为止的费用和风险。（　）

10.INCOTERMS 2020 规定了货物的所有权转移问题。（　）

11.INCOTERMS 2020 中，贸易术语后面的指定地点表明了货物"交付"完成的地点，即风险从卖方转移给买方的地点。（　）

12.INCOTERMS 2020 中，C 组贸易术语的交货地和目的地必然不是同一地点。（　）

关键术语

贸易术语　国际贸易惯例　INCOTERMS 2020　装运合同　到达合同　象征性交货　实际交货　FOBCIFCFR

思考题

1. 国际贸易惯例与法律有何联系与区别？如合同内容与惯例有冲突以什么为准？当事人可否在合同中作出与惯例不符的规定？

2. 有关贸易术语的国际惯例有哪些？其主要内容如何？学习和掌握国际贸易惯例的意义何在？

3. 简述 EXW 术语的含义及卖方完成交货的条件。

4.FOB、CIF 和 CFR 三种最常用的贸易术语之间，相同点和不同点体现在哪些方面？

5.FOB、CIF 和 CFR 三种最常用贸易术语与 FCA 、CIP 和 CPT 之间有何区别与联系？

6.FOB、CIF 和 CFR 三种贸易术语的变形有哪些？

7. 什么是到达合同？它与装运合同有何区别？

8. 采用装运港交货的三种常用贸易术语成交时各应注意哪些问题？

9. 判断下列我方出口单价的写法是否正确，如有误，请更正并说明理由。

（1）每箱35美元CIF美国。

（2）每吨7 500日元CIF3%大阪。

（3）每打75元FOB伦敦。

（4）每吨600英镑CFRC上海。

（5）785元FCA鹿特丹。

推荐阅读文献

1.中国国际商会．国际贸易术语解释通则2020［M］．国际商会中国国家委员会，译．北京：对外经济贸易大学出版社，2020.

2.于强，杨同明．国际贸易术语解释通则（INCOTERMS 2010）深度解读与案例分析［M］．北京：中国海关出版社，2011.

3.邓旭．国际贸易术语解释与国际货物买卖合同——以INCOTERMS 2010和CISG为视角［M］．北京：经济管理出版社，2012.

4.袁其刚．国际贸易惯例规则教程：理论与实务［M］．北京：北京大学出版社，2012.

案例思考

1.英商同美商签订了一笔CIF旧金山的贸易合同。根据美商要求，合同明确规定："英商务必办妥约定的货运保险后发运。"在付款条件中，合同规定："货到时起30天凭装运单据付款。"英商发货后，船舶不幸中途遇险，货物全部灭失。美商以货物没有到达为由，拒绝凭装运单据付款。问：美商拒绝付款有无理由？为什么？

2.中国A公司与德国B公司以FOB汉堡价格术语签订了一份国际货物买卖合同，由B公司向A公司出口化工原料。合同规定，装运期从6月10日起至6月20日止，买方指定的载货船舶必须不迟于6月15日抵达装运港。合同订立后，B公司积极准备货源，到6月10日，货物全部准备妥当，并存放在港口仓库中准备装船，但A公司未能按时派船到装运港接收货物。6月26日存货仓库发生火灾，一部分货物遭到损坏。6月30日，A公司所指定的船舶才抵达装运港。后来，A公司向B公司索赔，要求B公司赔偿其因货物受损而遭受的损失。B公司予以拒绝，并要求A公司承担因指定船舶延迟而使B公司所支出的额外费用。A公司是否有权向B公司提出索赔要求？A公司是否有必要承担因指定船舶延迟而使B公司所支出的额外费用？

3.汕头某A公司与中国香港某B公司达成一项关于鲜蘑菇的交易，约定条件为CIF香港，分三批交货，并且在装船之前必须取得买方的质量检验合格证书。前两笔交易都顺利进行，到交运第三批货物时，A公司在已经收到B公司寄来的质量检验合格证书，正准备装船之际，突然收到B公司发来的传真，表示其客户反映第二批货物中有部分蘑菇不符合质量标准，要求A公司停止装船。A公司因此没有按时发运货物，而将货物堆放在海关仓库。由于新鲜蘑菇的保鲜期有限，数天后，该批蘑菇全部发霉。A公司认为该批货物是B公司的，发霉也是由于B公司要求暂停装船的结果，因此B公司必须对此负责，据此A公司几次向B公司索要货款，B公司对此置之不理。A公司于是将B公司告上法庭，请求法院强令B公司支付货款。在本案例中，A公司在签约和履约过程中有何不当之处？

4.我某公司向日本客户出口某商品30公吨，共1 200箱。按FOB新港条件成交，货值54 000美元，装运期为12月25日前，集装箱运输。该出口公司在天津设有办事处，于是在12月上旬将货物运到天津，由天津办事处负责订舱装船。不料货物在天津存仓后的第三天，即因火灾全部焚毁。办事处立即通知内地公司赶快补发30公吨货物，但由于货源不足，只好请求日本客户将信用证的有效期和装运期都延长15天。本案中货物被焚毁的风险应由谁承担？我出口公司从此案中应吸取什么教训？

5.我某出口公司向美国出口女式长裙，按CIF旧金山、即期信用证支付条款订立合同。由于女式长裙必须在夏季到货销售，因此在合同中规定："7月在青岛装运，卖方保证在8月上旬到达旧金山，如载货船只超过规定时间到达目的港，买方有权取消合同，并将货款退还给买方。"合同签订后，我出口公司在7月初将货装船出口，凭规定单据向银行收妥货款。但船只在途中遇到强烈风暴，主机损坏，无法继续航行。船方租用拖轮将船只拖进附近港口修理，于8月下旬到达旧金山。买方立即提出卖方违约，要求撤销合同，退还货款并要求赔偿。你对此有何评论？并说明依据。

6.我方按CIF"卸到岸上"条件对外出口，并按规定提交了全套符合要求的单据，货轮在航行途中触礁沉没，货物全部灭失，买方闻讯以"卖方需将货物运到目的港并安全卸到岸上才算完成交货任务"为由拒付货款。买方拒付的理由是否合理？我方应如何处理？

第四章

国际货物运输

学习目标

重点掌握：班轮运输的特点、作用以及班轮运费的计算；国际铁路货物联运；集装箱运输与国际多式联运；海运提单的含义、性质、作用、种类；装运条款的内容及拟订方式。

一般了解：国际货物运输中主要的运输方式的种类及其重要性；海洋运输的基本知识；租船运输的相关内容；铁路运输、航空运输、其他运输方式的一般知识；海运提单之外的其他运输单据的种类及其性质与作用。

能力要求：具备正确选择运输方式、计算运费，拟订合同的运输条款，合理安排货物运输的能力。

意识培养：提高责任意识和风险防范意识，确保合同运输条款的规范性与合理性。

第一节　运输方式

国际贸易中采用的运输方式主要有海洋运输、铁路运输、航空运输、邮政运输和国际多式联运等。在国际贸易中，应根据货物的性质、运量的大小、路程的远近、需求的缓急、运费的高低、装卸地的情况、法律法规的规定、自然气候条件、国际政治形势的变化等影响因素，慎重选择合理的运输方式。

一、海洋运输

海上货物运输（ocean cargo transport）就是利用海洋通道，使用船舶在国内外港口之间，通过一定的航区和航线运送货物的一种运输方式，简称海运。在国际货物运输中，海洋运输是最主要的一种运输方式。国际贸易中2/3以上的货物通过海上运输完成，在我国的对外贸易中，通过海洋运输实现的货物运送比例更高。此外，伴随着集装箱运输的兴起和快速发展，各种不同的运输方式可以有机地衔接起来，不仅使得海洋运输的优越性更充分地体现出来，而且节省了货物包装用料和运杂费，减少了货损货差，保证了运输质量，缩短了运输时间，从而降低了运输成本。国际货物运输正朝着集约化、合理化的方向发展。

这里必须强调水路货物运输包括江河货物运输和海上货物运输，海上货运方式又由沿海货物运输方式与国际海上货物运输方式组成。本节所要讨论的海洋运输是指国际海上货物运输，而非泛指水路运输。

1.海洋运输的基本知识

（1）海洋运输的特点

①运载量大

随着造船技术的日益发展和精益求精，船舶有朝着大型化发展的趋势。巨型客轮已超过8万吨，巨型油轮超过50万吨，目前世界在航的最大集装箱船可以装载9 000个以上的标准集装箱，载重超过10万公吨。

②通过能力强

地表面积70%以上是海洋，海上天然航道四通八达，将世界各地港口连接起来。海上运输利用天然航道完成，不像汽车、火车容易受道路或轨道的限制。

③运费低廉

海上运输所通过的航道均系天然形成，港口设施一般为政府所建，不像公路或铁路运输那样需大量投资用于修筑公路或铁轨；另外，船舶运载量大，使用时间长，运输里程远，所以与其他运输方式相比，海运的单位运输成本是最低的。据统计，海运运费一般约为铁路运费的1/5，公路汽车运费的1/10，航空运费的1/30，这就为低值大宗货物的运输提供了有利的竞争条件。

④对货物的适应性强

海上运输的船舶多种多样，可以适应不同类型的货物运输。即使是石油井台、火车、机车车辆等超重超大货物，其他运输方式无法装运，船舶一般也都可以装运。

⑤运输的速度慢

由于商船的体积大，水流的阻力大，加之受装卸时间长等其他各种因素的影响，使得海洋运输货物的运输速度比其他运输方式慢。较快的班轮航行速度也仅30海里/小时左右。

⑥风险较大

由于船舶海上航行受自然气候和季节性影响较大，海洋环境复杂，气象多变，随时都有遇上狂风、巨浪、暴风、雷电、海啸等人力难以抗衡的海洋自然灾害袭击的可能，遇险的可能性比陆地、沿海要大。同时，海上运输还存在着社会风险，如战争、罢工、贸易禁运等因素的影响。为转嫁损失，海上运输的货物、船舶保险尤其应引起重视。

⑦受有关国际公约和各国法律约束

首先是适用法规的国际统一性。世界各国政府、船公司一直谋求成立相关的国际组织和行业组织，制定相关的国际公约，目前在海运方面取得很大成效。其次是主要货运单证的国际通用性。因为国际海上货运船舶航行于不同国家、地区的港口之间，作为划分各方责任和义务关系主要依据的货运单证，必须能适应不同国家和港口各方的相关要求，既符合本国法令和习惯，也要为他方所接受，所以一些主要单证在名称、作用和记载内容上大多大同小异，可以国际通用。

总之，海洋运输最适宜承担运量大、运距长、对时间要求不太强、运费负担能力较低的货物运输。

（2）海洋运输船舶的种类

国际海运船舶的种类包括：

①干货船（dry cargo ship）

A.杂件货船（general cargo vessel）：也称普通杂货船，主要装载包装或裸装普货，一般为5 000~20 000公吨。

B.滚装船（roll on/roll off ship）：采用以半挂车或带轮托盘为货运单元，由牵引车或叉车直接在船岸之间进行装卸作业的船舶，一般为3 000~26 000公吨。

C.冷藏船（refrigerated ship）：可以使得货物处于冷藏状态下载运的船舶，载重一般数百公吨至几千公吨。

D.多用途船（multi-purpose ship）：具有多种装运能力的船舶，如以集装箱为主的多用途船、以重大件为主的多用途船等。

E.干散货船（dry bulk carrier）：运输粉末状、颗粒状、块状等无包装大宗货物，如煤、散粮、矿石等。

F.集装箱船（full container ship）：也称吊装式全集装箱船或集装箱专用船。集装箱船结构特点为大开口，单甲板，双船壳，舱内和甲板设有永久性格栅结构。

②液货船

A.油船（oil tanker）：专运石油及成品油，载重一般为2万~20万公吨。

B.液化气船（liquefied gas carrier）：专运液化气，包括液化天然气船（LNG）和液化石油气船（LPG）。吨位以货舱容积表示，一般在6万~13万立方米之间。

C.液体化学品船（chemical tanker）：运载液体化学品，如醚、苯、醇、酸等。吨位多在3 000~10 000公吨之间。

（3）海洋运输货物的种类和计量

①货物分类

按照货物装运形态，分为件杂货物和散装货物。件杂货物是指按计件形式装运和交接的货物，包括包装货物、裸装货物、成组化货物。散装货物是指按计量形式装运和交接的货物，包括干散货、液态散装货。

按照货物性质，分为普通货物和特殊货物。

A.普通货物：指在运输中无特殊要求，按一般条件办理运输的货物。普通货物又可分为：

清洁货物（精细货物）：干燥、清洁的货物，如食品、纺织品、日用品等。

液体货物：盛装于桶、瓶等容器内的流质或半流质的货物。

粗劣货物：有油污、水湿、扬尘和散发异味等特性的货物。

B.特殊货物：指在运输过程中必须采取特别措施，才能保证完好无损地进行承运的货物。特殊货物又可分为：

危险货物：有易燃、易爆、毒害、腐蚀和放射等性质，在运输过程中可能引起人身伤亡和财产毁损，必须按有关危险货物运输规则进行运输的货物。一般对危险货物进行分级分类。

冷藏货物：在常温下易腐烂变质和其他需要按某种指定低温条件运输的货物。

贵重货物：价值昂贵的货物。

活的动植物：具有正常生命活动，在运输中需要特别照顾的动物、植物。

除上述分类外，货物还可以进行如下分类：按在船上的装载场所分类、按货物载运状况分类等。

②货物的计量和积载因数（积载系数）

A.货物的计量

货物的计量即货物的体积和重量的计算。

货物的丈量又称量尺：

量尺体积（立方米）=货物最大处的长×宽×高

货物的衡重是指衡定货物的重量，以毛重计。

货物衡重的衡制（计重单位）有公吨、长吨、短吨等，通常为公吨。

B.积载因数（stowage factor，S.F.）

积载因数指每1公吨货物在正常堆装时实际所占的容积（包括货件之间正常空隙以及必要的隔衬和铺垫所占的空间），单位为立方米/公吨，反映一定重量的货物须占据船舶多少舱容、箱容、库容。

积载因数的实测方法有：A.1吨货物堆积成近似正立方体的形状，由此计算出该货堆的最大外形尺寸，即体积/吨。B.可采用9件货件打底，堆高3层（27件）的方法成堆，丈量货堆的最大外形尺度及27件货件的总重量，然后计算一吨货物的实际体积。

③海运轻货与重货

轻货：积载因数大于1。

重货：积载因数小于1。

不同种类的货物、不同积载因数的海运货物，其运费是不同的。

2.海洋运输船舶的经营方式

海洋运输船舶的经营方式一般可以分为两大类：定期船运输和不定期船运输。定期船运输又称为班轮运输，不定期船运输是与班轮运输相对应的一种经营方式，它是指航线、港口、起运与终止的时间、运价或租金等均需由承托双方在运输合同中予以协商约定的运输。

（1）班轮运输（liner transport）

①班轮运输的概念和类型

班轮运输又称定期船运输。班轮是指船舶按事先制定的船期表（sailing schedule），在特定的航线上，以既定的挂靠港口顺序和事先公布的运价费率，经常从事航线上各港口间货物运输的船舶。

班轮运输可以分成不同的类型：

A.定期定线的班轮运输和定线不严格定期的班轮运输。

B.杂货班轮运输、集装箱船运输、多用途船运输。

C.多港口挂靠航线运输、干线配支线运输、多角航线运输、单向环球航线运输。

班轮船期表的主要内容有：航线，船名，航次编号，始发港、中途港、终点港的港名，到达和驶离各港的时间，其他有关注意事项等。

②班轮运输的特点和作用

班轮运输的特点：

A."四固定"，即具有固定航线、固定港口、固定船期和相对固定的运价。

B.班轮运输通常不签订运输合同，而是在承运人将货物装上船后或接收货物后，签发提单；承托双方的权利义务和责任豁免以提单条款为依据。

C.杂货班轮运输，通常承运人是在装货港和卸货港码头仓库交接货物；集装箱班轮运输，通常承运人是在装货港和卸货港码头堆场或货运站交接货物。

D.班轮公司负担装货费和卸货费。

E.不规定装卸时间，也不计算滞期费和速遣费。

班轮运输在国际贸易中发挥了重要作用，极大地促进了国际贸易的发展，其优越性主要体现在：

A.特别有利于一般杂货和小额贸易货物运输。

B.班轮公司负责转运，能满足货物运输的特殊需要。

C.提供较好的运输质量、手续简便、方便货主。

③班轮运价

班轮运价中包括了运输费和装运港、目的港的装卸费。班轮运价一般以运价表的形式公布，具有一定的垄断性。

运价表分类：按照制定者的不同，可分为班轮公会运价表、班轮公司运价表、货方运价表。按照运价表形式，可分为等级费率运价表、单项费率运价表。我国目前广泛使用的外运3号本、中运6号本就属于等级费率运价表，该表中货运商品分为20个等级，1级费率最低，20级费率最高。

运价表内容：货物运输说明及有关规定、港口规定及条款、货物分级表、航线费率表、附加费率表、冷藏货费率表及活牲畜费率表等。

④班轮运费的计收

班轮运费由基本运费和附加运费组成。基本运费是普通货物在正常运输的情况下，运至某基本港口，船方分航线规定必收的货物运费。附加运费是船方为了补偿因船舶、货物、港口或其他原因导致的船舶运输费用增加而加收的那部分费用。

基本运费的计收：

A.重量法。按货物的毛重计收，可以以公吨、长吨、短吨为计算单位，统称重量吨（weight ton）。运价表中以"W"（weight）表示。

基本运费=货物按重量计算的运费吨（此处为重量吨）×运费率

B.体积法。按货物体积计收，如以1立方米或40立方英尺为计算单位，精确到小数点后三位，统称尺码吨（measurement ton）。运价表中以"M"（measurement）表示。

基本运费=货物按体积计算的运费吨（此处为尺码吨）×运费率

1英制尺码吨=40立方英尺≈1.133公制尺码吨

1公制尺码吨=1立方米≈0.883英制尺码吨

重量吨和尺码吨统称为运费吨或计费吨（freight ton，FT）。一般来讲，船方是按照货物的重量吨和尺码吨的高者作为运费吨或计费吨来计算基本运费。

尺码吨费率×积载系数=重量吨费率

重量吨费率÷积载系数=尺码吨费率

C.从价法。以货物价值作为运费计收标准，适用于黄金、白银、精密仪器及手工艺品等贵重商品。

基本运费=FOB价格×从价费率（一般≤5%）

运价表中以“Ad.Val.”或者“A.V.”表示。

D.选择法。从两种或三种方法中选择一种收费最高的计费方法，适用于存在“不确定性因素”的货物。如某大类中包括了许多性质不同的货物，或根据货物的包装形式不能识别是属于重货或轻货，或价值变化不定的货物。运价表中以如下方式表示：“W or Ad.Val.”“M or Ad.Val.”“W/M”“W/M or Ad.Val.”。由船公司从中选择收费最高的一种计收。

E.综合法。货物除按运费吨计收运费外，还加收从价运费。运价表中以如下方式表示：“W & Ad.Val.（W plus Ad.Val.）”“M & Ad.Val.”“W/M & Ad.Val.”。

F.按件法（per unit/per head）。按照货物的件数计收，如小轿车按每辆计收，活牲畜按每头计收。

G.议定法（open rate）。由货主和船公司临时议定运价。

H.起码费率（minimum rate）。凡不足1运费吨（1重量吨或1尺码吨）的货物，无论货物属于几级货物，均按一个统一的标准收取运费，称为起码运费或起码费率。

在实际业务中，以“W”“M”“W/M”方式计收运费的较多，贵重商品多以“Ad.Val.”方式计收。

附加运费的计收：

A.超重附加费（extra charges on heavy lifts）。一件货物毛重超过运价表规定的单件货物重量，即为超重货，需要加收一定的附加费。各轮船公司对每件货物的重量规定不一，我国船公司规定每件货物不得超过5公吨。

B.超长附加费（extra charges on long lengths）。一件货物的长度超过运价表规定的长度，即为超长货，需要加收一定的附加费。

C.燃油附加费（banker adjustment factor，BAF）。在燃油价格上涨时，轮船公司便按基本运价的一定百分比加收附加费。

D.货币贬值附加费（currency adjustment factor，CAF）。当运价表中规定的货币贬值时，轮船公司为弥补其损失，便按基本运价的一定百分比加收附加费。

E.港口附加费（port surcharge）。有些港口由于设备条件差或装卸效率低，船公司便加收附加费用来弥补船舶靠港时间延长造成的损失，一般按基本运价的百分比计收。

F.港口拥挤附加费（port congestion surcharge）。它指有些港口由于压港压船，以致停泊时间较长，船方因此而收取的费用。此项费用较高，应设法由进口货物的买方负担。

G.转船附加费（transhipment additional）。当货物需要转船时，船公司必须在转船港口办理换装和转船手续，由此而增加的费用称为转船附加费。

H.直航附加费（direct additional）。运往非基本港口的货物达到一定数量（“中远”规定近洋直航须够2 000公吨，远洋直航须够5 000公吨），轮船公司才肯安排直航，如此直航要收取一定的费用。直航附加费一般比转船附加费低。

I.绕航附加费（deviation surcharge）。当正常航道不能通行，需绕道才能到达目的港时，船方便要加收此费。

J.选卸货港附加费（additional for optional destination）。对于选卸货物（optional cargo）需要在积载方面给以特殊的安排，这要增加一定的手续和费用，甚至有时需要翻船（指倒舱翻找货物），由此而加收的费用称为选卸货港附加费。

K.更换卸货港附加费（additional for alternation of destination）。

关于附加费的计算有两种方式：A.以基本运费的一定百分比计收；B.以每运费吨若干金额计收。

运费计算：当确定所运载商品的品种和运往的目的港后，首先查该船公司所使用的运价表，在运价表中查找所装商品的等级和计费标准，再找出运往的目的港属于哪一航线，然后根据商品的单位重量或尺码乘以基本运费，加上应收的各项附加费，得出应付每吨或每立方米的运费，再乘以计费总吨数，即得出该批货物应付的运费总额。如果是从价运费，按规定的百分比乘FOB货值即可。

运费总额=基本运费+附加运费综合

$$F = F_b + \sum s$$

式中：F_b——f×Q=基本费率×货运量；s——某一项附加费。

附加费可以以比率表示，也可以以绝对数表示。其计算公式如下：

以比率表示：$\sum s = (s_1 + s_2 + s_3 + \cdots + s_n) \times F_b$

以绝对数表示：$\sum s = (s_1 + s_2 + s_3 + \cdots + s_n) \times Q$

实际操作时，在进出口商品报价前必须做商品运输成本的核算（不包括国内运输、港口杂费和报关检疫检验等费用）。在核算一般商品的海运费时，进出口商必须根据进出口商品数量算出商品体积和重量，再查找船公司、货运代理人方面提供的“运价表”，找到对应该批货物目的港的运价。如果进出口商品数量正好够装整箱（20英尺或40英尺），则直接取其运价为海运费；如果不够装整箱，则用商品总体积×拼箱的价格来算出海运费。然后在咨询船公司或货运代理人的基础上，累加上国内运输费、港口杂费和报关检疫检验等费用，作出较为准确的运输成本核算。

【计算示例】

出口玩具狗到加拿大，卸货港蒙特利尔港。商品的体积是每箱0.164立方米，每箱装60只，按照M级。试分别计算出口数量为5 000只和9 120只的海运费。

解：第1步，计算产品体积。

出口数量为5 000只：总体积=5 000÷60×0.164=13.66（立方米）

出口数量为9 120只：总体积=9 120÷60×0.164=24.928（立方米）

接近20英尺集装箱的装载量。

第2步，查运价。

在当年应季班轮运价表中，可以查到运至加拿大蒙特利尔港的海运费分别是：每20英尺集装箱USD 1 350，每40英尺集装箱USD 2 430，拼箱每立方米USD 65。根据第1步计算出的体积来看，5 000只宜采用拼箱，9 120只宜采用20英尺集装箱。

出口数量为5 000只：海运费=13.66×65=887.9（美元）<1 350美元，因此选用拼箱方式海运。

出口数量为9 120只：按照20英尺集装箱海运费=1 350美元

按照拼箱海运费=24.928×65=1 620.32（美元）

因此，出口数量为9 120只时，宜采用20英尺集装箱海运。

第3步，计算国内运杂费。

咨询得知，国内运到码头运费60元/吨千米，报关、报检、港口杂费等共计3 000元人民币。按照汇率核算成美元，计入运输成本即可。

【计算示例】

某出口公司拟出口某商品，对外报价每公吨（以毛作净）2 000美元FOB新港。国外要求改报CFR旧金山，问我应在FOB价基础上加多少运费才较为合适（设去旧金山需装美国船，该船公司运价表上每运费吨是按短吨计算的，这种商品每运费吨50美元）？

解：每公吨运费=50×1.1023=55.115（美元）

对外报价应为：2 000+55.115=2 055.115（美元）

如果按照2 050美元对外报价，则每公吨吃亏5.115美元。

（2）租船运输

①含义

租船运输又称不定期船（tramp）运输，与班轮运输不同，船舶没有固定的船期表，航线、港口、费用也不固定，都是由双方在合同中明确加以约定，并按照合同约定的条款行事。

②租船运输的特点

A.根据租船合同组织运输；

B.国际租船市场行情影响租金或运费的高低；

C.船舶营运中的有关费用的分担取决于不同的租船方式，并在租船合同中订明；

D.租船运输主要适用于大宗货物的运输。

③租船运输的方式

随着国际航运市场的发展，租船运输的方式进一步细分为程租、期租、包运租船、光租租船、航次期租等五种运营方式。

A.航次租船：又称航程租船或程租（voyage charter），是指船舶出租人向承租人提供特定的船舶或者船舶的部分舱位，在特定的两港或数港之间进行一个特定的航次或几个航次的航行并承运特定货物的租船方式。

程租又分为三种：单航次租船（single voyage charter）、来回航次租船（round voyage charter）和连续航次租船（consecutive voyage charter）。

B.定期租船（time charter）：定期租船也称期租，是一种以时间为基础，由船舶出租人将特定的船舶出租给承租人使用一定时期的租船方式。

C.包运租船（contract of affreightment，COA）：又称大合同，是指船舶出租人提供给承租人一定的吨位，在确定的港口之间，在事先约定的时间内按约定的航次周期和每航次较均等的货运量完成合同规定的总运量的租船方式。

D.光租租船：由船舶出租人向承租人提供一艘未配备船员的空船，承租人在合同规定的租期内按所确定的租金率支付租金并配备船员，进行船舶的经营和管理。

E.航次期租：指采取以抵达装运港交船时起到目的港卸货完毕时止的航次时间为租期，并按期租方式进行业务运作、支付租金的定期租船方式。

上述五种租船方式的区别主要体现在船舶所有人和承租人对船舶的支配权、占有权不同，进而表现在货物运输经营过程中所承担的责任与风险不同。各个海运国际组织对此有各自的规定和制度体系。

二、铁路运输

国际铁路运输具有运量大、速度快、连续性强、受气候自然条件影响小、安全可靠、运输成本低等优势。但是，由于建筑铁路的困难较多，需要消耗大量的钢铁等工业产品，修路、架桥、开挖隧道需要大量的土石方工程，因而初期投资比较大。

1.国际铁路货物联运

（1）含义

凡使用统一的国际联运票据，由铁路负责经过两国或两国以上铁路的全程运送，并由一国铁路向另一国铁路移交货物时，不需发货人和收货人参加，这种运输方式称为国际铁路货物联运。

（2）铁路货物联运的两个重要公约

①《国际货约》

1890年欧洲各国在瑞士首都伯尔尼举行的各国铁路代表大会上制定了《国际铁路货物运送规则》，1938年改为《国际铁路货物运送公约》（简称《国际货约》）。

②《国际货协》

1951年11月，苏联和东欧各国签订《国际铁路货物联运协定》（简称《国际货协》）。1954年1月，我国加入《国际货协》。

1990年10月，德国统一，民主德国终止《国际货协》，随后东欧形势剧变，匈牙利、捷克也于1991年1月终止《国际货协》。但该协定在其他原签字国家之间仍然有效，也是我国对外贸易铁路货物运输中仍需遵守的重要国际协定。

（3）国际铁路货物联运办理的种别

①整车货物：凡按一份运单托运的货物，按其体积或重量，需要单独车辆运送的，作为整车货物。

②零担货物：凡按一份运单托运的一批货物，重量不超过5 000千克，按其体积或种类又不需要单独车辆运送的，作为零担货物。

③大吨位集装箱：指按一张运单办理的，用大吨位集装箱运送的货物或空的大吨位集装箱。

（4）国际铁路货物联运运单

国际铁路货物联运运单是参加国际铁路货物联运的铁路与发货人、收货人之间缔结的运输合同。它体现了参加联运的各国铁路和发货人、收货人之间在货物运输上的权利、义务、责任和豁免，对铁路、发货人、收货人都具有法律效力。

联运运单的构成：①运单正本；②运行报单；③运单副本；④货物交付单；⑤货物到

达通知单。

（5）国际铁路货物联运运送费用的计算和核收

①计费依据

《国际货协统一过境运价规程》（简称《统一货价》）、《铁路货物运价规则》等是国际货协各国之间计算和核收铁路联运运费的重要依据。新的《统一货价》自1991年7月1日起施行，它是在原来的《统一货价》的基础上修改补充而成的，其费率原以卢布，现以瑞士法郎计价。中国铁路自1991年9月1日起施行上述新规定。

②运送费用内容

运送费用包括运费、押运人的乘车费、杂费和其他费用。

③国际铁路联运费用的构成

A.发送路运送费用与到达路运送费用的核收。

B.过境路运送费用的核收。过境路运送费用又包括铁路结算制和代理结算制两种核收办法。

④各段路的核收规定

发送路（出口国路段）的运送费用，按发送国国内运价规则，以发送国货币在发站向发货人核收。

过境路（经过的第三国）的运送费用，按《国际货协》的《统一过境运价规程》在发站向发货人或在到站向收货人核收。

到达路（进口国路段）的运送费用，按到达路的国内运价规则，以到达路国家的货币在到站向收货人核收。

《国际货协》关于《统一货价》对过境货物运费的计算是以慢运整车货物的运费额为基础的，其他种别的货物运费，则在基本运费额的基础上分别乘以不同的加成率。

2.国际铁路货物联运国内段铁路运输

（1）国际铁路货物联运国内段运送费用的计算

根据《国际货协》的规定，我国通过国际铁路联运的进出口货物，其国内段运送费用的核收应按照我国《铁路货物运价规则》进行计算。

①根据货物运价里程表确定从发站至到站的运价里程；

②根据运单上填写的货物品名查找货物品名检查表，确定适用的运价号；

③根据运价里程和运价号在货物运价率表中查出相应的运价率；

④按《铁路货物运价规则》确定的计费重量、发到基价、运行基价、运价里程，算出该批货物的运费；

⑤铁路建设基金、电气化附加费、杂费（铁路运营杂费、国际联运杂费）、印花税、特定区段运价费等，查表后计算可得；

⑥上述各项费用最后相加即为费用总额。

（2）运费计算公式

总运费=基本运费+其他各项费用

基本运费的计算：

整车货物每车运价=每吨运价×计费重量

整车货物每吨运价=发到基价+运行基价×运价里程

零担货物每10千克运价=发到基价+运行基价×运价里程

集装箱货物每箱运价=发到基价+运行基价×运价里程

3.我国内地与港澳地区之间的铁路货运业务

我国内地与澳门之间因目前无铁路直接相通，内地运往澳门的货物，需先从发站与铁路办理国内段的铁路运输至广州地区的货运站中转至澳门。

我国内地与香港之间的铁路货运分为内地段和港段两段运输，由中国对外贸易运输总公司各地分支机构及香港中国旅行社组织进行。出口货物发到深圳北站后由中国对外贸易运输总公司深圳分公司接货并负责报关，海关放行后由香港中国旅行社负责办理港段铁路运输托运工作，将货物运至九龙目的站，交给收货人。进口货物则按相反流程进行。

内地段铁路运杂费以人民币计算，包括运费和深圳口岸所发生的货车租用费、货物装卸费、调车费、中转费、劳务费等各种杂费；港段铁路运杂费以港币计算，包括运费、终点站费、装卸费、国际集装箱加固费和吊箱费、港段调车费、港段劳务费等。

采用上述运输方式时，由于国内铁路运单不能作为对外结汇的凭证，故由各地外贸运输公司以承运人的身份签发承运货物收据（cargo receipt），作为向银行办理收汇的凭证。

三、航空运输

航空运输（air transport）作为现代化的运输方式，具有运输速度快、货运质量高、不受地面条件限制等优点，适用于体积小、贵重、量小而急需的商品的运输。

1.国际空运货物的运输方式

（1）班机运输（sheduled airline）

班机运输有固定航线和停靠航站并定期开航。由于班机能安全、迅速、准时地到达世界各航站，因此最受托运人的欢迎。

（2）包机运输（chartered carrier）

包机运输是指托运人根据所运输的货物在一定时间内需要单独占用飞机部分或全部货舱、集装箱，而托运人需要采取专门措施予以保证的运输方式。

（3）集中托运（consolidation）

集中托运是指航空货运代理机构把若干批单独发送的货物组成一整批向航空公司集中托运，填写一份总运单发运到同一目的站，由航空货运代理机构委托目的地的代理人负责收货，并分拨给各个实际收货人。这种托运方式在航空运输中使用最普遍。

（4）航空急件传送（air express service）

航空急件传送又称航空快递，是指具有独立法人资格的企业将进出境货物或物品从发货人所在地通过自身或代理网络运达收件人的一种快速运输方式。采用上述运输方式的进出境货物、物品称为快件。目前，世界上主要的快递公司有DHL、FedEx、UPS、TNT、OCS和EMS。快递公司拥有完善的快递网络，流程环节全程控制，信息化控制程度高，以运送文件和小包装货物为主。

2.航空运输的承运人

（1）航空运输公司

航空运输公司是航空货物运输业务中的实际承运人，负责办理从起运机场到到达机场的运输，并对全程运输负责。

（2）航空货运代理公司

航空货运代理公司可以是货主的代理，负责办理航空货物运输的订舱，在始发机场和到达机场办理交、接货与进出口报关等事宜；也可以是航空公司的代理，办理接货并以航空承运人的身份签发航空运单，对运输过程负责。中国对外贸易运输总公司既是中国民航的代理，也是我国各进出口公司的货运代理。

3.航空运输的运价

（1）协议运价

航空公司与托运人签订协议，托运人保证每年向航空公司交运一定数量的货物，航空公司则向托运人提供一定数量的运价折扣。目前航空公司使用的协议运价包括长期协议、短期协议、包板（舱）、返还（含销售量返还和销售额返还）、自由售价。

（2）国际航协运价

IATA——国际航空运输协会（International Air Transport Association），是各国航空运输企业的联合组织，会员必须是有国际航空组织的成员国颁发的定期航班运输许可证的航空公司。我国大多数航空公司已加入该组织，如中国国际航空公司、中国东方航空公司、中国南方航空公司等。加入该组织的航空公司须遵守该组织运价、规章等各项规定，并享受应有的权利。

空运运价是指从起运机场至目的机场的运价，不包括其他额外费用（如提货、仓储费等），运价一般是按重量或体积重量（6 000立方厘米折合1千克）计算的，以两者中高者为准。

IATA运价可分为非公布直达运价和公布直达运价两种。非公布直达运价是指当货物的始发地至目的地之间无公布直达运价时所采用的运价，包括比例运价、分段相加组合运价等；公布直达运价是在IATA运价中直接能够查到的运价，包括普通货物运价、指定商品运价、等级运价、集中托运货物运价等。

四、集装箱运输和国际多式联运

1.集装箱运输

集装箱运输（container transport）是指以集装箱为基本运输单位，采用海、陆、空等运输方式将货物运往目的地的一种现代化运输方式。集装箱运输是国际货物运输发展的必然产物。从20世纪70年代末到80年代初，国际集装箱运输进入大规模发展的阶段。集装箱运输作为一种现代化运输方式，可以适用于海洋运输、铁路运输及国际多式联运等。

（1）集装箱（container）

①集装箱作为一种运输设备，应具备以下条件：

A.具有耐久性，其坚固强度足以反复使用；

B.便于商品运送而专门设计，在一种或多种运输方式的运送中无须中途换装；

C.设有便于装卸和搬运，特别便于从一种运输方式转移到另一种运输方式的装置；

D.便于货物装满或卸空；

E.内容积为1立方米或1立方米以上。

②ISO/TC104（国际标准化组织104技术委员会）制定的第一系列的4种箱型为：

A型——40英尺；B型——30英尺；C型——20英尺；D型——10英尺。

进出口货物运输中最常用的集装箱箱型有：1A型40英尺集装箱（FEU）和1C型20英尺集装箱（TEU）。FEU的有效容积为55立方米，载货重量为24.5公吨；TEU的有效容积为25立方米，载货重量为17.5公吨。

③集装箱装载量的计算

在国际货物运输中，经常使用的是20英尺和40英尺集装箱，通常按照集装箱箱内长宽高数值估算有效容积。进出口商在核算时，建议按照集装箱可容纳的最大包装数量来计算进出口数量，以节省海运运费。

【计算示例】

商品玩具狗的包装单位是箱（carton），销售单位是只（PC），规格描述是每箱装60只，每箱体积为5.79立方英尺，试分别计算该商品用20英尺、40英尺集装箱运输时的最大包装数量和进口数量。

解：5.79立方英尺=0.164立方米

每20英尺集装箱：

包装数量=25÷0.164=152.439（箱），取整152箱

进口数量=152×60=9 120（只）

每40英尺集装箱：

包装数量=55÷0.164=335.366（箱），取整335箱

进口数量=335×60=20 100（只）

在进出口贸易中，尤其是利用集装箱进行运输时，必须具体核对集装箱的体积、载重等数据，做到合理码放，既最大效率地利用集装箱空间，降低运输成本，又能保障运输的安全。另外，在对外报价时，尤其是使用含有运输费用的贸易术语对外报价时，必须同时考虑使用何种承载工具、运输方式等，以保证报价的正确性。

【小资料】

集装箱的标志

为了方便集装箱运输管理，国际标准化组织（ISO）拟订了集装箱标志方案。根据IS0790—73，集装箱应在规定的位置上标出以下内容：

第一组标记：箱主代码、顺序号和核对数。箱主代码4个字母（第4位为海运集装箱代号U）；顺序号6位数；核对数1位。共11位。例：HJCU8747654。

第二组标记：国籍代号、尺寸代号和类型代号。

第三组标记：最大总重和自重。

【小资料】

集装箱的种类

①按结构分类：固定集装箱、折叠集装箱。

②按制造材料分类：钢制集装箱、铝制集装箱、玻璃纤维制集装箱。

③按运输方式分类：海陆集装箱、空陆集装箱。

④按用途分类：干货集装箱（dry cargo container，GP）、散货集装箱（bulk container）、冷藏集装箱（reefer container，RF）、特种集装箱（special container）、敞顶集装箱（opentop container，OT）、框架集装箱（plat form based container）、牲畜集装箱（pen container）、罐式集装箱（tank container，TK）、汽车集装箱（car container）。

（2）集装箱运输的优越性

①提高装卸效率和加速船舶的周转；

②提高运输质量和减少货损货差；

③节省各项费用和降低货运成本；

④简化货运手续和便利货物运输；

⑤把传统单一运输方式联结为连贯的成组运输，从而促进了国际多式联运的发展。

（3）集装箱运输交货方式

①整箱交/整箱接（FCL/FCL）

货主在工厂或仓库把装满货后的整箱交给承运人，收货人在目的地以同样整箱接货，换言之，承运人以整箱为单位负责交接。货物的装箱和拆箱均由货方负责。

②拼箱交/拆箱接（LCL/LCL）

货主将不足整箱的小票托运货物在集装箱货运站或内陆转运站交给承运人，由承运人负责拼箱和装箱（stuffing，vanning），运到目的地货运站或内陆转运站，由承运人负责拆箱（unstuffing，devantting），拆箱后，收货人凭单接货。货物的装箱和拆箱均由承运人负责。

③整箱交/拆箱接（FCL/LCL）

货主在工厂或仓库把装满货后的整箱交给承运人，在目的地的集装箱货运站或内陆转运站由承运人负责拆箱后，各收货人凭单接货。

④拼箱交/整箱接（LCL/FCL）

货主将不足整箱的小票托运货物在集装箱货运站或内陆转运站交给承运人，由承运人分类调整，把同一收货人的货集中拼装成整箱，运到目的地后，承运人以整箱交，收货人以整箱接收。

在上述各种交接方式中，以整箱交/整箱接效果最好，也最能发挥集装箱的优越性。

（4）集装箱运输运费的计算

整集装箱货物的运费计算通常按照包箱费率计算。当然也可采用按普通杂货班轮运输运费的计算办法来计算，在特定情况下，托运人会按照“最低运费”和“最高运费”计算的办法计算应支付的运费。其中，最高运费的计收是集装箱运输中所特有的。

①包箱费率（box rates）

它是指分集装箱箱型，不分箱内货物种类，不计箱内货物重量，统一收取一个基本运价；或分集装箱箱型对货物按不同种类和等级制定不同的运费收取标准。也就是将各项费率的计算单位由按“吨”（重量吨或体积吨）计简化为按“箱”计。包箱费率根据计算方法的不同，又可以分为：

A.FAK包箱费率（freight for all kinds）

它是指对每一集装箱不细分箱内货类，不计货量（在重量限额之内），只按箱型统一制定的包箱费率。FAK是目前各大班轮公司使用最为普遍的一种基本运费计算形式，由于这种形式不计箱内货类、等级，省去查找对应货物等级的麻烦，较受货方欢迎。

B.FCS包箱费率（freight for class）

它是一种分箱型再按不同货物种类和等级而制定的包箱费率。在这种费率条件下，货物分为普通货物、半危险货物、危险货物和冷藏货物4个大类，其中，普通货物的等级划分与杂货运输分法一样，仍是1—20级。各船公司运价本中按货物种类、等级和箱型规定包箱费率。

C.FCB包箱费率（freight for class & basis）

它是一种既按货物的类别、等级，又按货物计费吨标准而制定的包箱费率。在这种费率条件下，即使装有同种货物的整箱货，在分别使用重量吨和尺码吨为计算单位时，其包箱费用也是不同的。它是在FCS包箱费率的基础上分“W”与“M”两种不同计算标准，分别制定费率。因该种费率计算复杂，在实际业务中很少使用。

值得注意的是，许多班轮公司根据自己的需要，订出了不同的包箱费率，即使是同一家公司，不同航线也可能采用不同的包箱费率。

②最低运费（minimum freight）

拼箱货的最低运费：在每一条运输线上，各规定一个最低运费额，任何一批货物，按重量吨或尺码吨计算的金额低于规定的最低运费额时，均需按最低运费金额计算。

整箱货的最低运费：标准不是金额，而是最低装载吨（重量吨或尺码吨），或者按集装箱装载能力（载重或容积）的一定百分比计算。凡以整箱办理的托运，为避免运费的收入不够运输成本，对不同规格的集装箱分别规定计收运费的最低应计收运费重量吨或尺码吨。如实际运费低于最低运费，则运费按最低运费标准计算。例如，最低运费装载吨为集装箱箱内容积的60%，或者规定20英尺箱最低装载吨为21.5立方米尺码吨，40英尺集装箱最低装载吨为43立方米尺码吨。

③最高运费（maximum freight）

最高运费是集装箱运输特有的特点，这是因为集装箱有时装有几种货类，而其中部分货类缺少正确的衡量单位（多数是由于托运人未提供或申报），且计费等级和费率又不同，最高运费就是为计算这部分货物的运费而规定的。最高运费的标准是运费吨，主要是尺码吨。

目前国际上最高运费吨的规定，一般是20尺干货集装箱的最高运费吨为31立方米，40尺干货集装箱的最高运费吨为67立方米，如所装货物尺码超过上述规定，则可免计运费，所以提高集装箱内积载技术，充分利用集装箱容积，对节省运费有很大作用。

【计算示例】

某20尺集装箱，内装8、9、10、11级四种货物，仅提供10级货物的尺码为16立方米，计算运费如下：

16立方米×10级运费率=运费A

未提供资料的8、9、11级货物的运费为：

（31立方米-16立方米）×11级运费率=运费B

整箱货的总运费为：运费A+运费B

未提供资料的8、9、11级货物统一按较高的11级运费率计算。

2. 国际多式联运

(1) 国际多式联运（international multimodal transport或international combined transport）

国际多式联运是按照多式联运合同，以至少两种不同的运输方式，由多式联运经营人将货物从一国境内接管货物的地点运至另一国境内指定交付货物的地点。

国际多式联运最早产生于20世纪60年代末，在美国出现后，经试办取得显著的经济效果，受到贸易各方的普遍欢迎，后来，美洲、欧洲、非洲等地的许多国家也纷纷效仿，使得国际多式联运成为一种重要的运输方式。

(2) 构成国际多式联运的条件

①要有一个多式联运合同

在多式联运合同中，要明确规定多式联运经营人（承运人）和托运人之间的权利、义务、责任、豁免等合同关系和多式联运的性质。

②必须使用一份全程多式联运单据

尽管多式联运涉及不同的运输方式，但多式联运经营人要签发一份涵盖运输全程的多式联运单据，以证明多式联运合同以及证明多式联运经营人已接管货物并保证负责按照合同条款交付货物。

③必须是至少两种不同运输方式的连贯运输

这是确定一票货运是否属于多式联运的重要特征。不过要注意的是，为了履行单一方式运输合同而进行的该合同所规定的货物接送业务则不应视为多式联运，如航空运输中从仓库到机场的这种陆空组合则不属于多式联运。

④必须是国家间的货物运输

国际多式联运必须是不同国家之间的货物运输，这是区别于国内运输和是否适合国际法规的限制条件。

⑤必须由一个多式联运经营人（multimodal transport operator）对全程的运输负总的责任

多式联运经营人具有双重身份，分别与货主和实际承运人签订运输合同，但必须承担对于货物运输的全程责任。

⑥必须对货主实行全程单一运费费率

多式联运经营人在对货主负全程运输责任的基础上，制定一个货物发运地至目的地的全程单一费率，并以包干形式一次性向货主收取。

(3) 国际多式联运经营人的性质和责任范围

国际多式联运经营人既不是发货人的代理人或代表，也不是参加联运的承运人的代理人或代表，而是国际多式联运的当事人，是独立的法律实体。对于货主来说，其是货物的承运人，以承运人的身份与货主签订运输合同；对于实际承运人来说，其又是货物的托运人，以货主的身份与实际承运人签订运输合同。因而，体现出其身份的双重性。在国际多式联运中，根据国际多式联运合同的规定，其始终是货物运输的总承运人，对货物运输全程负责。

国际多式联运经营人的责任期间是从接受货物之时开始，到交付货物之时为止。在此期间，对货主负全程的运输责任。但在责任范围和赔偿限额方面，根据目前国际上的做法，可以分为三种类型：

①统一责任制

在统一责任制下，多式联运经营人对货主负不分区段运输的统一原则责任，即货物的灭失或损失，包括隐蔽损失，不论发生在哪个区段，多式联运经营人按一个统一的原则负责，并一律按一个约定的限额赔偿。

②分段责任制

分段责任制又称网状责任制。多式联运经营人的责任范围以各区段运输原有责任为限，如海上运输区段按《海牙规则》、航空运输区段按《华沙公约》办理。在不使用国际法时，则按相应的国内法办理。赔偿也是分别按各区段的国际法或国内法规定的限额赔付。对不明区段货物隐蔽损失，或作为海上区段，按《海牙规则》办理，或按双方约定的原则办理。

③修正统一责任制

修正统一责任制是介于上述两种责任制之间的责任制，又称为混合责任制，也就是在责任范围方面与统一责任制相同，而在赔偿限额方面与分段责任制相同。

（4）大陆桥运输（land bridge transport）

国际多式联运是将公路运输、铁路运输、海洋运输、航空运输等多种形式有机组合，形成国际多式联运的新运输模式，如国际集装箱海铁联运、大陆桥运输等。

大陆桥运输是指使用横贯大陆的铁路（公路）运输系统，作为中间桥梁，把大陆两端的海洋连接起来的集装箱连贯运输方式，特点是采用海陆海联运方式，全程由海运段和陆运段组成，比采用海运缩短路程，但增加装卸次数。

主要的大陆桥有：

①西伯利亚大陆桥

西伯利亚大陆桥是利用俄罗斯西伯利亚铁路作为陆地桥梁，把太平洋远东地区与波罗的海和黑海沿岸以及西欧大西洋口岸连接起来。

该大陆桥东起海参崴的纳霍特卡港口，横贯欧亚大陆，至莫斯科，然后分三路：A.至波罗的海沿岸的圣彼得堡港，转往西欧、北欧港口；B.至俄罗斯西部国境站，至欧洲其他国家铁路（公路）直运欧洲各国；C.至黑海沿岸，转船往中东、地中海沿岸。

西伯利亚大陆桥始于20世纪70年代，到80年代，利用该大陆桥运输货物每年达10万个集装箱以上，但现在经营中出现问题，例如：运输能力受冬季严寒影响，港口有数月冰封期；货运量西向大于东向约2倍，来回运量不平衡；动力仍很紧张，铁路设备陈旧等。

②美国大陆桥

美国大陆桥有两条：一条是从西部太平洋口岸至东部大西洋口岸的铁路（公路）运输系统，全长约3 200千米；另一条是西部太平洋口岸至南部墨西哥湾口岸的铁路（公路）运输系统，长500~1 000千米。美国大陆桥始于1967年，原因是当年苏伊士运河因战争关闭，巴拿马运河严重堵塞，致使远东与欧洲货物交通不畅，所以开辟了美国大陆桥。

现在，尽管美国的大陆桥运输已经基本停止，但在美国大陆桥运输的基础上派生出了美国小陆桥（mini land bridge，MLB）与微型陆桥（micro land bridge）运输。基于美国小陆桥和微型陆桥运输的重要运输方式——OCP运输在我国的对美贸易中得到广泛应用。

OCP是over land common points的缩写，即内陆公共点地区，简称“内陆地区”。其含义是：根据美国费率规定，以美国西部9个州为界，也就是以洛矶山脉为界，其以东地区，均为内陆地区范围，这个范围很广，涵盖了美国2/3的地区。凡是经过美国西海岸港口转往上述内陆地区的货物，如按OCP条款运输，就可享受比一般直达西海岸港口更为低廉的优惠内陆运输费率（3%~5%），同时可享受比一般正常运费低的优惠海运运费（每吨低3~5美元）。

采用OCP条款必须满足以下条件：A.货物最终目的地必须属于OCP地区范围；B.货物必须经由美国西海岸港口中转；C.在提单备注栏内及货物唛头上应注明最终目的地OCP××城市。

③加拿大大陆桥

加拿大大陆桥于1979年开通，从太平洋口岸温哥华（或美国西雅图）上桥，经美加铁路至加拿大大西洋口岸。现在基本没有竞争力。

④新欧亚大陆桥

此条运输线东起我国连云港，西至荷兰鹿特丹，跨亚欧两大洲，连接太平洋和大西洋，穿越中国、哈萨克、俄罗斯，与第一条运输线重合。经白俄罗斯、波兰、德国到荷兰，辐射20多个国家和地区，全长10 800千米，在我国境内全长4 134千米。这条运输线与第一条运输线相比，总运距缩短2 000~2 500千米，可缩短运输时间5天，减少运费10%以上。

五、其他运输方式

1.公路运输（road transportation）

公路运输是一种现代化的运输方式，它不仅可以直接运进或运出对外贸易货物，而且是车站、港口和机场集散进出口货物的重要手段。

公路运输的优点是机动灵活、快捷方便，尤其是集装箱运输中“门到门”运输的实现，更离不开公路运输。但公路运输也有一定的不足之处，如载货量有限，运输成本相对于海运、铁路运输要高，容易造成货损货差等。

公路运输在我国对外贸易中占有重要的地位。我国同朝鲜、巴基斯坦、印度、尼泊尔、不丹、越南、缅甸以及中亚各国的贸易中，许多货物就是通过公路运输实现的。此外，我国内地同香港、澳门地区的部分贸易货物，也是通过公路运输的。伴随着我国公路建设的扩展，尤其是高速公路的大规模修建，公路运输在我国对外贸易中将发挥更重要的作用。

2.内河运输（inland water transportation）

内河运输是利用一些可以连接内陆腹地和沿海港口的内河作为纽带而进行的水上运输。内河运输是水上运输的重要组成部分，在运输和集散进出口货物中发挥着重要的作用。我国拥有四通八达的内河航运网，长江、珠江等主要河流的一些港口已经对外开放，如重庆、武汉、九江、芜湖、南京、南通、张家港等已经被开辟为对外贸易港，可以实行江海联运。此外，我国同一些邻国还有国际河流相通，这就为我国进出口货物通过河流运输和集散提供了十分有利的条件。

3.邮政运输（parcel post transportation）

邮政运输是通过邮局寄交进出口货物的一种方式，是一种比较简便的运输方式。国际上邮政部门之间签订有协定和公约，通过这些协定和公约，邮件可以方便、快捷地传递，从而形成一个全球性的邮政运输网。国际邮政运输分为普通邮包和航空邮包两种。

在邮政运输中，托运人只需要按邮局章程办理一次托运，一次付清足额邮资，取得邮政包裹收据（parcel post receipt），交货手续即告完成。邮件国际传递由各国的邮政部门负责办理，邮件到达目的地后，收件人可凭邮局签发的到件通知向邮局提取，手续简便，费用不高。

4.管道运输（pipeline transportation）

管道运输是一种特殊的运输方式，是货物在管道内借助高气压泵的压力输往目的地的一种运输方式，主要适用于运输液体和气体货物。它具有固定投资大、建成后运输成本低等特点。

管道运输在美国、欧洲的许多国家以及石油输出国组织（OPEC）的石油运输方面起到了积极的作用。我国的管道运输起步较晚，但发展较快。1958年我国建成了当时全国最长的克拉玛依—独山子原油输送管道，之后国内又相继建设了多条原油管道、成品油管道、天然气管道等。西部大开发标志性工程之一的“西气东输”工程于2004年12月30日正式实现全线商业运营，是中国距离最长、投资最多、运输量最大、管径最大、管材等级最强和设计压力、输气能力、自动化控制程度最高的管道，设计年输气量120亿立方米。

第二节　装运条款

在进出口合同中，一般对运输事项作出具体规定。如果采用联合运输必须分段注明运输方式和具体起止地点。装运条款一般包括装运时间、地点、目的港、是否允许分批和转船、装运通知及滞期和速遣条款等内容。

一、装运时间（time of shipment/time of delivery）

装运时间又称装运期，是卖方将货物装上运输工具或交给承运人的期限。一般来讲，卖方确定装运期必须协调生产时间、办理出口检验等手续的时间、发运时间等，尽量做到适时稳妥；买方则希望严格按照合同中装运期的规定交货，提前或延期都可能造成市场脱销、滞销或生产中停工待料等问题。

1.装运时间的规定方法

（1）规定明确、具体的装运时间

①规定在某月或跨月装运

在合同中规定装运时间限于某一段确定时间（a period of time）。例如：

Shipment during September 2019.

2019年9月装运，即卖方可在2019年9月1日至30日这一段期间的任何时间装运出口。

②规定在某月底或某日前装运

在合同中规定一个最迟装运日期，在该日期前装运有效。例如：

Shipment before the end of October 2019.

在2019年10月底以前装运，即卖方最迟不能超过10月31日装运。

Shipment not later than December 15th.

不得迟于12月15日装运，即自合同订立之日起，最迟不能迟于12月15日装运。

（2）规定收到信用证后若干天装运

在对买方资信了解不够或防止买方可能因某些原因不按时履行合同的情况下，可采用此种方法规定装运时间，以保障卖方利益。远洋运输规定不少于1个月，近洋运输不少于20天。例如：

Shipment within 30 days after receipt of L/C.

收到信用证后30天内装运。

另外，为防止买方拖延或拒绝开证而造成卖方不能及时安排生产及装运进程的被动局面，合同中一般还同时订立一个限制性条款，即规定信用证的开立或送达期限。例如：

The buyers must open the relative L/C to reach the sellers not later than May 18th.

买方必须不迟于5月18日将信用证开抵卖方。

（3）收到信汇、电汇或汇票后若干天装运

在FOB条件下电汇支付的情况下，常使用这种规定。例如：

Shipment will be effected within 30 days after receipt of your 30% deposit of the total amount by T/T.

收到你方30%电汇款后30天内装运。

（4）规定近期装运术语

此类术语主要有“立即装运”（immediate shipment）、“迅速装运”（prompt shipment）、“尽快装运”（shipment as soon as possible）等。这些近期装运术语在国际上并无统一的解释，因此为避免误解引起纠纷，除买卖双方有一致理解外，应尽量避免使用。

2.规定装运时间时应注意的问题

（1）买卖合同规定明确具体，装运期限适度

在合同中，就装运问题最好作出明确具体的规定，避免使用前述“立即装运”等笼统的近期装运术语。此外，装运期不要规定得过早或者过晚，以避免来不及备货或租船订舱，造成我方履约延误，以及因国际市场行情有变，买方借故毁约等情形发生。

（2）注意货源、商品性质和特点、交货的季节性等

①货源情况。从卖方的角度看，货源是洽商装运时间时首先要考虑的问题，所规定的装运时间必须与库存商品的品种、规格和数量相适应。另外，对安排待生产的货物装运时间要考虑生产能力和进度。

②市场情况。要考虑市场需求情况，特别是应季商品，其装运时间与客户安排销售密切相关，要为客户着想。

③商品情况。规定装运时间时要考虑到商品本身的性质和特点，如电子产品需防震，应避免在台风季节装运。

④季节性因素。一些易受潮、变质的货物如茶叶、易腐货物等，应避免在雨季或者夏季运输。

(3) 应考虑交货港、目的港具体情况

要掌握运输信息，对该区域的运输能力、航线、港口条件等情况有一定的了解。有些港口季节性繁忙，或者冬季有冰冻期等，在确定交货港、目的港时，这些因素应该考虑进来。

(4) 在规定装运期的同时，应考虑开证日期的规定是否明确合理

装运期与开证日期是互相关联的，为保证按期装运，装运期和开证日期必须互相衔接起来。

二、装运港（地）和目的港（地）

装运港（地）和目的港（地）的规定涉及买卖双方履行义务、划分风险责任、费用结算等问题，因而需在合同中作出具体规定。

1.装运港和目的港的规定方法

(1) 装运港（地）

一般情况下，装运港（地）由卖方提出，经买方同意后确定，以便卖方安排货物装运。在实际业务中，应考虑多方面因素，根据贸易术语和运输方式合理选择装运港（地）。

①原则上选择靠近产地、交通方便、费用较低、基础设施较完善的地方。

②采用CFR、CIF等术语交易时，应多订几个装运港（地），便于灵活选择；采用FOB条件时，买方应特别注意装运港（地）的装载条件是否适合。

③采用集装箱多式联运，一般以有集装箱经营人收货站的地方为装运地。

(2) 目的港（地）

在进出口业务中，目的港（地）一般由买方提出，经卖方同意后确定。合同中一般只规定一个目的港，必要时也可规定两个或两个以上目的港或作笼统规定，由买方在装运期前通知卖方。

2.规定国内外装运港（地）和目的港（地）时应注意的事项

(1) 规定国外装运港和目的港应注意的问题

①对国外装运港或目的港的规定，应力求具体明确。国外装运港或目的港（地）的规定应具体明确，一般不宜笼统订为“某某地区主要港口”，如“非洲主要港口”（African main ports）等，以免因含义不明给卖方带来被动。要注意不能以我国政府不允许进行贸易往来的国家或地区作为装运港或目的港（地）。

②不能接受内陆城市为装运港或目的港。除非采用多式联运方式运输，否则一般不接受内陆城市为目的地的条款，如向内陆国家出口货物，应选择离目的地最近且卖方能安排船舶的港口为目的港。

③注意装卸港的具体条件。装卸港必须是船舶可以安全停泊的港口（非疫、非战争地区），争取选择装卸条件良好、班轮经常挂靠的基本港口。若货物运往无直达班轮或航次较少的港口，合同中应规定“允许转船”条款。

④注意港口重名问题。国际上，许多港口有重名现象，如维多利亚（Victoria）全世界有12个之多，的黎波里（Tripoli）在利比亚和黎巴嫩各有一个，甚至同一国家地名也有重的。因而，在此种情况下，应在合同中明确标明目的港（地）所在的国家和所处的方

位，以免发生差错。

⑤规定选择港（optional ports）时应注意的问题：第一，“选择港”数目一般不要超过三个；第二，备选港口应在同一航线上，且是班轮都挂靠的港口；第三，合同中应明确规定买方最后确定目的港的时间；第四，合同中应明确因选择港而额外增加的运费、附加费等均应由买方承担；第五，运费应按选择港中最高的费率和附加费计算；第六，按一般惯例，如货方（发货人）未在规定时间通知船方最后选定的卸货港，船方有权在任何一备选港口卸货。

（2）规定国内装运港（地）和目的港（地）应注意的问题

出口时注意国内装运港（地）接近货源地；注意考察港口运输条件、费用等情况。进口时注意国内目的港（地）要接近用货单位或消费地区。

三、分批装运和转船

分批装运和转运关系到买卖双方的利益，因而也构成合同中的重要条款。

1.分批装运（partial shipment）的概念

分批装运指一笔成交的货物，分若干批次在不同航次、车次、班次装运，而同一船只、同一航次中多次装运货物，即使提单装船日期不同，装货港口不同，也不是分批装运。

国际商会《跟单信用证统一惯例》500号出版物和600号出版物（以下简称UCP 500、UCP 600）都作出规定，除非信用证另有规定，可允许分批装运（partial shipment allowed），即受益人（出口商）可以在装运有效期内将货物分若干批装运。UCP 600第31条B款规定：“表明使用同一运输工具并经同次航程运输的数套运输单据在同一次提交时，只要显示相同目的地，将不视为分批发运，即使运输单据上表明的发运日期不同或装货港、接管地或发送地点不同。如果交单由数套运输单据构成，其中最晚的一个发运日将被视为发运日。”

2.转船的概念

转船（transshipment）指在远洋运输中，货物装船后允许在中途港换装其他船舶转运至目的港。

通常来讲，转船的原因如下：

①无直达船舶；

②合同规定集装箱装运，而出口口岸缺乏装卸设备，须集中到其他口岸装箱。

在存在直达船运输的情况下，卖方也有可能将货物安排转船运输。由于转船涉及风险、责任和费用增加，即使卖方承担转船的费用，买方由于货物转船而承担额外的风险，也不一定认可。所以，最好在合同中作出明确的规定。

买卖双方可以在合同中商订“允许转船”（transshipment to be allowed）条款。

按照UCP 600的规定，如果信用证未明确规定禁止转船，则视为可以转船。

3.分批装运和转船的有关规定

（1）分批装运条款的拟订

①只规定允许分批装运

在这种情况下，也就是合同或信用证对分批数量及期限不作明确规定，只是规定允许分批装运。例如：partial shipment allowed。

在这种规定方式下，合同或信用证对分批数量及期限不作明确规定，只是规定允许分批装运，卖方有较大的选择权。卖方可以分批，也可以不分批，只要在规定的时间内完成装运即可，并没有严格限定分成几批装运。

②具体规定分批数量、时间

如果对具体分批数量、时间等作了明确的规定，那么出口方应严格按照规定装运，每月不得多装、少装或不装。

Shipment in two lots：400 M/T to not later than May 31，2019.200 M/T not later than June 30，2019.

分两批装运400公吨的货物不晚于2019年5月31日装运，200公吨的货物不晚于2019年6月30日装运。

UCP 600第32条（分期支款或分期发运）规定："如信用证规定在指定的时间段内分期支款或分期发运，任何一期未按信用证规定期限支取或发运时，信用证对该期及以后各期均告失效。"

所以，我们不难看出充分利用"允许分批装运"条款对解决上述实际问题具有十分重要的意义。我方在与外商签订出口合同时应尽量争取信用证允许分批装运，这将有利于我方在履行合同过程中解决一些实际问题。

③明确规定不准分批装运

在合同中明确规定"不准分批装运"（partial shipment is not allowed）。

该条款往往为许多出口商所忽视，没有被充分利用来解决实际操作中出现的问题。下面就出口商如何利用该条款作简要介绍。

【个案讨论】

我某出口公司收到一份国外开来的信用证，货物为40 000只玩具熊，总价值为4万美元，允许分批装运，采用海运方式。后客户来传真表示急需其中10 000只（总数量的1/4）玩具熊，并要求改用空运方式提前装运，提出这部分货款，以及因为改用航空运输方式而增加的运费，采用电汇方式（T/T）在发货前汇至我方。我方是否可以同意对方的要求？

很显然，如果合同订有允许分批装运的条款，我方就可以同意买方的请求，既方便了对方，也不妨碍我方安全收款。

上述案例，只是从一个侧面说明了合同规定允许分批装运，有利于合同的履行。

概括起来，从以下三个方面来讲，规定允许分批装运，对卖方是有利的：

一是运输有变，风险无增。

在这种情况下，可以方便地满足买方要求。进口商要求出口商改变运输方式提前或取消装运部分货物（已超过原信用证允许的数量增减幅度），如果信用证允许分批装运，出口商可以利用该条款以满足客户的上述要求。这样，不仅可以如期收回货款，而且不必要求客户修改信用证，从而为进出口双方省却了不必要的银行费用和麻烦。

二是分批交货，控制风险。

如果总成交额比较大，可以采用分批交货、分批收款的做法，可以减少和控制风险。

如果我方不能按照要求供货，或者买方预谋诈骗，避免了一次性交易损失过大的情形。在分批装运情况下，假设其中某批货物因单证不符遭到拒付，受险金额仅为部分而非全数，而且我方还可以从处理拒付这一事件中充分了解到该客户的资信，从而决定是否继续发货或保持业务关系。

三是价格下跌，落袋为安。

我方预期货物国际市场价格呈下跌趋势。

如果货物数量大，装运期较长（一般为2个月左右或更长），我方可采取分批装运，可按生产进度先装运部分货物，让客户尽早收货，既可减少价格下跌可能给客户带来的损失，又可分散我方收汇风险。

(2) 转船条款

关于转船，合同中可以规定允许转船，也可以规定禁止转船。

允许转船的合同条款如下：

Shipment during May/June/July，with partial shipment and transshipment allowed.

5/6/7月份装运，允许分批，允许转船。

禁止转船的合同条款如下：

Shipment during June/July in two shipments，transshipment is prohibited.

6 /7月分两批装运，禁止转船。

在信用证业务中，除非信用证明确规定不准分批装运和转船，否则卖方有权分批装运和转船。为了方便卖方备货装运，一般都规定允许分批装运和转船。

四、装运通知（advice of shipment，shipping advice）

装运通知是出口商向进口商发出货物已于某月某日或将于某月某日装运某船的通知。

装运通知可在两种情况下发送：一种情况是在FOB条件下，卖方应在规定的装运期前30~45天向买方发出货物备妥通知，以便买方派船接货。买方接到通知后也应将确定的船名、抵港受载日期告知卖方，以便装货；另一种情况是在货物装船后，卖方在约定时间，将合约号、品名、件数、重量、金额、船名和装船的日期等电告买方，以便买方做好报关提货的准备，特别是按CFR或CPT条件成交时，卖方交货后，更应及时向买方发出装运通知，以便于买方及时办理货运保险。规定此条款的目的是明确买卖双方责任，相互配合，做好船货衔接工作以及融洽双方业务关系。

下列条款，为信用证中关于装运通知的规定：

Copy of suppliers fax or telex sent directly advising name of vessel voyage number，shipment date，quantity，number of B/L and value of goods.

提供供应商的传真或者电传的副本，这份传真直接通知船名、航次、装运日期、数量、提单号码和货值。

五、滞期、速遣条款

在国际贸易中，大宗货物多数采用程租船运输。由于装卸时间直接关系到船方的经济效益，在租船人负责装卸货物的情况下，租船合同中船方一般要对装卸货物的时间作出明确规定，并制定奖惩办法，用以约束租船人。

1.滞期费、速遣费与滞期速遣条款的概念

（1）滞期费（demurrage charges）

在租约规定的许可装卸时间内，未能将货物全部装卸完，致使船舶继续在港内停泊，使船东遭受船期损失，则自许可装卸时间终了时起，一直到全部货物装卸完毕为止的滞期时间，租船人应按租约规定，以每天若干货币单位计算，支付给船东补偿金，这就是滞期费。

（2）速遣费（despatch money）

如果在允许装卸时间届满以前提前完成装卸，使船舶可以提前离港，使船东节省在港费用并获得船期利益，则船方要按租约规定支付一定金额给租船人作为奖励，这就是速遣费。

（3）滞期、速遣条款 （demurrage and dispatch clause）

在使用程租船运输的大宗商品的交易中，租船人（买方或卖方）为了约束对方，都要求在买卖合同中规定装卸时间和装卸率、滞期费和速遣费等内容，明确双方责任。这就是滞期速遣条款。

2.装卸时间

装卸时间是指允许完成装卸任务所约定的时间。

（1）装卸时间一般以天或小时数来表示

①日（days）或连续日（running days，consecutive days）；

②工作日（working days）；

③累计8小时工作日（working days of 8 hours）；

④累计24小时工作日（working days of 24 hours）；

⑤好天气工作日（weather working days）；

⑥连续24小时好天气工作日（weather working days of 24 consecutive hours）。

在合同中，除了要对“日”的计算方法作出明确规定外，对于节假日是否计入装卸时间，也应作出具体规定。例如，可以在规定“节假日除外”（sundays and holidays excepted）的基础上明确：“不用不算，用了要算”（not to count unless used），或者“不用不算，用了也不算”（not to count even used）。

（2）装卸时间的起算与止算

装卸时间一般规定递接装卸准备就绪通知书（notice of readiness）后24小时或下一工班开始“起算”，至最后一件货物装上船或卸离船时“止算”。

关于滞期时间的计算，如果在合同中无相反的规定，则应当遵循“一旦滞期则始终滞期”（once on demurrage always on demurrage）的原则，含义是：如果出现了滞期，则从规定的装卸截止时间起到实际装卸完毕为止，这段时间内，如果有本可扣除的星期日、节假日，则不再扣除，均作滞期时间计算。

在定程租船合同中，通常订有滞期和速遣条款，尤其是由货方进行装船或卸货的情形下，滞期和速遣条款是必不可少的。在贸易合同中，是否签订滞期和速遣条款，要根据所采用的贸易术语的情况和双方关于装船或卸货责任的划分来加以确定，尤其要注意的是，贸易合同与运输合同之间最好彼此衔接，以避免因允许装卸时间、滞期费、速遣费的规定不一致而导致额外的损失。

【计算示例】

某出口公司对外订立一份CIF合同，系用租船运输，在贸易合同中规定，卸货率（discharging rate）每个晴天工作日为1 000公吨，速遣费每天1 000英镑，滞期费每天2 000英镑。而出口人与船主所订立的租船合同则规定卸货率为每个晴天工作日2 000公吨，速遣费每天1 500英镑，滞期费每天3 000英镑。该船驶抵目的港，该港口实际卸货率为每个晴天工作日1 500公吨，设该批货物共有15 000公吨，这将对出口人造成何种后果？

解：根据贸易合同：卸货天数=15 000÷1 000=15（天）

根据租船合同：卸货天数=15 000÷2 000=7.5（天）

实际所用卸货天数=15 000÷1 500=10（天）

卖方需向买方支付速遣费=1 000×（15-10）=5 000（英镑）

卖方需向船方支付滞期费=3 000×（10-7.5）=7 500（英镑）

出口人共计损失12 500英镑。

第三节　运输单据

一、海运提单（bill of lading）

1.提单

提单是由承担海上货物运输任务的承运人或其代理人签发的表明货物已交付运输，并承诺在目的地应提单合法持有人的请求交付货物的凭证。

目前，规范提单的国际公约有：《统一提单若干法律规定的国际公约》（简称《海牙规则》（The Hague Rules））、《关于修订统一提单若干法律规定的国际公约的议定书》（简称《维斯比规则》（The Visby Rules））、《1978年联合国海上货物运输公约》（简称《汉堡规则》（The Hamburg Rules））、《联合国全程或部分海上货物运输合同公约》（简称《鹿特丹规则》（The Rotterdam Rules））。

《中华人民共和国海商法》借鉴了《汉堡规则》的做法，将提单定义为："提单是指用以证明海上货物运输合同和货物已经由承运人接收或者装船，以及承运人保证据以交付货物的单证。"

提单实际涉及的主要关系方有承运人、托运人、收货人、持有人等。通常，提单的托运人、收货人、持有人在许多班轮公司的标准提单格式中又被定义为货方。

2.海运提单的性质与作用

（1）货物收据（receipt for goods）

①提单证明提单项下的货物已经被承运人接管（备运提单）或者已经被装至相应船舶之上（已装船提单）准备付运。

②提单证明承运人接管货物或将货物装船时货物的数量/件数。

③提单证明承运人接管货物或将货物装船时货物的表面状态。

（2）物权凭证（documents of title）

提单是货物所有权凭证，在法律上具有物权证书的作用，船货抵达目的港后，承运人应向提单的合法持有人交付货物。在国际贸易中象征性交货的贸易条件应用非常广泛，而象征性交货之所以能够有效实施，一个重要原因就是提单所起到的物权凭证的作用。卖方提交了包括提单在内的符合要求的全套单据，就等于完成了交货的义务。此外，提单还可以通过背书转让，从而转让货物的所有权。

（3）承托双方签订运输合同的证明（evidence of a contract）

提单条款明确规定了承运人、托运人双方之间的权利与义务、责任与豁免，是处理承运人和托运人之间争议的法律依据。提单不仅起着证实承托双方之间签订了运输合同的作用，而且有时也是运输合同的补充。

3.海运提单的格式与内容

提单正面内容应该包括当事人（承运人、托运人、收货人、通知人等）栏、运输项目（收货地、前程运输工具、装港、船名、卸港、交货地、目的地等）栏、货物方面记载栏等。此外，还包括在提单正面印就的五方面契约文句：收货或装船条款（received/shipped on board）；内容不知条款；提单效力与交付条款；承认/接受条款；签署条款等。

（1）正面条款法定记载事项

正面条款法定记载事项可以分为三大部分：①托运人提供并填写的部分；②承运人需填写的部分，如船名，装、卸港，签单时间、地点等；③提单印就的文字条款，包括外表状况良好条款、内容不知条款、承认/接受条款等。

1993年7月1日颁布实施的《中华人民共和国海商法》第七十三条对提单正面法定应记载的事项规定有以下几项：①货物的品名（description of goods）、标志（marks and numbers）、包装和件数（numbers and kinds of packages）、重量或体积（gross weight or measurement），以及运输危险货物时对危险性质的说明；②承运人的名称和主营业所；③船舶名称；④托运人（shipper）名称；⑤收货人（consignee）名称；⑥装货港（port of loading）以及在装货港接收货物的日期；⑦卸货港（port of discharge）；⑧多式联运提单增列接收货物地点和交付货物地点；⑨提单的签发日期、地点和份数；⑩运费的支付；⑪承运人或者其代表的签字。

（2）背面条款

背面条款包括：①定义（definition）条款；②首要（paramount）条款；③承运人的责任和豁免（carrier's responsibilities and immunities）条款；④责任期间（duration of liability）；⑤包装和标志（packages and marks）；⑥运费和其他费用（freight and other charges）；⑦自由转船（trans-shipment）条款；⑧托运人错误申报（inaccuracy in particulars furnished by shipper）条款；⑨承运人赔偿责任限额（limit of liability）条款；⑩危险品、违禁品（dangerous，contraband goods）条款；⑪共同海损（general average）；⑫留置权（lien）条款。

（3）海运提单的缮制与签署

熟悉海运提单的正反面内容，掌握提单的缮制与签署要点，是进出口业务中核对单据必不可少的基本常识。

①提单的缮制

海运提单应该严格按照合同或信用证的要求进行缮制。为了能够做到提单的内容与合同或信用证的要求完全相符，必须熟悉合同或信用证关于提单的要求，并且按照要求填写托运单，在货物装运后承运人或其代理人凭大副收据签发提单时，一定要仔细审核，防止出现提单与合同或信用证不符的现象。关于提单上各个项目具体的填写方法，见第十章相关内容的介绍。

②提单的批注（superimposed clause）

提单的批注种类比较多，主要包括：有关减轻或者免责方面的批注；有关货物与包装状况的批注；有关货物数量的批注；有关运费及其他费用的批注；有关运输方式、运输条款、租船合同条款以及货物是否转运、装于甲板的批注；有关装船方面的批注。有时装船批注仅注明"ON BOARD"字样即可，但有时可能还需要加批些其他项目。

③提单的签发

A.提单签发地和签发日期（place and date of issue）

提单的签发地一般为装运港地点，当然也可以是承运人公司所在地或其他地点。

提单的签发日期应与货物实际装上船的日期相一致，既不能提前，也不能延后，否则将使提单变成倒签提单、预借提单或顺签提单，承运人将面临较大风险。

B.承运人签名（signed for the carrier）

单据的签署（signature）应满足《跟单信用证统一惯例》的相关规定。

签署形式包括：手签、摹印、打绣花字、印戳、符号、其他。

签署人包括承运人或其代理人、船长或其代理人。签署人必须标明名称和身份，包括承运人公司名称、承运人名字。无论是承运人的代理人还是船长的代理人在签署时必须注明代理人名称、身份和被代理人的名称、身份。

4.海运提单的种类

（1）根据货物是否已装船，分为已装船提单和备运提单

①已装船提单（on board or shipped B/L）是指整票货物已经全部装进船舱或装在甲板上（如集装箱）后，船长或承运人或其授权的代理人凭大副收据所签发的提单。

②备运提单（received for shipment B/L）又称收妥待运提单，是承运人在接管托运人送交的货物后，在装船之前，应托运人的要求签发的提单。

（2）根据提单的不同抬头，分为指示提单、记名提单和不记名提单

①指示提单（order B/L）是指提单上收货人一栏内填写"凭指示"（to order）或"凭××指示"（to order of ××）字样的提单。指示提单可以作不记名指示，也可以作记名指示。指示人可以是托运人、收货人或者是银行。指示提单是一种转让方便、使用安全的提单。

②记名提单（named B/L）是指在提单的收货人一栏内具体填写某一特定的人或公司名称的提单。

③不记名提单（bearer B/L）是指提单上收货人一栏未写明具体收货人，只填写"持有人"字样，即货交提单持有人，或收货人一栏空白。

（3）根据提单有无批注，分为清洁提单和不清洁提单

①清洁提单（clean B/L）是指在装船时货物外表状况良好，承运人在签发提单时未加"货损""包装不良"等批注的提单。

②不清洁提单（unclean B/L）是指承运人明确地对有关货物包装状况不良或存在缺陷等情况加以批注的提单，目的是为了对抗收货人可能提出的索赔。

（4）根据运输方式，分为直达提单、转船提单和联运提单

①直达提单（direct B/L）是指由同一船舶将货物从起运港直接运抵目的港卸货所签发的提单。

②转船提单（transshipment B/L）是指在起运港装载的货物不能直接运往目的港，需要在中途港换装其他船舶运至目的港时承运人所签发的提单。

③联运提单（through B/L）是指承运人对经由海/陆、陆/海运输的货物所出具的覆盖全程的提单。

（5）根据提单的格式，分为全式提单和简式提单

①全式提单（long form B/L）是指正式印就格式的提单。全式提单既有正面记载的事项，背面又详细列有有关承运人、托运人的权利、义务的条款，是国际贸易业务中通常使用的提单。

②简式提单（short form B/L）是指提单上只有正面必要的记载项目而没有背面条款。

（6）其他种类的提单

①倒签提单（ante-dated B/L）是指货物装船完毕以后，承运人签发的以早于货物实际装船日期为签单日期的提单。

②预借提单（advanced B/L）是指货物在装船前或装船完毕前，托运人为及时结汇向承运人预先借用的提单。

③过期提单（stale B/L）是指错过规定的交单日期或者晚于货物到达目的港的提单。

过期提单包括两种情形：一种过期提单是指由于出口商在取得提单后未能及时到银行议付形成的过期提单。交单时间超过了交单期、有效期，或者超过了运输单据出单日21天，都构成过期提单。另外一种情形是航线较短或银行单据流转速度太慢，以至于提单晚于货物到达目的港，收货人提货受阻。

在UCP 600第14条C款中规定："如果单据中包含……的正本运输单据，则由受益人或其代表在不迟于本惯例所指的发运日后21个日历日内交单，但是在任何情况下都不得迟于信用证的截止日。"

④甲板货提单（on deck B/L）。若在提单中载有"货物装载于甲板上"（on deck，loaded on deck，stowed on deck）等批注，这类提单称为甲板货提单。一般收货人都不喜欢其货物置于甲板上，因甲板上之货物易遭雨淋水浸，或卷入海中等，比甲板下货物有较大的危险性，对买方不利。除非发货人同意，承运人将不属于甲板货的普通货物装载于甲板上，以致发生毁损或灭失的，承运人必须承担赔偿责任。

⑤租船合同项下的提单（charter party B/L）。承运人根据租船合同签发的提单。

二、海运单（sea waybill，ocean waybill）

1.海运单的定义

不可转让海运单（non-negotiable sea waybill）是由船长或船公司或其代理人签发的证明已收到特定货物（已接管或已装船）并保证将货物运至目的地交付给指定收货人的一种不可流通的单证。

2.海运单的性质与作用

（1）承运人收到由其照管的货物的收据；

（2）运输契约的证明；

（3）在解决经济纠纷时作为货物担保的基础。

不可转让海运单与海运提单一样，是船方出具的货物收据，也是海上货物运输契约的证明，但它不是货物所有权的凭证，收货人提货时无须出示海运单，承运人仅凭收货人提交的证明其为海运单上指定收货人的凭证交付货物。所以，使用不可转让海运单有利于进口商及时提货、简化手续、节省费用，并有助于减少欺诈现象。它是近十几年来欧洲、斯堪的那维亚半岛、北美和某些远东、中东地区开始通行的一种不可流通转让的海运单据，尤其是EDI业务，更适合使用不可转让海运单。1990年6月国际海事委员会制定了《1990年国际海事委员会海运单统一规则》，该规则明确了适用范围，并对运输合同、收货人、支配权等许多术语作了定义。此外，在国际商会修订的UCP 600中，对银行接受不可转让海运单的基本条件也作了具体规定。

三、铁路运输单据

铁路运单（rail waybill）是铁路承运人收到货物后所签发的铁路运输单据。我国对外贸易铁路运输按营运方式分为国际铁路联运和国内铁路运输两种方式。前者使用《国际货协》铁路运单，后者使用承运货物收据。通过铁路对中国港、澳出口的货物，由于国内铁路运单不能作为对外结汇的凭证，故使用承运货物收据这种特定性质和格式的单据。

1.国际铁路联运运单

我国已参加《国际货协》，我国企业在对外进行的国际铁路联运中使用的是《国际货协》运单。《国际货协》运单由运单正本、运行报单、运单副本、货物交付单和货物到达通知单等联组成。运单正本随同货物从始发站到终点站交给收货人，作为铁路向收货人交付货物的凭证，其他几联在沿途各国铁路段使用。运单副本在发货站加盖承运期戳记，成为货物已被承运的证明，发货人凭之向银行要求结汇。

《国际货协》运单不能转让。

2.承运货物收据（cargo receipt）

承运货物收据是在特定运输方式下所使用的一种运输单据，它既是承运人出具的货物收据，也是承运人与托运人签订的运输契约。我国内地通过铁路运往港、澳地区的出口货物，一般多委托中国对外贸易运输公司承办。当出口货物装车发运后，中国对外贸易运输公司即签发一份承运货物收据给托运人，以作为对外办理结汇的凭证。

四、航空运单

1.航空运单的概念

航空运单（air waybill）是承运人与托运人之间签订的运输契约，也是承运人或其代理人签发的货物收据。航空运单与铁路运单相似。航空运单不可转让，持有航空运单并不能说明可以对货物要求所有权。

2.航空运单的作用

（1）是发货人与航空承运人之间的运输合同；

（2）是承运人签发的已接收货物的证明；

（3）是承运人据以核收运费的账单；

（4）是报关单据之一；

（5）同时可作为保险证书；

（6）是承运人处理内部业务的依据。

3.航空运单的形式

航空运单的正本一式三份，每份都印有背面条款，其中一份交发货人，是承运人或其代理人接收货物的依据；第二份由承运人留存，作为记账凭证；最后一份随货同行，在货物到达目的地，交付给收货人时作为核收货物的依据。航空运单除正本外，各个航空公司还根据具体情况加有至少六份以上的多联副本，以供运输中转、装卸等使用，副本一般不印刷背面条款。

4.航空运单的分类

（1）航空主运单（master air waybill，MAWB）。凡是由航空运输公司签发的航空运单被称为航空主运单。

（2）航空分运单（house air waybill，HAWB）。集中托运人在办理集中托运业务时签发的航空运单被称为航空分运单。

五、多式联运单据（multimodal transport document，MTD）

多式联运单据是指多式联运经营人在收到货物后签发给托运人的单据。

1.多式联运单据的概念

多式联运单据是证明多式联运合同以及证明多式联运经营人接管货物并负责按照合同条款交付货物的单据。按照国际商会《联合运输单证统一规则》的规定，多式联运经营人负责货物的全程运输。

2.多式联运单据与联运提单的区别

（1）签发人不同。多式联运单据由多式联运经营人签发，而且可以是完全不掌握运输工具的“无船承运人”，全程运输均安排各分承运人负责；联运提单由承运人或代理人签发。

（2）签发人的责任不同。多式联运单据的签发人对全程运输负责；而联运提单的签发人仅对第一程运输负责。

（3）运输方式不同。多式联运单据的运输既可用于海运与其他方式的联运，也可用于不包括海运的其他运输方式的联运；联运提单的运输限于海运与其他运输方式的联合运输。

（4）装船与否证明不同。多式联运单据可以不表明货物已装船，也无须载明具体的运输工具；联运提单必须是已装船提单。

六、其他

1.航空快件的交付凭证（POD）

航空快递业务使用的运输单据为“交付凭证”（proof of delivery，POD），而航空货运使用航空货物运单，邮政使用的是邮包收据。

交付凭证共有四联，第一联用于出口报关；第二联贴在货物包装上随货同行，作为收件人核收货件的依据，并且在随货单据丢失时，可作为进口报关单据；第三联用于快运公司结算运费和统计；第四联交发件人作为发运凭证，在该联背面印有条款，以明确当事各方的责任和义务，并作为日后解决争议的依据。

2.邮包收据（parcel post receipt）

邮包收据是邮政运输的主要单据，它是邮局收到寄件人的邮包后所签发的凭证，当邮包发生损坏或丢失时，它还可以作为索赔和理赔的依据，但邮包收据不是物权凭证。

本章要点

国际贸易中采用的运输方式主要有海洋运输、铁路运输、航空运输、邮政运输和国际多式联运等。海洋运输是最主要的一种运输方式。国际海上货物运输是指利用海洋通道，使用船舶在国内外港口之间，通过一定的航区和航线运送货物的一种运输方式。国际海上货物运输按照船舶营运方式的不同，可分为班轮运输和租船运输两种。租船运输又可以分为定程租船和定期租船。班轮运输又称定期船运输，是指船舶按事先制定的船期表，在特定的航线上，以既定的挂靠港口顺序和事先公布的运价费率，经常地从事航线上各港间的船舶运输。班轮运费由基本运费和附加运费组成。基本运费是普通货物在正常运输的情况下，运至某个基本港口，船方分航线规定必收的货物运费，其计收方法包括重量法、体积法、从价法、选择法等；附加运费是船方为了补偿因船舶、货物、港口或其他原因导致的船舶运输费用增加而加收的那部分费用，主要包括超重附加费、超长附加费、燃油附加费、港口附加费、港口拥挤附加费等。

铁路运输在国际货物运输中也占有重要地位。我国对外铁路运输主要涉及国际铁路货物联运和对中国香港、澳门的铁路运输。凡使用统一的国际联运票据，由铁路负责经过两国或两国以上铁路的全程运送，并由一国铁路向另一国铁路移交货物时，不需发货人和收货人参加，这种运输方式称为国际铁路货物联运。对中国香港和澳门的铁路运输则采用两段运输的方式。

航空运输作为现代化的运输方式，具有运输速度快、货运质量高，且不受地面条件的限制等优点，适用于体积小、贵重、量小而急需的商品的运输。航空运输的运输方式主要有班机运输、包机运输、集中托运、航空急件传送方式等。航空运输的运价一般是按重量或体积重量（6 000立方厘米折合1千克）计算的，以两者中高者为准。

集装箱运输是指以集装箱为基本运输单位，采用海、陆、空运等运输方式将货物运往目的地的一种现代化运输方式。集装箱运输的优越性很多。集装箱货物交接方式主要有以下四种：整箱交/整箱接；整箱交/拆箱接；拼箱交/整箱接；拼箱交/拆箱接。集装箱运费的计算，有最低运费和最高运费的规定。

国际多式联运是按照多式联运合同，以至少两种不同的运输方式，由多式联运经营人将货物从一国境内接管货物的地点运至另一国境内指定交付货物的地点。构成国际多式联运必须符合多式联运的各项条件。国际多式联运经营人具有双重身份，其责任范围包括统一责任制、分段责任制和修正统一责任制等几种规定方式。

大陆桥运输是指使用横贯大陆的铁路（公路）运输系统，作为中间桥梁，把大陆两端的海洋连接起来的集装箱连贯运输方式。目前国际上的大陆桥包括美国大陆桥、西伯利亚大陆桥、加拿大大陆桥、新欧亚大陆桥等。在我国对美贸易中 ，经常采用OCP条款进行运输。

国际贸易中的其他运输方式有公路运输、内河运输、邮政运输、管道运输等。

海运提单是指用以证明海上货物运输合同和货物已经由承运人接收或装船，以及承运人保证凭以交付货物的单据。海运提单可以从不同的角度进行分类。按货物是否装船划分为已装船提单、备运提单；按提单收货人的抬头方式划分为记名提单、不记名提单、指示提单；按提单对货物外表状况有无不良批注划分为清洁提单、不清洁提单；按运输方式的不同划分为直达提单、转船提单、联运提单；按提单格式划分为全式提单、简式提单；按提单其他方面的性质还可划分为过期提单、甲板货提单、倒签提单、预借提单等。

在买卖合同中的运输条款要注意装运时间、装运港（地）和目的港（地）、分批装运和转运、装运通知、滞期/速遣条款的各项内容。

单元自测

一、单项选择

1.国际贸易中最主要的运输方式是（　　）。

A.航空运输　　B.铁路运输

C.海洋运输　　D.公路运输

2.采用班轮运输货物，其运费应包括（　　）。

A.装卸费，但不计滞期费、速遣费

B.装卸费，但应计滞期费、速遣费

C.装卸费和应计滞期费，不计速遣费

D.卸货费，但不计装货费

3.下列说法中，不属于班轮运输特点的是（　　）。

A.具有定线、定港、定期和相对稳定的运费费率

B.由船方负责对货物的装卸，运费中包括装卸费

C.以运送大宗货物为主

D.不规定滞期、速遣条款

4.在进出口业务中，能够作为物权凭证的运输单据有（　　）。

A.铁路运单　　B.海运提单

C.航空运单　　D.邮包收据

5.某出口商品每件净重30千克，毛重34千克，体积每件40厘米×30厘米×40厘米，如果班轮运价计算标准为W/M10级，船公司应按货物（　　）计收班轮运费。

A.体积　　B.重量

C.价格　　D.净重

6.出口货物在港口装船后，由船长或大副签发（　　）。

A.海运提单　　B.收货单

C.已装船清洁提单　　D.收讫待运提单

7.出口商委托货代向船运公司办理租船订舱手续时，填写的是（　　）。

A.海运货物运输合同　　B.海运货物委托书

C.装运单　　D.装货单

8.如果国外来证中规定装运期为“On or about March 10，2019”，那么，我方可理解为必须在（　　）装运完毕。

A.3月1日至3月20日　　B.3月6日至3月14日

C.3月3日至3月17日　　D.3月5日至3月15日

9.当贸易术语采用CIF时，海运提单对运费的表示应为（　　）。

A.Freight to collect　　B.Collection

C.Freight collected　　D.On buyer's account

10.有关装卸时间的规定方法中，最合理、目前采用最多的是（　　）。

A.晴天工作日　　B.24小时晴天工作日

C.连续24小时晴天工作日　　D.累计8小时工作日

11.国际多式联合运输是以至少两种不同的运输方式将货物从一国境内接受货物的地点运至另一国境内指定交付货物的地点的运输，它（　　）。

A.由一个联运经营人负责货物的全程运输，运费按全程费率一次计收

B.由一个联运经营人负责货物的全程运输，运费按不同运输方式分别计收

C.由全程运输方式的经营人负责货物的全程运输，运费按全程费率一次计收

D.按多种运输方式，分别经营，分别计费

12.根据《通则2010》的规定，不能适用于“门”到“门”或“站”到“站”运输方式的贸易术语是（　　）。

A.FOB　　B.FCA

C.DDP　　D.DAT

二、多项选择

1.班轮运输的运费应包括（　　）。

A.装卸费　　B.滞期费

C.速遣费　　D.平舱费、理舱费

2.装运期的规定办法通常有（　　）。

A.规定某月内装运　　B.规定在收到信用证后若干天内装运

C.规定在某一天装运　　D.规定跨月装运

3.提单收货人栏内填写“To Order”时须由（　　）背书后才能转让；提单收货人栏内填写“To Order of ××× Bank”时，须由（　　）背书后才能转让。

A.进口人，出口人　　B.托运人，议付银行

C.托运人，开证银行　　D.委托人，通知银行

4.规定承运人、托运人之间权利、义务、责任豁免的公约有（　　）。

A.《海牙规则》　　B.《维斯比规则》

C.《汉堡规则》　　D.《国际商会600号出版物》

5.按提单对货物表面状况有无不良批注，可分为（　　）。

A.清洁提单　　B.不清洁提单

C.记名提单　　D.不记名提单

6.按运输方式分，提单有（ ）。

A.直运提单　　B.转船提单

C.联运提单　　D.舱面提单

7.按照提单收货人抬头的不同，提单可分为（ ）。

A.已装船提单　　B.指示提单

C.记名提单　　D.不记名提单

8.国际贸易中的租船运输包括（ ）。

A.定程租船　　B.定期租船

C.班轮运输　　D.光船租船

9.国际货物买卖合同中比较常见的装运期的规定方法有（ ）。

A.规定在某一天装运　　B.规定在收到信用证后若干天内装运

C.笼统地规定装运期　　D.明确规定具体的装运期限

10.海运提单的性质与作用是（ ）。

A.它是海运单据的唯一表现形式

B.它是承运人或其代理人出具的货物收据

C.它是代表货物所有权的凭证

D.它是承运人与托运人之间订立的运输契约的证明

11.规范提单的国际公约有（ ）。

A.《统一提单若干法律规定的国际公约》

B.《关于修订统一提单若干法律规定的国际公约的议定书》

C.《1978年联合国海上货物运输公约》

D.《联合国全程或部分海上货物运输合同公约》

12.规范提单的国际公约有（ ）。

A.《海牙规则》(The Hague Rules)

B.《维斯比规则》(The Visby Rules)

C.《汉堡规则》(The Hamburg Rules)

D.《鹿特丹规则》(The Rotterdam Rules)

三、判断

1.提单收货人栏内填写“To Order”或“To Order of ××× Bank”时，两者均属于指示提单。（ ）

2.班轮提单的签发日期是指开始装船的日期。（ ）

3.多式联运承运人的责任是从接受货物起至交付货物止。（ ）

4.合同中规定装运条款为“9/10月份装运”，我出口公司必须将货物于9月、10月两个月内，每月各装一批。（ ）

5.采用班轮运输的情况下，货物的装卸费用已打入运费之中，不再单独计收。（ ）

6.通过国际铁路联运的货物，发货人凭加盖承运期戳记的运单副本向银行办理结算。（ ）

7.通过铁路运往港澳地区的货物，发货人于发货后凭承运货物收据办理货款结算。（　）

8.海运提单是货物所有权的凭证，铁路运单是否是货物所有权的凭证，须视具体情况而定。（　）

关键术语

班轮运输　租船运输　定程租船　定期租船　滞期费　速遣费　海运提单　已装船清洁提单　指示提单　联运提单　海运单　OCP条款　国际多式联运　倒签提单　过期提单　承运货物收据　预借提单　积载系数

思考题

1.简述班轮运输的特点。

2.如何理解海运提单是物权凭证？海运提单与空运运单、铁路运单、邮政收据有何异同？海运提单与海运单有何异同？

3.班轮运费的计收标准有哪些？

4.什么是租船运输？租船运输有哪几种方式？

5.采用OCP条款运输必须满足哪些条件？

6.什么是集装箱运输最低运费和最高运费？

7.构成国际多式联运应具备的条件有哪些？

8.海运提单的种类有哪些？其各自的含义如何？

9.简述空运运费的计收。

10.为什么在定程租船中有必要对滞期费和速遣费作出明确的规定，而且在贸易合同中有时也需要对滞期和速遣问题作出明确的规定？

11.某出口商品，我内部掌握价为FOB新港，每公吨500港元。在对外洽谈中，外商要求改按CIF香港报价。业务员在查询运价表时见该商品每运费吨为50港元，并匡算保费为6港元，而后便以CIF香港每公吨556港元对外报价，结果成交150公吨，但到装运时才发现运价表上的50港元是指尺码吨，该商品的积载系数为2.5/1（立方米/公吨），问该商品的正确运费为多少？因运费计算错误，我方共损失多少港元？（设投保加成为10%，保险费率为1%）

12.我拟出口某商品10公吨（净重），原对外报价FOB新港每公吨1 500港元，国外要求改报CFR新加坡，问我应报价多少？（设该批商品按重量计收运费，木箱包装，每箱装货净重20千克，箱重为5千克，从新港至新加坡每运费吨为300港元，运费按长吨计算）

13.我国某公司从澳大利亚按FOB条件购进一批矿产品共30 000公吨，在贸易合同中规定，卖方每天应负责装货2 000公吨，按晴天工作日计算，我方在运进这批货物的租船合同中规定，每天装货2 500公吨，按连续日计算。在上述两个合同中，滞期费为每天6 000美元，速遣费为每天3 000美元。结果卖方只用了13天（包括两个星期天）就将货物装完。问我方在签订上述两个合同时，有何失算之处？因两个合同签订不一致，我方将承受多少损失？

推荐阅读文献

1.海牙规则（The Hague Rules）（全称为统一提单若干法律规定的国际公约）.

2.汉堡规则（The Hamburg Rules）（全称为1978年联合国海上货物运输公约）.

3.吕鸣. 鹿特丹规则与相关货物运输公约的冲突及其协调［M］. 上海：上海人民出版社，2013.

4.李勤昌. 国际货物运输实务［M］. 北京：清华大学出版社，2017.

5.孙鉴，迟亮亮，林赞明. 国际贸易运输实务与法规指南［M］. 北京：化学工业出版社，2014.

6.林益松，郑海棠. 国际集装箱班轮运输实务［M］. 北京：中国海关出版社，2010.

7.姚大伟. 国际贸易运输实务［M］. 北京：中国商务出版社，2012.

案例思考

1.英国A船公司由其代理人签发了以英国A船公司为抬头的提单一套，托运人为中国B公司，收货人栏记载为按C银行的指示，通知人为D公司，装货港大连，卸货港韩国釜山。货物品种为男式服装等。货物的价款为97 225美元。该批货物中国B公司已收到预付货款3万美元。英国A船公司将中国B公司上述两票货物运至目的港后未凭正本提单即将货物放走。中国B公司仍持有上述两票货物的正本提单各一式三份。

中国B公司向法院提起诉讼，请求英国A船公司赔偿货物及利息损失。

英国A船公司认为：中国B公司完全可以以其手中持有收货人的货物或变卖该货物所得价款来实现自己的债权。鉴于上述情况，中国B公司不应该向英国A公司索赔。

（1）根据提供情况分析中国B公司是否可以向法院起诉英国A船公司？向哪里的法院起诉？

（2）试分析中国B公司可否打赢这场官司？根据何在？

资料来源　佚名. 运输公司无单放货应赔偿托运人损失［EB/OL］.（2009-11-30）［2013-07-01］. http：//www.wangxiao.cn/hd/anli/6976224506.html.

2.大连某公司（以下简称A公司）与日本某公司（以下简称B公司）在某年7月签订了一份抹布出口合同，付款方式为不可撤销的即期信用证，信用证金额为38 000美元，装运港为宁波，目的港为日本神户，允许分批装运。合同中规定最迟装运期为该年9月17日。

8月初，日方开来信用证，其中装运期规定为："Shipment date：on September 17，××××"（装运期为：××××年9月17日）。A公司经审核信用证没有发现不妥，随即开始备货并于9月16日将货物装上船顺利出运。第二天A公司收到了清洁已装船的海运提单一式三份，提单上的装运日期为9月16日。9月22日，A公司备齐信用证下的全套单据交中国银行大连分行议付。议付行认为单证相符，并向出口商垫付了货款，但是9月30日收到日本开证行的拒付通知书。

（1）拒付原因何在？拒付是否合理？

（2）我方失误在哪里？应该汲取什么教训？

资料来源　王海燕，王岩. 装运期一天之差谁之过［J］. 对外经贸实务，2005（5）.

3.20××年10月20日，泉州某玩具有限公司（以下简称A公司）与美国旧金山某玩具公司（以下简称B公司）签订一份国际贸易合同，约定A公司售予B公司一批玩具，FOB厦门总价为11万美元，付款方式为付款交单（D/P）。

10月27日，A公司将该批玩具交由美国某个国际运输公司（以下简称J公司）承运，J公司签发了A公司为托运人、B公司为收货人、启运港厦门、目的港美国旧金山的一式三份记名提单。该提单正面右下角签发章左侧印有“Non-negotiable”（不可转让）字样，提单背面首要条款用较为显著的区别于背面其他条款的字体和颜色标明：凡是依据本提单或与本提单所代表的海上货物运输合同有关的任何索赔，适用于《美国1916年联邦提单法》。

11月7日，货抵目的港。11月9日，J公司在未收回正本提单的情况下，将货物放行给B公司。因无人付款赎单，银行将全套单据退还给A公司。A公司遂持全套正本提单向海事法院起诉，要求J公司赔偿因无单放货给其造成的损失合计11.5万美元。

J公司对原告诉称的事实没有任何异议，但其提交了由美国某知名海商法教授兼律师出具并经公证、认证的书面材料以及两个美国法院判例，说明根据《美国1916年联邦提单法》规定，承运人签发了记名提单，可以在验明收货人的身份后未收回正本记名提单而直接将货物放行给提单上载明的收货人，因此其无须承担责任。

A公司的诉讼请求是否可以得到法院的支持？试分析A公司诉讼为何被驳回。

提示：提单背面条款约定适用的准据法规定，记名提单可以不凭单放货，且该背面条款是合法有效的，那么承运人可以在验明收货人的身份后将货物放行。除美国有明确的法律规定承运人可以不凭单放货外，中国、法国、英国、新加坡、马来西亚、荷兰等国的法律或判例均显示，即使是记名提单，承运人仍应凭单放货。

第五章

国际货物运输保险

学习目标

重点掌握：保险的基本原则；海洋运输风险、损失与费用的含义及分类；我国海洋运输货物的基本险与附加险；保险条款的内容；保险单据的种类及内容；保险合同的变更解除与转让；投保与索赔的具体业务操作知识。

一般了解：伦敦保险协会货物保险条款，我国陆运、空运与邮包运输保险的相关内容。

能力要求：具备根据合同标的物和运输方式、贸易术语等合理确定合同的保险条款的能力，能够正确办理保险和索赔事宜。

意识培养：提高货运安全意识，确保合同保险条款的规范性与合理性。

第一节　保险的基本原则

保险的基本原则是投保人（被保险人）和保险人（保险公司）签订保险合同、履行各自义务以及办理索赔和理赔工作所必须遵守的基本原则。最高诚信原则、补偿原则、代位求偿原则、可保权益原则、重复保险的分摊原则及近因原则是各国保险法共同认可和遵循的基本原则。

一、最高诚信原则（the principle of utmost good faith）

最高诚信原则又称最大诚信原则、绝对信守诚实原则。它是保险法中的首要原则，是指在保险合同的签订和履行过程中，投保人和保险人双方应本着绝对的诚意办事，恪守信用，互不隐瞒和欺骗。它特别要求被保险人在要求办理保险时，必须向保险人尽量提供有关保险的各项资料，并严格遵守合同规定的条件。如果被保险人没有履行此项义务，那么，即使在保险合同成立之后，保险人仍可以通过解除合同、合同无效等途径，获得适当的保护。

最高诚信原则是双向的，主要涉及三个方面的问题：告知、陈述和保证。

1.告知（disclosure）

告知主要是指投保人或被保险人在签订保险合同前或同时，应将他所知道的或在通常业务中应当知道的与保险标的有关的重要事实尽量告诉保险人。

根据我国《海商法》的规定以及其他国家保险法的规定，被保险人在订立保险合同前应向保险人告知的重要事实，包括被保险人实际知道的重要事实和通常业务中应当知道的或推定知道的重要事实。

2.陈述（representation）

陈述指被保险人在磋商保险合同或在合同订立前对其所知道的有关保险标的的真实情况，向保险人所作的全面的、详细的说明。

被保险人对重要事实的陈述必须真实，如果不真实，或者对保险人询问的问题沉默不作回答，即构成错误陈述，保险人有权解除合同。对于一般事实的陈述，一般只要求做到基本正确即为真实的。对于希望或想法的陈述，只要是出于诚信作出的，一般即视为真实的陈述。

3.保证（warranty）

保证也称担保，是指被保险人在保险合同中保证要做或不做某一事情，保证某种情况的存在或不存在，或保证履行某一条件。保证分为明示保证（express warranties）和默示保证（implied warranties）。

（1）明示保证。明示保证是指保险合同当事人在合同中约定的事项或指保险合同中的保证条款。例如，为冬季航行的安全，保险条款中规定“保证不在北纬60°以北地区航行”即属于明示保证。

（2）默示保证。默示保证指保险合同当事人在合同中没有作明确的规定，但根据法律或惯例推定应该履行的条件或事项。

二、补偿原则（the principle of indemnity）

从理论上讲，任何保险合同（除人寿保险以外）都是补偿性合同，都是建立在补偿原则的基础之上的。

保险补偿原则是指被保险人在遭受危险事故损失后，保险人应当按照保险合同条款的规定履行赔偿责任，但保险人的赔偿金额不得超过保险单上的保险金额和被保险人遭受的实际损失。也就是说，被保险人经过保险补偿能恢复到其在发生损失前的经济状态，而不应该获得多于实际损失的补偿。

在保险业务中确立补偿原则的目的，一是防止被保险人从保险事故中赢利；二是减少道德风险，避免故意制造损失骗赔。

三、代位求偿原则（the principle of subrogation）

代位求偿原则是补偿原则的补充。根据保险补偿原则，保险人对被保险人遭受的实际损失进行补偿。但是，有时被保险人所遭受的风险是由于第三者责任造成的，被保险人很可能在从保险人那里取得补偿后，再从第三者那里获得赔偿，从而获得额外利益，这就从根本上违反了补偿原则。在补偿原则的基础上产生的代位求偿原则，目的就是限制被保险人既从保险方又从肇事方获得双重补偿。

所谓代位求偿原则，是指保险人按照保险合同的规定，对保险标的的全部或部分损失履行经济补偿后，即取得对该项标的的所有权和对第三者的求偿权。

代位求偿有两方面的含义：一是物上的代位，即保险公司按规定履行经济补偿后，货物的所有权归保险公司所有；二是权利上的代位，即保险公司进行经济补偿后，即取得对第三者的求偿权。

代位求偿原则的要求：

（1）赔付即取得：保险人进行了无论是全部损失或是部分损失的补偿，都享有了代位求偿权；

（2）自动享有：在海上保险中，只要保险人支付了赔款，就自动享有了代位求偿权；

（3）全额赔付，保险人享有全部权益：保险人行使代位权，向第三者责任方进行追偿，在保险货物发生单独海损的情况下，保险人索偿所得最高额以补偿其向被保险人赔付的损失为限。如追偿所得超过原向被保险人赔付的数额，超过部分应退还给被保险人。但保险货物发生全损时，如果保险人已按保险金额全额赔付，保险人行使代位权追偿所得多少，已同被保险人无关。即使追偿所得超过原赔付金额，超过部分仍应归保险人所有。

四、重复保险的分摊原则（the principle of contribution on double insurance）

重复保险是指投保人对同一保险标的、同一保险利益、同一保险事故，同时或相近时间内分别向两个或两个以上保险人订立保险合同，保险金额的总和大于保险标的的实际价值。

重复保险的分摊原则，是指在重复保险的前提下，当保险事故发生时，各家承保该保险业务的保险公司要对赔款进行分摊，使被保险人从各家保险公司得到的赔款总额不得超过其实际发生的损失额。

在实际业务中，有可能出现投保人针对同一保险标的办理重复保险的情况。如果各个参与保险的保险公司都按照投保时的约定进行赔付，则被保险人可能获得远远高于实际损失的赔付，这有悖于补偿原则。为了防止投保人获得超额赔款，规定要将保险标的的实际损失在各个保险人之间进行分摊，这就是重复保险的分摊原则。

重复保险的分摊方式共有三种，即比例分摊方式、限额责任分摊方式和顺序责任方式。我国《保险法》中规定，在重复保险的条件下，应用比例分摊方式进行赔偿。

重复保险的分摊原则，有助于防止被保险人由于得到多家保险公司的赔偿而获得额外的利益，从而一方面保证保险的补偿原则得到实现，另一方面防止产生被保险人为了得到超额赔款而故意伪造保险事故的道德风险。

五、可保权益原则（the principle of insurable interest）

可保权益又称为保险利益或可保利益，是指投保人或被保险人在保险标的上因具有某种利害关系而享有的为法律所承认、可以投保的经济利益。

可保权益原则又称可保利益原则，指可保权益的存在是保险合同的效力要件。如果投保人或被保险人对保险标的不存在符合法定要求的可保权益，保险人可拒绝承担责任。

可保权益是签订保险合同的基础，投保人对要求保障的标的必须具备法律认可的经济利益，即保险标的遭到事故导致投保人在经济上有所损失。当保险标的因发生风险而导致损失时，保险人赔付的不是原样的保险标的，而是保险标的体现在金钱上的利益。

目前，世界各国的保险法都规定投保人或被保险人必须对保险标的具有可保权益，才能同保险人签订有效的保险合同。英国1906年海上保险法规定：可保权益是指被保险人对保险标的所具有的利害关系。“被保险人无本法规定的可保利益者，或在订约时无取得此项利益的希望者，应视为赌博契约”“以赌博为目的而订立的海上保险契约，应视为无效”。

构成可保权益的条件如下：(1) 必须是合法的，在法律上是可以主张的利益；(2) 必须是确定的，是可以实现的；(3) 可保权益必须是经济上的利益，其价值可以以货币形式来计算，并为客观所承认，数额必须合理。

确立可保权益原则，具有如下意义：

(1) 避免赌博行为

确立可保权益原则首先是为了区分保险与赌博，防止当事人借保险之名行赌博之实，而法定可保权益存在与否通常被视为区分二者的主要因素。在赌博合同中，当事人除了赌注外，对标的不存在任何其他法定利益，如以他人所有并与自己无任何利益关系的财产投保即是此例。而保险合同恰恰相反。

(2) 防范道德风险

道德风险是指保险合同的存在增加了损失发生的概率。在不拥有可保权益即可办理保险和获得赔付的情况下，势必存在投保人为得到保险赔偿而故意损坏或唆使他人损害投保财产的可能。从传统观点来看，当事人不可能自行使道德风险最小化，因而法官必须主动使那些无可保权益的合同归于无效，切断当事人获取不当利益的路径，以此限制其缔结伪装成保险形态的赌博合同，削减道德风险。

(3) 控制保险金额

可保权益是保险事故不发生时被保险人所享有的利益。保险金额的确定，与此利益金额的高低紧密相关。办理保险时，要以可保权益为依托。保险事故发生后请求赔偿的数额不得超过可保权益的价值。

六、近因原则 (the principle of proximate cause)

近因原则是保险人受理索赔、确定保险责任的理论依据。保险法上的近因，是指引起一系列事件发生，由此出现某种后果的能动的、起决定作用的因素，在这一因素的作用过程中，没有来自新的独立渠道的能动力量的介入。该近因是造成保险标的损失最主要的、最直接的影响原因，而并不一定是与发生的损失在时间上或空间上最接近的原因。

保险公司只对承保责任范围内的风险和损失承担赔偿责任，但在实际业务中，导致标的物损失的原因有很多，有的属于承保风险，有的属于除外责任，还有的属于其他非承保风险。而且，这些风险有时单独发生，有时同时发生，有时连续发生，判断究竟哪一种风险导致了标的物的损失就显得非常重要。要确定保险人的赔偿责任，必须确定造成损失的原因。

英国1906年海上保险法规定：“除本法另有规定，或保险单另有约定外，保险人对直接由于承保风险所引起的任何损失，均负赔偿责任；对于非直接由于承保的风险所引起的任何损失，均不负赔偿责任。”

凡以承保风险为近因造成的损失，原则上可以得到保险人的补偿。

近因原则的应用如下：

(1) 导致货物损失的风险只有一种，该风险属于承保范围，该风险为近因；

(2) 有两种或两种以上承保风险，都直接导致标的物受损，这些风险都是近因；

(3) 两种以上风险连续发生，且前种风险的发生又引起后种风险，即后因是前因的结果，此种情况下应以前因为近因；

（4）两种以上风险间断发生，各风险之间没有自然联系，在此情况下货物遭受损失，需具体分析造成损失的直接原因是哪种风险，这种风险就是近因。

确立近因原则的意义在于，准确判断保险人对于某些损害结果是否承担保险赔付义务。可能致损保险标的之危险具有多样性、复杂性，以及保险人承担危险范围的有限性，导致有时很难确定保险人对于特定的损失是否承担赔偿责任。以近因原则为依据处理这一问题，很好地解决了赔偿责任的界定的问题。

第二节　海运货物保险承保的范围

海洋运输是国际贸易货物运输中最主要的运输方式，但货物和船舶在海洋运输中极易遭受各种海上风险的侵袭和威胁，从而导致货物和船舶的灭失或损害，并且由此产生各种相关费用。海洋运输货物保险承保的范围包括：海上风险、海上损失与费用，以及海上风险以外的其他外来原因所造成的风险与损失。国际保险市场对上述各种风险与损失都有特定的解释。

一、海上风险（perils of sea）

海上风险一般是指船舶、货物在海上运输中所发生的或随附海上运输所发生的风险。

在海洋运输货物保险业务中，海上风险是有其特定范围的。它包括航行中所特有的风险，同时也包括一些与海上运输货物有关的、并非发生在航行中的风险。一方面，海上风险并不局限于航行中所发生的风险；另一方面，并非发生在海上的一切风险都属于海上风险的范畴。

我国现行的海运货物保险条款及英国伦敦保险协会货物新条款所承保的海上风险从性质上划分，主要可以分为自然灾害和意外事故两大类（如图5-1所示）。

- 风险
  - 海上风险
    - 自然灾害
    - 意外事故
  - 外来风险
    - 一般外来风险
    - 特殊外来风险

图5-1　风险分类

1. 自然灾害（natural calamity）

自然灾害指不以人的意志为转移的自然界破坏力量所造成的灾害。它是人力不可抗拒的灾害事故，是保险人承保的主要风险。

按照我国2009年1月1日修订的《海洋运输货物保险条款》的规定，所谓自然灾害，仅指恶劣气候、雷电、海啸、洪水等人力不可抗拒的灾害。根据英国2009年的《协会货物条款》，在保险人承保的风险中，属自然灾害性质的风险有雷电、地震、火山爆发、浪击落海，以及海水、湖水、河水进入船舶、驳船、运输工具、集装箱、大型海运箱或储存处所等。

上述各种自然灾害的主要含义如下：

（1）恶劣气候（heavy weather）。一般指海上飓风、大浪引起的船体颠簸倾斜，并由此造成船体、船舶机器设备的损坏，或者因此而引起船上所载货物相互挤压、碰触所导致的货物的破碎、渗漏、凹瘪等损失。

（2）雷电（lightning）。一般指货物在海上或陆上运输过程中，由于雷电所直接造成的，或者由于雷电引起的火灾造成的货物的灭失和损害。

（3）海啸（tsunami）。海啸是由地震或风暴而造成的海面的巨大涨落现象。保险条款中海啸是指由地震海啸或风暴海啸造成的大浪和海水异常升降造成船、货损失。

（4）地震（earthquake）或火山喷发（volcanic eruption）。地震是指由于地壳发生急剧的自然变化，使地面发生震动、塌陷、地陷、地裂等造成保险货物的损失。火山喷发是指因火山爆发产生的地震及喷发出的火山岩灰造成的保险货物的损失。

（5）浪击落海（washing overboard）。浪击落海通常是指存放在舱面上的货物在运输过程中受海浪冲击落海而造成的损失。我国现行的海运货物保险条款基本险别不承保此项风险，本项风险在附加险的舱面险中承保。

（6）洪水（flood）。洪水是指因江河泛滥、山洪暴发、湖水上岸及倒灌或暴雨积水致使保险货物遭受泡损、淹没、冲散等损失。

（7）海水、湖水或河水进入船舶、驳船、船舱、运输工具、集装箱、大型海运箱或储存处所（entry of sea，lake or river water into vessel，craft，hold，conveyance，container，liftvan or place of storage）。这种风险不仅包括由于海水，而且也包括由于湖水或河水进入船舶等运输工具或储存处所造成的保险货物的损失。

2.意外事故

意外事故是指由于偶然的、难以预料的原因造成的事故，如船舶搁浅、触礁、碰撞、爆炸、火灾、沉没、船舶失踪等具有明显海洋特征的重大意外事故或其他类似事故。

各种意外事故的主要含义如下：

（1）搁浅（grounding）。搁浅是指船舶在航行中，由于意外或异常的原因，船底与水下障碍物接触而被牢牢地搁住，并使得船舶在一定时间失去进退自由的状态。

（2）触礁（stranding or striking a reef）。触礁是指载货船舶触及水中岩礁或其他阻碍物（包括沉船）造成的一种意外事故。

（3）沉没（sunk）。沉没是指船体全部或大部分已经没入水面以下，并已失去继续航行的能力。若船体部分入水，但仍具航行能力，则不视作沉没。

（4）倾覆（capsized）。倾覆是指船舶在航行中，遭受自然灾害或意外事故导致船体翻倒或倾斜，失去正常状态，非经施救不能继续航行，由此造成的保险货物的损失。

（5）碰撞（collision）。碰撞是指船舶与船、其他固定的或流动的固体物猛力接触，如船舶与冰山、桥梁、码头、灯标等相撞。

（6）火灾（fire）。火灾是指船舶本身、船上设备以及载运的货物失火燃烧。

（7）爆炸（explosion）。爆炸是指船上锅炉或其他机器设备发生爆炸以及船上货物因气候条件（如温度等）影响产生化学反应引起的爆炸。

（8）陆上运输工具倾覆或出轨（overturning or derailment of land conveyance）。陆上运

输工具倾覆或出轨指海运保险货物在起运地从指定的发货人仓库到港口装船，以及在目的港从卸离海轮到指定的收货人仓库之间路上载货工具的倾覆或出轨。

（9）抛货（jettison）。抛货是指船舶在海上航行遭遇危难时，为了减轻船舶的载重，以避免全部受损，而将船上的货物或部分船上用具有意地抛入海中。我国现行海运货物保险条款仅指共同海损的抛货。

（10）吊索损害（sling loss）。吊索损害指被保险货物在起运港、卸货港或转运港进行装卸时，从吊钩上摔下而造成的货物损失。

（11）海盗行为（piracy）。海盗行为指无政治目的地在海上袭击船舶，使用暴力掠夺货物或船只的行为。我国现行海运货物保险条款把海盗行为视为战争风险。

（12）船长或船员的不法行为（barratry of master and mariner）。船长或船员的不法行为是指船长、船员背着船主或货主故意作出有损于船主或货主利益的恶意行为。

二、外来风险

外来风险是指海上风险以外的其他外来原因所造成的风险，分为一般外来风险和特殊外来风险。

1.一般外来风险

一般外来风险有：①偷窃（theft，pilferage）；②短少和提货不着（short-delivery & non-delivery）；③渗漏（leakage）；④短量（shortage in weight）；⑤碰损（clashing）；⑥破碎（breakage）；⑦钩损（hook damage）；⑧淡水雨淋（fresh and rain water damage）；⑨生锈（rusting）；⑩沾污（contamination）；⑪受潮受热（sweating & heating）；⑫串味（taint of odour）等。

2.特殊外来风险

特殊外来风险主要是指由于军事、政治及行政法令等原因造成的风险，从而引起货物损失，如战争、罢工、交货不到、拒收等。

三、海上损失与费用

海上损失与费用是指被保险货物在海上运输中，因遭受海上风险和外来风险所造成的损失与费用。

1.海上损失

海上损失是指被保险货物在海上运输中，因遭受海上风险和外来风险所造成的损失。根据国际保险市场的一般解释，凡与海上运输相关联的海陆连接运输过程中发生的风险与损失，也属于海上损失的范畴。海上损失的分类如图5-2所示。

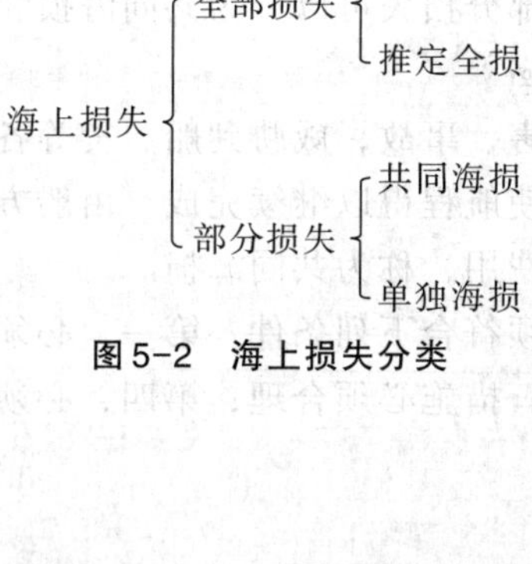

图5-2 海上损失分类

(1) 全部损失（total loss）

全部损失简称“全损”，是被保险货物由于承保风险造成的全部灭失或视同全部灭失的一种损害。在海上保险业务中全部损失分为实际全损和推定全损。

①实际全损（actual total loss，ATL）

实际全损指被保险货物完全灭失或完全变质，或者货物实际上已经不可能归还被保险人。构成实际全损的情况包括：保险标的的实体已经完全灭失；保险标的遭到严重损害，已丧失了原有的用途或价值；被保险人对保险标的失去所有权，并无法挽回；船舶失踪，超过一定期限，仍无音讯。

保险标的遭受了实际全损后，被保险人可按其投保金额，获得保险人全部损失的赔偿。

②推定全损（constructive total loss，CTL）

推定全损指被保险货物在海运中遭遇承保风险之后，虽然尚未达到完全灭失的状态，但是完全灭失将是不可避免的，或者恢复、修复货物以及运送货物到达原定目的地所耗费用，估计要超过货物在目的地完好状态的价格。

保险标的由于承保风险事故所导致的下列情况可视为推定全损：

A.保险标的在海上运输中遭遇保险事故之后，虽然尚未达到完全灭失的状态，但据估计完全灭失将是不可避免的；

B.保险标的遭遇保险事故后，使被保险人丧失了对保险标的的所有权，而收回这一所有权，其所花费用估计要超过收回后标的的价值；

C.被保险货物受损后，其修理和续运到原定目的地的费用，估计要超过货物的保险价值或在目的地的完好价值。

在发生推定全损的情况下，被保险人获得损失赔偿的方式有两种：获得全损的赔偿或者部分损失的赔偿。如果被保险人希望获得全损的赔偿，必须无条件地把保险标的委付给保险人。所谓委付（abandonment），是指被保险货物在发生推定全损时，被保险人将被保险标的的一切权利（包括所有权在内）转让给保险人，而要求保险人按全损给予补偿。

根据相关的法律规定，委付必须按照下列条件办理：第一，被保险人应以书面或口头方式向保险人发出委付通知；第二，委付必须经保险人明示或默示的承诺才能生效；第三，委付不能附带任何条件；第四，委付一经接受，不得撤回；E.保险人接受委付后，即取得代位权。

(2) 部分损失（partial loss）

部分损失又称为“分损”，是指被保险货物的损失没有达到全部损失的程度的一种损失。按照损失的性质来划分，部分损失可以分为共同海损和单独海损。

①共同海损（general average）

载货的船舶在海上遇到灾害、事故，威胁到船、货等各方的共同安全，为了解除这种威胁，维护船、货安全，或者使航程得以继续完成，由船方有意地、合理地采取措施，所作出的特殊牺牲或支出的额外费用，称为共同海损。

共同海损的牺牲或费用必须符合下列条件：第一，必须确实遭遇危难；第二，措施必须是主动的、有意识的；第三，措施必须合理；第四，必须是为了共同安全；第五，牺牲或费用的支出必须是非常性质的；第六，损失必须是共同海损行为的直接结果；第七，牺牲或费用支出必须有效果。

②单独海损（particular average）

单独海损是指在海上运输中，由于承保范围内的风险所直接导致的船舶或货物的部分损失。

单独海损仅涉及船舶或货物所有人单方面的利益，与共同海损的主要区别是：第一，造成海损的原因不同。单独海损是承保风险所直接导致的船、货损失；共同海损是为了解除船、货共同风险，人为地采取合理措施所造成的损失。第二，损失的承担者不同。单独海损由受损方自行承担；共同海损由受益各方按受益大小的比例共同分摊。

2.海上费用

保险人除对所承保的标的物本身遭遇的损失按承保险别的责任范围承担赔偿责任外，对于某些海上费用，也可以承担一定的赔偿责任。海上费用是指货物在海运途中遭遇风险之后，为营救被保险货物而支付的费用，主要包括施救费用和救助费用。

（1）施救费用（sue and labor charges）

施救费用是指保险标的在遭遇保险责任范围内的灾害事故时，被保险人或其代理人、雇佣人、保险单的受让人对保险标的所采取的各种抢救、防止或减少货损的措施而支出的合理费用。保险人对施救费用的赔偿限额是：在保险标的的损失赔偿之外，以一个保险金额为限，且施救费用必须是必要的、合理的，方可获得赔付。一般来说，施救费用不包括第三者救助而产生的费用。

（2）救助费用（salvage charges）

救助费用是指保险标的遭遇保险责任范围内的灾害事故时，由保险人和被保险人以外的第三方采取了救助措施并获得成功，由被救方付给救助方的报酬。保险人对救助费用的赔偿责任是以不超过获救财产的价值为限，而且是按保险金额与获救保险标的的价值比例承担责任。

按照国际惯例，救助采取“无效果，无报酬”（no cure，no pay）的原则，这是国际上普遍采用的劳合社标准救助协议格式。但在劳合社1980年新修改的协议格式中，已明确对全部或部分散装石油轮可以例外，即虽无效果，也可以索收合理费用。

第三节　海运货物保险的险别

国际贸易运输的货物可能会承受来自多方面的风险。鉴于运送的商品不同，载货船舶、航线、运输方式、航行的港口、运输的季节等不同，货物可能遭遇到的风险和损失也不相同，而且，保险受益人期望的保障程度可能也有所不同，因而在投保时，当事人会选择不同的险别、不同的条款进行投保。

保险险别是保险人对风险和损失承保责任范围的条款。在保险业务中，各种险别的承保责任是通过不同的保险条款加以规定的。按照保险人承担的保险责任不同，海洋运输货物保险可以分为不同的险别。保险险别是保险公司承保责任大小、被保险人缴付保险费多少的依据。投保人在投保时，必须首先确定投保的险别。

海洋运输货物保险的险别一般分为三类，即基本险、附加险和专门险。

中国人民保险公司从1956年起，根据我国保险工作的实际情况，并参照国际保险市场的习惯做法，陆续制定了各种涉外保险业务条款，总称“中国保险条款”（China Insurance Clause，CIC），包括各种不同运输方式的保险条款。1963年，中国人民保险公司在基本全面引用伦敦协会货物运输保险条款的基础上制定了海洋运输货物保险条款。该条款经过几次修订，形成目前的最新版本CIC 2009。

在我国对外贸易中，进出口货物的保险一般都采用中国保险条款，但也可应对方的要求，使用国际上通用的伦敦保险协会条款（ICC）或对方国家的条款。据统计，目前在全世界范围内约有2/3的国家使用伦敦保险协会条款。因此，在本章中，除了介绍中国人民保险公司的海洋运输货物保险条款外，也对英国伦敦保险协会的货物条款进行介绍。

一、中国海洋运输货物保险条款

我国现行的海洋运输货物保险条款由责任范围、除外责任、责任起讫、被保险人义务、索赔期限等五部分内容组成。

1.基本险

基本险是可以独立投保的险别，主要承保海上风险（自然灾害和意外事故）所造成的货物损失。基本险主要有三种：平安险、水渍险、一切险。

【个案讨论】

某公司出口一批钢材（裸装）到中美洲国家，向保险公司投保了海洋运输货物“水渍险”。货物抵达目的地后，发现短卸5件。收货人即联系保险单所列检验理赔代理人进行检验清点，该检验人出具检验报告证实短卸事实，收货人于是向保险公司索赔。但是该段运输只投保了“水渍险”，“短卸”并不在承保范围内，保险公司爱莫能助。投保人投保了什么险别才有望得到保险公司的赔付？

（1）基本险承保的责任范围

①平安险（free from particular average，F.P.A.）

平安险这一名称在我国保险行业中沿用甚久，其英文原意是指单独海损不负责赔偿。根据国际保险界对单独海损的解释，它是指部分损失。因此，平安险原来的保障范围只限于赔付全部损失，但在长期实践过程中对平安险的责任范围进行了补充和修订，当前平安险的责任范围已经超出只赔全损的限制。概括起来，这一险别承保的责任范围主要包括：

A.被保险货物在运输过程中，由于自然灾害造成整批货物的全部损失或推定全损。被保险货物用驳船运往或运离海轮的，每一驳船所装货物可视为一整批。

B.由于运输工具遭受意外事故造成货物全部或部分损失。

C.在运输工具已经发生意外事故的情况下，货物在此前后又在海上遭受自然灾害所造成的全部或部分损失。

D.在装卸或转运时，由于一件或数件货物落海造成的全部或部分损失。

E.被保险人对遭受承保范围内风险的货物采取抢救、防止或减少货损的措施而支付的合理费用，但以不超过该批被救货物的保险金额为限。

F.运输工具遭难后，在避难港由于卸货所引起的损失以及在中途港、避难港由于卸货、存仓以及运送货物所产生的特别费用。

G.共同海损的牺牲、分摊和救助费用。

H.运输合同订有“船舶互撞责任条款”，根据该条款规定应由货方偿还船方的损失。

②水渍险（with particular average，W.P.A.或W.A.）

水渍险的责任范围除了包括上列“平安险”的各项责任外，还负责被保险货物由于恶劣气候、雷电、海啸、地震、洪水等自然灾害所造成的部分损失，也即单纯由于保单上列明的自然灾害所造成的保险货物的部分损失，在水渍险项下，可以要求保险人进行赔偿。

③一切险（all risks）

一切险的责任范围除包括上列“平安险”和“水渍险”的所有责任外，还包括货物在运输过程中，因各种一般外来原因所造成的被保险货物的损失。不论全损或部分损失，除对某些运输途耗的货物，经保险公司与被保险人双方约定在保险单上载明免赔率外，保险公司都给予赔偿。

上述三种险别都是货物运输的基本险别，被保险人可以从中选择一种投保。

（2）基本险的除外责任（exclusion）

除外责任是指保险公司明确规定不予负责的损失或费用，一般都属于非意外的、非偶然性的或须特约承保的风险。为了明确保险人承保的责任范围，中国人民保险公司《海洋运输货物保险条款》中对海运基本险别的除外责任列有下列五项：

①被保险人的故意行为或过失所造成的损失；

②属于发货人责任所引起的损失；

③在保险责任开始前，被保险货物已存在的品质不良或数量短差所造成的损失；

④被保险货物的自然损耗、本质缺陷、特性以及市价跌落、运输延迟所引起的损失和费用；

⑤战争险和罢工险条款规定的责任及其除外责任。

空运、陆运、邮运保险的除外责任与海运基本险别的除外责任基本相同。

（3）基本险的责任起讫（commencement and termination of cover）

责任起讫也称保险期限，是指保险人承担责任的起讫时限。由于海运货物保险是特定航程货物的保险，因此，海运货物的保险期限一般没有固定的、具体的起讫日期。根据国际保险市场的惯例，我国海运货物基本险的保险期限条款由“仓至仓”条款、扩展责任条款和航程终止条款构成。

①“仓至仓”条款（warehouse to warehouse clause，W/W clause）

在正常运输情况下，基本险的责任起讫是按照“仓至仓”原则确定的，即保险责任自被保险货物运离保险单所载明的起运地发货人仓库或储存处所开始运输时生效，包括正常运输过程中的海上、陆上、内河和驳船运输在内，直至该项货物到达保险单所载明目的地收货人最后仓库或储存处所为止。如果未抵达上述仓库或储存处所，则以被保险货物在最后卸载港全部卸离海轮后满60天为止。如果在上述60天内被保险货物需转运到非保险单所载明的目的地时，则以该项货物开始转运时终止。

②扩展责任条款

在海上运输过程中，如果出现被保险人所不能控制的意外情况，保险期限将按下列规定办理：当出现由于被保险人无法控制的载货船舶的运输延迟、绕道、被迫卸货、重新装载、转载或承运人运用运输契约赋予的权限作任何航海上的变更时，在被保险人及时将获知的情况通知保险人并加缴保险费的情况下，保险人可继续承担保险责任。

③航程终止条款

在被保险人无法控制的情况下，保险货物如在运抵保险单载明的目的地之前，运输契约在非保单载明的其他港口或地方终止时，在被保险人立即通知保险人并在必要时加缴一定保险费的条件下，保险继续有效，直到货物在这个卸载港口或地方售出并交货时为止。但是，最长时间不能超过货物在卸载港全部卸离海轮后满60天。

【个案讨论】

A公司购买磷酸二氨一批，并且该批货物已按照中国人民保险公司《海洋运输货物保险条款》办理了CIF货物价值110%的一切险（包括“仓至仓”条款），承保人为B公司。货物于8月11日运至天津新港，卸到天津新港仓库内。A公司作为该批货物的提单持有人，在货物到港前委托中国对外贸易运输总公司和C公司代为提货，截止到9月1日陆续提取了8 500吨货物，并发往河北、吉林等地。9月1日，因遇特大海潮灾害，A公司所属的12 400余吨货物遭海水浸泡造成损失。经鉴定，货物损失近5 400吨。因对货物进行施救，支付了所发生的费用5万余元。此后，A公司向B公司索赔。10月17日，B公司表示拒赔，认为保险人的责任，从货物运到卸货港，收货人提货后运至其仓库，或者提货后不运往自己的仓库，对货物进行分配、分派、分散转运时终止。同时，B公司认为原告已经于该年的4月份将该批货物全部卖给国内的C公司，并且在该批货物运抵天津新港前已经将提单转让，原告因此失去了诉讼权和可保权益。在本案例中，B公司是否应该给予补偿？为什么？

提示：本案件法院最终的审判结果是应该给予赔偿。注意提单掌握在谁的手中，以及保险责任的起讫期限。

（4）被保险人的义务（duty of the insured）

保险人与被保险人签订保险合同后，双方都应履行合同，保险人除规定自身的保险责任以外，对被保险人应尽的义务及需办理的有关事项也作了规定。如被保险人未履行其义务，影响了保险人的利益，对被保险货物的有关损失，保险人将有权拒绝赔偿。

按照我国《海洋运输货物保险条款》的规定，被保险人应承担的义务主要有以下几个方面：

①当被保险货物运抵保险单所载明的目的港（地）以后，被保险人应及时提货；

②被保险货物遭受保险责任范围内的损失时，被保险人应迅速采取合理的抢救措施，防止或减少货物损失的进一步扩大；

③当遇航程变更或发现保险单所载明的货物、船名或航程有遗漏或错误时，被保险人在获悉这一情况后应立即通知保险公司；

④若保险货物遭受损失，被保险人向保险人索赔时，必须提供全套单证；

⑤被保险人在获悉有关运输合同中“船舶互撞责任”条款的实际责任后，应及时通知保险人。

（5）索赔期限

索赔期限又称保险索赔时效，它是指被保险货物发生保险责任范围内的风险或损失时，被保险人向保险人提出索赔的有效期限。

我国《海洋运输货物保险条款》第五条规定，保险索赔时效，从被保险货物在最后卸载港全部卸离海轮后起算，最多不超过2年。

2.附加险

国际贸易的货物在运输过程中可能遭遇到的风险和损失除了前面基本险所承保的由于自然灾害和意外事故所造成的风险损失之外，往往还有其他许多外来原因所引起的风险损失。为了满足投保人的需要，保险人在基本险条款之外又制定了各种附加险条款。

附加险是基本险的扩大和补充，不能独立投保，只能在投保了基本险别后才能加保。附加险承保的是由于外来原因所造成的损失。附加险可以分为一般附加险、特别附加险和特殊附加险。

（1）一般附加险（general additional risk）

以下11种一般附加险可供投保人投保平安险或水渍险时选择加保。

①偷窃、提货不着险（theft，pilferage and non-delivery，TPND）

这一险别主要承保在保险有效期内，被保险货物被偷走或窃取以及货物抵达目的地后整件未交的损失。这一险别中的“偷”（theft）一般是指货物整件被偷走，“窃”（pilferage）一般指货物中的一部分被窃取。偷窃不包括暴力手段的公开劫夺。提货不着是指货物的全部或整件未能在目的地交付给收货人。

②淡水雨淋险（fresh water and/or rain damage）

这一险别承保被保险货物直接由于淡水、雨淋、冰雪融化所造成的损失。淡水是与海水相对而言的，由于平安险和水渍险只对海水所致的各种损失负赔偿责任，因此，淡水雨淋险是扩展平安险和水渍险责任的附加险别。

③短量险（risk of shortage in weight）

这一险别承保货物在运输过程中因外包装破裂、裂口、扯缝或散装货物发生散失与实际重量短少的损失。散装货物投保这一险别时，通常均以装船重量和卸船重量作为计算货物短少的依据（但不包括正常的自然途耗）。

④渗漏险（risk of leakage）

这一险别承保被保险货物在运输过程中，因容器损坏而引起的渗漏损失，或用液体储藏的货物因流体的渗漏而引起的货物腐烂、变质等损失。

⑤混杂、沾污险（risk of intermixture and contamination）

这一险别承保被保险货物在运输过程中，因混进杂质或被沾污所造成的损失。

⑥碰损、破碎险（risk of clash and breakage）

这一险别承保货物在运输过程中，因震动、碰撞、受压造成的碰损和破碎损失。所谓碰损主要是指金属制品（如机器）、搪瓷或木家具等，在运输过程中因震动、受压、碰击等原因造成货物本身凹瘪、脱瓷。破碎主要是指易碎物如玻璃、玻璃制品、陶瓷等，在运输过程中因受震动、挤压、撞击等一般外来原因造成货物的破碎。

⑦串味险（risk of odour）

这一险别承保货物在运输过程中，因受其他带异味货物的影响而造成串味的损失。

⑧受潮受热险（damage caused by sweating and heating）

这一险别承保货物在运输过程中，由于气温突然变化或船上通风设备失灵，使船舱内的水蒸气凝结而引起货物受潮或由于温度升高使货物发生变质的损失。

⑨钩损险（hook damage risk）

这一险别承保袋装、捆装货物在装卸或搬运过程中，由于装卸或搬运人员操作不当，使用钩子将包装钩坏而造成货物的损失。

⑩包装破裂险（breakage of packing risk）

这一险别承保货物在运输过程中，因包装破裂造成短少、沾污等损失。此外，对于在运输过程中，为了续运安全需要而产生的修补包装、调换包装所支付的费用，该险别也予负责。

⑪锈损险（risk of rust）

这一险别承保金属或金属制品一类货物在运输过程中因生锈造成的损失。

上述11种附加险不能独立承保，它必须附属于主要险别下。也就是说，只有在投保了平安险或水渍险以后，才允许投保附加险。但在基本险为一切险时则不须加保，因为一切险的责任范围已包括上述11种一般附加险所承保的风险。

【课堂思考】

何时选用一切险

一切险是最常用的一个险种。买方开立的信用证也大多要求出口方投保一切险。投保一切险最方便，因为它的责任范围包括了平安险、水渍险和11种一般附加险，投保人不用费心思去考虑选择什么附加险。但是，是否要选用一切险，应综合多方面的因素进行考虑。应该考虑哪些因素呢？是否投保了一切险就可以获得非常充分的保障，不必再加保别的险别？

（2）特别附加险

特别附加险与一般附加险一样，也不能独立投保，必须附属于基本险项下。它与一般附加险的根本区别在于：特别附加险不包括在一切险的责任范围以内，不属于一切险的责任范畴；导致特别附加险的货物损失因素，往往同政治、国家行政管理以及一些特殊的风险相关联。

中国人民保险公司承保的特别附加险主要包括以下几种：①交货不到险（failure to deliver risk）；②进口关税险（import duty risk）；③舱面险（on deck risk）；④拒收险（rejection risk）；⑤黄曲霉素险（aflatoxin risk）；⑥卖方利益险（seller's contingent risk）；⑦出口货物到港九或澳门存仓火险责任扩展条款（fire risk extention clause for storage of cargo of destination Hong Kong including Kowloon，or Macao）。

（3）特殊附加险

特殊附加险承保由于战争、罢工等特殊外来原因所造成的风险与损失。特殊附加险与特别附加险一样，是一种一般附加险之外的不属于一切险承保范围内的附加险别，主要承保战争险和罢工险。

①海运货物战争险（ocean marine cargo war risk）

在我国2009年的海洋运输货物保险条款中，将海洋运输货物战争险列为海洋运输货物保险条款的附加条款，它包括责任范围、除外责任和保险起讫三个部分。

A.责任范围

• 直接由于战争、类似战争行为和敌对行为、武装冲突或海盗行为所致的损失。这一项责任中，首先要注意战争险只承保直接损失，其次要注意我国把海盗行为列为战争险的责任范围。

• 由于上述原因引起的捕获、拘留、禁制、扣押所引起的损失。

• 各种常规武器，包括水雷、鱼雷、炸弹所致的损失。

• 由于本险责任范围所引起的共同海损的牺牲、分摊和救助费用。

B.除外责任

海运货物战争险对下列原因造成的损失不负赔偿责任：

• 由于敌对行为使用原子或热核制造的武器导致被保险货物的损失和费用。

• 由于执政者、当权者或其他武装集团的扣押、拘留引起的承保航程的丧失或挫折所致的损失。

C.保险起讫

海运货物战争险的保险期限同海洋运输货物基本险不同，它承保责任的起讫不是“仓至仓”，而是以“水上风险”为限，亦即以货物装上保险单所载明的起运港的海轮或驳船开始，到卸离保险单所载明的目的港的海轮或驳船为止。如果被保险货物不卸离海轮或驳船，保险责任期限以海轮到达目的港的当日午夜起算15天为止。如果货物需在中途港转船，也不得超过15天。

②海运货物战争险的附加费用险（additional expenses-war risks）

这一险别主要承保由于战争险后果所引起的附加费用，这些费用包括因为发生战争而导致的卸货、上岸、存仓、转运、关税以及保险费等。被保险人之所以需要投保本险别，原因是战争险只负责由于战争、类似战争行为所引起的损失，而不负责由于战争所引起的费用。

③罢工险（strikes risk）

海运货物罢工险是海洋运输货物保险条款的附加条款，包括责任范围、除外责任和责任起讫三个部分。

A.责任范围

• 罢工者、被迫停工工人或参加工潮、暴动、民众斗争的人员的行动造成货物的直接损失。

• 任何人的敌意行为所造成货物的直接损失。

• 上述运动或行为所引起的共同海损的牺牲、分摊和救助费用。

B.除外责任

在罢工期间由于劳动力短缺或不能使用劳动力所致的保险货物的损失，包括因此而引起的动力或燃料缺乏使冷藏机停止工作所致的冷藏货物的损失都是罢工险的除外责任，即任何罢工险所引起的保险货物的间接损失都是罢工险的除外责任。

C.责任起讫

我国的罢工险条款的保险期限与海运货物战争险不同，但与基本险的保险起讫规定是相同的。

二、伦敦保险协会海运货物保险条款

在世界海运保险中，英国保险业历史悠久、业务发达。长期以来，它所制定的各种保险规章制度，特别是海运保险单格式和保险条款，对世界各国的保险业都有着深远的影响。目前，世界上许多国家在海上保险业务中直接采用了英国伦敦保险协会所制定的“协会货物条款”（institute cargo clause，缩写为ICC），还有一些国家和地区在制定本国和本地区保险条款时，参考或部分地采用了上述条款。

英国“协会货物条款”最早制定于1912年，1963年曾进行过修订和补充。20世纪80年代，英国又对ICC条款进行了修订，并于1982年1月1日起在伦敦保险市场开始使用（简称ICC 1982）。新条款取消了旧条款“单独海损不赔”（FPA，平安险）、“负责单独海损”（WA，水渍险）和“一切险”（All Risks）的名称，代之以“协会货物条款（A）”（ICC（A））、“协会货物条款（B）”（ICC（B））和“协会货物条款（C）”（ICC（C））。2009年，英国再次对ICC 1982进行了修订，推出ICC 2009。ICC 2009扩展了保险责任起讫，对保险人援引免责条款作出了一定的限制，且对条款中易于产生争议的词语作出了更加明确的规范。新条款中的文字、结构等也更加简洁、严密，便于阅读和理解。

我国对外贸易业务中，通常采用中国保险条款（CIC），但应国外商人的要求，也可以采用国际保险市场上通用的伦敦保险协会货物条款（ICC）或对方国家的保险条款。

1.协会货物保险条款的种类

协会货物保险条款规定了（A）险、（B）险、（C）险、战争险、罢工险和恶意损害险等6种险别：①协会货物条款（A）（institute cargo clauses（A））；②协会货物条款（B）（institute cargo clauses（B））；③协会货物条款（C）（institute cargo clauses（C））；④协会战争险条款（货物）（institute war clauses（cargo））；⑤协会罢工险条款（货物）（institute strikes clauses（cargo））；⑥恶意损害险条款（malicious damage clauses）。

其中（A）险大致相当于中国人民保险公司的一切险，其责任范围最广，采用承保“除外责任”之外的一切风险的概括式规定办法。（B）险和（C）险则采用列明风险的办法，即把承保的风险一一列举出来，（B）险大体相当于水渍险，（C）险承保的责任范围最小。伦敦保险协会修订公布的上述6种险别中的恶意损害险属附加险别，故其内容比较简单，其他5种险别都具有独立完整的结构，对承保风险及除外责任有明确的规定。因此，除（A）险、（B）险和（C）险可以单独投保外，必要时，战争险和罢工险也可征得保险公司的同意，作为独立的险别进行投保。

2.协会货物保险条款承保风险与除外责任

（1）ICC（A）险的承保风险与除外责任

①承保风险

根据伦敦保险协会的规定，（A）险的承保风险采用“一切风险减除外责任”的方式予以明确。除了下列除外责任不予承保外，承保货物因一切风险所造成的损失、共同海损的牺牲及救助的费用、船舶互撞导致的货方损失。

②除外责任

A.归因于被保险人的恶意行为所引起的灭失、损害或费用。

B.保险标的的自然渗漏、重量或容量的自然损耗或自然磨损。

C.保险标的的包装或配装不足或不当引起的无法承受运输途中发生的事故而产生的灭失、损害或费用。

D.保险标的的内在缺陷或特性所引起的灭失、损害或费用。

E.因迟延所引起的灭失、损害或费用，即使迟延因承保风险所引起的也是如此（但共同海损应予赔偿的费用不在此限）。

F.由于船舶所有人、经理人、租船人或经营人破产或不履行债务所引起的灭失、损害或费用。

G.因使用原子或核子裂变和（或）聚变或其他类似反应或放射性力量或物质的武器或设备直接或间接导致的灭失、损害或费用。

H.被保险人或其受雇人在保险标的装船时已经知道船舶或驳船的不适航，即船舶或驳船、集装箱或运输工具不适合安全运输保险标的。

I.因战争、内战、扣押或任何其他遗弃的战争武器等原因所引起的灭失、损害或费用。

J.因罢工、停工、恐怖行为等，或者出于政治、信仰或宗教目的实施的行为所引起的灭失、损害或费用。

（2）ICC（B）险的承保风险与除外责任

①承保风险

ICC（B）对承保风险的规定采取“列明风险”的方式，其承保下列两类风险：

A.货物灭失或损害可合理归因于下列风险事故：

- 火灾或爆炸；
- 船舶或驳船触礁、搁浅、沉没或倾覆；
- 陆上运输工具倾覆或出轨；
- 船舶、驳船或运输工具同水以外的任何其他外界物体的碰撞或接触；
- 在避难港卸货；
- 地震、火山爆发或雷电。

B.货物灭失或损害由于下列风险事故所致：

- 共同海损牺牲；
- 投弃（或抛货）；
- 浪击落海；
- 海水、湖水或河水进入船舶、驳船、船舱、运输工具、集装箱或储存处所；
- 货物在装卸船舶或驳船时落海或跌落造成整件的全损。

②除外责任

ICC（B）不承保的风险除与ICC（A）相同的部分外，还包括任何人的不法行为引起货物全部或部分的恶意损害以及“海盗行为”。

（3）ICC（C）险的承保风险与除外责任

①承保风险

A.货物灭失或损害可合理归因于下列风险事故：

- 火灾或爆炸；
- 船舶或驳船触礁、搁浅、沉没或倾覆；
- 陆上运输工具倾覆或出轨；
- 船舶、驳船或运输工具同水以外的任何其他外界物体的碰撞或接触；
- 在避难港卸货。

B.货物灭失或损害由于下列风险事故所致：

- 共同海损牺牲；
- 投弃（或抛货）。

②除外责任

ICC（C）险的除外责任与ICC（B）相同。

（4）ICC战争险与罢工险

由于协会海运货物战争险与罢工险条款独立、完整，因而它们可以单独投保，不再作为附加险险别依附于ICC（A）、ICC（B）或ICC（C）。

除了上述的可以独立投保的险别外，伦敦保险协会还新增加了可以独立投保的“恶意损害险”，以及“偷窃、提货不着险”等附加险别。由于附加险别没有完整的结构，不能独立投保，必须在投保了基本险别后才可以加保。此外，伦敦保险协会还陆续制定了航空险、陆运险以及特种货物等保险险别，以供被保险人选择使用。

3.“协会货物条款”的保险期限

英国伦敦保险协会海运货物ICC（A）、（B）、（C）条款与我国海运货物保险条款（CIC）中基本险的规定大体相同，也是采用“仓至仓”条款，但比我国条款规定得更为详细。战争险的保险期限，与前述我国现行海运战争险条款一样，也是根据承保“水上危险”的原则，不使用“仓至仓”条款。

【个案讨论】

关于“仓至仓”条款的适用

山东某进出口公司（A公司）与日本某公司（B公司）签订国际货物买卖合同，从B公司进口一批医疗器械，贸易术语采用CIF中国青岛，货值为48 784美元，货物装于一个20英尺的集装箱内，出口公司按照伦敦保险协会ICC（A）条款在一家日本保险公司投保，目的港为中国青岛。同时，A公司又同国内实际用户C公司签订国内销售合同，双方在合同中约定货物通关入境后即刻由A公司负责将货物运至用户驻地北京市，由用户公司派人员在双方约定的时间和地点进行货物的交接。A公司与B公司之间的国际贸易合同顺利履行，货物按时运抵青岛，经海关检验放行后，A公司委托某货运公司用汽车将该批货物运至北京市并在约定的时间和地点将货物交给用户公司所派人员以完成交货。途中，汽车发生故障，致使该货车迟于约定时间5小时抵达目的地。此时，用户公司接货人员已离去。由于种种原因，双方始终联络不上。货运公司驾驶员只得就近在一家旅馆住宿一夜，货车停在该旅馆的停车场上，但次日发现部分货物被盗，损失了5 628美元的货物。保险公司对该笔损失是否承担赔偿责任？

提示：在正常运输情况下，保险公司的保险责任沿用“仓至仓”条款，本批货物实际上是在运抵青岛后发生了被转运、分派的情形。

第四节　我国陆运、空运货物与邮包运输保险

中国人民保险公司对于海运以外的其他运输方式下的货物运输保险也分别规定了保险条款，包括陆运货物保险、航空运输货物保险与邮包运输保险。它们是在海运货物保险条款的基础上发展而来的，因而与海运货物保险条款有一定的相似之处，但同时，不同的运输方式又具有不同的特点，因而这些保险条款也体现出一定的特点。

一、陆上运输货物保险（overland transportation cargo insurance）

陆上运输货物保险是货物运输保险的一种，分为陆运险和陆运一切险两种。

1.陆运险（overland transportation risks）的责任范围

陆运险的责任范围是：被保险货物在运输途中遭受暴风、雷电、地震、洪水等自然灾害，或由于陆上运输工具（主要是指火车、汽车）遭受碰撞、倾覆或出轨，如有驳运过程，包括驳运工具搁浅、触礁、沉没，或由于遭受隧道坍塌、崖崩或火灾、爆炸等意外事故所造成的全部损失或部分损失。保险公司对陆运险的承保范围大致相当于海运险中的水渍险。

2.陆运一切险（overland transportation all risks）的责任范围

陆运一切险的责任范围，除包括上述陆运险中的责任外，保险公司对被保险货物在运输途中由于外来原因造成的短少、短量、偷窃、渗漏、碰损、破碎、钩损、雨淋、生锈、受潮、霉变、串味、沾污等全部或部分损失，也负赔偿责任。保险人对陆运一切险的承保责任范围，大致相当于海运险中的一切险。陆运险和陆运一切险的责任范围仅限于火车和汽车运输。

3.陆上运输货物保险的除外责任

陆上运输货物保险的除外责任有以下三点：

（1）被保险人的故意行为或过失所造成的损失；

（2）属于发货人所负责任或被保险货物的自然消耗所引起的损失；

（3）由于战争、工人罢工或运输延迟所造成的损失。

4.保险责任的起讫期限

与海洋运输货物保险的“仓至仓”条款基本相同，保险责任是从被保险货物运离保险单所载明的起运地发货人的仓库或储存处所开始运输时生效，包括正常陆运和有关水上驳运在内，直至该项货物送交保险单所载明的目的地收货人仓库或储存处所，或被保险人用作分配、分派或非正常运输的其他储存处所为止。但如未运抵上述仓库或储存处所，则以被保险货物到达最后卸载的车站后60天为限。

在陆上运输货物保险中，被保险货物除投保陆运险和陆运一切险外，经过协商还可以加保陆上运输货物保险的附加险，如陆运战争险等。陆运战争险与海运战争险，由于运输工具有其自身的特点，具体责任有一些差别，但就战争险的共同负责范围来说，基本上是一致的，即对直接由于战争、类似战争行为以及武装冲突所导致的损失，如货物由于捕获、扣留、禁制和扣押等行为引起的损失应负责赔偿。上述承保范围仅以铁路运输为限，其责任起讫不是“仓至仓”，而是以货物置于运输工具为限，即自被保险货物装上保险单

所载起运地的火车时开始，到卸离保险单所载目的地火车时为止。如不卸车，则以火车到达目的地的当日午夜起算，满48小时为止。

在陆运保险业务中，还有陆上运输冷藏货物险（overland transportation insurance "frozen products"），具有基本险性质，责任范围除包括陆运险的责任外，还负责赔偿由于冷藏设备在运输途中损坏而导致货物变质的损失。

陆上运输货物保险的索赔时效为：从被保险货物在最后目的地车站全部卸离车辆后起算，最多不超过2年。

二、航空运输货物保险（air transportation cargo insurance）

保险公司承保通过航空运输的货物，保险责任是以飞机作为主体来加以规定的。航空运输货物保险包括航空运输险和航空运输一切险两种。

1.航空运输险（air transportation risks）的责任范围

航空运输险的承保责任范围是被保险货物在运输途中遭受雷电、火灾、爆炸或由于飞机遭受恶劣气候或其他危难事故而被抛弃，或由于飞机遭碰撞、倾覆、坠落或失踪等意外事故所造成的全部或部分损失。被保险人对遭受承保责任内风险的货物采取抢救、防止或减少货损的措施而支付的合理费用也负责赔偿，但以不超过该批被救货物的保险金额为限。本险别的承保责任范围与海运险中的水渍险大致相同。

2.航空运输一切险（air transportation all risks）的责任范围

航空运输一切险的承保责任范围，除包括上述航空运输险的全部责任外，对被保险货物在运输中由于外来原因造成的包括被偷窃、短少等全部或部分损失也负赔偿之责。

在航空运输货物保险的情况下，除外责任与前述海洋运输货物保险的除外责任相同。

航空运输货物保险的责任，也采用“仓至仓”条款，但与海运险中的“仓至仓”条款有所不同，责任期限是从被保险货物运离保险单所载明起运地仓库或储存处所开始运输时生效，在正常运输过程中继续有效，直至该项货物运抵保险单所载明目的地，交到收货人仓库或储存处所，或被保险人用作分配、分派或非正常运输的其他储存处所为止。如保险货物未到达上述仓库或储存处所，则以被保险货物在最后卸货地卸离飞机后30天为止。

与上述陆运货物保险一样，被保险货物在投保航空运输险或航空运输一切险后，还可经协商加保航空运输货物战争险等附加险。

三、邮包保险（parcel post insurance）

邮包保险承保通过邮政局邮包寄递的货物在邮递过程中发生保险事故所致的损失。

以邮包方式将货物发送到目的地可能通过海运，也可能通过陆上或航空运输，或者经过两种或两种以上的运输工具运送。不论通过何种运送工具，凡是以邮包方式将贸易货物运达目的地的保险均属邮包保险。邮包保险按其保险责任分为邮包险（parcel post risks）和邮包一切险（parcel post all risks）两种。前者与海洋运输货物保险中的水渍险的责任相似，后者与海洋运输货物保险中的一切险的责任基本相同。

1.邮包险的责任范围

邮包险的保险责任范围包括被保险邮包在运输途中由于恶劣气候、雷电、海啸、地雷、洪水等自然灾害或由于运输工具遭受搁浅、触礁、沉没、碰撞、倾覆、出轨、坠落、失踪，或由于火灾、爆炸等意外事故所造成的全部或部分损失。对于被保险人对遭受承保责任范围内的事故采取抢救、防止或减少货损的措施而支付的合理费用也负责赔偿，但以不超过该批被救货物的保险金额为限。

2.邮包一切险的责任范围

邮包一切险的保险责任，除上述邮包险的各项责任外，还负责被保险邮包在运输途中由于一般外来原因所致（包括被偷窃、短少在内）的全部或部分损失。

邮包运输货物保险的除外责任和被保险人的义务与海洋运输货物保险相比较，其实质是一致的。

邮包险和邮包一切险的保险责任，是自被保险邮包离开保险单所载起运地点寄件人的处所运往邮局时开始生效，直至该项邮包运达保险单所载目的地邮局，自邮局签发到货通知书当日午夜起算，满15天终止。但是，在此期限内邮包一经交至收件人的处所时，保险责任即行终止。

与前述陆运货物保险一样，被保险货物在投保邮包险或邮包一切险后，还可经协商加保邮包战争险等附加险。

第五节　投保与索赔实务

在国际货物贸易中，由卖方或买方办理保险，要根据合同和贸易条件的规定来处理。如果涉及卖方办理保险，需要在合同中作出明确的规定，实际履行投保义务时，负责办理投保的一方应该严格按照买卖合同或者信用证的规定来办理。

作为被保险人，掌握投保与索赔的相关知识与技能是相当重要的，这直接关系到投保是否得当，是否符合相关惯例，是否获得较充分的保障，也关系到是否能够从保险人那里顺利获得保险赔付。

一、海上保险单据

1.保险单

保险单简称“保单”，是投保人与保险人签订保险合同的书面证明。一般保险单由保险人事先拟定，印制成专用文件，正面是应由投保人填写的有关被保险人、保险标的的情况和保险价值、保险费、保险期间等条款，背面则是合同条款，主要包括保险责任、除外责任等。保险单出具前如果已有投保单或暂保单存在，则保险单、投保单和暂保单等均应视为保险合同的组成部分。保险单一般是根据投保人的申请由保险人签发给投保人的，它是在保险标的发生保险事故遭受损害后，被保险人向保险人索赔的主要证据。海上货物运输保险的保险单经过背书后可以转让。

2.保险单的种类

（1）保险单（insurance policy）

这里的保险单指大保单，是一种独立的保险凭证，是正式的保险合同。其背面附有关于保险人的责任范围和保险人、被保险人之间权利义务方面的详细条款，是完整的承保文件。一旦被保险货物受到损失，承保人和被保险人都要按照保险条款和投保险别来分清货损，处理索赔。

（2）保险凭证（insurance certificate）

保险凭证又称小保单，是一种简化的保险凭证。它与保险单的唯一区别在于背面不附有保险条款。这种保险凭证格式简单，但其作用与保险单完全相同。

（3）联合保险凭证（combined insurance certificate）

它是我国保险公司特别使用的，将发票与保险单相结合的形式简单的保险单据。保险公司仅在商业发票上加盖保险章，注明保险编号、险别、金额、装载船名、开船日期等，以此作为保险凭证。目前，联合保险凭证仅仅用于我国内地将货物出运至中国港澳、新马地区华商的部分出口业务。

（4）预约保险单（open policy）

预约保险单又称统保单，是保险当事人双方签订的一种长期性的保险协议。保险公司承保被保险人在一定时期内发运的，以FOB、CFR价格条件成交的进口货物。预约保险单载明保险货物的范围、险别、保险费率、每批运输货物的最高保险金额以及保险费的结付办法等。凡属预约保险范围内的进口货物，一经起运，即自动按预约保险单所列条件承保，但被保险人在获悉每批保险货物起运时，应立即以装货通知书或其他书面形式将该批货物的名称、数量、保险金额、运输工具的种类和名称、航程起讫地点、开航日期等情况通知保险公司。

3.保险合同的变更（alteration of insurance contract）

海上保险合同的变更是指保险合同当事人为适应具体情势的变化而改变保险合同的具体内容所作出的一致协议。这种变更大致包括以下内容：风险变更（航程变更、中途绕航、船舶变更、延误开航、延误续航等）、标的数量和质量以及保险价值变更、险别变更和保险期限变更等。保险合同变更必须经过以下程序：

（1）投保人发出更改请求；

（2）保险人就更改请求进行审核；

（3）保险人通知投保人审核结果；

（4）保险人在保险合同上签发批单或加贴附加条款；

（5）投保人支付手续费，并在必要时加付保险费。

4.保险合同的解除（cancellation of insurance contract）

保险合同解除，是指保险合同的双方当事人经商定同意取消既存保险合同的效力的法律行为，或保险合同当事人一方根据法律或合同中的约定行使解除权而采取的单独行为。

如果在保险合同有效期间出现了一些特定的情况，需要解除保险合同。合同解除的原因可以分为以下几类：

（1）自然解除，即在规定的时间和范围内，保险标的没有遭遇任何保险事故而发生损失；或者保险标的虽然有损失，但造成损失的原因不是保险合同承保的风险。这是绝大多数保险合同解除的原因。

（2）履约，即在规定的时间和范围内，保险标的遭遇到保险事故而发生损失，保险人根据保险合同给予了赔偿。

（3）违约，即因一方或双方当事人违反约定，使保险合同实际无法履行，造成合同解除。违约的情况又可以分为两种：①被保险人违约，主要表现为：A.被保险人违反告知义务；B.被保险人违反保证义务；C.被保险人拖欠保险费；D.投保人、被保险人未按照约定履行其对保险标的的安全应尽的责任；E.被保险人未按照合同约定及时通知保险人保险标的的危险增加的情况。②保险人违约，主要表现为：A.拒绝或拖延签发保险单或其他保险单证；B.保险人违反告知义务。

（4）欺诈，表现形式为：①被保险人违反告知义务；②被保险人或受益人谎称发生了保险事故或者故意制造保险事故。

（5）重大变更。

（6）双方约定。

5.保险单的转让（assignment of insurance policy）

海上保险合同的转让是被保险人的变更，根据保险标的的不同而有不同的规定。

对于海上运输货物，我国《海商法》第二百二十九条规定："海上货物运输保险合同可以由被保险人背书或者以其他方式转让，合同的权利、义务随之转移。合同转让时尚未支付保险费的，被保险人和合同受让人负连带支付责任。"作出这样规定的主要原因是海上货物保险合同是国际货物贸易单证流转过程中非常重要的单证之一，通常要随提单的转让而转让，而且不论转让时货物是否已经灭失或受损，合同的转让都无须经过保险人的同意。这是海上货物保险与其他保险在合同转让方面不同的特点。

二、合同中的保险条款

为了明确有关保险的责任问题，交易双方应当在合同中作出明确的规定，具体来讲，保险条款应该包括：谁来办理保险、保险金额、保险险别、按哪一家保险公司的保险条款办理等。

在签订贸易合同时首先应明确成交的价格条件。当价格条件订明为CIF或CIP时，保险应由卖方办理，但还应明确保险的险别和保险金额等，如果买方对保险有特殊要求，应将这种要求写明，并应明确由此而增加的费用归谁负担。通常情况下，对于出口货物，一般应争取采用CIF或CIP贸易术语成交，由我方办理保险。对我国港澳地区出口货物，一般均由我方办理保险。在签订出口合同时，如按CIF条件成交，可以投保中国人民保险公司的保险条款，并作出这样的规定："由卖方按发票金额的××% 投保×××险和×××险，按2009年1月1日中国人民保险公司海洋运输货物保险条款负责。"

Insurance is to be covered by the seller for ××% of invoice value against ××× and ××× as per Ocean Marine Cargo Clauses of the Peoples Insurance Company of China dated Jan.1, 2009.

如果按FOB、FCA或CFR、CPT贸易条件成交，一般应由买方自行办理保险，保险条款可以这样规定："保险由买方负责（Insurance to be effected by the buyer）。"

如果买卖双方经协商同意委托卖方代办保险，也是可以的，但这完全是委托代理关系，因此应明确代保的保险险别、保险金额，以及特殊附加险别，特别要明确保险费应由买方负担，以及保险费的支付方法。例如，可以在合同中作出这样的规定："保险由卖方负责代办，保险金额为发票金额的××%，按2009年1月1日英国伦敦保险协会货物条款（A）办理投保，保险费用由买方承担。"

Insurance is to be covered by the seller on behalf of the buyer for ××% of CFR invoice value against marine risks as per Institute Cargo Clause（A）dated Jan.1，2009，premium to be for buyer's account.

三、投保

1.投保险别的选择

保险人承担的保险责任以保险险别为依据，不同的保险险别，保险人承担的责任范围不同，保险费率也不相同。投保人在选择保险险别时，应当遵循如下原则：根据进出口运输货物的具体情况，恰当地选择投保的险别，做到运输货物既能得到应有的保障，又能节约保险费支出，以利于提高经济效益。

选择险别时需要考虑如下因素：

（1）货物的种类、性质和特点

不同种类的货物、具有不同性质和特点的货物，在运输途中遭遇风险和发生损失的可能性往往有很大的差别，因此，在投保时必须充分考虑货物的状况，选择适当的险别。例如，陶瓷、玻璃器皿容易破碎，可以在平安险或水渍险的基础上加保碰损破碎险，或者投保一切险；油脂类货物在运输途中常因容器破裂而导致渗漏，可以在投保平安险或水渍险的基础上加保渗漏险；毛、棉、麻、丝、绸、服装类和化学纤维类商品，遭受损失的可能性较大，如沾污、偷窃、短少、雨淋等，有必要投保一切险；而像低值、裸装的大宗货物，如矿砂、钢材、铸铁制品，没有必要投保一切险，主险投保平安险就可以了。另外，也可根据实际情况再投保舱面险作为附加险。对于不大可能发生碰损、破碎或容易生锈但不影响使用的货物，如铁钉、铁丝、螺丝等小五金类商品，以及旧汽车、旧机床等二手货，可以投保水渍险作为主险。

（2）货物的包装情况

货物的包装对货物在运输途中的安全至关重要。对于货物的包装在运输过程中可能发生的损失及其对货物可能造成的数量和质量上的损害也应加以考虑。但保险人对因包装不良或不当等属于装运前发货人的责任而导致的损失不负责赔偿。

（3）货物的运输情况

货物的运输情况包括运输方式、运输工具、运输路线等，以何种运输方式运输、以何种运输工具装载货物，以及运输途中停靠的港口的设备状况、装卸能力、安全状况等因素有很大的差异，在投保前应当适当加以考虑，以便选择适当的险别予以保障。例如，运到菲律宾、印度尼西亚、印度的货物，因为当地码头情况混乱，风险比较大，所以应该选择偷窃、提货不着险和短量险作为附加险，或者干脆投保一切险。

（4）运输季节

在特定的季节运输，某些货物遭受风险的可能性大大增加。例如，夏季装运粮食、果品等，极易发生受潮受热、霉烂等损失，投保时必须考虑这些因素。

（5）目的地市场的变动趋势

按照国际贸易惯例，出口货物保险的保险金额一般有10%的加成，然而，有时国际贸易货物的价格变动异常剧烈，在出口商实际履行交货时，目的地市场上该种商品的价格已经大幅上涨，为了保证货物受损后，能够按照上涨后的价值得到保险公司的补偿，可以向保险公司另行加保增值保险。

2.保险金额与保险费的计算

（1）保险金额（insured amount）

按照国际保险市场的习惯做法，出口货物的保险金额一般按CIF货价另加10%计算，这增加的10%叫保险加成，也就是买方进行这笔交易所付的费用和预期利润。保险金额计算的公式是：

保险金额=CIF货值×（1+加成率）

进口货物的保险金额，一般是按照货物的CIF价值计算的。其他保险金额的计算方法如下：

FOB进口货物：保险金额=FOB价×（1+平均运费率+特约保险费率）

CFR进口货物：保险金额=CFR价×（1+特约保险费率）

（2）保险费（premium）

投保人按约定方式缴纳保险费是保险合同生效的条件。保险费率（premium rate）是由保险公司根据一定时期、不同种类的货物的赔付率，按不同险别和目的地确定的。保险费则根据保险费率表按保险金额计算，其计算公式是：

保险费=保险金额×保险费率

①出口业务中保险费的计算

在我国出口业务中，在FOB和CFR贸易术语下，由买方自行办理长途货运保险，采用CIF贸易术语成交，需要出口人办理保险。

保险费=CIF货值×（1+加成率）×保险费率

②进口业务中保险费的计算

在进口业务中，按双方签订的预约保险合同确定权利和义务，保险金额按进口货物的CIF货值计算，不另加减，保险费率按“特约保险费率表”规定的平均费率计算；如果以FOB条件进口货物，则按平均运费率换算为CFR货值后再计算保险金额，其计算公式如下：

FOB进口货物：保险费=FOB价×（1+平均运费率+特约保险费率）×特约保险费率

CFR进口货物：保险费=CFR价×（1+特约保险费率）×特约保险费率

③保险费率

保险费率是保险人根据保险标的物危险性大小、损失率高低、经营费用多少等因素，按不同的商品、不同的目的地、不同的投保险别，并参照国际上的费率水平加以规定的。目前，中国人民保险集团公司的保险费率分为普通费率和指明货物加费费率两种。前者是一般商品的费率，后者系指特别列明的货物（如某些易碎、易损商品）在一般费率的基础上另行加收的费率。由于指明货物在运输途中极易因外来原因引起短少、破碎和腐烂等，损失率较高，所以将其单独列出，并称之为“指明货物”。例如，从中国运往美国的陶瓷产品，投保一切险，其普通费率为0.5%，指明货物加费费率为7%，则保险费率为7.5%。

指明货物中还有一部分货物规定有免赔率，如散装大米、谷物短量免赔率0.5%。所谓免赔率是指保险人对于保险货物在运输途中发生的货损货差，在一定比率内不负赔偿责任。如投保人要求降低免赔率或不计免赔率（irrespective of percentage，IOP），可按规定标准费率，加费承保。

免赔率可以分为绝对免赔率（deductible）和相对免赔率（franchise）。

另外，货物运输战争险、罢工险费率，采取统一标准的方式加以规定，即投保战争险和罢工险，不分运输方式，不按货物分类，从我国口岸运往世界各地，均按一个费率计收保险费。如单保罢工险，则按战争险费率计收。

3.投保手续

（1）出口货物的投保

①按FOB、CFR术语成交，海运保险由对方办理，但履行交货前的风险也可办理投保。

②按CIF条件成交，由于国际货物运输一般是沿用“仓至仓”条款，故卖方一般应在出口货物从装运地仓库运往码头或车站之前办妥投保手续。出口采用逐笔投保的做法，填写投保单或要保书。

（2）进口货物的保险

通常，进出口公司与中国人民保险公司签订预约保险合同，采取预约保险的做法。按照预约保险合同的规定，各公司对每批进口货物无须逐笔办理投保，也无须填制投保单，而以国外卖方装船通知副本或进口货物结算凭单副本代替投保单，每10天向保险公司汇交一次办理投保。每批货物的保险金额均以CIF进口价为准，不另加成。

（3）填制投保单时应注意的问题

①内容真实。

②投保单上填写的内容应与进出口合同或信用证的有关规定相符。

③对投保单上填写的内容有遗漏、错报及变更，投保人应及时向保险人申请批改，以免影响保险标的在受损时应有的保障。

【个案讨论】

某年9月28日，某海运公司向保险公司投保了船舶险，在其填写的投保单中，航行区域一栏填写为：亚太区域。该投保单为格式投保单，在其投保单题头下以印刷小字体标有：本投保单由投保人如实填写并签章后作为向本公司投保船舶险的依据，本投保单作为该船舶保险单的组成部分。保险公司按照公司有关只能承保近海船舶的规定，在出具的保险单上将航行区域规定为：东亚及东南亚，并规定保费分三次缴纳。海运公司对此未作异议表示，按保单约定分三次交清了保费。次年5月，投保船只因主机故障发生过一次保险事故，海运公司曾依据保单向保险公司提出过索赔。保险公司按照保单规定，在仔细勘察后依法作出赔付决定。

次年9月，投保船只航行至大洋洲某港附近搁浅，后被拖船救出，海运公司向保险公司要求赔偿全部损失共计135万元人民币。保险公司以海运公司超出保单规定的航行区域，没有及时告知保险人，导致保险标的危险程度增加为由作出拒赔决定。保险公司的拒赔是否有理？

提示：本案的焦点是投保单与保险单内容不一致，发生保险事故后，应当以哪一个为准；保险公司对航行区域的改变是否有效。本案最后的审理结果是，航行区域以保险单为准，保险公司不予赔付。

四、索赔（claim）

保险的索赔（lodge a claim of insurance）是保险标的在遭受保险事故后，被保险人凭保险单有关条款的规定，向保险人要求赔偿损失的行为。

我国按FOB和CFR贸易术语成交的出口货物，由买方自行办理保险，保险索赔也是由买方进行的。按照CIF贸易术语出口，我出口方一般是向中国人民保险集团公司办理投保，运输途中发生风险和损失，买方可以向保险单上载明的检验代理人或理赔代理人申请检验，并提出索赔要求。

1.索赔手续

我国进口货物运抵目的地后，如果发现货物受损，应采取以下步骤行使向保险公司索赔的权利：

（1）损失通知

损失通知是指保险标的在受损后，被保险人向保险人报告损失和发出要求赔偿的书面通知。

按中国人民保险公司的规定，收货人向保险公司发出损失通知，申请联合检验的期限，最迟不能超过保险责任终止日起10天。逾期通知，保险公司有权拒绝受理。

（2）向承运人或有关责任方提出索赔

由于承运人或其他责任方所造成的损失，被保险人及其代理人应立即以函电形式向他们提出索赔，并保留追偿的权利，必要时还需申请延长索赔的时效。被保险人已向承运人或有关责任方发出索赔函电，而有关责任方拒绝赔偿或赔偿不足，则应由保险人与有关责任方交涉追偿事宜。被保险人已履行了维护保险人追偿权利的义务，其遭受的损失应由保险人负责赔偿。

（3）申请检验

收货人与保险人对进口保险货物的联合检验一般是在保险责任终止地进行。保险责任在进口口岸终止，则应在该口岸申请联合检验，确定损失程度，凭联合检验报告向该口岸保险公司办理索赔。保险责任在内地目的地终止，一般应在该目的地申请检验。

保险公司对保险货物的检验，一般是首先察看包装外表状况是否完好，包装的种类、质量是否符合合同要求，包装是否适应商品性质和国际贸易长途运输的要求，进而察看包装的内容，如内包装及衬垫等防护措施是否符合习惯或合同的规定，货物排列装置是否适当等。保险公司为了核定货损货差是否属于保险责任范围，还要对货物的具体损失情况进行检验，确定损失性质，查明受损原因及过程。最后对货物损失程度进行鉴定和估算，作为确定收货人索赔数额的依据。

保险公司或其代理人根据对保险货物的检验结果，签署“进口货物残损联合检验报告”，收货人便可凭此向保险人要求赔偿。

（4）向保险公司提出索赔

索赔人向保险公司提出索赔时，除了应提供联合检验报告外，还须提供其他必备的单证。保险索赔需要提供的单证，参见下文有关内容。

2.保险索赔应具备的条件

【个案讨论】

有一份FOB合同，买方已向保险公司投保“‘仓至仓’条款一切险”。但货物在从卖方仓库运往码头的途中，因意外而致10%货物受损。事后卖方以保险单含有‘仓至仓’条款，要求保险公司赔偿，但遭保险公司拒绝。后来卖方又请求买方以买方自己的名义凭保险单向保险公司提出索赔，但同样遭保险公司拒绝。在上述情况下，保险公司有无拒赔的权利？为什么？

（1）索赔人与保险人之间，必须有合法的、有效的合同关系（legal and effective contractual relation）

索赔人与保险人之间，拥有合法有效的合同关系，这是保险索赔的首要条件。索赔人可能是投保人，也可能是保险单的受让人，但其持有保险单必须是合法持有，其拥有被保险人应该享有的一切权利才能行使索赔的权利。

保险合同是证明索赔人与保险人之间是否存在合法的、有效的合同关系的文件。

（2）索赔人必须拥有可保权益

可保权益原则也是海运保险中的一项基本原则，被保险人必须拥有对标的物的可保权益，才能为货物进行投保，在风险发生时，才能获得保险人的赔付。不过鉴于国际贸易的复杂性，有时在投保时，投保人尽管不具有可保权益，但取得可保权益是必然的，那么也可以为该标的物办理保险。但在风险发生时，被保险人必须拥有可保权益，才能进行保险索赔。

（3）保险货物的损失，必须是由于保险人承保责任范围内风险所导致的

根据保险单上的保险条款，保险人在一定的范围内承保风险，只有属于保险人承保责任范围内的风险才能获得赔付。

（4）被保险人应采取一切必要措施防止损失扩大

保险的首要原则就是最高诚信原则，该原则中的保证既包括明示的保证，也包括默示的保证。无论在保险单中是否载明这一点，在风险发生时或发生后，被保险人采取一切措施防止损失扩大都是一项基本的职责。如果被保险人没有能够做到这一点，则保险人有权拒赔。

3.提交索赔的单证

应提交的单证包括：①保险单或保险凭证正本；②提单；③发票；④装箱单；⑤向承运人等第三者责任方请求补偿的函电或其他单证，以及证明被保险人已经履行应办的追偿手续等文件；⑥由国外保险代理人或由国外第三者公证机构出具的检验报告；⑦海事报告（海事造成的货物损失，一般均由保险公司赔付，船方不承担责任）；⑧货损货差证明；⑨索赔清单等。

4.索赔时效

按照中国人民保险公司的规定，海运货物保险的索赔时效为：从被保险货物在最后卸货港全部卸离海轮后起算，最多不超过2年。

5.赔款的计算

（1）全部损失的赔付

进出口运输货物保险通常都是定值保险，保险单上载明的保险金额就是保险人赔付的基准。全部损失包括实际全损和推定全损，均以保险单上载明的保险金额为准，全额赔付。

（2）部分损失的赔付

①数量短少

被保险货物发生短少，应以灭失或损失的数量（重量）占保险货物总量之比，按保险

金额计算赔款，计算公式为：

赔款=保险金额×（货物损失件数或数量÷保险货物总件数或数量）

②质量上的局部损失

被保险货物遭受质量损失时，应先确定货物的完好价值和受损的价值，计算出贬值率，再按保险金额计算出赔款金额，计算公式为：

赔款=保险金额×［（货物完好价值-受损后价值）÷货物完好价值］

③共同海损的牺牲、分摊和赔偿

共同海损是为了船舶和所有货方的共同利益作出的某些特殊牺牲或支出的额外费用。共同海损的牺牲和费用，应由船舶、货物和运费三个主要利益方按比例分摊。

（3）有关费用的计算

有关费用一般是指合理的施救、救助费用，受损货物的检验费用等。只要在规定的限度内，均可加入损失之内由保险人补偿。

本章要点

保险的基本原则是投保人和保险人签订保险合同、履行各自义务以及办理索赔和理赔工作所必须遵守的基本原则。在海上货运保险中，涉及六大基本原则。最高诚信原则是保险法中的首要原则，要求在保险合同的签订和履行过程中，投保人和保险人双方应本着绝对的诚意办事，恪守信用，互不隐瞒和欺骗；补偿原则是指被保险人在遭受危险事故损失后，保险人按照保险合同条款的规定履行赔偿责任，但赔偿金额不得超过保险单上的保险金额和被保险人遭受的实际损失；代位求偿原则是指保险人按照保险合同的规定，对保险标的的全部或部分损失履行经济补偿后，即取得对该项标的的所有权和对第三者的求偿权；重复保险的分摊原则是指为了防止重复保险的投保人获得超额赔款，规定了要将保险标的的实际损失在各个保险人之间进行分摊；可保权益是指投保人或被保险人在保险标的上因具有某种利害关系而享有的为法律所承认、可以投保的经济利益，投保人或被保险人必须对保险标的具有可保权益，才能在承保风险发生后得到保险公司的赔付；近因原则是保险人受理索赔、确定保险责任的理论依据，保险中的近因是指造成保险标的损失的最主要的、最直接的影响原因。

海运货物保险承保的范围包括风险、海上损失和海上费用。风险包括海上风险和外来风险。海上风险包括自然灾害和意外事故；外来风险包括一般外来风险和特殊外来风险。海上损失包括全部损失和部分损失。全部损失包括实际全损和推定全损；部分损失包括共同海损和单独海损。海上费用包括施救费用和救助费用。

我国对外贸易海运货物保险一般按照中国人民保险（集团）公司的海运货物保险条款办理投保，但在特定情况下，也可以按照伦敦保险协会的“协会货物条款”办理投保。中国人民保险（集团）公司的保险条款分为基本险和附加险。基本险是可以独立进行投保和承保的险别；附加险是不能独立投保和承保，只能在投保了基本险别的基础上进行加保的险别。根据目前的中国保险条款，海运货物保险的基本险别包括平安险、水渍险和一切险。在基本险别下，保险公司的保险责任一般沿用“仓至仓”条款。附加险包括一般附加险、特别附加险和特殊附加险。被保险人可以在投保平安险和水渍险的基础上选择一般附加险进行加保。一切险中已经囊括了11种一般附加险别，因而办理一切险后不必再办理任何一种一般附加险，但可以根据情况适当加保特别附加险或特殊附加险。伦敦保险协会海运货物保险条款规定了（A）险、（B）险、（C）险、战争险、罢工险和恶意损害险等6种险别，其中，A险与我国目前的一切险相似，（B）险、（C）险则与我国的水渍险、平安险类似。

为了适应不同货物运输的需要，中国人民保险（集团）公司对于海运以外的其他运输方式下的货物运输保险也分别规定了保险条款，包括：陆运货物保险中的陆运险和陆运一切险；航空运输货物保险的航空运输险和航空运输一切险；邮包运输保险中的邮包险和邮包运输一切险。这些险别分别与海运货物保险中的水渍险和一切险相似。

为了明确有关保险的责任问题，交易双方应当在合同中作出明确的规定。负责办理保险的一方应该严格按照合同规定办理。办理保险时，要注意保险单的填制符合合同或有关规定。保险单的种类主要有保险单、保险凭证、联合保险凭证、预约保险单等。海上保险单的修改一般采用签发批单的方式，海上保险单可以在发生货损前转让，也可以在发生货损后转让，一般不需要通知保险公司。

出口业务中的保险一般采用逐笔投保的做法，进口中一般采用签订预约保险合同的做法。在办理货运保险中，首先要考虑投保何种险别，这需要根据货物的种类、性质和特点，包装情况，运输情况，目的地的市场的变动趋势等因素综合加以考虑；其次要考虑投保金额，一般出口中按CIF价格加成10%作为保险金额办理保险，进口中不再加成。

海运货物保险的索赔一般发生在进口业务中。我方发现货物受损，可以向保险公司申请索赔，但必须注意，发现货损后务必及时向保险公司发出损失通知，并申请联合检验，只有符合保险索赔的各项条件，且提供齐备的索赔单证的情况下，才能获得保险公司的赔付。保险公司赔款的数额，根据损失情况确定。一般在发生全部损失的情况下，可以按保险金额进行全额赔付；在发生部分损失的情况下，需要计算损失的比率，并按比率进行赔付。此外，一些合理的相关费用，保险公司也负责赔付。

单元自测

一、单项选择

1.投保人在投保一切险后，根据需要还可加保（　　）。

A.平安险　　B.水渍险

C.特殊附加险　　D.淡水雨淋险

2.根据中国人民保险公司海洋运输货物保险条款的规定，平安险、水渍险和一切险承保责任的起讫期限，均采用国际保险业中惯用的（　　）。

A.门到门条款　　B.桌到桌条款

C.仓至仓条款　　D.CY to CY 条款

3.根据中国人民保险公司的海洋运输货物保险条款的规定，货物在运输过程中由于自然灾害和运输工具发生意外事故造成被保险货物的实际全损，由于运输工具遭遇搁浅、触礁、沉没、互撞等情况造成保险货物的全部和部分损失，是属于（　　）的保险范围。

A.平安险　　B.水渍险

C.一切险　　D.附加险

4.按照中国人民保险公司海洋运输货物保险条款的规定，在三种基本险别中，就保险公司承担的风险责任范围从大至小排列，下列排列顺序中正确的是（　　）。

A.平安险……一切险……水渍险　　B.水渍险……一切险……平安险

C.一切险……水渍险……平安险　　D.一切险……平安险……水渍险

5.在海运货物保险业务中，共同海损属于（　　）。

A.全部损失的一种　　B.部分损失的一种

C.单独海损的一种　　D.推定全损的一种

6.按照英国伦敦保险协会的"协会货物条款"的规定，保险公司对ICC（A）、ICC（B）及ICC（C）三种基本险所承担的责任范围最大的是（　　）。

A.ICC（A）　　B.ICC（B）

C.ICC（C）　　D.ICC罢工险

7.我某出口企业以CIF术语与外商签订一份出口合同，买卖双方在合同中未规定保险险别，按照INCOTERMS 2010的规定，我出口企业只负责投保（　　）。

A.CIC的一切险　　B.CIC的水渍险

C.CIC的平安险　　D.ICC的A险

8.一批货物在海上运输途中受损，修理费用超过货物修复后的价值，这种损失可以按照（　　）要求保险公司给予补偿。

A.实际全损　　B.推定全损

C.共同海损　　D.单独海损

9."仓至仓"（W/W）条款是（　　）。

A.承运人负责的运输责任起讫的条款

B.保险公司承保的保险责任起讫的条款

C.出口人承担的货物品质担保责任起讫的条款

D.船公司负责的运输责任条款

10.按照中国保险条款的规定，一切险的责任范围是指（　　），再加上一般外来原因所致的全部和部分损失。

A.水渍险的责任范围　　B.平安险的责任范围

C.平安险和水渍险的责任范围　　D.战争险的责任范围

11.预约保险以（　　）代替投保单，说明投保的一方已办理了投保手续。

A.提单　　B.国外的装运通知

C.大副收据　　D.买卖合同

12.在国际贸易运输保险业务中，单独海损仅涉及受损货物所有者单方面的利益，因而应由受损方承担损失，这种损失（　　）。

A.属部分损失　　B.属全部损失

C.属推定全损　　D.有时是全部损失，有时是部分损失

二、多项选择

1.单独海损与共同海损的主要不同在于（　　）。

A.造成损失的原因不同　　B.索赔主体不同

C.承担损失的责任不同　　D.索赔流程不同

2.海上货物运输可保的风险主要有（　　）。

A.实际全损　　B.海上风险

C.推定全损　　D.外来风险

3.海损按照损失程度不同，可分为（　　）。

A.全部损失　　B.部分损失

C.共同海损　　D.单独海损

4.海损按照损失性质不同，可分为（　　）。

A.全部损失　　B.部分损失

C.共同海损　　D.单独海损

5.构成共同海损的条件是（　　）。

A.共同海损的危险必须是实际存在的，不是主观臆测的

B.消除船、货共同危险而采取的措施必须是合理的

C.必须是属于非正常性质的损失

D.支出的费用必须是额外的

6.我国海洋运输货物保险的基本险别分为（　　）三种。

A.平安险　　B.水渍险

C.一切险　　D.战争险

7.为防止运输途中货物被偷窃，应（　　）。

A.投保平安险加保偷窃提货不着险　　B.投保水渍险加保偷窃提货不着险

C.投保一切险加保偷窃提货不着险　　D.只投保偷窃提货不着险

8.共同海损分摊时，涉及的受益方包括（　　）。

A.货方　　B.船方

C.运费方　　D.救助方

9.根据我国海洋运输货物保险条款的规定，一般附加险包括（　　）。

A.短量险　　B.偷窃提货不着险

C.交货不到险　　D.串味险

10.根据我国现行海洋运输货物保险条款的规定，下列损失中，属于水渍险承保范围的有（　　）。

A.由海啸造成的被保货物的损失

B.由于下雨造成的被保货物的损失

C.由于船舱淡水水管渗漏造成的被保货物的损失

D.由于船舶搁浅造成的被保货物的损失

三、判断

1.出口交易中采用D/P方式，出口人投保了“卖方利益险”，货物安全到达目的港，

但遭到进口人的拒付，出口人即可凭保险单向保险公司索赔。（　）

2.在国际贸易运输保险业务中，单独海损仅涉及受损货物所有人单方面的利益，因而仅由受损方单独承担损失。这种损失是部分损失。（　）

3.在海洋运输货物保险业务中，涉及某一客户单方面利益的损失，达到全部损失程度时按全损处理。（　）

4.按照英国伦敦保险协会“协会货物条款”，保险公司对ICC（A）、ICC（B）及ICC（C）三种基本险所承担的责任范围最大的是ICC（C）。（　）

5.某外贸公司出口茶叶5公吨，在海运途中遭受暴风雨，海水涌入舱内，致使一部分茶叶发霉变质，这种损失属于单独海损。（　）

6.战争、罢工风险属于一般外来风险。（　）

7.按照国际保险市场上的习惯，保险金额一般是以发票的FOB价格为基数，再加上适当的保险加成率计算得出。（　）

8.按我国海洋运输货物保险条款的规定，三种基本险和战争险均适用“仓至仓”条款。（　）

9.偷窃提货不着险和交货不到险均在一切险范围内，只要投保一切险，收货人若提不到货，保险公司均应负责赔偿。（　）

10.在货物发生承保范围内的推定全损的情况下，被保险人要想得到保险公司的全额赔付，必须向保险公司及时发出委付通知，并得到保险公司认可。（　）

11.预保合同的好处是可以减少逐批投保逐笔签订保险单的手续费，但并不能防止因漏保造成的损失。（　）

12.在国际贸易中，向保险公司投保一切险后，在运输途中任何外来原因所造成的一切货损，均可向保险公司索赔。（　）

关键术语

最高诚信原则　补偿原则　代位求偿原则　可保权益　近因　海上风险　意外事故　外来风险　实际全损　推定全损　委付　共同海损　单独海损　施救费用　救助费用　基本险　附加险　仓至仓条款　一般附加险　特别附加险　特殊附加险　协会货物条款（ICC）　联合保险凭证　预约保险单

思考题

1.保险的基本原则有哪些？

2.出口货物为什么要投保运输险？

3.在海运货物保险中，保险公司承保哪些风险、损失和费用？

4.什么是实际全损？什么是推定全损？请用实例说明。

5.何谓共同海损？它与单独海损有何区别？

6.构成共同海损的条件有哪些？共同海损应该如何分摊？

7.什么是施救费用与救助费用？

8.在国际保险业务中所使用的“仓至仓”（W/W）条款是什么意思？

9.国际货物运输为什么要加保战争险？中国人民保险公司关于战争险的保险期限是如何规定的？

10.伦敦保险协会货物保险条款规定承保哪几种险别？

11.采用CIF条件成交时，按国际惯例，保险金额一般如何确定？

12.选择投保险别时应考虑哪些问题？

13.索赔人进行保险索赔的条件有哪些？

14.保险人对于各种损失和费用是如何计算赔偿数额的？

推荐阅读文献

1.姚新超. 国际贸易保险［M］. 北京：对外经济贸易大学出版社，2012.

2.粟芳，许谨良. 保险学［M］. 北京：清华大学出版社，2006.

3.黄海东. 国际货物运输保险［M］. 北京：清华大学出版社，2012.

4.户艳辉. ICC2009、CIC2009和AICC2004保险责任的划分及处理［J］. 对外经贸实务，2014（2）：59-62.

案例思考

1.某年12月3日，某保险公司与中国香港某贸易公司签署保险协议一份，约定贸易公司海上货物运输保险业务由该保险公司承办，运输的货物为花生仁，并规定贸易公司应在货物起运前申请对货物进行检验，货物水分含量确保在8%以下，并将取得有关货物的数据、资料告知保险人。

12月29日，贸易公司将准备交予某远洋运输公司所属A轮由山东运往英国的8 000余吨花生仁向保险公司投保，并提交了相关单据，保险公司出具了正式保单。

次年3月6日，A轮抵达目的地，收货人发现其中部分货物有霉损。经现场联合检验，结果为：部分货物发霉、短卸、短量。发生货损后，贸易公司向保险公司提出索赔，认为发生了保险合同约定的保险事故，保险公司应向贸易公司赔偿上述货物损失。

保险公司接到索赔通知后，经调查取证，获取了贸易公司向商检局出具的接受不符合保险协议和信用证要求的货物的保函。保险公司据此认为，保险标的物在起运前即存在水分过高、不符合要求等严重问题，贸易公司在投保时未将上述情况告知保险人，于是保险公司作出拒赔的决定。

贸易公司接到保险公司的拒赔通知后，向法院提起诉讼。

在本案例中，保险公司是否应当承担赔偿责任？

2.船舶在航行中船底受损，为了解除共同的危险，必须对船舶进行修理。而修船前，必须将货物从舱内卸出。在卸货过程中，造成一部分货物损失。货物在避难港存仓时，仓库起火，又造成部分货物损失。上述损失中，哪些属于共同海损，哪些不属于共同海损？

3.某货轮从天津新港驶往新加坡，航行途中船舶货舱起火，大火蔓延到机舱，船长为了船、货的共同安全，决定采取紧急措施，往舱中灌水灭火。火虽被扑灭，但由于主机受损无法继续航行，于是船长决定雇用拖轮拖回新港修理，检修后重新驶往新加坡。事后调查，这次事故造成的损失为：①1 000箱货物被火烧毁；②600箱货物由于灌水灭火而受损；③主机和部分甲板被烧坏；④拖轮费用和额外增加的燃料及船长、船员工资。

试分析以上损失分别属于什么性质的损失。

4.我国某公司按CIF条件向中东某国出口一批货物，根据合同投保了水渍险附加偷窃、提货不着险。但在海运途中，因两伊战争船被扣押，尔后进口商因提货不着便向我保险公司进行索赔，我保险公司认为不属于保险责任范围，不予赔偿。保险公司的做法是否有道理？

5.我国某公司按CIF条件出口冷冻食品一批，合同规定投保平安险加战争险、罢工险，货到目的港适逢罢工，货物无法卸载，又因货轮无法补充燃油而停止制冷。等到罢工结束，该批冷冻食品已变质。这种因罢工而引起的损失，保险公司是否负责赔偿？

第六章

进出口商品的价格

学习目标

重点掌握：成本核算各项指标的含义及计算；常见的价格术语换算的方法；计价货币的选择以及外汇保值条款；佣金和折扣的概念及计算；价格条款的内容及拟订方法。

一般了解：国际贸易中对外作价的基本原则；影响价格的各种因素；作价办法；表示价格的方法。

能力要求：具备正确核算成本和外贸经营主要经济指标的能力，能够正确拟订合同的价格条款。

意识培养：培养经济核算和合理作价意识，提高企业经济效益。

第一节　价格的掌握

一、正确掌握作价原则

作价是指国际货物买卖过程中经过核算后，向对方报价或接受对方的报价，确定商品成交价格的过程。在国际贸易中，商品成交价格的确定是买卖双方最关心的一个重要问题，直接关系到买卖双方经济效益的实现。在实际业务中，作价是一个复杂的过程，需要遵循正确的原则。进出口商品作价的基本原则是：在贯彻平等互利的原则下，根据国际市场的价格水平，结合国别（地区）政策，并结合购销意图确定适当的价格。

1.平等互利

在国际贸易往来中，必须坚持平等互利的原则，在每笔业务中都要尽可能追求“双赢”的效果，只有这样，才有可能与客户建立长期的业务关系。可以说，平等互利是建立长期国际贸易关系的基础。

2.按照国际市场价格水平作价

国际市场价格通常是指商品在国际集散中心的价格，以及主要国家或地区对某种商品的进出口价格。它是以某种商品在国际市场上的供求状况及竞争状况为基础形成的，是国际市场上一定时期内具有代表性的成交价格。因此，它是买卖双方都可以接受的价格，是确定进出口商品价格的客观依据和参照标准。

3.结合国别（地区）政策

在作价时，除了要考虑国际市场价格水平，还要参照进出口国家的供求状况、经济发展水平、进出口政策等因素，可以使实际进出口价格略低于或高于国际价格水平，从而使进出口商品的价格具有优势和竞争力。

4.结合购销意图

在进出口商品作价时，必须明确购销商品的意图，并据此对价格作出相应的调整。如对于进口急需的商品，可能适当提高进口价格；在出口商品时，为了销售滞销积压的商品或为了扩大市场占有率，可以适当降低价格。

二、注意国际市场价格动态

某种商品的国际市场价格是其在国际市场上的供求状况及竞争状况的基础上形成的，因此，商品的国际市场价格会随着供求关系、竞争关系、政治因素等方面的变化而变化。在国际货物买卖过程中，应及时了解国际市场的供求和竞争关系以及政治态势，并对国际市场价格走势作出正确判断，从而对商品进行合理作价。

三、考虑影响价格的各种具体因素

1.商品的质量和档次

在国际市场上，一般都按照“按质论价”的原则对商品进行作价，商品品质的优劣、档次的高低、包装装潢的好坏、款式的新旧和商标或品牌的知名度等因素都会影响到商品价格的高低。

2.运输距离

买卖双方成交商品的价格中含有运费因素，则运输距离的长短会对商品的价格产生较大的影响。国际贸易中的商品买卖，往往都要经过长途运输，距离的远近会对运费和保险费用产生直接影响，从而影响商品的价格。因此，在确定成本价格时，应做好运输成本核算，体现地区差价。

3.交货地点和交货条件

在国际贸易中，采用不同的交货地点和交货条件，会使交易的双方承担不同的责任、费用和风险。例如，FOB和CIF两种交货条件，前者卖方仅需承担将货物运至指定装运港装上船的费用和风险即可，后者则需要卖方在承担FOB义务的基础上进一步承担货物运至目的港的运费和保险费。因此，在确定进出口商品价格时，必须考虑交货地点和交货条件因素。

4.季节性需求的变化

在国际市场上，某些商品呈现出较强的季节性特征，如服装、圣诞用品等。作为出口商，可以采用季节性折扣等方式来促进这些产品在淡季的销售；作为进口商，可以考虑在销售淡季时购进，销售旺季时出售，通过季节性差价，实现扩大销售或低成本进口的目标。

5.成交数量

根据薄利多销的原则，成交数量越大，越应加大价格的优惠力度；而对畅销产品，如果达不到起订数量，可以适当提高商品的价格。

6.支付条件和汇率风险

支付条件是否有利和汇率变动风险的大小，都影响商品的价格。在采用托收或者发货后付款的汇付方式出口货物时，由于卖方承担的风险较高，因而可以适当提高价格；在采用信用证方式结算货款的情况下，卖方承担的收汇风险较小，但买方在开立信用证时可能会交付一定金额的押金，因而需要在售价上予以适当的减让。此外，各种货币汇价的经常变动，也会给买卖双方带来巨大的汇率风险。因此，选择“硬币”作为支付货币，可以适当降低商品价格；反之，选择“软币”，应当提高商品价格以减小汇率风险。

另外，还有一些因素，如交货期的远近、交易对象的不同、产品的生产周期、消费者的偏好等，都会对价格有不同程度的影响，在确定商品价格时，必须综合考虑以上各种因素。

四、加强成本核算

通过交易获得盈利是任何贸易商进行贸易时都必须考虑的因素，也是衡量外贸企业经营管理水平高低的重要指标。为了提高经济效益，外贸企业必须加强成本核算，避免不计成本、不计盈亏而单纯追求出口数量的倾向。在进出口业务中，进行成本核算时一般要考虑以下几个指标：

1.出口总成本

出口总成本是指出口商品的进货成本或生产成本加上出口前的一切费用与税金。

出口总成本=商品成本+费用+税金

实际购货成本=采购成本-出口退税

出口前的费用主要包括：①加工整理费用；②包装费用；③保管（包括仓租、火险）费用；④国内运输（仓至码头或火车站、空港）费用；⑤证件费用（商检费、公证费、领事签证费、产地证费、许可证费、报关费等）；⑥装船费；⑦银行费用（贴现利息、手续费等）；⑧预计损耗（耗损、短差、漏损、破损、变质等）；⑨邮电（电报、电传、电话等）费。

以不同的价格术语成交，其中包括的费用不完全相同。总的来说，卖方承担的责任越大，产生的费用也就会相应较高。例如，按照CIFC成交，出口商的费用在以上9项的基础上需要加上国外运费、国外保险费和支付给中间商的佣金等。但在计算出口总成本时，相关费用计算的截止点为按照FOB价格出口所产生的相关费用。CIFC价格成交时产生的运费、保险费和佣金等费用并不计入出口总成本指标。

2.出口外汇净收入

出口外汇净收入是指出口商品按FOB价格出售所得外汇净收入。

3.出口销售人民币净收入

出口销售人民币净收入是指出口商品的FOB价格按当时外汇牌价折成人民币的数额。

4.出口商品盈亏率

出口商品盈亏率是指出口商品盈亏额与出口成本之比，可由出口总成本和出口销售人民币净收入两项指标计算得出，其计算公式为：

$$出口商品盈亏率=\frac{出口商品盈亏额}{出口总成本}\times 100\%=\frac{出口销售人民币净收入-出口总成本}{出口总成本}\times 100\%$$

如果出口商品盈亏率为正值，表示盈利；为负值，表示亏损。

5.出口商品换汇成本

出口商品换汇成本是指某种商品的出口总成本与出口所得外汇净收入之比。这一指标反映了用多少人民币能够换回1美元。其计算公式为：

$$出口商品换汇成本=\frac{出口总成本(人民币)}{出口销售外汇净收入(美元)}$$

如果出口商品换汇成本大于银行当日的外汇牌价，则出口为亏损；反之，为盈利。

核算出口商品换汇成本，除了可以了解到进出口业务的盈亏情况外，还可以从以下几个方面为出口方提供更多的信息，为今后的经营决策提供帮助：

（1）比较不同种类出口商品的换汇成本，以调整出口商品的结构。一般情况下，企业应当尽量多出口换汇成本低的商品，以提高盈利能力。

（2）对同类出口商品比较出口到不同国家或地区的换汇成本，以作为选择出口市场的依据。企业应当集中优势资源，积极开拓换汇成本低的市场，并通过提高市场占有率来增加收益。

（3）对同类商品比较不同时期的换汇成本的变化，以利于改善经营管理和采取扭亏增盈的有效措施。

6.出口创汇率（增值率）

出口创汇率是指加工后成品出口"新创收的外汇（成品出口外汇净收入与原料外汇成本的差）"与原料外汇成本的比率。它直接反映以外汇购进原料（包括辅料），经加工成成品出口的创汇效果。它与一般商品出口换汇成本的区别在于：必须先支出外汇，才能创出外汇，反映了新创收的外汇和为创收外汇而支出的外汇之间的比率。其计算公式为：

$$出口创汇率=\frac{成品出口外汇净收入-原料外汇成本}{原料外汇成本}\times 100\%$$

其中，成品出口外汇净收入以该商品出口的FOB价格计算。原料外汇成本则根据具体情况来确定：如果原料是本国产品，采用该种产品出口的FOB价格计算；如果是进口商品，以该种产品进口的CIF价格计算。

7.出口商品的价格构成

出口商品的价格构成中，主要包括出口总成本、运费、保险费和利润。其中，出口总成本包括商品本身的生产或购进成本加上国内总费用。在采用不同的贸易术语对外报价的情况下，价格构成因素有所不同，具体计算如下：

FOB=出口总成本+预期利润

CFR=出口总成本+运费+预期利润

CIF=出口总成本+运费+保险费+预期利润

如果交易由中间商代理达成，需要向中间商支付提供服务的酬金。佣金通常按一定的百分比支付。计算成本时，需要将佣金因素考虑进去。

【思考与计算】

某公司拟以FOB贸易术语对外出口某商品，其单位产品的出口成本、费用和税金总和为：每件100美元。假定该公司的预期利润率为15%，计算该产品的出口价格和利润额。

提示：首先应明确是以出口成本为基数来计算利润，还是以出口销售价格为基数来计算利润。

以出口成本为基数来计算利润，直接进行计算就可以了。

出口价格=出口成本×（1+利润率）

利润额=出口成本×利润率

以出口销售价格为基数来计算利润，计算基数中含有利润因素，因而得出的数值会略高于前述方法计算出来的利润。

出口价格=出口成本÷（1-利润率）

利润额=出口报价×利润率

五、掌握价格换算方法

国际货物买卖中的贸易术语体现了出口商品的价格构成。在实际业务中，不同的客户往往会要求卖方按照不同的术语进行报价，作为出口商应该能够准确计算出不同术语下的商品价格，这就会涉及价格的换算问题。现将FOB、CFR和CIF这三个最常用的贸易术语之间的换算公式介绍如下：

1.FOB价格换算成其他价格

CFR=FOB+运费

$$CIF=\frac{FOB+运费}{1-保险费率\times(1+投保加成)}$$

2.CFR价格换算成其他价格

FOB=CFR-运费

$$CIF=\frac{CFR}{1-保险费率\times(1+投保加成)}$$

3.CIF价格换算成其他价格

FOB=CIF×［1-保险费率×（1+投保加成）］-运费

CFR=CIF×［1-保险费率×（1+投保加成）］

第二节　作价方法

在国际货物买卖中，作价方法多种多样，可以根据不同的情况，分别采取下列各种作价方法。

一、固定价格

固定价格，即在订立合同时把商品价格确定下来，结算货款时按照合同中确定的价格进行，一般不再调整。例如，在合同的价格条款中明确写明：

USD12.00 per pound CIF New York, no price adjustment shall be allowed after conclusion of this contract.

在进出口贸易中，大多采用双方协商一致的具体价格，即固定价格。这是国际上常见的做法。在我国的进出口贸易中，绝大部分都是在双方协商一致的基础上，采用固定价格的形式对交易商品的价格作出规定。此种方法具有明确、具体、肯定和便于核算等优点。

但是，采用固定价格也意味着买卖双方要承担从订约到交货付款以至转售时的价格变动风险。国际市场环境复杂，比国内市场具有更多的不可控因素，市场上商品行情多变，容易产生较强的价格波动。如果行情变动过于剧烈，这种做法很可能影响合同的顺利执行。因此，在采用此种作价方法时，应充分考虑可能影响商品价格的各种因素，研判好价格的走势，并选择资信较好的客户。

二、非固定价格

某些商品的国际市场价格频繁波动，且幅度较大，或是交货期较远，买卖双方对价格前景难以判断，如果采用固定价格，对双方来说都要承担较大的价格风险。为了减少风险，防止毁约，一般采用非固定价格的方法对商品进行作价，即在合同中对商品价格不作明确的规定，只规定在日后某一时间按约定原则来确定成交价格。

1.非固定价格的种类

在采用非固定价格时，应注意作价的时间和方法，以免影响合同的稳定性，通常采用以下几种方法对商品的非固定价格作出规定：

（1）在合同中只规定作价方式，具体价格留待以后确定

①在价格条款中明确规定定价时间和定价方法。例如，“在装船月份前50天，参照当地及国际市场价格水平，协商议定正式价格”，或者，“按提单日期的国际市场价格计算”。

②只规定作价时间。例如，“由双方在××年××月××日协商确定价格”。但这种方法会使合同存在较大的不确定性，一般只适用于有长期往来的买卖双方之间签订的合同。

（2）暂定价格

暂定价格是在合同中先订立一个初步价格，作为买方开立信用证和支付货款的依据，待双方确定最终价格后，再进行最后清算，多退少补。例如：

“单价：暂定CIF神户，每公吨2 000英镑。本项交易的最后结算价格，以×××交易所3个月期货价格，按装船月份平均价加8英镑计算。买方按本合同规定的暂定价开立信用证。”

在与信用可靠、业务关系密切的客户洽谈某些价格变化大的货物的远期交易时，可以采用这种办法。这种方法也使合同存在较大的不确定性，应该谨慎使用。

（3）部分固定价格，部分非固定价格

这种规定方法主要适用于分批交货的情况，目的是解决双方在采用固定与非固定价格上的分歧。对于分批交货的交易，可采用分批作价的办法，近期交货的商品订立固定价格，远期交货的商品在交货前一定期限内由双方协商作价。

2.非固定价格的优缺点

与固定价格相比，非固定价格是一种变通的做法。在行情变动剧烈，或双方未能就价格取得一致意见，但有订立合同的意愿时，采用非固定价格的做法会为交易的双方都带来好处：

①有助于暂时解决双方在价格上的分歧，先就其他条款达成协议，早日签约；

②解除客户对价格风险的顾虑，使之敢于签订交货期长的合同，数量、交货期的早日确定，不但有利于巩固和扩大出口市场，也有利于生产、收购和出口计划的安排；

③对于进出口双方，虽不能完全解除价格风险，但对出口人来说，可以不失时机地做成生意，对进口人来说，可以保证一定的转售利润。

采用非固定价格的方法，为交易双方带来种种方便的同时，也使得交易合同具有较大的不确定性。非固定价格的做法是先订约后作价，合同的关键条款——价格，是在订约之后由双方按一定的方式来确定的，这就不可避免地给合同带来较大的不确定性，存在着双

方在作价时不能取得一致意见而使得合同存在无法执行的可能，或由于合同作价条款规定不当，而使合同存在失去法律效力的危险。

3.采用非固定价格条款时应注意的问题

非固定价格是在合同中只对交易商品作价方法和时间作出规定，并不明确规定商品的价格，由此可能会给合同的履行带来不稳定性。所以，在采用非固定价格方法时，应该对交易商品的作价标准和作价时间作出明确规定。

（1）作价标准的确定

对作价标准的确定，一般有以下四种情况：

①以有代表性的商品交易所公布的价格为准。这种做法适用于在交易所买卖的一些大宗商品，在使用时应该明确具体的交易所的名称。

②以国际市场价格为准。国际市场价格一般是指某种商品在主要集散市场上的国际贸易价格。

③以国际市场结合销售地市场价格为准。

④由双方协商确定。

（2）作价时间的确定

对作价时间的规定一般有装船前作价、装船时作价和装船后作价三种。

①装船前作价。一般是规定在合同签订后若干天或装船前若干天作价。采用此种作价办法，交易双方仍要承担自作价至付款转售时的价格变动风险。

②装船时作价。一般是指按提单日期的行市或装船月的平均价作价。这种做法实际上只能在装船后进行，除非有明确的、客观的作价标准，否则卖方不会轻易采用。

③装船后作价。一般是指在装船后若干天，甚至在船到目的地后始行作价。采用这种做法，卖方承担的风险也较大，故一般很少使用。

一般来说，对作价时间规定得越晚，出口方承担的风险就越大。因此，在实际的业务操作中，我们提倡在装船前作价，最晚在装船时作价。

（3）注意非固定价格对合同成立的影响

在采用非固定价格的场合，由于双方当事人并未就合同的主要条件——价格取得一致，因此就存在着按这种方式签订的合同是否有效的问题。目前，大多数国家的法律都认为，合同只要规定作价办法，即是有效的，有的国家法律甚至认为合同价格可留待以后由双方确立的惯常交易方式决定。《联合国国际货物销售合同公约》允许合同只规定“如何确定价格”，但对“如何确定价格”没有具体规定或作进一步的解释，为了避免争议和保证合同的顺利履行，在采用非固定价格时，应尽可能就作价办法作出明确具体的规定。

三、价格调整条款

在国际货物买卖合同中，有的合同除规定具体价格外，还规定有各种不同的价格调整条款。例如，“如卖方对其他客户的成交价高于或低于合同价格的5%，对本合同未执行的数量，由双方协商调整价格”。这种做法的目的是把价格变动的风险规定在一定范围之内，以提高客户经营的信心。在使用价格调整条款时，合同价格的调整是有条件的。只要用来调整价格的各个因素在合同期间所发生的变化，从总体来看没有超过约定的限度，合同原定的价格对双方当事人就仍然有约束力，双方必须严格执行。从这个意义上讲，合同规定的价格也就是最后的价格。

此外，还有一种价格调整条款，其内容是，按原料价格和工资的变动来计算合同的最后价格。做法是，先在合同中规定一个基础价格（basic price），同时在合同中规定按照一定的方法对基础价格进行调整。

在国际货物买卖中，某些货物，如大型机械、成套设备等，由于生产周期较长，从合同订立到合同履行完毕需时较长，为了避免该段时期内由于原材料、工资等变动而带来生产成本和价格的风险，常采用滑动价格的方法。例如，某合同滑动价格条款规定如下：

以上基础价格将根据×××（组织）××（年）××（月）公布的工资和物价指数按下列公式进行调整，调整公式为：$P=P_0\left[A+B\left(M/M_0\right)+C\left(W/W_0\right)\right]$。

The above basic price will be adjusted according to the following formula based on the wage and price indexes published by ×××（organization） as of ××（month） ××（year）. Adjustment formula：$P=P_0\left[A+B\left(M/M_0\right)+C\left(W/W_0\right)\right]$.

另外，在合同中还需要说明调整公式中各项代表的具体含义。上式中：P为调整后的价格；P_0为订约时的基础价格；A为经营管理费用和利润在价格中所占的比重，即基础价格中的固定部分；B为原材料在基础价格中所占的比重；M为交货时原材料批发价格指数；M_0为订约时原材料批发价格指数；C为工资占基础价格的比重；W为交货时的工资指数；W_0为订约时的工资指数。

由于这类条款是以工资和原料价格的变动作为调整价格的依据，因此，在使用这类条款时，就必须注意工资指数和原料价格指数的选择，并在合同中予以明确。

在通货膨胀的情况下，这种价格调整条款实质上是出口厂商转嫁国内通货膨胀、确保利润的一种手段。这种做法已被联合国欧洲经济委员会纳入它所制定的一些“标准合同”之中，而且其应用范围已从原来的机械设备交易扩展到一些初级产品交易，因而具有一定的普遍性。

第三节　计价货币与支付货币

一、计价货币和支付货币

计价货币（money of account）是双方当事人用来计算债权债务的货币。在买卖合同中，也就是用来计算价格的货币。

支付货币（money of payment）是双方当事人约定用来清偿债权债务的货币。在买卖合同中，也就是双方约定的、可以用来清付按计价货币表示的货款的等值货币。

二、计价货币的选择

在一般的国际货物买卖合同中，价格都表现为一定量的特定的货币，通常不再规定支付货币。

根据国际贸易的特点，用来计价的货币可以是出口国家的货币，也可以是进口国家或第三国的货币，还可以是某种记账单位，由买卖双方协商确定。除双方国家签订有贸易协定和支付协定，而交易本身又是属于上述协定的交易，必须按规定的货币进行清算外，一般进出口合同都是采用可兑换的、国际通用的或双方同意的支付手段进行计价和支付。但是，由于国际金融市场普遍实行浮动汇率制度，各种货币的汇率经常变动，且不同货币汇价的变动趋势及变动幅度也不尽相同，给买卖双方带来了巨大的汇率风险。因此，具体到每一笔交易，都必须在深入调查研究的基础上，尽可能把发展趋势对我方有利的货币作为计价货币。

从理论上讲，对于出口交易，采用硬币比较有利；对于进口合同，用软币计价比较合算。硬币是指在一定时期汇价比较稳定且趋势看涨的货币；软币是指在一定时期汇价比较疲软且趋势看跌的货币。但在实际业务中，以什么货币作为计价货币，还应视双方的交易习惯、经营意图以及价格而定。如果为达成交易而不得不采用对我方不利的货币，则可设法用下述两种办法补救：

1.调整对外报价

作为出口方，如果买方坚持使用软币进行支付，卖方在确定价格时应该将未来交货期内的货币汇率下滑风险考虑在内，相应地提高出口商品价格；如果进口时，卖方坚持采用硬币进行支付，买方则应在考虑未来交货期内货币汇率上涨幅度的基础上，适当压低商品价格。

2.争取在合同中订立外汇保值条款

在可能的条件下，争取订立保值条款，以避免计价货币汇率变动的风险。

三、外汇保值条款

保值条款是指为了避免由于计价或支付货币汇率变动而产生的风险，交易双方在合同中针对计价或支付货币的汇率所作出的规定。在国际贸易合同中订立外汇保值条款最常见的方法是在订立合同时，明确规定计价（和支付）货币与另一种货币进行折算的汇率，在支付时按约定的汇率把一种货币折算成另一种货币支付。

合同也可以规定分别采用“软”“硬”度不同的货币进行计价与支付，即计价货币与支付货币是两种不同的货币。该种方法的关键是采用何时的汇率进行折算。下面以卖方为例说明：

选择软币计价，硬币支付，如果按订约时的汇率进行折算，卖方可以收回较多数量的硬币；如果按支付时的汇率进行折算，随着计价货币的贬值和支付货币的升值，卖方收回的硬币数量也会相应减少。选择硬币计价，软币支付，如果按订约时的汇率进行折算，卖方会收回较少数量的软币；如果按支付时的汇率进行折算，随着计价货币的升值和支付货币的贬值，卖方会收回较多数量的软币。

第四节　佣金与折扣

一、佣金及其计算

1.佣金的含义

当通过中间商销售产品时，在出口报价中就会含有佣金。佣金是代理人或经纪人为委托人（卖方或买方）进行交易而收取的报酬，通常为价款的1%~5%。在合同价格条款中明确规定佣金的，称作“明佣”；有时中间商要求佣金不在价格条款中标明，这种佣金称为“暗佣”。暗佣通常由卖方向成功完成一笔交易的买方代理支付，以此作为买方代理提供有关竞争性售价和提供出口商产品进入其委托人市场机会的一种补偿，通常为出口价款的2%~5%。

2.佣金的表示方法

成交价格中如果包含佣金，则称为含佣价（price including commission），表示方式为在贸易术语的后面加“C”或“&C”，其中C为佣金率。例如，CIF&C5 Hong Kong（或CIFC5 Hong Kong），表示在合同报价中含有5%的佣金。除此以外，也可以用文字来说明合同价格为含佣价，例如，USD 2 500 per M/T CIF London including 3% commission（每公吨2 500美元，CIF伦敦包括3%的佣金）。

3.佣金的计算

（1）佣金计算公式

佣金的一般计算公式为：

佣金=计算佣金的价格×佣金率

佣金可以按成交金额的百分比计算，也可以按成交的数量计算，即每单位数量给佣金若干，但在国际货物买卖中，较常见的是按成交金额（即发票价格）计算佣金。佣金也可以不是逐笔计付，而是在一定时期内按一定累积的推销额或推销数量计付。在一项交易中，具体采用哪种计算和支付方式可以由双方当事人协商解决。另外，佣金何时给付也应该明确订明。

（2）含佣价与净价之间的换算

含佣价指包含佣金的价格；净价为不包含佣金的价格。二者之间的换算公式如下：

$$含佣价=\frac{净价}{1-佣金率}$$

净价=含佣价×（1-佣金率）

【个案讨论】

我某出口公司出口棉布到某国，正好该国中间商主动来函与该出口公司联系，表示愿为推销棉布提供服务，并要求按每笔交易的成交额给予5%佣金。不久，经该中间商与当地进口商达成CIFC 5%总金额50 000美元的交易，装运期为订约后2个月内从中国港口装运，并签订了销售合同。合同签订后，该中间商即来电要求我出口公司立即支付佣金2 500美元。我出口公司复称：佣金需待货物装运并收到全部货款后才能支付。于是，双方发生了争议。试问：这起争议发生的原因是什么？我方应接受什么教训？

二、折扣及其计算

1.折扣的含义

折扣（discount or allowance）是指卖方给予买方的价格减让，即在成交价格上给予买方适当的优惠。国际货物买卖中使用的折扣有数量折扣（quantity discount）、特别折扣（special discount）等。在合同中写明的折扣为“明扣”。如果买卖双方就折扣问题已达成协议，而在价格条款中不明确规定的，称为“暗扣”。

2.折扣的表示方法

合同中对折扣的表示，可以直接用文字表明，例如，USD 320 per M/T CIF New York less 3% discount（每公吨320美元，CIF纽约扣减3%折扣）；也可以在贸易术语后加注D

来表示，例如，USD 320 per M/T CIFD3% New York（每公吨320美元，CIFD3%纽约）。

3.折扣的计算

在进出口贸易中，折扣通常是以成交额或发票金额为基数计算出来的，计算比较简单。计算公式为：

折扣额=原价×折扣率

折实售价=原价×（1-折扣率）

折扣一般由买方在支付货款时预先扣除。

【思考与计算】

我某公司对外出口某商品2 000公吨，成交价格为每公吨800美元CFR纽约，扣减2%的折扣。该批出口商品的运费为每公吨30美元。我方出口该商品的外汇净收入总额为多少？

第五节　合同中的价格条款

一、合同中价格条款的内容

国际货物买卖合同中的价格条款，一般包括商品的单价和总额两项基本内容。

1.单价

货物的价格，一般指货物的单价，简称单价（unit price）。国际贸易中的单价比国内贸易中的单价复杂，一般由计价货币、单位价格金额、计量单位、贸易术语四部分组成，例如，“USD 2 000.00 per M/T CIF London（每公吨2 000美元，CIF伦敦）”。

USD	2 000.00	per M/T	CIF London
计价货币	单位价格金额	计量单位	贸易术语

另外，如果有必要还需列明佣金和折扣、计价货币与支付货币以及保值条款等内容。

2.在合同中订立单价条款时应注意的问题

（1）写明计价货币的国家或地区，以免造成误会。例如，“克朗”有丹麦克朗、瑞典克朗等。

（2）若表示商品的数量以吨为单位，则应写明公吨、长吨或短吨。

（3）价格术语后面的港口名称，要明确具体，若有港口名相同，则需注明国别。

3.总额

总额又称总价，是单价与成交数量的乘积，即一笔交易的货款总金额。总额所使用的货币应该与单价所使用的货币保持一致。

二、拟订价格条款时应注意的问题

（1）根据进出口商品作价的原则，合理规定商品的单价，防止作价偏高或偏低；

（2）根据经营意图和实际情况，在权衡利弊的基础上，选用适当的价格术语；

（3）争取选择有利的计价货币或采取积极有效的外汇保值条款，最大限度地减少可能遭受到的币值变动风险；

（4）灵活运用不同的作价办法，以避免价格变动的风险；

（5）参照国际贸易的习惯做法，注意佣金和折扣的合理运用；

（6）交货品质和数量有机动幅度时，对机动幅度的作价应作出规定；

（7）包装材料另行计价时，其作价方法也应一并规定；

（8）单价中涉及的计量单位、计价货币、装卸地名称，必须书写正确、清楚，以利于合同履行。

本章要点

在国际贸易中，商品成交价格的确定是买卖双方最关心的一个重要问题。在实际业务中，作价也是一个复杂的过程，需要遵循正确的原则。进出口商品作价的基本原则是：在贯彻平等互利的原则下，根据国际市场的价格水平，结合国别（地区）政策，并结合购销意图确定适当的价格。在对某项商品进行作价时，需要在密切注意国际市场价格动态的同时，充分考虑影响商品价格的具体因素，如商品的质量和档次、运输距离、交货地点和交货条件、季节性需求的变化、成交数量、支付条件和汇率风险等。为了提高经济效益，外贸企业必须加强成本核算，避免不计成本、不计盈亏而单纯追求出口数量增加的倾向。在进出口业务中，进行成本核算时一般要考虑以下几个指标：出口总成本、出口外汇净收入、出口销售人民币净收入、出口商品盈亏率、出口商品换汇成本、出口创汇率（增值率）。指标公式为：

出口总成本=进货/生产成本+费用+税金

$$\text{出口商品盈亏率}=\frac{\text{出口商品盈亏额}}{\text{出口总成本}}\times100\%=\frac{\text{出口销售人民币净收入}-\text{出口总成本}}{\text{出口总成本}}\times100\%$$

$$\text{出口商品换汇成本}=\frac{\text{出口总成本（人民币）}}{\text{出口销售外汇净收入（美元）}}$$

$$\text{出口创汇率}=\frac{\text{成品出口外汇净收入}-\text{原料外汇成本}}{\text{原料外汇成本}}\times100\%$$

在实际业务中，不同的客户往往会要求卖方按照不同的术语进行报价，作为出口商应该能够准确计算出不同术语下的商品价格，尤其是FOB、CFR和CIF这三个最常用术语之间的价格换算。

FOB价格换算成其他价格：

CFR=FOB+运费

$$CIF=\frac{FOB+\text{运费}}{1-\text{保险费率}\times(1+\text{投保加成})}$$

CFR价格换算成其他价格：

FOB=CFR−运费

$$CIF=\frac{CFR}{1-\text{保险费率}\times(1+\text{投保加成})}$$

CIF价格换算成其他价格：

FOB=CIF×［1−保险费率×（1+投保加成）］−运费

CFR=CIF×［1−保险费率×（1+投保加成）］

在国际货物买卖中，作价办法多种多样，包括固定价格和非固定价格。固定价格，即在订立合同时把商品价格确定下来，事后不论发生什么情况均按合同规定的价格结算应付货款；非固定价格，即在合同中对商品价格不作明确的规定，只规定在日后某一时间按约定原则确定成交价格。在采用非固定价格方法时，应该对交易商品的作价标准和作价时间作出明确规定。两种方法各有利弊，可以根据实际情况，灵活运用各种作价办法。合同中还可以规定各种不同的价格调整条款。

计价货币是双方当事人用来计算债权债务的货币。在买卖合同中，也就是用来计算价格的货币。支付货币是双方当事人约定用来清偿债权债务的货币。在买卖合同中，也就是双方约定的、可以用来清付按计价货币表示的货款的等值货币。在国际贸易中，应尽力争取使用对自己有利的货币作为计价和支付货币，如果不能时，可以通过订立保值条款来减少可能遭受的汇率风险。

佣金是代理人或经纪人为委托人（卖方或买方）进行交易而收取的报酬。折扣是指卖方按货物原价给予买方一定比例的减让，即在价格上给予买方适当的优惠。

国际货物买卖合同中的价格条款，一般包括商品的单价和总额两项基本内容。货物的价格，一般指货物的单价，简称单价。国际贸易中的单价比国内贸易中的单价复杂，一般由计价货币、单位价格金额、计量单位、贸易术语四部分组成。总额又称总价，是单价与成交数量的乘积，即一笔交易的货款总金额。总额所使用的货币应该与单价所使用的货币保持一致。

单元自测

一、单项选择

1.某公司出口一批商品，原报价CFRC3%曼谷每公吨6 600美元，外商要求改报CFRC5%曼谷，在FOB净收入不减少的条件下，该公司报价应为（　　）。

A.每公吨6 722.1美元　　B.每公吨6 738.9美元

C.每公吨6 732美元　　D.每公吨6 745美元

2.上海甲公司向美国纽约乙公司报价，出口货物从上海运至纽约，单价的正确表示方法应为（　　）。

A.USD100.00 PER CARTON

B.USD100.00 PER CARTON CIF NEW YORK

C.USD100.00 PER CARTON FOB NEW YORK

D.USD100.00 PER CARTON CIF SHANGHAI

3.出口某商品100公吨，报价每公吨1 950美元FOB上海，客户要求改报CFR伦敦价，已知该货为5级货，计费标准为W，每运费吨运费70美元。

（1）若要保持外汇净收入不变，应报价每公吨________美元CFR伦敦。

（2）若还需征收燃油附加费10%、港口附加费10%，应报价每公吨________美元CFR伦敦。

以下报价正确的是（　　）。

A.2 020，2 410　　B.2 020，2 034

C.2 010，2 410　　D.2 010，2 034

4.在制定进出口商品价格时，原则上要求（　　）作价。

A.参照市场上相类似商品的价格　　B.按照国际市场价格水平

C.按照本国的生产成本　　D.根据销售意图

5.已知CFR价格为100美元，运费为10美元，保险费为10美元，佣金率为2%，则按CIF计算的佣金是（　　）美元。

A.1.8　　B.1.92　　C.2.10　　D.2.04

二、多项选择

1.在国际贸易中，影响商品价格的因素包括（　　）。

A.商品的质量和档次　　B.交货地点和交货条件

C.成交数量　　D.支付条件和汇率风险

2.出口总成本包括（　　）。

A.加工整理费用　　B.包装费用

C.国内运费　　D.装船费用

3.在国际货物买卖过程中，商品价格通常包括的内容有（　　）。

A.计价货币　　B.计量单位

C.单位金额　　D.国际贸易术语

4.根据国际贸易的特点，用来计价的货币可以是（　　）。

A.出口国家的货币　　B.进口国家的货币

C.第三国的货币　　D.某种记账单位

5.对于出口商而言，在签合同时选择（　　）通常比较有利。

A.进口国家的货币　　B.硬币

C.第三国的货币　　D.软币

6.出口商为了减少汇率波动的风险，可以采取的措施有（　　）。

A.合同中选择硬币计价和支付　　B.适当调整对外报价

C.争取在合同中订立外汇保值条款　　D.尽量避免远期支付

7.进出口贸易中的计价货币是买卖双方（　　）。

A.用来计算债权债务的货币　　B.用来清偿债权债务的货币

C.用来计算价格的货币　　D.用来清偿货款的货币

8.大连某公司拟出口一批服装到非洲某国，打算以CIF条件对外报价，该公司在考虑运费时应考虑的因素有（　　）。

A.运输途中可能遭遇的海上风险

B.从我国到出口目标国的运输距离

C.从我国到出口目标国是否需转船及可能发生的费用

D.国际航运市场价格变动的趋势

三、判断

1.在采用托收或者发货后付款的汇付方式出口货物时，卖方承担的风险较高，因而可以适当提高价格。（　　）

2.佣金可分为明佣和暗佣。（　　）

3.出口总成本包括出口商品的进货成本或生产成本加上出口前的一切费用与税金。（　　）

4.出口外汇净收入是指出口商品扣除出口成本之后所得的外汇收入。 ( )

5.出口商品盈亏率是指出口商品盈亏额与出口销售额之比。 ( )

6.出口商品换汇成本反映了用多少人民币能够换回1美元。 ( )

7.出口创汇率是指加工后成品出口“新创收的外汇”与原料外汇成本的比率。( )

8.在进出口贸易中，大多数采用双方协商一致的具体价格，即固定价格。 ( )

9.选择软币计价，硬币支付，如果按订约时的汇率进行折算，卖方可以收回较多数量的硬币。 ( )

10.佣金可以按成交金额的百分比计算，也可以按成交的数量计算。 ( )

关键术语

出口总成本　出口外汇净收入　出口商品盈亏率　出口换汇成本　出口创汇率（增值率）　计价货币　支付货币　保值条款　佣金　折扣

思考题

1.出口商品的作价原则是什么？在确定进出口商品价格时应考虑哪些因素？

2.我国进出口货物的作价办法有哪几种？在选用各种作价办法时应注意什么问题？

3.在出口贸易中为何强调加强成本核算？

4.如何计算出口商品盈亏率、出口商品换汇成本和出口创汇率？

5.在进出口贸易中为什么要正确选择计价货币？

6.在国际贸易中如何正确使用佣金与折扣？

7.在拟订价格条款时应注意哪些问题？

推荐阅读文献

1.张慧省. 进出口核算［M］. 西安：西安交通大学出版社，2016..

2.黄心纯，刘庆珠，田书军. 进出口税费核算实务［M］. 北京：中国海关出版社，2017.

案例思考

1.出口某商品10公吨，400箱装，每箱毛重25千克，体积20厘米×30厘米×40厘米，单价CFR纽约每箱55美元，查表知该货为8级，计费标准为W/M，每运费吨运费80美元，另征收转船附加费20%、燃油附加费10%。该商品的出口总成本为15万元人民币。问盈亏率是多少？（外汇牌价：1美元兑6.77元人民币，盈亏率保留一位小数）

2.出口某商品100公吨，报价每公吨1 950美元FOB上海，客户要求改报CFR伦敦价，已知该货为5级货物，计费标准为W，每运费吨运费70美元。

（1）若要保持外汇净收入不变，应报价每公吨CFR伦敦多少美元？

（2）若还需征收燃油附加费10%、港口附加费10%，应报价每公吨CFR伦敦多少美元？

3.某出口公司对外报价某商品CIF旧金山每公吨2 000美元，按发票金额的110%投

保，费率合计为0.6%，客户要求按发票金额的120%投保，我方应改报多少美元？（保留两位小数）

4.某公司与日本客户签订了一份10 000吨大豆的出口合同，该公司报出的净价是1 500美元/吨 CIF大阪，对方要求价格中含5%的佣金，在这种情况下，如果要保证每吨实收1 500美元的价格，该公司应报价格多少？

5.我某企业向新加坡A公司出售一批货物，出口总价为10万美元CIF新加坡，其中从大连港运至新加坡的海运运费为4 000美元，保险按CIF总价的110%投保一切险，保险费率1%。这批货物的出口总成本为72万元人民币。结汇时，银行外汇买入价为1美元折合6.77元人民币。试计算这笔交易的换汇成本和盈亏额。

6.某公司向西欧推销箱装货，原报价每箱50美元FOB上海，现客户要求改报CFRC3%汉堡。在不减少收汇的条件下，应报价多少？（该商品每箱毛重40千克，体积0.05立方米。在运费表中的计费标准为W/M，每运费吨基本运费率为200美元，另加收燃油附加费10%）

第七章

国际货款的收付

学习目标

重点掌握：汇票、本票、支票等支付工具的含义及使用；汇付、托收、信用证等支付方式的含义、特点及支付程序；合同中支付条款的内容及拟订方式。

一般了解：三种支付方式下各方当事人之间的关系；信用证的一般分类；国际保理的含义、服务项目及业务程序。

能力要求：具备合理确定支付工具与支付方式、合理选用不同结算方式的组合、合理拟订合同的支付条款的能力。

意识培养：培养结算安全意识，能够全面考虑各个业务环节的具体情况，规范合同的支付条款，降低结算风险。

第一节　支付工具

国际贸易中的支付工具有现金和票据，但在现代国际贸易中，很少直接以现金结算货款，大都采用票据进行结算，票据是主要的支付和结算工具（如图7-1所示）。

支付工具
- 现金
- 票据
  - 汇票
  - 本票
  - 支票

图7-1　支付工具分类

票据是国际通行的结算和信贷工具，是可以流通转让的债权凭证。票据可分为汇票、本票和支票。国际贸易结算中以使用汇票为主。

为了对票据的使用加以规范，各国都对票据进行了立法。我国于1995年5月10日通过了《中华人民共和国票据法》，之后对其进行了修订，2004年8月28日，修订后的《中华人民共和国票据法》公布并施行。

一、汇票（bill of exchange， draft）

1.汇票的含义

按照各国广泛引用或参照的英国《票据法》，汇票的含义如下：汇票是一个人向另一个人签发的，要求即期或在将来的固定时间或可以确定的时间对某人或其指定的人或持票人支付一定金额的无条件的书面支付命令（unconditional order in writing）。

《中华人民共和国票据法》第十九条规定：汇票是出票人签发的，委托付款人在见票时或者在指定日期无条件支付确定的金额给收款人或持票人的票据。

一张票据必须符合上述定义的各个方面，才称得上汇票。

2.汇票的主要当事人

从汇票的定义可知，汇票是一种无条件的支付命令，有三个当事人：

（1）出票人（drawer）

出票人即签发汇票并将其交给收款人的人，进出口业务中通常是出口商或银行。对付款人来说，出票人就是债权人，但对受让人（收款人、持票人、被背书人）来说是债务人。在汇票承兑之前，出票人是主债务人；承兑后，承兑人变成主债务人，出票人是次债务人。

（2）付款人（drawee，payer）

付款人又称被发票人或受票人，即汇票到期时付款的人，通常是进口商或其指定的银行。汇票的付款人负有付款的责任，但这一责任不是绝对的。对于出票人无故向其签发汇票，受票人有权拒绝付款。远期汇票一经付款人承兑，就表示付款人承认此项债务的有效性，付款人成了承兑人和主债务人。在这种情况下，出票人、持票人或被背书人均可要求其在汇票到期时付款，作为主债务人的付款人负有到期付款的义务。

（3）收款人（payee）

收款人也称受款人，也就是有权受领汇票上指定金额的人。收款人在未取得票款前，对出票人保留追索权。作为收款人，享有两项权利：要求付款权和追索权。

在实际业务中，三个当事人的身份可能是重叠的。例如，有时出票人本身就是收款人，在这种情形下，当事人简化为两方：一方是出票人兼收款人；另一方是受票人。

3.汇票应具备的要项

（1）表明“汇票”的字样

有的国家法律并未规定必须注明“汇票”的字样。在实际业务中，一般都注有“汇票”字样，以示与本票、支票等的区别。

（2）无条件支付命令

汇票上不能记载支付条件。这里有两层意思：首先，汇票是支付命令，不是请求，因此汇票上不能出现请求的字语；其次，支付不能附加条件，不能把某一事情的发生或某一情况的出现作为付款的先决条件。

（3）确定的金额

汇票上的金额必须是确定的。

（4）付款人的姓名或商号

在国际贸易中，通常是进口方或其指定的银行。

（5）收款人名称

收款人名称即汇票的抬头。在国际贸易中，通常是出口方或其指定的银行。通常有三种方式规定收款人：①限制性抬头，如仅付A公司（pay to A company only）；②指示性抬头，如凭××指示（pay to the order of…）；③来人抬头，如付来人（pay to bearer）。

（6）出票日期和地点

出票地点直接关系到汇票适用哪国的法律，当汇票未注明出票地时，则以出票人签名后注明的地址为该汇票的出票地。出票日期的作用是：①可确定出票人在签发汇票时有无权利能力，若出票时已破产，则票据不成立；②可用来计算汇票的到期日及利息的起算日等；③可确定汇票的有效期。

（7）付款期限

付款期限指付款人支付汇票金额的日期。付款期限的规定方法主要有四种：①即期付款（at sight，on demand）；②见票后定期付款（at…days after sight，payable at a fixed period after sight）；③出票后定期付款（payable at a fixed period after date）；④确定日期付款（payable at a fixed date）。

（8）付款地

付款地即汇票的支付地点。付款地涉及适用法律，在付款地发生的承兑、付款等行为，都适用于付款地的法律。

（9）出票人签章

汇票须经出票人亲笔签名或盖章方有效。

除上述项目外，汇票上还记载一些其他内容，如利息与利率、付一不付二或付二不付一、禁止转让等条款。

4.汇票的种类

汇票从不同角度可分成以下几种：

（1）按出票人不同，可分为商业汇票和银行汇票

商业汇票（commercial draft），出票人是企业或个人，付款人可以是企业、个人或银行。

银行汇票（banker's draft）指出票人是银行的汇票。

（2）按是否附有包括运输单据在内的商业单据，可分为光票和跟单汇票

光票（clean draft）是指不附带商业单据的汇票。银行汇票多是光票。

跟单汇票（documentary draft）是指附有包括运输单据在内的商业单据的汇票。商业汇票多是跟单汇票。

（3）按付款日期不同，可分为即期汇票和远期汇票

即期汇票（demand draft，sight draft）是在提示或见票时立即付款的汇票。

远期汇票（time bill or usance bill）是在一定期限或特定日期付款的汇票。

汇票上付款日期的记载方式有：①见票即付（at sight）；②见票后若干天付款（at ×× days after sight）；③出票后若干天付款（at ×× days after date）；④提单签发日后若干天付款（at ×× days after date of bill of lading）；⑤定日付款（at a fixed day）。

若汇票上未记载付款日期，则视作见票即付，见票即付的汇票为即期汇票。其他四种记载方式为远期汇票。

（4）按承兑人的不同，可分为商业承兑汇票和银行承兑汇票

商业承兑汇票（commercial acceptance bill）是由商号、企业或个人出票以另一个商号、企业或个人为付款人，并经付款人承兑后的远期汇票。商业承兑汇票是建立在商业信

用基础上的。

银行承兑汇票（banker's acceptance bill）是由银行承兑的远期汇票，它是建立在银行信用基础上的。银行承兑后成为该汇票的主债务人，所以银行承兑汇票是一种银行信用。

5.汇票的流转程序

汇票使用过程中的各种行为，都由《票据法》加以规范，主要有出票、提示、承兑和付款等。如需转让，通常应经过背书。如汇票遭拒付，还需做成拒绝证书和行使追索权。

（1）出票（issue）

出票是出票人签发汇票并交付给收款人的行为。出票后，出票人即承担保证汇票得到承兑和付款的责任。如汇票遭到拒付，出票人应接受持票人的追索，清偿汇票金额、利息和有关费用。有时出票人为避免持票人的追索，在出票时加注“对出票人不得追索”（without recourse to drawer）的词句。

在出票时，对收款人通常有三种写法：

①限制性抬头

注明仅付某公司，或注明不能转让。这种抬头的汇票不能转让。例如，“仅付××公司”（pay to...co. only）或“付给××公司，不准转让”（pay to...co. not negotiable）。

②指示性抬头

注明凭指定或凭××指定。例如，“付××公司或其指定的人”（pay to...co. or order），或“凭××公司指定”（pay to the order of...co.）。这种抬头的汇票可以经背书转让。

③持票人或来人抬头

注明付给来人。例如，“付给持票人”（pay bearer）。这种抬头的汇票无须由持票人背书即可转让。

国际结算中使用的商业汇票，通常开成一式两份，分别寄发，目的是防止遗失。汇票一般都在醒目的位置上印有“1”“2”字样，分别表示第一联和第二联，但付款人只对其中一份承兑或付款。当对其中的一份承兑或付款后，另一份随即作废。因此，通常在汇票第一联中写明“付一不付二”（second of exchange being unpaid）或第二联中写明“付二不付一”（first of exchange being unpaid）。

（2）提示（presentation）

提示是持票人将汇票提交付款人要求承兑或付款的行为，是持票人要求取得票据权利的必要程序。提示分付款提示（presentation for payment）和承兑提示（presentation for acceptance）两种。付款人见到汇票称为见票（sight）。

（3）承兑（acceptance）

承兑指付款人在持票人向其提示远期汇票时，在汇票上签名，承诺于汇票到期时付款的行为。办理承兑手续，就是在汇票提示时，由付款人在汇票正面写明“承兑”（accepted）字样，注明承兑日期，于签章后交还持票人。付款人一旦对汇票进行承兑，即成为承兑人，以主债务人的地位承担汇票到期时付款的法律责任。

远期汇票的承兑具有以下作用：① 表明承兑人承担在远期汇票到期时付款的责任；② 对于“见票后定期付款”的汇票，只有经过承兑，才能确定汇票付款的到期日。

(4) 付款 (payment)

付款人在汇票到期日，向提示汇票的合法持票人足额付款。持票人将汇票注销后交给付款人作为收款证明，汇票所代表的债权债务关系即告终止。

(5) 背书 (endorsement)

背书是转让汇票的一种手续，就是由汇票的抬头人（收款人）在汇票背面签上自己的名字，或再加上受让人，即被背书人（endorsee）的名字，并把汇票交给受让人的行为。经过背书后，受让人成为持票人，是票据的债权人。受让人有以背书方式再行转让汇票的权利。在汇票经过不止一次转让时，背书必须连续，即被背书人和背书人名字前后一致。对受让人来说，所有以前的背书人和出票人都是他的"前手"，对背书人来说，所有他转让以后的受让人都是他的"后手"，前手对后手承担汇票得到承兑和付款的责任。

在金融市场上，最常见的背书转让为汇票的贴现（discount），即远期汇票经承兑后，尚未到期，持票人背书后，由银行或贴现公司作为受让人，从票面金额中扣减按贴现率结算的贴息后，将余款付给持票人。银行或贴现公司贴现汇票后就成为汇票的持有人，还可以在市场上继续转让，或者于汇票到期时向付款人索取票款。

汇票背书的形式有三种：

①空白背书（blank endorsement）

空白背书又称为不记名背书，是指汇票的背书人仅在汇票背面签名，而不记载被背书人的名称。汇票一经空白背书，就成了来人汇票，受让人可以不作背书仅凭交付来转让汇票的权利。但空白背书可以变成记名背书，还可以再回复到空白背书。

②记名背书（special endorsement）

记名背书又称特别背书、正式背书、完全背书（endorsement in full）。记名背书时，除背书人在汇票背面签字外，还要在名字上面写上"付给××公司"（pay to...co.），或者"付交××公司或其指定的人"（pay to...co. or order）的记载。

③限制性背书（restrictive endorsement）

限制性背书又称不可转让背书，是背书人对被背书人的指示带有限制性的词语。例如，"仅付××公司"（pay to...co. only），"付给××银行，不可转让"（pay to...bank not transferable），或者"付给××银行，不得流通"（pay to...bank not negotiable）。

(6) 拒付和追索（dishonour & recourse）

持票人向付款人提示，付款人拒绝付款或拒绝承兑，均称拒付。另外，付款人逃匿、死亡或宣告破产，以致持票人无法实现提示，也称拒付。出现拒付时，持票人有追索权，即有权向其前手（背书人、出票人）要求偿付汇票金额、利息和其他费用。根据各国票据法的规定，汇票的各债务人（包括出票人、背书人）对持票人负连带责任，所以，倘若汇票经过转让，当被付款人或承兑人拒付时，最后的持有人有权向其所有"前手"中一人或数人或全体行使追索权，一直追索到出票人。

持票人为了行使追索权，在追索前必须按规定做成拒绝证书和发出拒付通知。拒绝证书用以证明汇票已进行提示而未获结果，由付款地公证机构，或者其他有权作出这种证书的机构，如法院、银行公会等出具。拒付通知用以通知前手关于拒付的事实，使其准备偿付并进行再追索。

二、本票和支票

1.本票（promissory note）

（1）本票的含义

本票是一个人向另一个人签发的，保证于见票时或定期或在可以确定的将来的时间，对某人或其指定的人或持票人支付一定金额的无条件的书面承诺。

我国《票据法》对银行本票的定义：本票是出票人签发的，承诺自己在见票时无条件支付确定金额给收款人或者持票人的票据。

由于本票是出票人向收款人签发的书面承诺，所以，本票的基本当事人只有两个，即出票人和收款人，本票的付款人就是出票人本人。本票的出票人在任何情况下都是本票的主债务人。在持票人提示付款时，出票人必须承担付款的责任。

（2）本票的内容

按照我国《票据法》，本票必须具备以下内容：①表明“本票”的字样；②无条件支付的承诺；③确定的金额；④收款人名称；⑤出票日期；⑥出票人签章。未记载上述内容之一的本票无效。而《日内瓦统一法》规定，本票尚应载明付款地点和出票地点。我国《票据法》虽未将付款地点和出票地点作为有效本票必须记载的内容，但也要求：本票上记载付款地、出票地等事项的，应当清楚、明确；如未记载付款地、出票地的，出票人的营业场所视为付款地与出票地。英国《票据法》不要求本票标明“本票”字样，中国香港地区通用的本票大都无此标题，但在实务中，列明票据名称，有利于操作。

（3）本票的种类

按照《日内瓦统一法》和英国《票据法》，本票可按出票人的不同分为一般本票和银行本票两种。一般本票（general promissory note）的出票人是工商企业或个人，因此又称商业本票；银行本票（banker's promissory note）的出票人是银行或其他金融机构。但是，按照我国《票据法》，本票是由银行或其他金融机构签发的银行本票，工商企业和个人不能签发本票，而本票出票人的资格须经中国人民银行审定。

一般本票又可依付款时间分为即期本票和远期本票两种。即期本票就是见票即付的本票；而远期本票则是承诺于未来某一规定的或可以确定的日期支付票款的本票。银行本票都是即期的。

2.支票（cheque，check）

（1）支票的含义

支票是出票人签发，委托办理支票存款业务的银行或者其他金融机构在见票时无条件支付确定的金额给收款人或持票人的票据。

支票是支取款项的票据，因此，支票的出票人必定是在付款银行设有往来存款账户的存户。出票人在签发支票时，应在付款银行存有不低于票面金额的存款，如存款不足，支票持有人在向付款银行提示支票要求付款时，就会遭到拒付。

支票的当事人和汇票一样，共有三个：出票人、付款人和收款人。支票的出票人必定是在银行设有往来存款账户（current account）的存户（depositor），而付款人必定是该存户设有账户的银行，这种银行即为支票的付款银行（paying bank）。这三个当事人也可以合并为两个，例如，以付款银行为抬头人，那么银行既是付款人，也是收款人。这种支票通常用于从账户中提取一笔款项以偿付给银行的金额。支票也可由出票人自己作为收款人，这种支票多半用于从银行中提取现金。

（2）支票的内容

按照我国《票据法》的规定，支票必须记载下列事项：①表明"支票"的字样；②无条件支付的委托；③确定的金额；④付款人名称；⑤出票日期；⑥出票人签章。支票未记载上述规定事项之一的，视为无效。

（3）支票的种类

支票都是即期的。我国《票据法》第九十一条明确规定："支票限于见票即付，不得另行记载付款日期。另行记载付款日期的，该记载无效。"有些支票虽有时被称为期票，但仍然不是远期的，而是填迟日期（post-dated）的支票。对那个日期来讲，支票仍是见票即付的即期支票，因为付款人是不能在出票日期前支付支票金额的。所以，"期票"用于支票时，指的是填迟出票日期的支票；用于汇票和本票时，指的是远期汇票和远期本票。

在我国，支票可按不同用途分为现金支票和转账支票两种。现金支票只能用于支取现金，不能用于转账；转账支票只能用于转账，不能用于支取现金。

在国际上，就收款人是否可以直接提取现金，将支票分为划线支票（crossed check）和未划线支票（uncrossed check）。划线支票是在支票正面划两道平行线的支票。划线支票只能委托银行收款入账，不能由持票人自行向付款人支取现金。使用划线支票的主要目的是防止在遗失时被人冒领，即使被冒领，也有可能通过银行收款线索予以追回。未划线支票则既可以委托银行收款入账，也可以由持票人自行凭以向付款人支取现金。

有的支票在平行线间注上一家具体银行的名称，这种支票叫特别划线支票（specially crossed check），持票人收到这种支票时，只能委托票面注明的银行代为收款，然后转到往来银行入账。

3.本票、支票与汇票的区别

（1）证券的性质不同

汇票和支票都是由出票人签发的，委托付款人于特定时间向收款人支付一定金额的票据，都是委托他人付款的证券，属于委托支付证券。本票是由出票人允诺于持票人提示付款时无条件地由他本人向收款人支付一定金额的票据，故属于允诺证券或承诺证券。

（2）是否需要承兑不同

远期汇票在付款前须经付款人承兑。具体规定付款日期的汇票，经承兑后，可使付款人的付款责任得以明确；见票后定期付款的汇票，只有经承兑后才能把付款到期日定下来。而本票的付款人即出票人本人，出票人签发本票，就等于承诺在持票人提示付款时付款，因此无须承兑。在支票的使用中，由于出票人本身就是在付款行设有存款账户的存户，付款行就是出票人设有存款账户的银行，且支票都是即期的，因而支票在使用中也不需要承兑。

（3）主责任人不同

汇票的主责任人在汇票得到承兑前是出票人，承兑后由承兑人负主要责任，出票人退居次要责任；而本票则始终由出票人负责。支票在正常使用中，主责任人是付款银行，除非支票属于超出出票人存款金额的空头支票。

（4）到期日不同

支票为见票即付，而汇票和本票除见票即付外，还可以作出不同日期的记载。在国际货款结算中使用的跟单汇票，还有运输单据出单日期后定期付款的记载。

第二节　汇付与托收

在国际货款结算中，较常见的结算方式有汇付、托收和信用证等，其中汇付和托收是以商业信用为基础的，收付双方仅仅通过银行办理结算，并不需要银行提供信用担保；而信用证则是以银行信用为基础的支付方式，在通过银行办理结算的同时，由银行提供信用担保。

在国际货款结算中，资金从债务方转移到债权方。从资金的流向和结算工具传送的方向，有两种处理方法：一种是由债务方或付款方主动将款项支付给债权方或收款方，其结算工具传送方向与资金的流动方向相同，称为顺汇法（to remit）；另一种是由债权人委托第三者，一般是银行，向国外债务人收取款项，其结算工具的传送方向与资金的流动方向相反，故称逆汇法（to honour draft）。汇付属于顺汇法，而托收和信用证属于逆汇法。

一、汇付（remittance）

1.汇付的含义与当事人

（1）汇付的含义

汇付又称汇款，是债务人或付款人通过银行，将款项汇交收款人的结算方式。如前所述，在汇付业务中，银行仅提供结算业务，不提供信用担保，属于商业信用。另外，汇付业务中结算工具的传送方向与资金的流动方向相同，属于顺汇法。

在国际贸易中如采用汇付，通常是由买方按合同规定的条件和时间（如预付货款或货到付款或凭单付款）通过银行将货款汇交卖方。

（2）汇付的当事人

在汇付业务中，通常涉及四个当事人：

①汇款人（remitter），即汇出款项的人，在进出口业务中，汇款人通常是进口人。

②汇出行（remitting bank），即接受汇款人的委托汇出款项的银行，通常是进口地的银行。

③汇入行（paying bank），即受汇出行委托解付款项的银行，又称为解付行，在对外贸易中，通常是出口地的银行。

④收款人（payee or beneficiary），即收取款项的人，在进出口业务中通常是出口人。

2.汇付的种类

汇付根据汇出行向汇入行发出汇款委托的方式分为三种形式：

（1）电汇（telegraphic transfer，T/T）

电汇是汇出行接受汇款人委托后，以电传方式将付款委托通知收款人当地的汇入行，委托它将一定金额的款项解付给指定的收款人。电汇因其交款迅速，在三种汇付方式中使用最广。但因银行利用在途资金的时间短，所以电汇的费用比信汇的费用高。

（2）信汇（mail transfer，M/T）

信汇是指汇出行应汇款人的申请，将信汇委托书寄给汇入行，授权其解付一定金额给收款人的一种汇款方式。

信汇和电汇的区别在于汇款人填写的是信汇委托书，该信汇委托书由汇出行通过邮政信件寄发给汇入行。现在的信汇通知都是通过航邮或特快专递寄发。

信汇的优点是费用较为低廉，但汇款速度比电汇慢，收款人收到汇款的时间较电汇迟。目前欧洲银行已不再办理信汇业务。

（3）票汇（remittance by banker's demand draft，D/D）

票汇是以银行即期汇票为支付工具的一种汇付方式。由汇出行应汇款人的申请，开立以其代理行或账户行为付款人，列明汇款人所指定的收款人名称的银行即期汇票，交由汇款人自行寄给收款人，由收款人凭票向汇票上的付款人（银行）取款。

3.汇付的特点

汇付的特点主要体现在三个方面：

（1）风险大

汇付属于商业信用，对于货到付款的卖方或者对于预付货款的买方来说，能否按时收汇或能否按时收货，完全取决于对方的信用。如果对方信用不好，则可能钱货两空。

（2）资金负担不平衡

在汇付方式下，双方资金的负担极不平衡。在货到付款的情况下，交易的资金几乎全部由卖方提供；在预付货款的情况下，交易的资金几乎全部由买方提供。

（3）手续简便，费用低廉

汇付的手续比较简单，银行的手续费用也较低，因此，在交易的双方互相信任的情况下，或者在跨国公司的各个子公司之间的结算，可以采用汇付方式。

4.汇付方式在国际贸易中的使用

汇付方式的使用，在国际贸易中主要用于预付货款、货到付款、支付订金、分期付款、延期付款、货款尾数的结算，以及贸易从属费用如佣金、退款、赔款、运费、保险费的结算等。

（1）预付货款（payment in advance）

预付货款是进口商先将货款的一部分或全部汇交出口商，出口商收到货款后，立即或在一定时间内发运货物的贸易做法。预付货款对出口商较为有利，因为出口商在发货前就已经收到了货款，实际上等于得到了进口商的无息贷款，其出口的风险得到了有效的控制。而且，出口商得到了进口商的预付货款，等于得到了购货担保，掌握了出口的主动权。预付货款对于进口商来讲，则较为不利，因为货物尚未到手就付款，等于向卖方提供了无偿信贷，造成了利息损失，而且进口商承担了贸易中的风险，如出口商可能在得到货款后不按时、按质、按量发货，进口商可能收不到合同规定的货物，使自己处于被动的地位。

（2）货到付款（payment after arrival of the goods）

货到付款是出口商先发货、进口商后付款的贸易方法。货到付款的方式对出口商不利，从资金的占用到风险的承担，出口商都处于不利的地位。出口商既要占压资金，又要承担进口商不付款、不按时付款或不足额付款的风险，因此这种方式多用于新产品或滞销产品的出口，有利于在国外市场上打开销路。

上述两种方式中，不论哪一种方式，风险和资金负担都集中在一方。在我国外贸实践中，汇付一般只用来支付订金、货款尾数、佣金等项费用，不是一种主要的结算方式。在发达国家之间，由于大量的贸易是跨国公司的内部交易，而且外贸企业在国外有可靠的贸易伙伴和销售网络，因此，汇付是主要的结算方式。

【个案讨论】

中国某公司向美国MAYWELL公司出口工艺品。该公司以前曾多次与其交往，关系不错，但没有成交。第一笔成交客户坚持要以T/T付款，称这样节约费用，对双方有利。考虑到双方长时间交往，该公司就答应了客户的要求。在装完货收到提单后即传真给客户，客户很快将货款USD11 000汇给我方，第一单非常顺利。一个月后客户返单，并再次要求T/T付款，我方同意，三个月连续4次返单总值FOB DALIAN USD44 000，目的港为墨西哥。但由于我方疏忽，在出货后既没有及时追要货款，更没有采取任何措施，使客户在没有正本提单的情况下从船公司轻松提货。待4票货物全部出运后，再向客户索款为时已晚，4万多美元如石沉大海，白白损失。讨论一下，在本案例中，该公司应该汲取哪些教训？

二、托收（collection）

1.托收的含义与当事人

（1）托收的含义

托收是债权人（出口方）委托银行向债务人（进口方）收取货款的一种结算方式。其基本做法是出口方先行发货，然后备妥包括运输单据（通常是海运提单）在内的货运单据并开出汇票，把全套跟单汇票交出口地银行（托收行），委托其通过进口地的分行或代理行（代收行）向进口方收取货款。

《托收统一规则》（URC522，国际商会第522号出版物）对托收作了如下定义：托收是指由接到托收指示的银行根据所收到的指示处理金融单据或商业单据以便取得付款/承兑，或凭付款/承兑交出商业单据，或凭其他条款或条件交出单据。

金融单据（financial documents）又指资金单据，是指汇票、本票、支票、付款收据或其他类似用于取得付款的凭证。

商业单据（commercial documents）是指发票、运输单据、物权单据或其他类似单据，或除金融单据以外的其他单据。

（2）托收方式的主要当事人

托收方式的主要当事人有四个，即委托人、托收行、代收行和付款人。

①委托人（principle， consignor），是委托银行向国外付款人收款的出票人，通常就是卖方。

②托收行（remitting bank），是委托人的代理人，接受委托人的委托转托国外银行向国外付款人代为收款的银行，通常为出口地银行。

③代收行（collecting bank），是托收行的代理人，是接受托收行的委托向付款人收款的银行，通常为进口地银行。

④付款人（payer），通常是买卖合同的买方，是汇票的受票人。

在托收业务中，有时还可能涉及以下当事人：提示银行（presentation bank）和“需要时的代理”（principle’s representative in case of need）。

根据《托收统一规则》，托收行可利用委托人指定的银行担任代收行，如委托人未指定，则可由托收行视情况选择在付款或承兑所在国的任何银行为代收行。

托收行在接受出口人（委托人）的托收申请书后，双方之间就构成了委托代理关系。同样，代收行接受了托收行的托收委托书后，双方也就构成了委托代理关系。托收申请书和托收委托书均视为委托代理合同，被委托人有义务各自按委托的指示办理。若有越权行为致使委托方受到损失，由代理人负全面责任。

2.托收的种类

根据是否随附货运单据，分为光票托收和跟单托收

（1）光票托收（clean collection）

光票托收是指金融单据的托收，即提交金融单据委托银行代为收款。光票托收如以汇票作为收款凭证，则使用光票。在国际贸易中，光票托收主要用于小额交易、预付货款、分期付款以及收取贸易从属费用等。

（2）跟单托收（documentary collection）

跟单托收是指金融单据附有商业单据或无金融单据的商业单据的托收。跟单托收如以汇票作为收款凭证，则使用跟单汇票。国际贸易中采用托收方式收取货款时，大多采用跟单托收。跟单托收有两种交单方式：付款交单和承兑交单。

①付款交单（documents against payment，D/P）

出口方在委托银行收款时，指示银行只有在付款人（进口方）付清货款时，才能向其交出货运单据，即交单以付款为条件，称为付款交单。

按付款时间的不同，付款交单又可分为即期付款交单和远期付款交单。

A.即期付款交单（D/P at sight）是指出口方按合同规定日期发货后，开具即期汇票（或不开汇票）连同全套货运单据，委托银行向进口方提示，进口方见票（和单据）后立即付款。银行在其付清货款后交出货运单据。

B.远期付款交单（D/P after sight）是指出口方按合同规定日期发货后，开具远期汇票连同全套货运单据，委托银行向进口人提示，进口方审单无误后在汇票上承兑，于汇票到期日付清货款，然后从银行处取得货运单据。

远期付款交单和即期付款交单的交单条件是相同的：买方不付款就不能取得代表货物

所有权的单据，所以卖方承担的风险责任基本上没有变化。远期付款交单是卖方给予买方的资金融通，融资时间的长短取决于汇票的付款期限，通常有两种规定期限的方式：一种是付款日期和到货日期基本一致。买方在付款后，即可提货。另一种是付款日期比到货日期要推迟许多。买方必须请求代收行同意其凭信托收据（trust receipt，T/R）借取货运单据，以便先行提货。所谓信托收据，是进口方借单时提供的一种担保文件，表示愿意以银行受托人身份代为提货、报关、存仓、保险、出售，并承认货物所有权仍归银行。货物售出后所得货款应于汇票到期时交银行。代收行若同意进口方借单，万一汇票到期不能收回货款，则代收行应承担偿还货款的责任。但有时出口方主动授权代收行凭信托收据将单据借给进口方，这种做法将由出口方自行承担汇票到期拒付的风险，与代收行无关，被称为“付款交单，凭信托收据借单”（D/P，T/R）。从本质上看，这已不是“付款交单”的做法了。

②承兑交单（documents against acceptance，D/A）

承兑交单指出口方发运货物后开具远期汇票，连同货运单据委托银行办理托收，并明确指示银行，进口人在汇票上承兑后即可领取全套货运单据，待汇票到期日再付清货款。

承兑交单和上面提及的“付款交单，凭信托收据借单”一样，都是在买方未付款之前，即可取得货运单据，凭以提取货物。一旦买方到期不付款，出口方便可能钱货两空。因而，出口商对采用此种方式持严格控制的态度。

3.托收结算方式的业务程序

（1）即期付款交单托收程序（如图7-2所示）

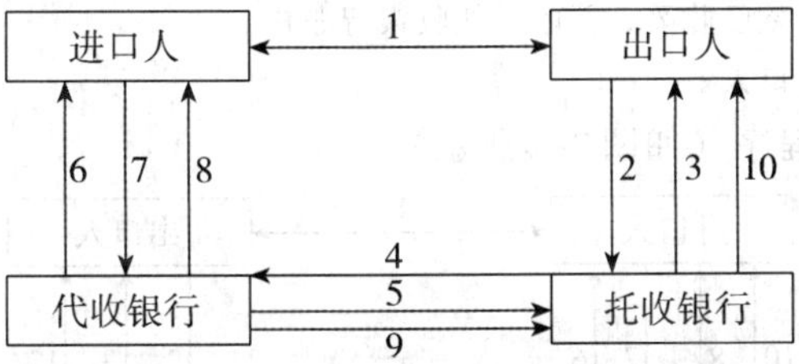

图7-2　即期付款交单托收程序示意图

1.进出口双方订立买卖合同，规定采用即期付款交单方式结算。

2.出口人发货后，填写托收委托书，开具即期汇票，连同全套货运单据交托收银行，委托银行按“付款交单”条件代收货款。

3.托收银行在审查托收申请书和单据无误后，出立回单给出口人，作为接受托收以及收到汇票和单据的凭证。

4.托收银行按托收申请书规定，填制和寄送托收委托书和汇票、货运单据，委托代收行代收。

5.代收银行寄发回单作为接受委托和收到汇票与单据的凭证。

6.代收银行通知进口人，向进口人提示汇票和单据。

7.进口人验单无误后付清货款。

8.代收银行将全套货运单据交进口人。

9.代收银行通知托收行款已收妥，并收入托收银行账户。

10.托收银行将货款交出口人。

（2）远期付款交单托收程序（如图 7-3 所示）

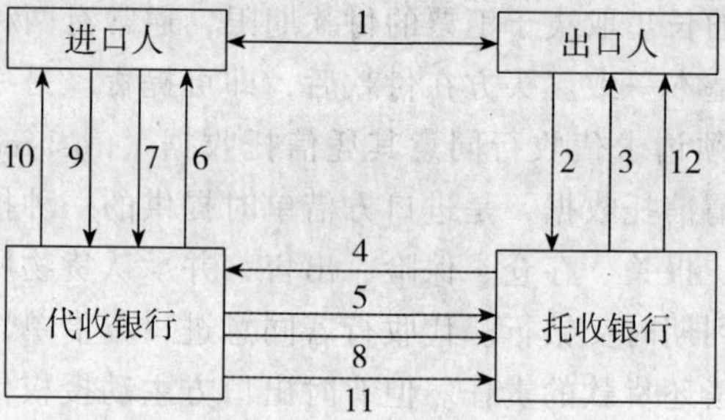

图 7-3　远期付款交单托收程序示意图

1. 进出口双方签订贸易合同，规定采用远期付款交单方式结算。

2. 出口人发货后，填写托收委托书，开具远期汇票，连同全套货运单据交托收银行，委托银行按"付款交单"条件代收货款。

3. 托收银行在审查托收申请书和单据无误后，出立回单给出口人，作为接受托收以及收到汇票和单据的凭证。

4. 托收银行按托收申请书规定，填制和寄送托收委托书和汇票、货运单据，委托代收行代收。

5. 代收银行寄发回单作为接受委托和收到汇票与单据的凭证。

6. 代收银行通知进口人，并向进口人提示汇票和单据。

7. 进口人验单无误后承兑汇票，代收银行保留汇票和全套单据（承兑提示）。

8. 代收银行向托收银行签发承兑通知书。

9. 汇票到期日代收银行作付款提示，进口人付清货款。

10. 代收银行将全套货运单据交进口人。

11. 代收银行通知托收行款已收妥，并收入托收银行账户。

12. 托收银行将货款交出口人。

（3）承兑交单托收程序（如图 7-4 所示）

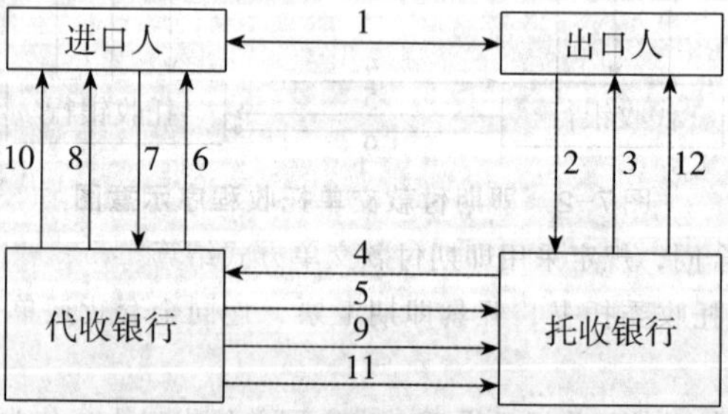

图 7-4　承兑交单托收程序示意图

1. 进出口双方签订贸易合同，规定采用承兑交单方式结算。

2. 出口人发货后，填写托收委托书，开具远期汇票，连同全套货运单据交托收银行，委托银行按"承兑交单"条件代收货款。

3. 托收银行在审查托收申请书和单据无误后，出立回单给出口人，作为接受托收以及收到汇票和单据的凭证。

4. 托收银行按托收申请书规定，填制和寄送托收委托书和汇票、货运单据，委托代收行代收。

5. 寄发回单作为接受委托和收到汇票与单据的凭证。

6. 通知进口人，并向进口人提示汇票和单据（承兑提示）。

7.进口人验单无误后承兑汇票，代收银行保留汇票。

8.代收银行将货运单据交给进口人。

9.代收银行向托收银行签发承兑通知书。

10.汇票到期日代收银行作付款提示，进口人付清货款。

11.代收银行通知托收行款已收妥，并收入托收银行账户。

12.托收银行将款项交给出口人。

4.托收的特点

托收属于商业信用，出口商能否顺利收到款项，取决于进口商的资信状况。在国际贸易中，商业信用一般远远低于银行信用，所以只能有条件地使用。托收方式的特点主要体现在以下两个方面：

（1）风险大

在托收业务中，银行仅仅提供结算和融资服务，并不提供任何信用担保。银行在传递单据和收取款项的过程中，并不保证付款人一定付款。此外，对于出口商提交的单据是否齐全、是否符合买卖合同的规定，银行也没有义务负责审核。对货物到达目的地后，遇到进口人拒不付款赎单导致无人提货和办理进口手续时，除非事先经过银行同意，否则银行也无照管货物之责。所以，托收方式对出口人来讲，存在着较大的风险，同时，对进口人来讲也存在着一定的风险。

①出口商的风险

在托收结算方式中，跟单托收对出口商而言属于风险较小的方式，但即使如此，出口商仍然有可能面临如下风险：

A.进口商倒闭或无力付款；

B.货物发运后，进口地货价下跌，进口商找借口拒绝付款；

C.货价虽无大的变化，进口商借口货物规格不符、包装不良、交货期限不符等，要求降价，否则拒绝付款，甚至向出口商索赔；

D.进口商事先未取得进口许可证或者未申请到外汇，致使货物到达目的地时被禁止进口或被没收处罚，或者虽允许进口，但进口人仅向当地代收行交付等值当地货币，使出口人的资金长期滞留在进口国而不能使用；

E.进口商利用出口商对进口地法令和商业习惯不熟悉的弱点，蓄意诈骗，诱使出口商发货，货物到达之后，即利用当地的某些习惯不付款而提出变卖，或者串通本地官员，以违反某项法律为借口，由政府机关出面将货物没收，然后以最低价出售给原进口商。

除上述几种风险外，最为严重的是进口商在承兑交单方式下凭承兑汇票取得单据后，到期拒付，出口商虽然可以凭其承兑的汇票向进口商追究法律责任，但此时进口商往往已经破产、倒闭，出口商面临着货、款两空的风险。

②进口商的风险

在托收业务中，由于银行并不担保出口商按买卖合同交货，也不负责审单，所以进口商在凭单付款的交易中，即使检查单据无误，在按合同规定对出口商付款或承兑后仍可能承担下列风险：

A.在付款或承兑后凭单据提货物却发现货物与合同规定不符，或者是假货，或者根本无货可提；

B.承兑了远期付款交单项下的汇票后，可能到期不能从代收行处取得单据，而自己却已承担了到期偿付汇票金额的责任。

（2）资金负担不平衡

在托收业务中，出口人在签订合同时就须做好垫付资金的准备。出口商需要垫付资金进行备货、装运，然后通过银行收取货款，等到进口商付款后才能通过银行收回货款。虽然有时可以要求银行提供融资，但并非所有的银行对所有的客户都提供融资服务，即使有这种服务，也很少会得到全额的融资。从进口商方面来看，只需付款就可以取得合格的单据并凭其提货，如进出口地距离很近时几乎相当于一手交钱一手交货的情形。在远期付款交单的方式下，进口商还有可能得到代收行借单的便利；在承兑交单方式下，进口商等于借出口商的资金作交易：进口商承兑汇票后取得单据，凭以提货，然后以售出货物后得到的货款向银行付款，等于出口商向进口商提供了全额的资金融通。鉴于此，虽然托收费用相对于汇付方式高，手续也要烦琐一些，但在实际业务中，托收方式普遍受到进口商的欢迎，因而也是一种调动进口商经营积极性、提高出口竞争力的方法。

5.使用托收方式应注意的事项

我国外贸企业以托收方式出口，主要采用付款交单方式，并应着重考虑三个因素：商品市场行情，进口方的资信情况即经营作风和财务状况，以及相适应的成交金额。其中特别重要的是商品的市场行情，因为市价低落往往是造成经营作风不好的商人拒付的主要动因。在市价坚挺的情况下，较少发生拒付，且即使拒付，我方处置货物也比较方便。作为出口商，为减少托收中可能的风险，应该注意以下几点：

（1）认真考察进口人的资信情况和经营作风，并根据进口人的具体情况妥善掌握成交金额，不宜超过其信用程度。

（2）了解商品在进口国市场的动态，针对不同情况，区别对待。在出口商品滞销或急于进入进口国市场，进口商资信和经营作风良好的条件下可以考虑采取即期付款交单的方式；对于价格波动频繁、波动幅度较大的初级产品和原料性商品，一般不宜采用托收方式收取货款。除非确有把握，一般不采用远期付款交单条件，对承兑交单方式更应从严掌握。

（3）对于贸易管制和外汇管制较严的国家和地区不宜使用托收方式，以免货到目的地后，由于不准进口而造成损失。

（4）要了解进口国家的商业惯例，以免由于当地习惯做法，影响我方安全迅速收汇。

（5）出口合同应争取按CIF或CIP条件成交，由出口人办理货运保险，或者投保出口信用保险。在不采用CIF或CIP条件成交时，应投保卖方利益险。

（6）采用托收方式收款时，要建立健全管理制度，定期检查，及时催收清理，发现问题应迅速采取措施，以避免或减少可能发生的损失。

（7）在进口国选好代理，即“需要时的代理”，万一发生意外，也能在进口国办理存货、保险、转运或运回等事宜。

（8）对于成交金额较大的合同，可以采用“分期出运、分期收款”的方式成交。可以要求进口商预付一部分款项，即预付一部分订金，出口货物分批出运，每次出运的时间为前一批出运货物安全收汇后。虽然预付订金的数额可能相对于总成交金额来讲并不高，但相对于每批出运的货物来讲，比例就比较高了，因而提高了出口商托收的收汇安全系数。

第三节 信用证

信用证（letter of credit，L/C）支付方式是随着国际贸易的发展，在银行与金融机构参与国际贸易结算的过程中逐步形成的。自18世纪80年代英国出现首例银行信用证以来，信用证在国际贸易结算中被广泛应用。信用证支付方式把原来由进口商履行的付款责任，转为由银行来承担，保证出口人安全迅速收到货款，买方按时收到货运单据。信用证支付方式在很大程度上解决了进出口商双方彼此不信任的矛盾，同时也为交易的双方提供了资金融通的便利。正因为如此，信用证这种支付方式自出现以来，发展十分迅速，在国际贸易中得到广泛的应用。到目前为止，信用证已经成为国际贸易中普遍采用的一种主要的支付方式。

一、信用证的含义

信用证是银行出具的一种有条件的付款保证，是开证银行根据开证申请人的请求和指示，或为其自身需要，向受益人开立的，在符合信用证条款的条件下，凭规定的单据保证付款的凭证。

《跟单信用证统一惯例》（UCP 600）对信用证有如下的定义：信用证是“指一项不可撤销的安排，无论其名称或描述如何，该项安排构成开证行对相符交单予以承付的确定承诺”。

在国际贸易中，上述信用证定义中的申请人是进口方，开证行是进口地银行，受益人是出口商，于是我们可以对信用证作这样的理解：

（1）信用证是开证行应进口方的请求向出口方开立的在一定条件下保证付款的凭证。

（2）付款的条件是出口方（受益人）向银行提交符合信用证要求的单据。

（3）在满足上述条件的情况下，由银行向出口方付款，或对出口方出具的汇票承兑并付款。

（4）付款人可以是开证行，也可以是开证行指定的银行。收款人可以是受益人，或者是其指定的银行。

对于信用证定义中表达的“约定”应特别注意以下两点：其一，由银行承诺付款。在汇付和托收方式中，银行均未作出此种承诺。其二，条件是由受益人提交符合信用证要求的单据。在国际贸易中单据是第三者或当事人出具的履约证书，所以信用证的约定是要求受益人以单据的形式向银行证明自己已履行了合同义务，银行即向其支付货款。对一个实际上已履行了合同义务的出口商来说，要提交这样的单据是能够做到的，因而信用证所提出的条件，并未对卖方构成合同义务的实质性的变更或添加。

二、信用证的特点和作用

1.信用证的特点

（1）信用证是一种银行信用

开证银行在信用证中作出承诺，在单据符合信用证条件的情况下，开证行负首要的付款责任。

(2) 信用证是一种自足文件

信用证的开立以买卖合同为基础，但信用证一经开出，就是一种独立的、完整的契约文件。在信用证业务中，当事人只按信用证的规定办事，不受买卖合同的约束。

【课堂思考】

信用证与合同是什么关系

买卖合同是买方和卖方双方经过磋商后签订的，对交易的双方具有法律约束力；信用证是以买卖合同为基础开立的，但信用证一经开出，就成为独立于买卖合同以外的另一种契约。买卖合同的主要约束对象是买方和卖方；信用证的主要约束对象是开证行和受益人。当然，在信用证业务中涉及的其他当事人也受到信用证的约束。

(3) 信用证是一种单据业务

在信用证业务中，各有关方面处理的是单据，而不是和单据有关的货物、服务或其他行为。银行严格审核单据，以确定单据表面上是否符合信用证条款，而对单据的准确性和真实性等不负责任。

上述信用证的特点，不仅保证了银行对信用证业务的可操作性，也保证了受益人所得到的银行信用是充分的、不受干扰的。但是，如果出口方所出具的单据和货物不一致，甚至伪造单据，申请人（进口方）有可能遭受必须付款而又得不到合同规定货物的风险，此时进口方只能凭合同向对方交涉。

【个案讨论】

开证行收到议付行寄来的单据，发现汇票上的小写金额为USD447 160，汇票上的大写金额为“USD FOUR HUNDEED FORTY SEVEN THOUSAND AND ONE HUNDRED SIXTY ONLY”。开证行以“汇票大写金额打错”提出拒付。开证行是否有理由拒付？

提示：国际商会银行委员会专家中心作出的DOCDEX/226号裁定的结论是汇票金额拼写错误不是不符点，开证行应当付款。讨论一下，为什么作出这样的裁定？

资料来源　刘清．开证行可以因汇票的不符点拒付吗［J］．中国外汇管理，2004（6）．

2.信用证的作用

(1) 对出口商的作用

①保证作用

信用证是一种银行出立的有条件的承诺付款的书面文件，只要出口商能够提交完全符合信用证规定的单据，就证明其已经按照信用证的规定履行了自己的义务，银行保证付款。所以，在信用证结算方式下，出口商收款时直接面对的是信用程度远远高于一般企业的银行，这种银行信用为出口商提供了较高程度的付款保证，避免了进口商随意毁约给出口商带来的收汇风险。

②融资作用

出口商利用信用证可以获取资金融通，主要有两种方式：

A.打包贷款。出口企业将信用证交银行抵押，可申请多达信用证金额80%的优惠贷款。贷款行即为日后交单议付银行。

B.出口押汇。由于信用证有开证银行的付款保证，只要出口商提交与信用证相符合的单据，对于议付信用证，银行通常愿意接单议付；而对于承兑和付款信用证，银行也可酌情接受单据，垫付货款，使出口商可以在装货后立即获取价款，加速了资金周转。

（2）对进口商的作用

①保证作用

在信用证结算方式下，同样也为进口商提供了一定的保证。这种保证体现在：只要进口商付款，就可以肯定地取得代表货物所有权的单据。由于取得包含物权凭证在内的单据实际上代表着取得了货物，因而在一定程度上避免了在预付货款情形下可能遇到的钱货两空的风险，在正常情况下，进口商在向银行付款后，即可以取得单据，并凭以提取货物。

②融资作用

在信用证结算方式下，进口商有可能从开证行得到资金融通。如果进口商资信良好，在申请开立信用证时，银行可能只要求其交纳很小比例的信用证押金，在远期信用证的情况下，开证行或付款行收到议付行提交的出口单据，就可以将单据交给进口商先行提货，等到远期汇票到期日，进口商再按照规定向开证行付款。所以，在信用证方式下，进口商也同样得到了资金融通的便利。

从上述作用来看，信用证为进出口商带来的益处是显而易见的，然而，信用证毕竟仅仅是一种结算方式而已，买卖双方交易中遇到的一些风险虽然在一定程度上可能得以规避，但不可能规避一切风险，因为毕竟双方交易的圆满完成仍取决于双方的信用情况。有人归纳出信用证业务下银行四不管：一不管合同；二不管商品；三不管单据的真假；四不管出口商是否交货。由此可见，即使采用信用证结算方式，选择好交易伙伴仍然是至关重要的。

三、信用证的主要当事人

1.开证申请人（applicant）

开证申请人又称开证人（opener），是指向银行申请开立信用证的人，在国际贸易结算中通常是进口商。

2.开证行（issuing bank，opening bank）

开证行是指接受开证申请人的指示或委托，开立信用证的银行，一般是进口地的银行。开证申请人与开证行的权利与义务以开证申请书为依据。

3.受益人（beneficiary）

受益人是指信用证上所指定的有权使用该证的人，即出口商或实际供货人。

4.通知行（advising bank）

通知行是指受开证行的委托，将信用证转交出口人，或者负责通知信用证内容的银行，一般为出口人所在地的银行，而且通常是开证行的代理行。

5.议付行（negotiating bank）

议付行是指愿意买入受益人交来的跟单汇票的银行，可以指定，也可以非指定，依信用证的条款规定来确定。

6.付款行（paying bank）、偿付行（reimbursing bank）

付款行是指信用证上指定的付款银行，一般是开证行，依信用证条款的规定来确定。

7.保兑行（confirming bank）

在信用证需要保兑的情况下，负责在信用证上签章，承担信用证保证兑付责任的银行。

保兑行在信用证上加具保兑后，即对受益人独立负责，承担第一性的付款责任。保兑行通常由通知行兼任，一般在受益人所在地。如果不是保兑信用证，则不会涉及保兑行。

四、信用证的使用程序

在国际贸易结算中使用的跟单信用证有不同的类型，其业务程序也各有特点，但都要经过申请开证、开证、通知、交单、付款、赎单这几个环节。现以最常见的议付信用证为例，说明其业务程序（如图7-5所示）。

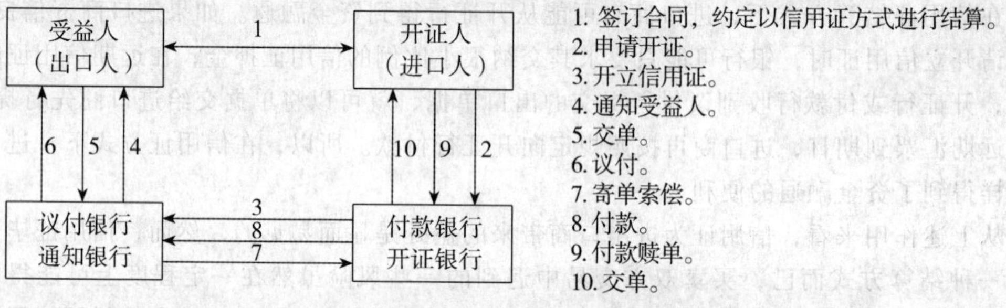

图7-5　信用证业务程序示意图

以下对其中的一些主要环节加以说明：

1.申请开证

开证申请人即为合同的进口方，应按合同规定的期限向所在地银行申请开证。申请开证时，申请人应填写并向银行递交开证申请书，开证申请书的内容包括两个方面：一是指示银行开立信用证的具体内容，该内容应与合同条款相一致，是开证行凭以向受益人或议付行付款的依据。对于这一部分内容，申请人也可附上合同，由银行据以缮制信用证后交申请人确认。二是关于信用证业务中申请人和开证行之间权利和义务关系的声明。其基本内容包括：申请人承认在付清货款前开证行对单据及其代表的货物拥有所有权，必要时，开证行可以出售货物，以抵付进口人的欠款；承认开证行有权接受"表面上合格"的单据，对于伪造单据、货物与单据不符或货物中途灭失、受损、延迟到达，开证行概不负责；保证单据到达后如期付款赎单，否则，开证行有权没收申请人所交付的押金，以充当申请人应付价金的一部分；承认电讯传递中如有错误、遗漏或单据邮递损失等，银行不负责任。

开证申请书内容应完整明确，为防止混淆和误解，不要加注过多的细节。

申请人申请开证时，应向开证行交付一定比例的押金或其他担保品，押金为信用证金额的百分之几到几十，其高低由开证行规定，与申请人的资信和市场行情有关。对于资信良好的客户，有的银行会授以一定的开证额度，在规定额度内开证，可免交保证金。

2.开证行开立信用证

开证行接受申请人的开证申请后，应严格按照开证申请书的指示拟订信用证条款，有时草拟完信用证后，还应送交开证申请人确认。开证行应将其所开立的信用证通过邮寄或电传或通过SWIFT电信网络送交出口地的联行或代理行，请它们代为通知或转交受益人。

通知行的主要责任是鉴定信用证签名或电传密押的真实性，而且，受益人如有问题也可通过这家银行进行查询。

信用证的开证方式有信开（open by airmail）和电开（open by telecommunication）两种。信开方式是指开证行以航邮将信用证寄给通知行；电开方式是指开证行以电子文本的形式开立信用证，并用电信方式（电报、电传或SWIFT系统）传递给通知行。电开方式又分“全电开证”和“简电开证”。“全电开证”是将信用证的全部内容加注密押后发出，该电讯文本为有效的信用证正本。“简电开证”是将信用证主要内容发电预先通知受益人，银行承担必须使其生效的责任，但简电本身并非信用证的有效文本，不能凭以议付或付款，银行随后寄出的“证实书”才是正式的信用证。现今大多用“全电开证”的方式开立信用证。

3.通知行通知受益人

通知行收到信用证后，经核对签字印鉴或密押无误后，应立即将信用证转交受益人，并留存一份副本备查。

通知行通知受益人的方式有两种：一种是将信用证直接转交受益人；另一种是当该信用证以通知行为收件人时，通知行应以自己的通知书格式照录信用证全文经签署后交付受益人。这两种形式对受益人来说都是有效的信用证文本。

《跟单信用证统一惯例》规定，如通知行无法鉴别信用证的表面真实性，它必须毫不迟延地通知开证行说明它无法鉴别，如通知行仍决定通知受益人，则必须告知受益人它未能鉴别该证的真实性。

4.交单议付

议付是指指定银行在受益人提交符合要求的单据的情况下，在其应获偿付的银行工作日当天或之前向受益人预付或者同意预付款项，从而购买汇票及单据的行为。受益人收到信用证后，应立即进行审核，如发现信用证中所列条款内容与买卖合同不相符合，或者不符合有关国际惯例（主要是《国际贸易术语解释通则》和《跟单信用证统一惯例》）的规定，应立即通知申请人要求修改，申请人向开证行提交修改申请书，开证行做成修改通知书后按原来信用证的传递方式交付通知行，经通知行审核签字密押无误后转知受益人。

受益人对信用证的内容审核无误，或收到修改通知书审核后认为可以接受，即可根据信用证的规定发运货物，缮制并取得信用证规定的全部单据，开立汇票（或不开汇票，视信用证规定），连同信用证正本和修改通知书（如果有修改通知书），在信用证规定的有效期和交单期内，递交给通知行或与自己有往来的银行或信用证中指定的议付银行办理议付。议付是受益人利用信用证取得资金融通的一种方式，即由受益人向上述当地银行递交信用证规定的全套单据，银行在单证一致的前提下，扣除预付款的利息和手续费后，购进受益人出具的汇票和全套单据，俗称“买单”，又称“出口押汇”。议付是可以追索的。

按《跟单信用证统一惯例》的规定，如开证行在信用证中清楚表明适用于议付，则开证行对议付行承担付款责任。如果开证行在信用证中表明该证适用于付款或承兑方式，则开证行并不对买单银行承担信用证所规定的付款责任，该行此时可作为汇票的善意持票人或受益人的委托人向开证行索偿。

即使开证行在信用证中指定了议付行，议付行也不承担必须议付的责任。信用证也不禁止受益人直接向开证行交单，但通常议付是受益人获取货款的一种最为安全快捷的方式。

5. 寄单索偿

议付行议付后，取得了信用证规定的全套单据，即可凭单据向开证行或其指定银行请求偿付货款。如果开证行未在信用证中指定其他银行，则议付行应将单据寄交开证行；若开证行在信用证中指定了一家付款行，则议付行应将单据寄交指定付款行。收到单据的开证行或付款行，在审单无误后，应立即将款项偿付给议付行。若开证行在信用证中指定了一家偿付行，则议付行应向开证行寄单，同时向偿付行发出索偿通知，偿付行在接到索偿通知后，按其与开证行的事先约定，向议付行偿付；如偿付行拒绝偿付，开证行仍应承担付款责任。开证行和付款行的付款是不可追索的。

开证行或付款行如发现单据和信用证不符，应在不迟于收到单据的次日起5个营业日内通知议付行表示拒绝接受单据。如果未在该期限内表示拒绝，则开证行必须履行付款责任。

6. 申请人付款赎单

开证行在向议付行偿付后，即通知申请人付款赎单。开证人应到开证行审核单据，若单据无误，应立即付清全部货款与有关费用（如开证时曾交付押金，则应扣除押金的本息）。若单据和信用证不符，申请人有权拒付。申请人付款后，即可从开证行取得全套单据。此时申请人与开证银行之间因开立信用证而构成的契约关系即告结束。

五、信用证的内容

目前信用证大多采用全电开证，各国银行使用的格式不尽相同，文字语句也有很多差别，但基本内容大致相同，主要包括以下几个方面：

1. 信用证本身的说明

信用证的类型：注明是否可转让；是否经另一家银行保兑；偿付方式；信用证号码和开证日期等。

2. 信用证的当事人

必须记载的当事人：申请人、开证行、受益人、通知行。

可能记载的当事人：保兑行、指定议付行、付款行、偿付行等。

3. 信用证的金额和汇票

信用证的金额：币别代号、金额、加减百分率。

汇票条款：汇票的金额、到期日、出票人、付款人。

4. 货物条款

货物条款包括货物名称、规格、数量、包装、单价以及合约号码等。

5. 运输条款

运输条款包括运输方式、装运地和目的地、最迟装运日期、可否分批装运或转运。

6. 单据条款

单据条款说明要求提交的单据种类、份数、内容要求等。基本单据包括商业发票、运输单据和保险单等；其他单据包括检验证书、产地证、装箱单或重量单等。

7. 其他规定

其他规定包括：对交单期的说明；对银行费用的说明；对议付行寄单方式、议付背书和索偿方法的指示等。

8.责任文句

责任文句通常说明根据《跟单信用证统一惯例》开立以及开证行保证付款的承诺，但电开信用证可以省略。

9.有权签字人的签名或电传密押

六、信用证的种类

1.按基本性质分类

（1）根据是否要求受益人提交单据，分为跟单信用证和光票信用证

①跟单信用证（documentary credit）是开证行凭跟单汇票或仅凭单据付款的信用证。单据是指代表货物或证明货物已交运的运输单据，如提单、铁路运单、航空运单等，通常还包括发票、保险单等商业单据。国际贸易中一般使用跟单信用证。

②光票信用证（clean credit）是开证行仅凭不附单据的汇票付款的信用证，汇票如附有不包括运输单据的发票、货物清单等，仍属光票。

（2）根据开证行的付款责任，分为不可撤销信用证和可撤销信用证

①不可撤销信用证（irrevocable credit）是指信用证一经开出，在有效期内，未经受益人、开证人及保兑行（如果有）的同意，开证行不得片面修改或撤销信用证的规定和承诺。

信用证上未注明可否撤销，即为不可撤销信用证。国际贸易中使用的信用证，基本上是不可撤销信用证。

②可撤销信用证（revocable credit）是指开证行有权随时予以修改或撤销，但若受益人已按信用证规定得到议付、承兑或延期付款保证，则银行的撤销或修改无效。

在国际商会的UCP 500中，对可撤销信用证作了如下明确规定：为了明确信用证的功能，在信用证上列有下列文句，以示本信用证为“可撤销信用证”（revocable credit）：可撤销信用证无须事先通知受益人可随时撤销或修改；但若接到撤销通知之前已议付，开证银行或付款银行仍有义务偿付。

在UCP 600中，删除了UCP 500可撤销信用证的有关条款，规定信用证上不必注明“不可撤销”字样，默认“信用证是不可撤销的，即使未如此表明”。

（3）根据是否有另一家银行为信用证加保，分为保兑信用证和不保兑信用证

①保兑信用证（confirmed credit）是指开证行开出的信用证，由另一家银行保证对符合信用证条款规定的单据履行付款义务。对信用证加保兑的银行称为保兑行，保兑行承担与开证行相同的第一付款责任。

②不保兑信用证（unconfirmed credit）就是不经过另一家银行保兑的信用证。当开证银行资信好，成交金额不大时，一般都使用不保兑信用证。我国银行不开具要求另一家银行保兑的信用证，故我国进口企业通常不接受开立保兑信用证的要求。

（4）按信用证付款时间，分为即期信用证、远期信用证和假远期信用证

①即期信用证（sight credit）指信用证规定受益人可凭即期汇票收款，或仅凭单据银行即期付款的信用证。

②远期信用证（usance credit）指受益人可凭远期汇票收取货款，或仅凭单据银行远

期付款的信用证。

远期信用证又可以分为以下几种：

银行承兑的远期信用证（banker's acceptance credit）是指以开证行或其指定的另一家银行作为远期汇票付款人的信用证。

进口商承兑的远期信用证（trader's acceptance credit）指信用证中规定，受益人开具的远期汇票以进口商为受票人和承兑人。在这种情况下，尽管开证行保证付款，但是，这种汇票属于商业承兑汇票，无法在票据市场上进行买卖。

延期付款信用证（deferred payment credit）指开证行在信用证中规定，货物装船后若干天付款，或开证行收单后若干天付款的信用证。

③假远期信用证（usance credit payable at sight，buyer's usance credit），在信用证中规定受益人开立远期汇票，由付款行负责贴现，并规定一切利息和费用由进口人负担。这种信用证对出口人而言可以即期十足收款，因而仍属即期收款，但对进口人来说，则属远期汇票到期时才付款给开证行。

采用假远期信用证，可以利用银行资金融通来周转资金，另外，对某些外汇管制法令比较严格的国家来讲，还可以逃避外汇管制法令。

真假远期信用证的区别主要体现在：开证基础不同；开证条款不同；贴现利息负担不同；收汇时间不同。

下面我们简单分析一下常见的假远期条款，看下例：

Drawee will accept and discount usance drafts drawn under this credit. All charges are for buyer's account. Usance draft payable at sight basis.

本信用证项下的远期汇票由付款人承兑和贴现，所有费用由买方负担。远期汇票即期付款。

本假远期条款内容周全。在一般情况下，为出口商的安全及时收汇提供了较充分的保障。再看下例：

Discount charges（1.5%）for payment at 60 days are borne by the buyers and are payable at maturity in the scope and in the surplus of this credit.

60天付款的贴现息由买方负担，到期可以在本证金额范围内和多余金额内偿付。

本假远期条款即属于不周全的条款，体现在：条款中并没有明确规定由付款人进行承兑和付款，如果承兑人不负责付款，而且其他银行或贴现机构也不负责贴现的话，则出口商不能即期收款。而且，事先规定贴现费用为1.5%，如果实际上贴现费用超过这一百分比，则出口商仍然不能十足收款。所以，类似的假远期条款应该修改。

假远期信用证的审核与一般信用证比较应该更加严格，除应按照信用证的一般要求进行审核外，还应注意：信用证若付款或利息承担条款不清晰，或者假远期条款不完备者，应通知进口人进行修改；对于规定中国银行为付款人或仅限于在中国贴现的信用证，应及时与中国银行联系；应注意信用证中有无规定具体利率，若规定的利率与实际利率不一致，我方可能承受损失；开证行的资信与其他信用证一样重要。

2.按信用证的附加性质分类

（1）可转让信用证（transferable credit）

可转让信用证是指信用证上注有“可转让”字样，受益人有权要求转让行将信用证金额的全部或部分转让给一个或数个第三者（即第二受益人）使用的信用证。可转让信用证的受益人一般是中间商，第二受益人则是实际供货商。

受益人可以要求信用证中的授权银行（转让行），向第二受益人开出新证，新证由原开证行承担付款责任。原证条款不变，但其中信用证金额、商品单价可以减少，有效期和装运期可以提前，申请人是原信用证的受益人。可转让信用证只能转让一次，即第二受益人不能再转让给新的受益人。

在使用过程中，当第二受益人向转让行交单后，第一受益人有权以自己的发票和汇票替换第二受益人的发票和汇票，以取得原证和新证之间的差额。

【个案讨论】

一份可转让信用证通过通知行转让给了第二受益人。第二受益人按照信用证的要求提交了全套符合要求的单据进行议付。该通知行（同时也是议付行）审单无误，进行了议付。但是，当单据提交给开证行索偿时，开证行宣布破产，不能偿付该笔款项。在这种情况下，通知行应该承担什么责任？在其不能得到开证行的偿付的情况下，是否有义务支付第二受益人该笔款项？

提示：取决于通知行是否对该信用证进行了保兑。如果未加保兑，不需承担责任。

（2）背对背信用证（back to back credit）

背对背信用证指受益人以原证为抵押，要求银行以原证为基础，另开立一张内容相似的信用证。背对背信用证通常由中间商申请开立给实际供货商。其使用方式与可转让信用证相似，所不同的是原证开证行并未授权受益人转让，因而也不对新证负责。

背对背信用证的受益人可以是国外的，也可以是国内的。

背对背信用证与可转让信用证的区别：

①背对背信用证属于新证，而转让的信用证属于原证；

②背对背信用证下第一受益人与第二受益人地位不同；

③通知行作用不同。

（3）循环信用证（revolving credit）

循环信用证是指信用证被全部或部分使用后，其金额可恢复使用直至达到规定次数或累积总金额为止的信用证。这种信用证适用于分批均衡供应、分批结汇的长期合同，以使进口方减少开证的手续、费用和押金，使出口方既得到收取全部交易货款的保障，又减少了逐笔通知、审证、改证的手续和费用。

循环信用证的循环方式可分为按时间循环和按金额循环。

循环信用证的循环条件有三种：

①自动循环，即不需开证银行的通知，信用证即可按所规定的方式恢复使用。例如：

This credit shall be renewable automatically twice for a period of one month each for an amount of US$150 000 for each period making a total of US$450 000.

② 半自动循环，即在使用后，开证行未在规定期限内提出停止循环的通知即可恢复使用。例如：

Should the negotiating bank not be advised of stopping renewal within 7 days, the unused balance of this credit shall be increased to the original amount on the 8th day after each negotiation.

③非自动循环，即在每期使用后，必须等待开证行通知，才能恢复使用。例如：

The amount shall be renewal after each negotiation only upon receipt of issuing bank's notice stating that the credit might be renewal.

(4) 带电汇偿付条款的信用证（credit with T/T reimbursement）

即期信用证中规定，议付行在议付后可以电传方式通知开证行，要求开证行立即以电汇方式将货款拨交议付行。这种方式使出口商在议付时减少扣减贴息的计息天数，但开证行未经审查即先行付款，故开证行往往在信用证中指定一家可靠的议付行，即为限制议付信用证。

(5) 对开信用证（reciprocal credit，escrow L/C）

对开信用证是指两张信用证的开证申请人互以对方为受益人而开立的信用证。两张信用证互相制约，进出口双方互为开证申请人和受益人，双方的银行互为开证行和通知行。这种信用证一般用于补偿贸易、易货贸易和对外加工装配业务。

为解决一方开证而另一方不开证的问题，在信用证中应加上生效条件：一张信用证的生效以对方开来的信用证为前提，对方开来信用证，该信用证才生效，即该证需待回头信用证开出后才生效。

【个案讨论】

某企业与一家外国工厂签订来件装配一种家用电器5 000台的合同，规定采用对开信用证分别结算配件和成品的价款，由我方开出见票后90天付款的不可撤销远期信用证向对方购买配件，但须在对方开出向我方购买成品的即期回头信用证后方始生效。两份信用证总金额的差额即为外方付给我方的工缴费。上述合同按时执行后，双方又按原合同续订50 000台分五批执行的新合同。第一、第二两批共20 000台，双方均按时开出信用证，并顺利履行了合同。其后外商突然提出，由于我方开出的信用证中有须在我方收到回头信用证后方始生效的条款，当地银行认为有此附加条款的信用证不能视作已经生效信用证，因此，不能凭以融通资金，使其发生经营困难。为顺利履行余下三批的装配合同，要求我方开出的新证取消上述附加条款。我方企业认为前期合同已圆满履行，新合同也已执行2/5，说明对方是可以信赖的，于是，接受了对方要求，在开出的后三批30 000台来件价款的信用证中取消了上述收到回头信用证方始生效的附加条款。外方按我方信用证规定向我方发送了配件，但回头信用证始终没有开来，我方银行到期被迫垫付来件价款××万元。在此期间，我方虽多次向外方提出交涉，但均无结果。事后查明，因该成品销路不佳，市价大跌，以至整机的售价还卖不到原定的配件价格。在此情况下，外方遂利用我方开出的信用证处理其剩余部件，而不履行购回成品的义务，造成我方以高价单边进口配件的巨额损失。试分析我方的教训。

(6) 红条款信用证（red clause credit，anticipatory credit）

红条款信用证指开证行授权代付行（通知行）向受益人预付信用证金额的全部或一部分，由开证行保证偿还并负担利息。

(7) 备用信用证（standby credit）

备用信用证是开证行根据开证申请人的请求，对受益人开立的承诺、承担某种义务的凭证。在此凭证中，开证银行承诺偿还开证人的借款，或开证人未履行其应履行的义务时，受益人只要按备用信用证规定向开证行开具汇票，并随附开证人未履行义务的声明，即可得到开证行的偿付。

备用信用证是在有些国家不准银行开立保函的情况下，为了适应国际经济贸易往来的实际业务需要而产生的，所以它的用途几乎与银行保函相同。银行保函（banker's letter of guarantee，L/G）是银行应委托人的请求，向受益人开立的一种书面担保凭证，银行作为担保人，对委托人的债务或义务承担赔偿责任。委托人和受益人的权利和义务由双方订立的合同规定，当委托人未能履行其合同义务时，受益人可按银行保函的规定向保证人索偿。1992年，国际商会公布的《见索即付保函统一规则》（URDG 458）中对见索即付保函的单据化就有明确的规定；国际商会发布并于2010年7月1日正式实施的最新版《见索即付保函统一规则》（URDG 758）中明确规定，索偿时，受益人只需提示书面请示和保函中所规定的单据，担保人付款的唯一依据是单据，而不能是某一事实。担保人与保函所可能依据的合约无关，也不受其约束。该规则对单据化的要求非常严格，在一定程度上甚至超过了《国际备用信用证惯例》（ISP 98）、联合国《独立担保和备用信用证公约》等规则对单据化的要求，充分体现了见索即付保函的独立性和单据化特征。

国际商会《见索即付保函统一规则》公布以后，银行保函和备用信用证的内容和作用已趋一致，不过仍存在一定的差别：就开证行的付款责任而言，备用信用证承担的是第一性责任，而银行保函则一般是第二性的；备用信用证适用《跟单信用证统一惯例》，开证行处理的仅仅是与信用证相关的文件，与买卖合同和其他契约无关，只要受益人出具的汇票和证明开证申请人未能履约的文件符合信用证的规定，开证行即对受益人无追索付款，而银行保函则不受《跟单信用证统一惯例》的制约，适用的是上述《见索即付保函统一规则》。

【个案讨论】

某公司收到了一份不可撤销信用证，信用证中有如下条款，我方是否可以接受？

Documents will be released free of payment. Payment to be effected to beneficiary upon receipt of our authenticated message authorizing you to release payment.

第四节 国际保理

一、保理的含义

国际保理业务是保理公司接受出口商的委托，向出口商提供销售分户账管理、债款回收、信用销售控制、坏账担保和贸易融资的综合性服务项目，是集结算、财务管理、信用担保和融资于一体的融资结算方式。

保理业务可根据保理商是否提供融资，分为到期保理（maturity factoring）和融资保理（financed factoring）。到期保理是指保理公司或银行根据出口商提供的票据或发票面额，在到期日减去折扣将款项付给出口商。融资保理是指保理商应出口商融资需求，在收到代表应收账款的销售发票时，就立即以预付款方式提供不超过一定比例发票净额的融资，剩余的发票金额待全部货款收回后，再与出口商进行清算。

保理业务根据运作方式可以分为单保理和双保理。仅涉及一方保理商的称为单保理；涉及双方保理商的则称为双保理。

一般国际保理采用双保理方式，双保理方式主要涉及四个当事人：出口商、进口商、出口保理商以及进口保理商（出口保理商在进口地的代理人）。在进口保理商核准的额度内，出口保理商为出口商提供融资。出口商还可以通过出口保理商向进口保理商定期提供应收账款清单，由其协助催收货款。到期后，进口商将全部货款付给进口保理商，进口保理商则立即将款项划入出口保理商账户，由出口保理商在扣除融资金额及有关费用后，将剩余货款付给出口商。

在整个业务过程中，出口商只需同出口保理商接触，进口商也只同进口保理商联系，使当事各方更加易于相互联系和沟通。

二、保理服务项目

保理业务的服务项目通常包括销售分户账管理、债款回收、信用销售控制、坏账担保和贸易融资。出口商可根据本公司的实际情况，要求保理商提供相关的服务项目。

1.销售分户账管理（maintenance of the sales ledger）

出口商将售后的账户管理交给保理商代管，由保理商负责收取货款、寄送账单和查询催收等工作。由于保理商一般由专业公司或银行所属的机构办理保理业务，都拥有较完善的账务管理制度、先进的信息技术和丰富的管理经验，能够提供全方位、高效率的服务。出口商则可以将精力集中于生产、经营和销售上，相应减少账务管理、资信调查、账款回收等手续和费用。

2.债款回收（collection from debtors）

保理商一般具有专业收债技术和经验，并设有专门部门处理法律事务，可随时提供一流的律师服务。保理商往往在签署保理协议之前，就与出口商商定了将来的收债方式、程序及最后手段，并且在征得出口商意见之前，一般不会擅自采取法律手段来解决债务问题。但一旦决定采用法律手段，他们懂得如何利用法律途径对付讨债所面临的问题和纠纷，并能够较好地处理在收债过程中遇到的各种问题，使得应收账款顺利收回。如需要通过法律途经解决债务问题，为收回已核准应收账款而产生的一切诉讼和律师费用将由保理商负责。

3.信用销售控制（credit control）

保理商可以利用保理协会广泛的代理网和官方及民间的商情咨询机构，银行以及各地的分支机构和代理网络等，多渠道搜集和获取有关客户的资信变化情况，以及对客户资信有直接影响的外汇管制、金融政策、国家政局等方面的变化，并据此对出口商的每个客户核定合理的信用销售额度，从而将坏账风险降低到最低限度。

4.坏账担保（full protection against bad debts）

保理协议生效后，出口商在信用销售额度内销售，称为“已核准应收账款”，超出额度部分的销售，称为“未核准应收账款”。保理商对已核准应收账款提供坏账担保，这样就有效地降低了信用销售额度内由于买方信用不佳造成的坏账风险。

5. 贸易融资（trade finance）

保理业务最大的特点是保理商能够提供“无追索权”的贸易融资。在进口保理商核准的额度内销售，出口保理商可以提供不超过80%发票金额的融资，融资手续方便简单，不像一般贷款那样需要复杂的审查手续。

三、保理的业务程序

在国际保理业务中，买卖双方正式签订贸易合同之前，应当向出口保理商提出保理申请，以确定是否能够办理保理业务以及信用额度，出口保理商委托进口保理商对进口商进行资信调查，并确认信用额度。进口保理商对其确认的信用额度保证付款。国际保理业务程序如图7-6所示。

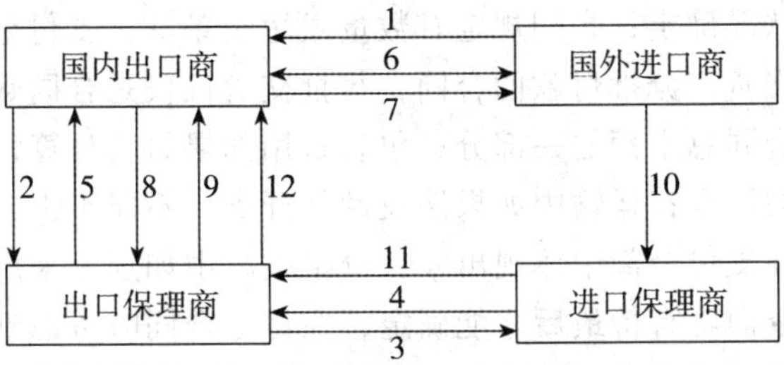

图7-6　国际保理业务程序示意图

1. 进口商有购买意向。
2. 买卖双方签订合同前，出口商申请办理保理业务。
3. 出口保理商将有关资料通知进口保理商，请求其核定买方信用额度。
4. 进口保理商及时将结果反馈给出口保理商，确定信用额度。
5. 发出信用额度通知函。
6. 双方签订买卖合同。
7. 出口商发货。
8. 出口商将应收账款票据转让给出口保理商。
9. 出口保理商预付部分货款（一般为50%~90%）。
10. 进口商到期按单据支付货款给进口保理商。
11. 进口保理商将货款支付给出口保理商。
12. 支付扣除相关费用后剩余款项。

如进口商不能按时付款或拒付，保理商应负责追偿和索赔，并按协议规定的时间向出口商付款。

第五节　合同中的支付条款

在国际贸易中，按照国际货物买卖合同的规定支付货款，是买方的基本合同义务。在交易磋商过程中，必须明确商定支付条件，并将支付货币、金额、支付时间、结算方式等内容列入合同条款。汇付、托收、信用证等各种支付方式，各自有其利弊，在国际贸易中，有时可以采用单一的支付方式支付货款，也可以将两种或两种以上的支付方式结合起来，这就需要在合同中作出明确规定。

一、合同中的支付条款

1. 支付货币、金额与时间

(1) 支付货币

在大多数情况下，支付货币就是计价货币。但在有些情况下，计价货币与支付货币不是同一种货币，在这种情况下，就需要对支付货币妥善选择，并在合同中明确规定两者之间按照何时的汇率进行折算。

(2) 支付金额

在通常情况下，支付金额即合同规定的总金额。但在履行合同过程中，支付金额和合同规定的总金额有时有不一致的情况。例如，合同规定有品质增减价条款，支付金额就应按实际交货的品质状况确定；合同规定有数量溢短装条款，支付金额就应按实际交货的数量状况确定；分批交货、分批付款的合同，每批交货仅仅是合同数量的一部分，每批付款的金额，也仅仅是合同总金额的一部分；包装费用如果另行计算，可能涉及支付总金额超出最初的合同金额的情况；运输中如果涉及额外开支，不属于出口人承担，但出口人进行垫付的，最后也要在支付金额中体现出来；价格条款中如规定采用非固定价格或订有价格调整条款时，支付金额就有待最后才能确定；在订立合同时考虑到有可能发生某些应该由买方承担的附加费用，一般均不订入合同总金额，而应由买方在合同金额之外另行支付。由于实际业务中可能发生这类支付金额与合同总金额不一致的情况，有必要在支付条款中将支付金额予以明确规定，具体的规定方法主要有两种：

①按全部发票金额（100% of the invoice value，full invoice value）支付

这种规定方法适用于一般无附加费用或在交货前能够确定附加费用金额的交易，收款时将应收的附加费用在发票上与货款一并列出，必要时另附费用证明或单据，买方按发票金额支付。

②货款按发票金额开具，附加费用另行计算

这种方式适用于交货前无法确定附加费用金额的交易。例如，货款按照全部发票金额计算，港口拥挤附加费由卖方垫付，凭支付费用的正本收据向买方另行收取。

(3) 支付时间

支付时间的确定取决于交易双方磋商的情况。在汇付方式下，如果采取预付货款的方式，要明确在何时之前，买方应将款项汇交卖方；如果采取发货后付款的方式，要明确付款日期何时起算以及最迟付款日期；在托收和信用证方式下，可以通过对卖方开具的汇票的规定来确定支付时间，如果不需要开具汇票，则要对支付时间作出明确的界定，如卖方提交单据后买方立即付款，或者交单日后N日内买方付款。

2. 支付方式

支付方式是支付条件的主要内容，涉及结算方式和信用的问题。在买卖合同中，应当就双方一致同意的支付方式明确订入合同条款。不同的支付方式示例如下：

(1) 汇付

买方应于××年××月××日前将全部货款用电汇（信汇）方式汇付给卖方。

The buyer shall pay 100% of the sales proceeds in advance by T/T（M/T）to reach the seller not later than...

买方同意在本合同签字之日起，15日内将本合同总金额50%的预付款，以电汇方式汇交卖方，并在收到本合同所列单据后15日内电汇其余货款。

50% of the total contract value as advance payment shall be remitted by the buyer to the seller through T/T within 15 days after sighing this contract.Payment to be effected by the buyer shall not be later than 15 days after receipt of the documents listed in the contract by T/T.

（2）托收

托收分为光票托收和跟单托收，跟单托收又可以分为付款交单与承兑交单，而付款交单又分为即期付款交单和远期付款交单。在远期付款交单中，对于付款的时间又有不同的规定方法，例如：出票日后××天付款（at ×× days after date）；见票日后××天付款（at ×× days after sight）；提单日后××天付款（at ×× days after date of bill of lading）。

①即期付款交单

买方应凭卖方开具的即期跟单汇票，于见票时立即付款，付款后交单。

Upon first presentation the buyer shall pay against documentary draft drawn by the seller at sight.The shipping documents are to be delivered against payment only.

②远期付款交单

买方对卖方开具的见票后××天付款的跟单汇票，应于提示时即予承兑，并于汇票到期日即予付款，付款后交单。

The buyer shall duly accept the documentary draft drawn by the seller at ×× days' sight upon first presentation and make payment on its maturity.The shipping documents are to be delivered against payment only.

③承兑交单

买方对卖方开具的见票后××天付款的跟单汇票，应于提示时即予承兑，并于汇票到期日即予付款，承兑后交单。

The buyer shall duly accept the documentary draft drawn by the seller at ×× days' sight upon first presentation and make payment on its maturity.The shipping documents are to be delivered against acceptance.

（3）信用证方式

信用证支付方式在出口业务中应用最为广泛，采用信用证支付方式，通常应在合同中就信用证的开证时间、种类、金额、付款日期、有效期等作出明确规定。

①开证时间

A.签约后若干天开证（to be opened within ×× days after the date of contract）；

B.装运月前若干天开证（to be opened to reach the sellers ×× days before the month of shipment）；

C.不迟于某月某日将信用证开抵卖方（to be opened to reach the sellers not later than ××（month）××（day））；

D.接到卖方备货通知后若干天开证（to be opened within ×× days after receipt of the sellers' advice the goods are ready for shipment）。

有时，卖方为了避免有些国家法律对逾期开证的法律后果的解释有分歧，还进一步在合同中加订其他附加条款。例如：

因买方不能按时开证而导致卖方不能按规定装运，卖方不负责任，而且有权撤销合同，并向买方提出索赔。

Failing which the seller shall not be responsible for shipment as stipulated and shall have the right to rescind this contract and claim for damages against the buyer.

②信用证的种类

③信用证金额

发票金额的100%。如果预计履约时可能发生额外费用需要在信用证下超额支付，必须在合同和信用证中明确规定，如港口拥挤附加费、品质增减价等。示例如下：

买方应该在信用证中规定：如果在装船时发生港口拥挤附加费用，应由买方承担，并允许受益人凭证明该项费用支出的发票和船公司正本收据，在本信用证金额之外进行超支。

The buyer shall stipulate in the L/C: Port congestion surcharges, if any, at the time of shipment is for opener's account and shall be paid to the beneficiaries in excess of the credit amount against their invoices and shipping company's original receipt showing actual surcharges paid.

④汇票的付款日期

⑤有效期和到期地点

有效期指银行承担议付、承兑或付款责任的期限。在我国的出口业务中，一般要求买方在来证中规定：议付有效期指装运期后的第15天（valid for negotiation until the 15th day after shipment）。

信用证到期地点有三种情况：议付到期、承兑到期和付款到期。通常在信用证中应该规定议付有效期，且规定在受益人所在国到期。

即期信用证支付条款示例：

买方应通过卖方可接受的银行于装运月份前××天开立并送达卖方即期不可撤销信用证，有效期至装运月份后第15天在中国议付。

The buyer shall open though a bank acceptable to the seller an irrevocable sight letter of credit to reach the seller ×× days before the month of shipment, valid for negotiation in China until the 15th day after the month of shipment.

远期信用证支付条款示例：

买方应通过卖方所接受的银行于装运月份前××天开立并送达卖方不可撤销的见票后30天付款的信用证，有效期至装运月份后第15天在中国议付。

The buyer shall open though a bank acceptable to the seller an irrevocable letter of credit at 30 days' sight to reach the seller ×× days before the month of shipment, valid for negotiation in China until the 15th day after the month of shipment.

二、不同支付方式的结合使用及其合同条款

1.汇付与信用证结合

汇付与信用证结合是指部分货款采用信用证，余款采用汇款的方式。例如，一些大

宗的初级产品交易，买卖合同中规定90%的款项以信用证结算，其余10%的款项在货物到达目的港后，按实际交运货物数量确定余款金额，并以汇付的方式支付。另外，在信用证结算，并预付定金的方式下，需要通过汇付的方式预付定金，余款以信用证方式结算。

【个案讨论】

我某进出口公司（简称N公司）在广州进出口商品交易会上结识希腊某客户（简称A公司），经过反复磋商就腈纶拉舍尔毯达成一笔合同，付款方式50%信用证、50%电汇。第一笔合同顺利执行，N公司及时收回货款。待下一次销售季节来临时，希腊A公司来传真希望与N公司继续合作，N公司复函表示愿意与A公司建立长期的业务关系。经过一段时间的传真往来，双方再次达成一笔合同，成交腈纶拉舍尔毯3 200条，成交价为USD15.00/条 CFR 比雷埃夫斯，装期11月底之前，付款方式为1/3电汇作为定金，N公司在收到这部分货款后再开始安排生产，另1/3货款在N公司投产后通知A公司，再电汇给N公司，最后1/3货款用不可撤销的即期信用证支付。同时N公司了解到A公司要求采取这样的付款方式完全是为了逃避进口关税，考虑到这样的付款方式对我方很安全，再者以前也曾这样做过，N公司就与A公司签订了第二笔合同。

为了保证按时交货（该商品属季节性商品），N公司与国内某一生产厂家签订购货合同，工厂按合同约定备货。

10月12日，N公司发传真催促A公司电汇第一笔1/3货款，A公司回复款即付。

10月17日，N公司发现款还未到账，再次传真催问并要求A公司将汇款底单传真过来以便到中国银行查询。

10月19日，由于传真催问未果，N公司不得不电话催问，客户告知款确确实实已汇，并要求N公司相信他们，并将汇单申请传真过来。

10月25日，N公司通知客户为了保证按时交货现已投产，催促A公司将第二笔电汇款汇出。

10月26日，A公司回复第一笔电汇款正在查询，第二笔已经汇出。

11月5日，A公司的最后1/3货款的不可撤销的即期信用证开抵N公司，装运期11月底，有效期12月15日，提单日后15天交单议付。

11月15日，国内工厂通知3 200条拉舍尔毯全部备妥，请求结算货款。

11月30日，在两次电汇款未到的情况下，信用证的装运期日渐临近，为了不造成新的库存，同时本着对A公司的信任，将该批毯子于11月30日装上“金河”轮，驶往比雷埃夫斯港。

12月2日，N公司拿到船公司签发的提单日为11月30日的清洁已装船提单，同时通知A公司货已发出，速告知电汇款查询结果。

12月15日，N公司在万般无奈的情况下将全套装运单据提交银行议付。

此案的结果是N公司仅仅收回信用证项下1/3货款，损失惨重。后来通过中国驻希腊使馆了解到第一笔电汇款申请后A公司撤销了，在知道已投产的情况下，第二笔电汇款根本没有申请办理。为了骗取N公司的信任，在没有任何提醒的情况下，A公司主动开出仅1/3货款的信用证。

讨论：在本案例中，我方公司失误之处体现在哪些方面？

资料来源　杨金玲．如何把握灵活的付款方式［J］．对外经贸实务，2002（7）．

2.汇付与托收相结合

汇付与托收相结合指的是汇付与付款交单托收相结合。汇付与付款交单托收相结合主要是出口商为了收汇更有保障，有时也为了加速资金周转，出口人在采取托收方式收款的同时，要求进口人在货物发运前使用汇付方式预付一定金额的定金作为保证，或一定比例的货款，在货物发运后，当出口人委托银行办理跟单托收时，在托收全部货款中将已预付的款项扣除。如托收金额被拒付，出口人可将货物运回，并以预收的定金或货款来抵偿运费、利息等一切损失。合同条款示例如下：

凭以电汇（或信汇）汇给卖方总金额××的预付货款（或定金）装运，汇款时列明合同号×××，其余部分货款以托收方式即期付款，付款后交单。

Shipment to be made subject to an advanced payment（or down payment）amounting ×× to be remitted in favour of sellers by telegraphic transfer（or mail transfer）with indication of S/C No.××× and the remaining part on collection basis， document will be released against payment at sight.

3.信用证与托收相结合

信用证与托收相结合是指不可撤销信用证与付款交单托收两种结算方式的结合。具体做法是一笔交易的部分货款以信用证的方式付款，其余货款以付款交单托收的方式结算。出口人在收到信用证后审核无误并装船出运后，签发两张汇票，一张用于信用证项下的部分货款的光票收款，另一张随附全部规定的货运单据，用于即期或远期跟单托收。这种做法对进口人来说，可以减少开证金额，少付开证押金，少垫资金；对出口人来说，托收部分的款项虽然有一定的风险，但因为有部分信用证的保证，而且货运单据在信用证内规定随附跟单托收的汇票，开证行须俟全部货款付清后方能向进口人交单，因而收汇还是比较有保障的。合同条款示例如下：

买方须在装运月份前××天开立不可撤销信用证并送达卖方，规定××%发票金额凭即期光票支付，其余××%金额用跟单托收方式（即期或远期）付款交单。全套货运单据附于托收项下，在买方付清发票的全部金额后交单。如果买方不能付清全部发票金额，则货运单据须由开证行掌握，凭卖方指示处理。

Payment by irrevocable letter of credit to reach the seller ×× days before the month of shipment stipulating that ××% of the invoice value is available against clean draft at sight， while the remaining ××% against the draft（at sight or at ×× days after sight）on collection basis the full set of shipping documents shall accompany the collection draft and shall only be released after full payment of the invoice value if the buyer fail to pay the full invoice value， the shipping documents shall be held by the issuing bank at the seller's disposal.

4.托收与银行保函或备用信用证相结合

跟单托收对出口商而言，有一定的风险。如果在使用跟单托收时，结合使用备用信用证或者银行保函，由开证银行或担保银行进行担保，则出口商的收款就能基本得到保障。具体做法是，出口商在收到符合合同规定的备用信用证或银行保函后，就可凭光票与声明书向银行收回货款。条款示例如下：

即期付款交单付款，并以卖方为受益人的总金额为××的银行保函担保，银行保函应载有以下条款：如×××号合同项下跟单托收的汇票付款人不能在预定日期付款，受益人有权在本银行保函项下凭其汇票连同一份列明×××号合同的款项已被拒付的声明书支款。

Payment available by documents against payment at sight with a letter of guarantee issued by a bank in favour of the seller for an amount of ××，The letter of guarantee should bear the following clause：“In case the drawee of the documentary collection under S/C No.××× fail to honour the payment upon due date， the beneficiary has the right to draw under this L/G by their draft with a statement stating the payment on S/C No.××× being dishonored”.

5.多种结算方式的结合

在国际贸易中，大型机械、成套设备、飞机与轮船等大型交通工具的交易往往采用两种甚至两种以上的不同方式进行结算。这是因为，这些交易具有金额大、制造生产周期长、检验手段复杂、交货条件严格以及产品质量保证期限长等特点，很难仅凭单一的结算方式进行结算，一般采用汇付与银行保函或备用信用证结合的方式，通过分期付款或延期付款的方式予以付款。

（1）分期付款（pay by installments）

在机电产品、成套设备、船舶和其他大型工程项目的交易中，出口方按进口方要求设计和制造产品，且成交金额较大，往往采用分期付款的方式：买方通过汇付的方式预交部分定金，其余货款按工程进度或交货进度，通过即期信用证或者托收的方式分若干期支付，在货物交付完毕时付清或基本付清。这种形式，买方在交货前预付了部分货款，故通常由卖方向买方提供银行保函或备用信用证，若卖方不能如期交货或不能交货，则由银行负赔偿责任。

（2）延期付款（deferred payment）

类似交易中，若买方要求卖方予以资金融通，可采用延期付款方式。买卖双方签约后，买方一般要通过汇付的方式预付小额定金，也可按工程进度或交货进度分期支付部分货款，但大部分货款是在交货后若干年内分期偿还。通常由买方向卖方提交银行保函或备用信用证，延期支付的那部分货款，实际上是卖方向买方提供的商业信贷，因此，买方应承担延期付款的利息。若买方不能按期支付货款本息，则由银行负责偿还。这种延期付款，也可以通过采用远期信用证进行支付。

分期付款与延期付款的区别：

（1）货款清偿程度不同

采用分期付款时，货款是在交货时付清或基本付清；而采用延期付款时，大部分货款是在交货后一个相当长的时间内分期摊付。

（2）所有权转移时间不同

采用分期付款时，只要付清最后一笔货款，货物所有权即转移给买方；而采用延期付款时，货物所有权一般在交货时转移。如果卖方交货后，买方不履行付款义务，卖方只能依法要求偿付货款，而不能恢复对货物的所有权。

(3) 资金负担不同

采用分期付款时，卖方尚未交货，买方即分期付款，在卖方交货时，货款已基本付清，因而在一定程度上是卖方利用了买方的资金；而采用延期付款时，卖方交货在先，买方货款分期支付在后，等于买方利用了卖方的资金，所以买方需要向卖方支付利息。

本章要点

票据是国际通行的结算和信贷工具，是可以流通转让的债权凭证，是国际贸易中最主要的支付工具，分为汇票、本票和支票三种。其中，汇票在国际贸易中应用最为广泛。汇票是一个人向另一个人签发的，要求即期或在将来的固定时间或可以确定的时间对某人或其指定的人或持票人支付一定金额的无条件的书面支付命令。汇票的使用有出票、提示、承兑、付款等步骤，如果需要转让，还须经过背书；如果被拒付，则可以行使追索权进行追索。汇票从不同的角度可以进行不同的分类，在国际贸易中使用最广的是商业跟单汇票。本票是出票人签发的，承诺自己在见票时无条件支付确定金额给收款人或者持票人的票据。支票则是出票人签发，委托办理支票存款业务的银行或者其他金融机构在见票时无条件支付确定的金额给收款人或持票人的票据。

国际贸易中常见的支付方式有汇付、托收和信用证三种。汇付属于顺汇，属于商业信用；托收和信用证属于逆汇，托收属于商业信用，信用证则属于银行信用。汇付是债务人或付款人通过银行，将款项汇交收款人的结算方式。其优点是手续简便，付款快捷，但由于在资金负担、风险承担等方面买卖双方极端不均衡，因而在国际贸易中使用受到一定限制。托收是债权人（出口方）委托银行向债务人（进口方）收取货款的一种结算方式。在托收结算方式中，跟单托收的付款交单，尤其是即期付款交单，对出口商而言，风险相对较小，因而应用较多。在远期付款交单的情况下，买方有可能得到借单的便利，等于获得了银行的资金融通，因而受到买方的欢迎。托收方式风险较大，对于双方来讲，资金负担也不平衡，但由于费用较低，手续简便，在进口商资信较好、风险控制得当的情况下，可以作为一种非价格竞争手段在贸易中使用。

信用证是银行出具的一种有条件的付款保证，是开证银行根据开证申请人的请求和指示，或为其自身需要，向受益人开立的，在符合信用证条款的条件下，凭规定的单据保证付款的凭证。信用证的特点体现在：信用证是一种银行信用，是一种自足的文件，是一种单据业务。信用证对买卖双方都提供了保证作用，并能够提供资金融通，是国际贸易中应用最为广泛的结算方式。信用证的种类繁多，根据不同的贸易情形，可以使用不同的信用证。在国际贸易中，使用最广的信用证是不可撤销的跟单信用证。所谓不可撤销，是指信用证一经开出，在有效期内，未经受益人、开证人及保兑行（如果有）的同意，开证行不得片面修改或撤销信用证的规定和承诺。在实际业务中，根据对资金需求的程度，可以选择即期、远期或假远期信用证；为了融资或便利交易，还可以选择使用可转让信用证、背对背信用证、循环信用证、对开信用证、红条款信用证、备用信用证等。

国际保理是近年来新发展起来的一种综合性的贸易支付方式，是国际贸易中以托收、赊账方式结算货款时，出口方为了避免收汇风险而采用的一种请求第三者承担风险责任的做法。在保理业务中，由保理商购买出口商（供应商）以发票表示的对债务人的应收账款，并负责信用销售控制、销售分户账管理和债款回收、坏账担保和贸易融资等。

为了明确付款责任，在贸易合同中，应当就支付问题作出明确规定。支付条款通常包括支付货币、支付金额、支付时间、结算方式等内容。汇付、托收、信用证等各种支付方式，各有利弊，在国际贸易中，有时可以采用单一的支付方式支付货款，也可以将两种或两种以上的支付方式结合起来，这就需要在合同中作出明确规定。

单元自测

一、单项选择

1.汇票是由（　　）签发的，命令付款人在见票时或者在指定日期无条件支付确定金额给收款人或者持票人的票据。

A.承兑人　　B.收款人　　C.出票人　　D.付款人

2.国际贸易中使用的票据主要有汇票、本票和支票，其中（　　）使用最多。

A.汇票　　B.本票　　C.支票　　D.汇票和本票

3.商业汇票是指汇票的（　　）为商业企业的汇票。

A.受票人　　B.受款人　　C.付款人　　D.出票人

4.汇票的抬头做成指示样式，说明（　　）。

A.汇票不能通过背书转让　　B.汇票无须通过背书即可转让

C.仅能由银行转让　　D.须经过背书方能转让

5.出票人签发支票时，应在付款银行存有不低于票面金额的存款。如果存款低于票面金额，这种支票被称为（　　）。

A.空头支票　　B.划线支票　　C.现金支票　　D.转账支票

6.国际贸易的货款结算可以采用多种支付方式，其中建立在银行信用基础上的方式是（　　）。

A.电汇　　B.票汇　　C.托收　　D.信用证

7.付款人对向其提示承兑的汇票，应当自收到提示承兑的汇票之日起（　　）日内承兑或者拒绝承兑。

A.2　　B.3　　C.5　　D.7

8.托收是出口人委托并通过银行收取货款的一种支付方式，在托收方式下，使用的汇票是（　　）。

A.商业汇票，属于商业信用　　B.银行汇票，属于银行信用

C.商业汇票，属于银行信用　　D.银行汇票，属于商业信用

9.托收的优点不包括（　　）。

A.进口人可免去申请开立信用证的手续，不必预付银行押金

B.属于银行信用，出口人能安全、及时收汇

C.有利于资金融通和周转，增强出口商品的竞争力

D.减少费用支出

10.根据UCP 600的规定，若信用证没有特别说明，则信用证（　　）。

A.未注明“Transferable”字样或条款，即为可转让信用证

B.未注明“Irrevocable”字样，即为可撤销信用证

C.未注明“Confirmed”字样，即为不保兑信用证

D.未注明是否即期付款，即为远期付款信用证

11.在托收方式下，对出口商来说，风险最小的是（　　）。

A.D/P 90天　　B.D/A 60天　　C.D/P 30天　　D.D/P即期

12.使用L/C、D/P和D/A三种支付方式结算货款，就卖方的收汇风险而言，从小到大依次排序为（　　）。

A.D/P、D/A和L/C　　B.D/A、D/P和L/C

C.L/C、D/P和D/A　　D.L/C、D/A和D/P

13.在一笔出口业务中，付款方式采用信用证和D/P即期各半，为收汇安全，应在合同中规定（　　）。

A.开两张汇票，各随附一套等价的货运单据

B.开两张汇票，信用证项下采用光票；托收项下采用跟单汇票

C.开两张汇票，信用证项下采用跟单汇票；托收项下采用光票

D.开两张汇票，单据直接寄给买方供其提货

14.在下列托收业务中，进口商可凭信托收据向银行借单提货的是（　　）。

A.D/P at sight　　B.D/P after sight

C.D/A　　D.L/C远期

15.信用证的“相符”原则，是指（　　）。

A.单据与合同相符　　B.单据与信用证相符

C.信用证与合同相符　　D.单据与货物相符

16.关于保兑信用证，表述正确的是（　　）。

A.保兑行对保兑信用证承担的是第一性的付款义务

B.保兑行对保兑信用证承担的是第二性的付款义务

C.使用了保兑信用证，受益人的收款就可以万无一失了

D.保兑行在开证行破产倒闭的情况下才予以付款

17.关于信用证，开证行是主债务人，其对（　　）负有不可推卸的、独立的付款责任。

A.付款人　　B.受益人　　C.代理行　　D.解付行

18.来料加工和补偿贸易中常常使用的信用证是（　　）。

A.可转让信用证　　B.对开信用证

C.背对背信用证　　D.预支信用证

19.某信用证每次用完一定金额后即可自动恢复到原金额使用，无须等待开证行的通知，这份信用证是（　　）。

A.非自动循环信用证　　B.半自动循环信用证

C.自动循环信用证　　D.按时间循环信用证

20.信用证修改通知书的内容在两项以上者，受益人（　　）。

A.要么全部接受，要么全部拒绝　　B.可选择接受

C.必须全部接受　　　　　　　　　　D.只能部分接受

21.买卖双方以D/P·T/R条件成交签约，货到达目的港后，买方凭T/R向代收行借单提货，事后收不回货款，则（　　）。

A.卖方自行负担货款损失　　　　　　B.代收行应负责向卖方偿付

C.由卖方与代收行协商共同负担损失　　D.由托收行负责

22.A公司向B公司出口一批货物，B公司通过C银行开给A公司一张不可撤销的即期信用证，当A公司于货物装船后持全套货运单据向银行办理议付时，B公司倒闭，于是C银行（　　）。

A.可以以B公司倒闭为由拒绝付款

B.仍应承担付款责任

C.有权推迟付款，推迟时间可由A、C双方协商

D.无法判断

23.出口商审核信用证时，如有不符点，需要求进口商改证，进口商向开证银行递交改证申请书，开证行将改证后的信用证修改书委托（　　）转交出口商。

A.议付行　　　B.付款行　　　C.通知行　　　D.进口商

二、多项选择

1.在实际业务中，关于远期汇票付款时间的规定有（　　）。

A.见票后若干天付款　　　　　　　B.出票后若干天付款

C.提单签发日后若干天付款　　　　D.指定日期付款

2.对于信用证与合同关系的表述正确的有（　　）。

A.信用证的开立以买卖合同为依据

B.信用证的履行不受买卖合同的约束

C.有关银行只根据信用证的规定办理信用证业务

D.合同是审核信用证的依据

3.托收方式下的D/P和D/A的主要区别是（　　）。

A.D/P属于跟单托收；D/A属于光票托收

B.D/P是付款后交单；D/A是承兑后交单

C.D/P是即期付款；D/A是远期付款

D.D/P不需要承兑；D/A需要承兑

4.进口商必须在付清货款后才能取得货运单据，这种结算方式是（　　）。

A.光票托收　　　　　　　　　　　B.即期付款交单

C.远期付款交单　　　　　　　　　D.付款交单凭信托收据借单

5.某公司分别以D/P at 90 days after sight和D/A at 90 days after sight两种支付条件对外出口了两批货物，关于这两笔业务，下列叙述正确的有（　　）。

A.前者是进口人在到期日付清货款才可取得货运单据，后者是进口人在见票时承兑后即可取得货运单据

B.前者没有遭进口人拒付的风险，而后者存在这种风险

C.前者的风险比后者大

D.后者的风险比前者大

6.在支付方式中，信用证方式、付款交单（D/P）与承兑交单（D/A）、发货后付款等这些结算方式中，对卖方来讲风险相对小的方式是（　　）。

A.信用证　　B.D/P　　C.D/A　　D.发货后付款

7.以下属于信用证结算方式特点的有（　　）。

A.由银行信用做担保　　B.独立的文件

C.只管单据　　D.不可转让

8.信用证上如未明确付款人，则制作汇票时，受票人不应该写成（　　）。

A.开证申请人　　B.开证银行　　C.议付银行　　D.受益人

9.下列关于可转让信用证，表述正确的有（　　）。

A.信用证上必须有可转让字样，才能进行转让

B.可转让信用证的转让，可以由通知行进行

C.可转让信用证只能转让一次，所以不能由第二受益人转让给第一受益人

D.可转让的内容在进行转让时不得修改

10.关于假远期信用证，表述正确的有（　　）。

A.受益人开具远期汇票

B.受益人开具即期汇票

C.受益人开具的远期汇票利息及贴现费用由受益人负担

D.受益人开具的远期汇票利息及贴现费用由开证申请人负担

11.对于信用证与合同关系的表述正确的有（　　）。

A.信用证的开立以买卖合同为依据

B.信用证的履行不受买卖合同的约束

C.有关银行只根据信用证的规定办理信用证业务

D.合同是审核信用证的依据

12.在承兑交单方式下，如果托收单据中附有汇票，则应要求付款人在汇票上进行承兑，承兑的内容一般应包括（　　）。

A.“承兑”字样　　B.承兑日期或到期日

C.付款条件　　D.承兑人签字

13.出票是指出票人签发汇票并将其交给收款人的行为，通常在收款人一栏中有三种填写方式，即（　　）。

A.记名抬头　　B.持票人或来人抬头

C.限制性抬头　　D.指示性抬头

三、判断

1.提示承兑是指持票人向付款人出示汇票，并要求付款人承诺付款的行为。（　　）

2.汇票未按照规定期限提示承兑的，持票人丧失对其前手的追索权。（　　）

3.汇付是付款人主动通过银行等将款项交收款人的支付方式，所以属于商业信用，而托收通常由银行托收，因此它属于银行信用。（　　）

4.汇付是顺汇，其结算工具的流向与资金流向相同。（　　）

5.D/A方式下既可以使用即期汇票也可以使用远期汇票，但只能是商业汇票。（ ）

6.追索（recourse）是指汇票等票据遭到拒付时，持票人要求其前手背书人、出票人、承兑人或其他的汇票债务人清偿汇票金额及有关费用的行为。（ ）

7.一张商业汇票上的收款人是："仅付给ABC有限公司"（Pay to ABC Co.，Ltd. only），这种汇票不能转让。（ ）

8.D/P after sight与D/A都需办理承兑手续，对于卖方来讲，承担的风险是一样的。（ ）

9.在受益人向保兑行议付之后，如果发生开证行倒闭或拒付，保兑行可以向受益人追索。（ ）

10.信用证是开证申请人与受益人之间的一项契约。（ ）

11.受益人对于信用证修改通知书中的修改内容，可以部分接受，部分拒绝。（ ）

12.背对背信用证与可转让信用证一样，其权利的转让要以原证的开证申请人和开证行的准许为前提。（ ）

13.开证行在得知开证申请人将要破产的消息后，仍需对符合其所开立的不可撤销信用证的单据承担承兑、付款的责任。（ ）

14.信用证是一种没有风险的付款方式。（ ）

关键术语

票据　汇票　商业汇票　银行汇票　光票　跟单汇票　即期汇票　远期汇票　商业承兑汇票　银行承兑汇票　出票　提示　承兑　背书　空白背书　记名背书　限制性背书　拒付　追索权　本票　支票　顺汇　逆汇　汇付　电汇　信汇　票汇　托收　金融单据　商业单据　光票托收　跟单托收　付款交单（D/P）　承兑交单（D/A）　信托收据　信用证　信开信用证　电开信用证　议付　跟单信用证　光票信用证　不可撤销信用证　保兑信用证　即期信用证　远期信用证　假远期信用证　可转让信用证　背对背信用证　循环信用证　对开信用证　红条款信用证　备用信用证　国际保理

思考题

1.何谓汇票？汇票有哪几种？汇票在市场上是怎样流转使用的？

2.加注"不受追索"字样的远期汇票，对其在市场上贴现有何影响？

3.何谓本票？银行本票与商业本票的区别何在？

4.何谓支票？何谓空头支票？出票人对其签发的支票应承担什么责任？

5.汇付的性质与作用如何？

6.何谓托收？其性质、特点与作用如何？

7.在远期付款交单条件下，进口商凭信托收据借单提货，如日后进口商在汇票到期时拒付，收不回货款的责任由谁承担？

8.托收的种类有哪些？

9.什么是付款交单和承兑交单？

10.在国际贸易中采用托收方式进行结算，应注意哪些事项？

11.信用证的性质、特点与作用体现在哪些方面？

12.信用证的主要内容有哪些？信用证的开立形式有哪些？

13.什么是跟单信用证和光票信用证？

14.什么是不可撤销的信用证？

15.什么是远期信用证和延期付款信用证？

16.什么是可转让信用证和不可转让信用证？

17.简述承兑信用证、议付信用证、循环信用证、对开信用证、背对背信用证、预支信用证和备用信用证的含义。

18.简述银行保函的含义和性质。

19.何谓分期付款？何谓延期付款？两者有何区别？

20.在一笔大宗出口交易中，对托收与信用证两种付款方式如何结合使用，才有利于安全收汇？

推荐阅读文献

1.庞红，尹继红，沈瑞年．国际结算［M］．北京：中国人民大学出版社，2016.

2.姚新超．国际结算：实务与操作［M］．北京：对外经济贸易大学出版社，2018.

3.陈岩，刘玲．UCP600与信用证精要［M］．北京：对外经济贸易大学出版社，2007.

4.国际商会．ICC跟单信用证统一惯例（UCP600）［M］．北京：中国民主法制出版社，2006.

案例思考

1.中方某公司收到国外开来的不可撤销信用证，由设在我国境内的某外资银行通知并加以保兑，中方在货物装运后，正拟将有关单据交银行议付时，忽接到该外资银行通知：由于开证行已宣布破产，该行不承担对该信用证的议付或付款责任，但可接受我出口公司委托向买方直接收取货款的业务。对此，你认为中方应该如何处理为好？

2.美国某银行应当地客户的要求开立了一份不可撤销自由议付的信用证，出口地为上海，信用证规定单证相符后，议付行可向美国银行的纽约分行索偿。上海银行议付了该笔单据，并在信用证有效期内将单据交开证行，同时向其纽约分行索汇，5天后议付行收回款项。第二天开证行来电提出单据有不符点，要求退款。议付行经核实，确定本行失误，该不符点成立，但又从受益人得知开证人已通过其他途径（未用提单）将货取走，且受益人现持有该批货物通关的证明。试问，议付行是否可以以受益人提交的通关证明回复开证行拒绝退款？

3.我某出口公司与外商就某商品按CIF、即期信用证付款条件达成一项数量较大的出口合同，合同规定11月装运，但未规定具体开证日期，后因该商品市场价格趋降，外商便拖延开证。我方为防止延误装运期，从10月中旬起即多次电催开证，终于使该外商在11月16日开来了信用证。但由于该商品开证太晚，使我方安排装运发生困难，遂要求对方对信用证的装运期和议付有效期进行修改，分别推迟一个月，但外商拒不同意，并以我方未能按期装运为由单方面宣布解除合同，我方也就此作罢。试分析我方如此处理是否得当。

4.我某公司向美国出口一批货物，信用证中规定20××年10月15日前装运。然而我方在与船公司联系装运时，得知10月15日前无船去美国，我方即要求进口商将船期延至11月15日前装运。进口商来电表示同意船期展延，有效期也顺延一个月。11月10日，我方装船完毕，14日持全套单据向银行议付，遭到银行的拒绝。你认为遭到拒绝的原因是什么？

5.我某公司向国外某客户进口一批钢材，货物分两批装运，支付方式为不可撤销即期信用证，每批分别由中国银行开立一份信用证。第一批货物装运后，卖方在有效期内向银行交单议付，议付行审单后，即向该出口商议付货款，随后中国银行对议付行进行了偿付。我方在收到第一批货物后，发现货物品质不符合合同要求，因而要求开证行对第二份信用证项下的单据拒绝付款，但遭到开证行拒绝。你认为开证行这样做是否有理？

第八章

检验、索赔、不可抗力和仲裁

学习目标

重点掌握：检验机构的种类；检验证书的种类和作用；合同中索赔条款的意义与内容；不可抗力条款的性质与范围；仲裁协议的形式、作用与内容。

一般了解：商品检验的时间和地点的规定方法；我国外贸合同中通用的检验、索赔、不可抗力和仲裁条款内容及规定方法。

能力要求：具备拟订合同检验、索赔、不可抗力、仲裁条款的能力，善于运用不可抗力条款予以免责，并在争议发生后选择合适的国际贸易争端解决方式来解决贸易纠纷。

意识培养：培养贸易争端防范意识，通过在合同中完备相关条款，避免贸易争端的发生。

第一节　商品检验

商品检验（inspection of commodity）也被称作货物检验（inspection of goods），是指按照国家有关法律、法规和国际货物买卖合同的规定，对进出口商品的质量、数量、规格、重量、包装、安全性能、卫生条件等项目实施检验和公证鉴定，以确定其是否与买卖合同和有关规定相一致。

商品检验是国际货物贸易中一个不可缺少的重要环节。

一、进出口商检的意义与作用

1.进出口商品检验的意义

（1）商检是双方交接货物过程中必不可少的环节

国际贸易中，卖方所交货物的品质、数量、包装等必须符合合同规定，因而在买卖双方交接货物过程中，对商品进行检验并出具检验证书，是一个不可缺少的环节。

在国际货物贸易中，买卖双方的距离比较远，一般很难当面检验和查看所交货物，也不能当场进行货款结算，而且货物还可能存在因长途跋涉而发生残损、短缺的风险。为了查明损失发生的原因，分清有关当事人的责任，以便于事后妥善处理相关事宜，需要由有资格的、权威的、独立于买卖双方利益冲突之外的第三者，即专业的检验检疫机构负责对卖方交付的货物进行检验、鉴定并对检验、鉴定的结果出具证书，作为买卖双方交付货物、结算货款、索赔和理赔的依据。

商品检验不仅有助于出口商保证出口商品的质量，增强产品的国际市场竞争力，扩大出口贸易，提高经济效益，而且已经成为把好进口商品质量关，维护进出口商合法权益的一项重要措施，从而构成买卖双方签订贸易合同的一项必不可少的内容。对此，各国都非常重视，纷纷通过立法和颁布法令的形式作出规定。

（2）商检机构出具的检验证书，是国际贸易中买卖双方交接货物、结算货款、索赔和理赔的主要依据

检验证书是由商检部门签发的，是证明商品检验结果的书面文件。检验检疫机构对进出口商品鉴定或检验检疫后，依据不同的检验结果或鉴定项目签发的各种检验证书、鉴定证书或其他证明书，统称为检验证书。虽然商品检验可以由买卖双方自己进行，但由贸易方自行检验出证的做法极为少见，更多的是由第三者检验并出证。这是由于，在国际贸易中，大多数场合下买卖双方不是当面交接货物，而且在长途运输和装卸过程中，有可能因各种风险和承运人的责任而造成货损。为了便于分清责任，确认事实，往往需要由权威的、公正的商检机构对商品进行检验并出具检验证书以资证明。这种由商检机构出具的检验证书，已成为国际贸易中买卖双方交接货物、结算货款、索赔和理赔的主要依据。

（3）法律规定买方具有对货物的检验权

检验权是指卖方或买方有权对交易的货物进行检验，检验结果即作为交付与接受货物的依据。对此，各国法律和《联合国国际货物销售合同公约》都对买方的检验权作了相似的规定：除非合同另有规定，当卖方履行交货义务以后，买方有权对货物进行检验，如果发现货物与合同规定不符，而且确属卖方的责任，买方有权拒收，并进行索赔。

在国际贸易中，买方对货物的接收包括两层含义：一是收取货物；二是接受货物。国际上一般都承认买方在接受货物以前，有权检验货物，即买方收取货物，并不等于买方已经接受了货物。如果买方收到货物后经检验，认为与合同规定不符，可以拒收货物。除非合同有相反的规定，买方应当有一个合理机会对货物进行检验。除遇到下列情况之一，否则，买方的复验权是不可剥夺的：

①双方在合同中已作出明确的规定，货物的品质及数量以卖方或其指定的商检机构出具的合格证书作为最后依据；

②买方在收到货物后，已对货物作出同卖方的所有权相抵触的行为（如出售、使用、抵押等）；

③买方收到货物后未能在规定的检验时间内，或者合同虽未规定此项检验时间，却未能在合理时间内进行检验。

2.进出口商品检验的作用

进出口商品检验工作在一国对外经济贸易中具有重要的地位。在我国，随着改革开放和经济不断发展，对外贸易不断扩大，进出口商品的检验对保证国民经济的快速发展，维护社会公共福利和进出口贸易有关各方面的合法权益，促进对外经济贸易关系的进一步发展起到了积极作用，主要表现在：

（1）进口中搞好商检，可以保证进口物资的品质、数量，保证做到安全生产，保障消费者的利益；

（2）出口中搞好商检，可以保证出口商品质量，严格履行重合同、守信誉的原则，提高我国商品在国际市场上的信誉，为国家多创外汇；

（3）提高索赔、理赔质量，处理好贸易各方关系，打破发达国家的检验垄断权。

商品检验不仅有助于保证和提高商品的质量，增强国际市场竞争力，扩大出口贸易，进一步提高企业的经济效益，而且它越来越成为把好商品质量关、维护进出口商和国家利益的重要措施，已经成为买卖双方签订贸易合同的一项不可缺少的内容。

二、商品检验的内容和程序

1.内容

商品检验，又称货物检验，是指在国际货物买卖合同中，对卖方交付给买方的货物的质量、数量、包装、装运技术条件、是否在装卸货物中发生残损或短缺等进行鉴定，以明确事故的起因和责任的归属。根据《中华人民共和国进出口商品检验法》（简称《商检法》）的规定，进出口商品检验的内容主要包括品质、数量、重量、包装、卫生、检疫等。

2.程序

进出口商品检验程序一般由接受报验、抽样、检验和签证四个步骤组成。

（1）接受报验

报验指的是报验人即对外贸易关系人，一般包括出口商、供货商、进口商、用货部门、运输和保险契约有关部门等，向商检部门提出检验申请，是商品检验的必办手续。根据具体情况需要，分为以下三种做法：

①进口检验申请。由报验人填写“进口检验申请单”，并附上买卖合同、发票、海运提单申请报验。在通过铁路、航空或邮政运输时，要提供相应的运单、装箱单、品质证书、外运通知单。货物如果是由货运部门验收的，应附上验收记录等资料。进口货物如有损坏或短缺，应附有理货公司和轮船大副共同签署的货物残损报告单、大副的批注或铁路商务记录等有关证明材料。最晚的报验时间不得晚于对外索赔有效期的1/3时间。

②出口检验申请。由报验人填写“出口检验申请单”，并且提供相关的买卖合同、信用证、来往函电等证件和资料。报验时间一般在发运前7~10天，如果报验单位与商检部门不在同一地的话，时间应为发运前的10~15天。

③ 委托检验。由报验人填写“委托检验申请单”，并应亲自送样本。

在报验人提出进口检验申请、出口检验申请，或者委托检验申请之后，检验检疫机构接受申请，然后就可以根据情况进行检验了。

（2）抽样

抽样是检验的基础，只有有了科学的抽样才能作出正确的检验。除委托检验以外，一般不得由报验人直接送样，而是由商检部门在接受报验后，派抽样员赶赴存货现场自行取样。取样时，应按照已经约定好的方法和比例从存货的不同部分抽取一定数量的，并且应该是能够代表整批货物质量的样品供检验之用。最后，在取样完毕以后由取样员当场亲自签发“取样收据”。

（3）检验

检验是商检部门的中心工作，是产品检验程序四步骤中的核心环节，必须做到准确、迅速，否则会直接影响到检验结果的准确性和有效性。因此，商检部门在接受报验后要认真负责地研究报验项目，确定报验的具体内容，按照检验的依据和合同中对品质、规格、包装的规定以及规定的检验标准和检验方法对商品进行检验。

(4) 签发证书

签发证书是商品检验的最终环节，是检验机构对进出口商品检验和鉴定的结果所作出的一种证明，采用证书形式。在国际贸易中，检验证书起着公证证明的作用，作为买卖双方交接货物、结算货款以及进行索赔和理赔的主要依据之一，同样也是通关、征收关税或实施关税优惠的有效凭证。因此，它要求所载事实清楚，论证严谨、准确、周密。商检部门根据法律、法规及合同或包括信用证的规定，对进出口商品进行检验，签发商检证书。

三、合同检验条款的内容

进出口商品检验条款的主要内容包括：检验时间和地点、检验机构、检验证书、关于买卖合同中检验条款的具体规定、检验标准与检验方法等。

1.检验时间与地点

《联合国国际货物销售合同公约》（简称《公约》）等规定的买方检验权，是一种法定的检验权，即承认买方在接受货物前有权检验货物，它服从于合同的约定，但在何时何地进行检验，各国的做法不一，没有明确的规定。而货物的检验权直接关系到买卖双方在交接过程中的权利与义务，因此，为了明确权利与义务，买卖双方通常都在合同中对如何行使检验权的问题作出规定，即规定检验的时间和地点。检验的时间和地点直接关系到买卖双方的利益，直接涉及检验权、检验机构以及有关索赔等方面的问题。

在国际货物买卖合同中，关于检验时间和地点的规定主要有以下五种做法：

(1) 在出口国产地检验

在产地检验，即在货物离开生产地点（如工厂、矿山、农场等产地）之前，由卖方或其委托的检验机构人员或买方的验收员或买方委托的检验机构人员对货物进行检验或验收。由买卖合同中规定的检验机构出具的检验证书，作为卖方所交付货物的品质、数量等项内容的最后依据。在这种情况下，卖方只承担商品在离厂前的主要责任，至于运输途中的品质、数量等的变化风险，均由买方承担，即在货物离开产地之前所进行检验或验收为止的责任，由卖方承担。

(2) 在装运港（地）检验

装运前或装运时在装运港或装运地检验，即以离岸质量、重量或数量为准。按此规定，卖方出口的货物在装运港装船前，由买卖双方在合同中确定的检验机构检验，出具产品品质、数量、包装等检验证书，作为卖方交货的品质、数量等的最后依据。货物抵达目的港或目的地后，买方也可自行检验，但原则上已经不能向卖方提出任何异议或索赔，除非买方可以证明，商品到达目的地时变质或短缺数量是由于卖方没有严格履行合同规定的商品品质、数量或包装等义务，或是由于一般检验无法发现的瑕疵所造成的。这种检验方法一般意味着买方无权复验，对买方极其不利，即货物运抵目的港或目的地后，买方如果再对货物进行复验时，即使发现问题也无权表示拒收或提出任何异议和索赔。

(3) 目的港（地）检验

目的港（地）检验即在目的港或目的地卸货后检验，也就是以到岸质量、重量或数量为准。按此规定，在货物到达目的港或目的地卸货以后的一定时间内，由双方在合同中约定的目的港或目的地的检验机构进行检验，该机构出具的检验证书作为确定交付货物质量、重量或数量的依据。如密封包装的商品，或者规格复杂、精密度极高的商品，不便在装运港或装运地检验，而要在货物运抵目的港或目的地后方可检验。如发现商品的质量或数量与合同不符系属卖方责任时，买方可向卖方提出索赔或按照双方事先约定好的方法进行处理。

（4）买方营业处所或最终用户所在地检验

这一检验做法是将检验延伸或推迟至货物运抵买方营业处所或最终用户所在地后的一定时间内进行，对于一些不便在目的港或目的地卸货的货物（如密封包装货物或大型的机械设备等）都有好处。它需要将检验的时间和地点延伸到用户所在地，由合同规定的检验机构在规定的时间内进行检验，并以检验机构出具的检验证明书作为交付货物的质量和数量依据。

（5）出口国检验，进口国复检

这种做法是以装运港或装运地的检验证书为卖方交货的依据，货物运到目的地或目的港后买方享有复验权。按此规定，货物应于装运前由双方约定的装运港或装运地的检验机构进行检验，其检验证书作为卖方要求买方支付货款，要求银行支付、承兑或议付时提交的单据之一。在货物运抵目的地或目的港卸货之后的一段时间内，买方享有复验权。如果经约定的检验机构检验后发现与合同不符，并证明了不符情况是由于卖方的差错所导致而不属于承运人或保险公司的责任范围时，买方有权在规定的时间内凭借复验证书向卖方提出索赔。

上述各种做法各有特点，应视具体商品的交易性质而定。第一、二种做法对买方极其不利，因为卖方只承担离厂前或在装运港前的责任。第三、四种做法，实际上是卖方承担货品质量、重量或数量的责任。如果商品在品质、重量或数量等方面存在的不符问题属于卖方责任时，买方有权凭借检验机构出具的检验证书向卖方提出索赔。由此可见，这两种做法不利于卖方。第五种做法则兼顾了买卖双方的利益，在一般情况下对买卖双方较为合理，符合国际上一般的贸易惯例和规则，因此在国际上得到了广泛的应用。

2.检验机构

检验机构或称商检机构，一般是指接受委托对国际贸易的商品进行检验和公证鉴定的专业机构。在国际贸易中，担任商品检验工作的是商品检验的公证机关。所谓公证机关是指与买卖双方均无直接利害关系的第三者，以其专门技术和公正的态度，为顾客提供商品检验服务。这种机关有的是属于国家设立的，有的是属于私人设立的服务性企业组织，也有的是在行业工会内设立的专业检验机构。

（1）国际上的商品检验机构

在国际贸易中，从事商品检验的机构种类繁多，名称各异，有的被称为公证行、宣誓衡量人，也有的被称为实验室。国际上的检验机构，从组织的性质来分，有官方的，也有民间私人或社团经营的。官方检验机构只对特定商品（粮食、药物等）进行检验，如美国食品和药物管理局（FDA）。国际贸易中的商品检验主要由民间机构承担，民间商检机构具有公证机构的法律地位，比较著名的有：瑞士通用鉴定公司（SGS）、日本海外货物检查株式会社（OMIC）、美国担保人实验室（UL）、英国劳埃氏公证行（Lloyd's Surveyor）、法国船级社（BV）以及中国香港天祥公证化验行等。从经营的业务范围来分，有综合的、专业的，也有局限于检验特定商品的。

（2）我国的商品检验机构及其基本任务

和许多国家一样，中国的进出口商品检验是由专门的检验机构进行的。在1998年国务院机构改革中，原国家商检部门——中国进出口商品检验局并入新组建的国家出入境检验检疫局（同时并入的还有原农业部的出入境动植物检疫局和原卫生部的国境卫生检疫局，简称“三检合一”）。2001年，国务院决定将国家质量技术监督局与国家出入境检验检疫局合并，组建国家质量监督检验检疫总局（简称国家质检总局）。2018年3月，国务院实行机构改革，在原有的工商管理总局、质量监督检验检疫总局、食品药监总局的基础上组建国家市场监督管理总局。质量监督检验检疫总局的相关职责将逐步转移至国家市场监督管理总局。

国家市场监督管理总局将承担过去由质量监督检验检疫总局主管的全国质量、计量、出入境商品检验、出入境卫生检疫、出入境动植物检疫和认证认可、标准化等工作，并行使行政执法职能。

除国家市场监督管理总局及其分支机构外，还有各种专门从事动植物、食品、药品、船舶、计量器具等检验的官方检验机构从事商品检验工作。

我国新《商检法》规定，我国出入境商检机构在进出口商品检验方面的基本任务有三项：

第一，法定检验。它是指出入境检验管理部门根据《商检法》等法规的具体规定，对属于法定检验范围的商品或有关的检验检疫事项进行强制性的检验检疫。属于规定检验的出口商品，未经检验合格的不准出口。属于规定检验的进口商品，未经检验不准销售或使用。

法定检验的范围包括：

①列入《商检机构实施检验的进出口商品种类表》（简称《种类表》）的商品的检验；

②根据《中华人民共和国进出境动植物检验检疫法》及其实施细则规定的进出口动植物产品的检验；

③根据《中华人民共和国食品卫生法》规定的进出口食品的检验；

④对有关国际条约规定须经商检机构检验的进出口商品的检验；

⑤对装运出口易腐烂变质食品，冷冻品的船舱、集装箱等运载工具的适载检验；

⑥对其他法律、行政法规规定须经商检机构检验的进出口商品的检验。

我国进行进出口货物检验主要是为了保护人民的健康和安全、保护环境、维护国家安全等。

第二，公证鉴定。它是指经国家质量监督管理机构许可的检验机构可以接受对外贸易关系人或者外国检验机构的委托，办理进出口商品检验鉴定业务，签发检验鉴定证书，作为对外贸易关系人办理进出口商品的交接、结算、报关、纳税、处理争议、索赔等业务的有效凭证。公证鉴定业务是对外贸易人委托检验机构办理的，不具有强制性，这是与法定检验所不同的。

第三，实施监督管理。它是指国家质量监督检验检疫机构委托地方检验检疫机构通过行政和管理手段，对下述三种对象的监督管理：对进出口商品的收货人、发货人的监督管理；对生产、经营、储运单位的监督管理；对经国家质量监督检验检疫机构认可的检验机构和认可的检验人员的监督管理。

3.检验证书

检验证书是由进出口商品检验机构鉴定后出具的检验结果的证明文件。在国际贸易中，检验证书的种类非常繁多。买方具体需要哪种证书，要根据商品的特征、特性、种类、贸易习惯以及政府的有关法律、法规而定。

目前，我国检验检疫机构所签发的商检证书的种类主要有：

（1）品质检验证书（inspection certificate of quality）

它是证明进出口商品质量、规格、等级等实际情况的证明文件，用以证明进出口商品的质量、规格、等级等是否符合合同的规定。

（2）重量检验证书（inspection certificate of weight）

它是实际进出口商品重量的证明文件。其具体内容是货物经过某种计算方法或者计量单位得出的实际重量，用来证明有关商品的重量是否符合合同或有关规定。

（3）数量检验证书（inspection certificate of quantity）

它是实际进出口商品数量的证明文件。其具体内容是货物经过某种计算方法或者计量单位得出的实际数量，用来证明有关商品的数量是否符合合同或有关规定。

（4）包装检验证书（inspection certificate of packing）

它是用来证明进出口商品包装及标志情况的证明文件。进出口商品包装的检验一般列入品质检验证书或重量（数量）检验证书中进行证明，但也可根据需要单独出具包装检验证书。

（5）兽医检验证书（veterinary inspection certificate）

它是证明进出口动物产品（如皮毛、毛类、绒类、猪鬃、肠衣等）经过检验合格的证明文件。

（6）卫生检验证书（sanitary inspection certificate）

卫生检验证书也称健康检验证书（inspection certificate of health），它是证明进出口食品、食用动物产品等可供人类食用的产品经过卫生检验检疫合格的证明文件。该证书用于肠衣、罐头、冻鱼、冻虾、蛋品、乳制品、蜂蜜等。

（7）消毒检验证书（inspection certificate of disinfection）

它是用来证明进出口动物产品经过消毒处理，保证卫生安全的证明文件，适用于猪鬃、马尾、皮张、山羊毛、羽毛、人发等商品。该内容也可列入品质检验证书中。

（8）熏蒸证书（inspection certificate of fumigation）

它是证明出口粮谷、油籽、豆芽、皮张等产品，以及包装用木材和植物性填充物等，已经经过熏蒸的证明文件，主要证明使用的药物、熏蒸的时间等情况。该内容也可列入品质检验证书中。

（9）温度检验证书（inspection certificate of temperature）

它是证明进出口冷冻产品温度的证明文件。如果仅需证明货物温度，不一定要单独的温度检验证书，可将其内容列入品质检验证书中。

（10）残损检验证书（inspection certificate on damaged cargo）

残损检验证书也称残损证书，它是证明进出口产品残损情况的证书，主要为了确定商品的受损情况和对使用、销售的影响，估计损失程度，判断致损原因，作为向发货人或承运人或保险人等有关责任方索赔的有效证件。

（11）船舱检验证书（inspection certificate on tank/hold）

它是证明承运出口商品的船舱清洁、牢固、冷藏效能及其他装运条件是否符合保护承运商品的质量和数量完整与安全的要求的证明文件。

（12）货载衡量证书（inspection certificate on cargo weight & measurement）

货载衡量证书也称衡量检验证书，是证明进出口商品的重量、体积吨位的证书文件。它是计算运费和制订配载计划的依据。

（13）价值证明书（certificate of value）

它主要用于证明发票所列的价格是否真实正确。

上述检验证书是针对不同商品的不同检验项目而出具的。它们所起的作用基本相同，主要体现在下列四个方面：

（1）交接货物。卖方通过提交商检证书，证明所交商品的品质、数量、重量、包装以及卫生条件等符合合同或信用证的规定。

（2）结算货款。检验证书是出口商向进口商或向银行要求付款时必备的单证之一。如果检验证书中所列检验结果与合同或信用证中的规定不符，买方和银行都有权拒绝付款。

（3）通关征税。检验证书是海关通关验收、征收关税的必要证明。凡法律、法规规定实施强制性检验的进出口商品，必须由检验机构进行检验并出证，作为经营进出口业务的检验申请人向海关申报放行的有效法律证件。另外，对于与特定国家和地区的贸易往来中的特定商品，要享受相应的关税减免，也需要以检验证书为依据。

（4）索赔理赔。检验证书是索赔理赔、处理争议的重要依据。交货品质、数量、包装以及卫生条件等符合，或不符合合同或信用证规定的检验证明，是买卖双方处理争议的具有法律效力的有效依据。

【个案讨论】

重量单与净重检验证书是一回事吗

进口方委托银行开出的信用证上规定：卖方须提交“商品净重检验证书”。进口商在收到货物后，发现质量不符，而且卖方仅提供重量单，未提供净重检验证书。买方立即委托开证行向议付行提出拒付，但货款已经押出。事后，议付行向开证行催付货款，并解释卖方所附的重量单即为净重检验证书。

问题：（1）重量单与净重检验证书一样吗？

（2）开证行能否拒付货款给议付行？

4.检验标准与检验方法

检验标准是指检验机构从事检验工作的时候在实体和程序两个方面所具体遵守的标准和尺度，它是检验对象是否符合规定要求的准则。商品检验标准通常有生产国检验标准、国际通用检验标准、进口国检验标准及买卖双方协议标准等。

在我国外贸实践中，对进口商品一般采用按我国有关规定的标准和方法进行检验。对目前尚无标准的，可按照同类商品的标准，或由检验部门和生产部门协商而定。如对方要求按照对方国家标准或者国际标准进行检验时，需相关部门研究后再确定。对进口商品，除合同规定检验标准外，可按照生产国标准、国际通用标准或买卖双方同意的标准和方法进行检验。

根据我国新《商检法》的规定，凡被列入《种类表》中的进出口商品，按照国家技术规范的强制性要求进行检验；没有国家技术规范的强制性要求的，可以按照国家质检机关指定的国外有关标准进行检验；法律、行政法规规定由其他检验机构实施检验的进出口商品或者检验项目，依照有关法律、行政法规的规定办理。

检验方法是指对进出口商品的品质、数量、重量等进行检验时采取的做法，包括抽样的数量及方法。在具体的检验中，常用的方法有感官检验、物理检验、化学检验、微生物学检验等。有些商品，用不同的检验方法可能会得到不同的检验结果，为了避免这种现象的发生，以免买卖双方产生争执，可在合同中对检验方法作出明确的规定。

5. 检验条款的具体规定

签订合同条款必须体现我国对外贸易方针与政策，贯彻“平等互利”“实事求是”的原则，遵守国家的法律、法令的规定，尽量符合国际贸易惯例，使签订的商检条款有利于进出口业务的顺利进行。

根据出口合同与进口合同的不同，国际货物买卖合同中的货物检验条款也有所不同，主要规定方法如下：

（1）进口合同中检验条款的规定方法

在进口合同中，具体规定方法是：双方同意以生产厂家所出具的品质、数量、重量检验证书作为有关在信用证项下付款的单据之一，同时规定货到目的港或目的地卸货后多少天内，我国商检机构有权复验，如发现品质或数量或重量与合同规定有所不符，除属保险公司或承运人负责外，买方可凭借该机构出具的检验证书，向卖方提出退货或索赔。所有因退货或索赔引起的费用及损失均由卖方负担。在此情况下，如果抽样可行，买方可以应卖方的要求，将货物的样本寄交卖方。

（2）出口合同中检验条款的规定方法

在我国进出口贸易中一般采用在出口国检验、到进口国复验的办法，也就是在装运前由我国出口口岸的商检机构进行检验，并签发检验证书，作为向银行议付结汇的依据；货到目的地或目的港后，允许买方进行复验，也就是承认买方的复验权，并且以目的地或目的港检验机构出具的证明为索赔依据。

但其中有些出口合同，如来件装配和来料加工的检验条款，除规定以装运港或装运地检验机构出具的证明书作为议付单据外，还经常规定买方派人到生产工厂进行检验，以买方代表签署的验收合格证书作为议付单据之一。这种规定一般取消了商品到达目的地复验后对卖方责任的异议索赔权。

值得注意的是，由于进出口商品检验的主要对象是商品的质量、重量、包装、数量等内容，买卖合同中的这些条款是检验的依据，所以，在规定这些条款时，应考虑到商检部门工作的需要和可能性，使这些条款和检验条款相互衔接与吻合，防止顾此失彼、相互脱节，甚至产生矛盾等现象。同时要注意的是，根据INCOTERMS 2010的规定，买方必须支付任何装运前强制性检验的费用，但该检验系出口国当局强制实施者除外。检验条款中应根据检验的具体情况订明费用的承担者。

【个案讨论】

订有如此检验条款的信用证是否可以接受

某市中国银行分行收到新加坡某银行电开信用证一份，金额为100万美元，购花岗岩石块，目的港为巴基斯坦卡拉奇，证中有下述条款：（1）检验证书于货物装运前开立，并由开证申请人授权的签字人签字，该签字必须由开证行检验；（2）货物只能由开证申请人指定船只并由开证行给通知行加押电通知后装运，而该加押电必须随同正本单据提交议付。该信用证可不可以接受？

第二节 索赔

在国际贸易中，业务环节多、涉及面广，双方往往会因为货物在生产、收购、运输、资金转移等方面发生的意外或差错而产生纠纷和争议，导致索赔和理赔。涉及国际货物买卖的索赔，一般有三种情况：贸易索赔、保险索赔、运输索赔。本节主要介绍贸易索赔。

一、争议、索赔、理赔的含义

争议（disputes）是指交易的一方认为另一方不履行或不全部履行合同中所规定的责任与义务而引起的纠纷（争执）。在国际贸易业务中，这种纠纷屡见不鲜，主要原因有：

（1）卖方不交货或不按照合同规定的时间、质量、数量、重量等条款进行交货，或单证不符等；

（2）买方不开或者迟开信用证，不付款或不按时付款赎单，无理拒绝接受货物，在FOB条件下不按时派船接货等；

（3）合同条款规定不明确，买卖双方对国际贸易惯例的理解不一致，甚至对合同是否成立有不同的看法；

（4）在履行合同过程中遇到了买卖双方不能预见或无法控制的情况，如某种不可抗力，双方有不一致的解释等。

索赔（claim）是指交易中遭受损害的一方在争议发生后，向违约方提出赔偿要求。

理赔（settlement of a claim）是指违约方受理遭损一方的赔偿要求，对索赔进行处理。

不难看出，索赔和理赔是一个问题的两个方面，妥善处理好索赔和理赔事宜，是处理好双方贸易关系的重要环节之一。在实际进出口业务中，正确处理索赔和理赔是一项维护企业信誉的重要工作。在对外索赔时应认真做好调查工作，在查清事实、分清责任的基础上，既要坚持原则，正确地运用合同所使用的法律和国际贸易惯例，又要力求在友好的气氛下进行协商，争取公正合理地解决问题。

二、不同法律对违约的解释

国际货物买卖合同是买卖双方划分双方权利与义务的法律文件。任何一方当事人如果不履行合同中的义务，或者履行的义务与合同中的规定不符时，在法律上就构成了违约行为，要承担相应的违约责任，即违约的一方要承担损害赔偿的责任，受损方有权提出赔偿要求，直至解除合同。只有当履行合同中发生了不可抗力致使一方不能履行约定或者不能按期履行约定的时候，才可以根据合同规定或法律规定减免责任。

根据各国法律和国际公约的规定，不同性质违约行为的违约方，应承担不同的责任。不同的法律与惯例对于违约行为的性质划分以及采取的补救措施不是很一致：有的是以合同中交易条件的主次为依据进行划分；而有的以违约的后果轻重程度为依据进行划分。

1.《公约》的解释

《公约》规定："一方当事人违反合同的结果，如使另一方当事人蒙受损失，以至于实际上剥夺了他根据合同规定有权期待得到的东西，即为根本违反合同。除非违反合同的一方并不预知而且同样一个通情达理的人处于相同情况中也没有理由预知发生这样的结果。"在一方根本性违约的情况下，受损害的一方有权向违约方要求损害赔偿并有权宣告合同无效。但如违约的情况尚未达到根本违反合同的程度，则受损害方只能要求损害赔偿而不能宣告合同无效。

2.我国法律的规定

我国《合同法》规定：

在履行期限届满之前，当事人一方明确表示或者以自己的行为表明不履行主要债务，可以解除合同；当事人一方迟延履行主要债务，经催告后在合理期限内仍未履行，可以解除合同；当事人一方迟延履行债务或者有其他违约行为致使不能实现合同目的，可以解除合同；一方不履行合同义务或者履行合同义务不符合约定的，应当承担继续履行、采取补救措施或者赔偿损失等违约责任；因标的物质量不符合质量要求，致使不能实现合同目的的，买受人可以拒绝接受标的物或者解除合同。

当事人一方不履行合同义务或者履行合同义务不符合约定的，应当承担继续履行、采取补救措施或者赔偿损失等违约责任。合同解除后，尚未履行的，终止履行；已经履行的，根据履行情况和合同性质，当事人可以要求恢复原状、采取其他补救措施，并有权要求赔偿损失。

3.英国法律的规定

当事人一方违反合同中带实质性的主要约定条件，即"违反要件"（breach of condition），如不按照合同规定的时间交货，或卖方交货的数量或质量与合同中规定的不符等，受损的一方既可以要求损害赔偿，也可以要求解除合同。如违反了合同中的次要条件，即"违反担保"（breach of warranty），受损一方不能够解除合同，仍需履行他所承担的合同义务，但有权请求违约方给予一定的经济赔偿。而对于合同中哪些是"要件"，哪些是"担保"，英国法律未作出具体的规定，在审理案件时根据合同的具体情况和当事人的意思作出决定，有较大的任意性。在实际业务的处理过程中会有很多特例，如受损一方对另一方的违反要件，可以放弃作为要件处理，即可以不终止合同，只要求损害的赔偿。但在近年的司法实践中，英国的判例向《公约》的规定越来越靠拢。

三、合同中的索赔条款

为了在发生索赔时有所依据，一般在合同中订立索赔条款。在实践中，贸易合同中的索赔条款主要有两种方式：一种是异议和索赔条款；另一种是罚金条款。前者主要用于一般合同，而后者适用于买卖大宗商品和机械设备的合同。

1.异议和索赔条款

该条款针对卖方交货品质、数量或包装不符合合同规定而订立，主要内容除规定一方违反合同，另一方有权索赔外，还包括索赔依据和索赔期限、索赔金额等。

（1）索赔依据

索赔依据主要包含两方面内容：法律依据和事实依据。索赔的法律依据是合同和适用的法律、惯例；事实依据是证明违约事实的书面文件，指有资格的机构出具的书面证明、当事人的陈述和其他旁证。如果索赔时所出具的证据不全、证据不符合要求等，有可能遭到对方的拒赔。因此，不难看出，索赔条款中的索赔依据，主要是规定提出索赔所必需的证据和出证的机关，出具的证据必须真实、可靠、有效、齐全，出证的机构也必须符合要求。

（2）索赔期限

索赔期限是指索赔方向违约方提出赔偿的有效时限，逾期提出赔偿，违约方可以不予受理。索赔期限分为法定的索赔期限和约定的索赔期限。法定的索赔期限是指根据法律受损方有权向违约方要求损害赔偿的期限，这个期限一般较长，《公约》规定为自买方实际收到货物之日起2年之内。约定的索赔期限是指按照商品的不同特性对索赔期限作出的长短不同的规定。营业地处于《公约》缔约国的买卖双方，在合同中约定索赔期限，将以《公约》规定的2年为索赔期限。

索赔期限通常在合同中加以约定。超过约定的索赔期限，受损害的一方即丧失索赔权。如果在合同中未约定索赔期限，则依照法律规定确定索赔期限。

在实际业务中，一般货物的索赔期限定为货物到目的港或目的地卸货的30天或45天，而机械设备等一般定为货到目的港或目的地卸货的60天或60天以上。

（3）索赔金额

索赔金额是指违约方对受损方支付或赔付的全部费用。若买卖合同中有约定的损害金额或损坏赔偿金额的计算方法，应该按照该方法计算出的损害赔偿金额提出索赔。若合同中并未作出规定，确定损害赔偿金额的原则是：赔偿金额应与因违约而遭受的包括利润在内的损失一致；应以与违约方在签订合同时可预料的合理损失为限；因受损方未采取合理措施而遭受的损失，应在赔偿金额中扣除。

（4）索赔与复验

在索赔和理赔中，索赔依据和索赔期限是两个最基本的条件。需要注意的是，这一条款中规定的买方索赔期限也就是上面所讲到的检验条款中的买方对货物进行复验的有效期限。由于索赔条款与检验条款有着密切的联系，所以有的合同将这两个条款结合起来，称之为“检验与索赔条款”。

2.罚金条款

罚金条款主要是针对当事人不按期履约而订立的，如卖方未按期交货或买方未按期派船、开证。该条款主要内容一般是，当一方未履行合同义务时，违约方应支付一定数额的罚金或违约金以补偿对方的损失。这种做法通常用于连续分批交货的大宗货物买卖合同和机械设备一类商品的合同。

罚金的起算日期有两种计算方法：一种是合同规定的交货日期或开证日期终止后即开始计算；另一种是规定优惠期，即在合同确定的有关期限终止后再宽限一段时间，在优惠期内免于罚款，待优惠期届满后起算罚金。在一般的货物进出口合同中，罚金的多少视违约的情况而定，并规定最高限额。罚金的支付并不解除违约方继续履行合同的义务，因此，违约方除支付罚金外，仍应履行合同义务，如因故不能履约，则另一方在收受罚金之外，仍有权索赔。

特别需要注意的是，关于罚金条款，各国的法律规定有所不同。法国、德国等大陆法系国家的法律都承认和保护合同中的罚金条款，而美国、英国、澳大利亚、新西兰等英美法系国家的法律对此有不同的认可。例如，英国的法律把合同中订立的固定赔偿金额条款分为“预定损害赔偿金”和“罚金”两种。在实际案例中，双方事先约定的赔偿金额是属于“预定损害赔偿金”还是“罚金”，完全由法院来认定，而不在于双方在合同中采取哪种说法。

我国法律规定：当事人可以在合同中约定，一方违约时向另一方支付违约金，也可以约定因违约产生的损失赔偿额的计算方法。但约定的违约金过分低于或过分高于违反合同所造成的损失，当事人可以请求法院或者仲裁机构予以增加或者适当减少。还规定，当事人就延迟履行问题约定了违约金的，违约方支付违约金后，还应当履行债务。

除上述两种索赔条款外，在采用信用证方式结算货款的进出口合同中，针对国外买方不开立或不按时开立信用证的，或在出口FCA、FOB合同中，针对买方不派船或不按时派船，不指定承运人或不按时指定承运人的，还可以规定卖方有权解除合同或延期交货，并要求给予损害赔偿。

第三节 不可抗力

不可抗力是在国际货物贸易中比较常用的一种术语。在国际货物买卖合同成立以后，有时发生灾害或意外，且当事人无法控制，使合同失去了履行的基础，对此，法律可以免除未履行义务或未完成义务一方对另外一方的责任。但在实践中，要判断哪些事件发生后可以免除当事人的责任是非常困难的，各国法律对其解释也各有不同，因此，为了防止产生不必要的纠纷，维护当事人的合法权益，通常在买卖合同中订立不可抗力条款。

一、不可抗力的含义

不可抗力（force majeure）是指买卖合同签订后，不是由于当事人一方的过失或疏忽，而是发生了当事人在订立合同时不能预见，对其发生和后果不能避免并且不能克服的事件，导致遭受不可抗力事件的一方不能履行合同或不能如期履行合同，该事件称为不可抗力。不可抗力发生后，遭受损害的一方可以据此免除履行合同的责任或推迟履行合同，对方无权要求赔偿。

二、构成不可抗力必须具备的条件

一般情况下，构成不可抗力应该具备的条件有：

（1）签约双方中的任何一方所遇到的意外事故是双方当事人不能控制的，即事故的发生不能预见，无法避免，无法预防；

（2）签约双方当事人所遇到的意外事故并非是双方当事人的过失或疏忽所致；

（3）意外事故的发生是在签订合同之后；

（4）发生“不可抗力”事件的一方有义务及时将“不可抗力”及其后果通知对方，并取得必要的证明文件。

三、不可抗力的法律后果

发生不可抗力事件后，应该按约定的处理原则和办法及时进行处理。不可抗力的后果有两种：

（1）解除合同，免除履行合同责任；

（2）中止、推迟合同的履行。

发生特定事故后应该如何处理，应视事故的原因、性质、规模及对履行合同产生的实际影响程度而定，或者由买卖双方在合同中加以具体说明。若合同中没有明确的规定，一般解释是，如果是不可抗力致使不能实现合同，即不可抗力使合同履行成为不可能，例如，特定标的物的灭失，或是事故的影响非常严重，短期内不能恢复，则可能解除合同；如果不可抗力只是部分或暂时性地阻碍了合同的履行，则发生事故的一方只能采用变更合同的方法，以减少另一方的损失。根据我国的法律，一方当事人延迟履行后发生不可抗力的，则不能免除责任。

值得注意的是，在信用证方式下，由于信用证和买卖合同具有相对独立性，因此，买卖双方不能援用买卖合同“不可抗力”规定向信用证的当事人银行要求免责，银行不受买卖合同的约束。

同时，银行还规定了“不可抗力”免责：银行对于天灾、骚乱、暴动、叛乱、战争或者银行本身无法控制的任何其他理由，或对于任何由此引起的后果概不负责，除非经过了特别授权。

四、不可抗力事件的范围

引起不可抗力的原因主要有两种：自然原因和社会原因。具体包括自然灾害、政府行为、社会异常事件。

自然原因导致的不可抗力是指洪水、干旱、暴风、地震、暴风雪等人类无法控制的自然力量所引起的灾害；社会原因导致的不可抗力是指罢工、战争、政府制止有关商品的出口等。但应注意，并不是所有的自然原因和社会原因引起的事件都属于不可抗力事件。在对不可抗力事件的认定过程中要十分慎重，要与商品价格波动、汇率变化等贸易风险严格分开。而对于哪些事件属于不可抗力事件，哪些不属于，在国际上尚未有统一的划分标准，一般通过在买卖合同中订立不可抗力条款加以规定。

【个案讨论】

政策限价是否属不可抗力

法国舒乐达公司与厦门某进出口有限公司于某年5月19日订立一份买卖合同，约定由中方公司提供300吨芦笋罐头，每箱60千克，15.50美元/箱CFR，需方开立不可撤销信用证，由供方随时分批发运，至某年10月25日需方要求供方于当年10月至11月交付150吨，每箱按16美元价格计算，剩余150吨于次年5月之前交付，双方签订了补充协议。供方如约提供了150吨货，并收取了相应货款。次年4月，中方公司收到中国出口商品广交会某年春交会远洋地区罐头出口价格表规定每箱单价不低于19.70美元，国家外经贸部又正式通知最低出口价，并以此为据核发许可证。供方向需方通知上述事实，要求变更价格，需方不同意，供方即以价格过低无法申领出口许可证为由，未再提供剩余罐头，需方向厦门市中级人民法院提起诉讼。原告诉称被告不能按约履行合同，造成原告以高出合同3美元/箱的价格购得同样的罐头，造成48 000美元的经济损失，要求被告赔偿。被告答辩称剩余罐头未予履行是因为价格过低申领不到出口许可证，属不可抗力，不同意承担违约赔偿责任。该案例中的政策限价是否属于不可抗力？

提示：法院判决为不属于不可抗力。讨论一下，为什么在本案例中出现的政策限价不属于不可抗力？

五、合同中的不可抗力条款

不可抗力条款是一种免责条款，即免除由于不可抗力事件而违约的一方的违约责任。一般应规定的内容包括：不可抗力事件的范围，事件发生后通知对方的期限，出具证明文件的机构以及不可抗力事件的后果。

我国进出口合同中的不可抗力条款，按对不可抗力事件范围规定的不同，主要有以下三种方式：

（1）概括式，即对不可抗力事件作笼统的提示，如“由于不可抗力的原因而不能履行合同或延迟履行合同的一方可不负违约责任，但应立即以电报或电传通知对方，并在××天内以航空挂号信向对方提供中国国际贸易促进委员会出具的证明书”。至于具体内容和范围并未具体说明，这种方式含义模糊，解释的伸缩性太大，难以作为解决问题的依据，制约了整个合同的法律效力。

（2）列举式，即逐一订明不可抗力事件的种类，如“由于战争、地震、水灾、火灾、暴风雪的原因而不能履行合同或延迟履行合同的一方不负有违约责任……”，但卖方需用电报或电传通知买方，并需在15天之内以航空挂号信向买方提交此类由中国国际贸易促进委员会开具的不可抗力事件的证明书。此类规定方式虽然比较具体明确，但由于不可抗力事件种类繁多，难免会出现遗漏，引发不必要的纠纷，因此，本方法也不是最佳方法。

（3）综合式，即将概括和列举结合在一起，如“由于战争、地震、严重风暴、水灾、火灾以及双方同意的其他人力不可抗拒的原因，致使合同延期或者不能按时履行合同，如此行为或原因在合同规定的有效期后继续存在3个月，则本合同未交货部分即视为取消。遭受事故影响的一方，不负任何法律责任，但应以电报或电传通知对方，并提供发生此类事故的证明书。该证明文件如由卖方提供时，应由中国国际贸易促进委员会出具；如由买方提供时，应由×××出具”。此种方法明确具体、覆盖面广，比较灵活、科学、实用，在我国进出口合同中应用广泛。

六、援引不可抗力条款时应注意的问题

当不可抗力事故发生后，合同当事人在援引不可抗力条款和处理不可抗力引起的事故时，应注意以下几点：

（1）发生不可抗力事故后除应及时采取有效通信方式通知对方外，还应于15天内航寄事故详细情况的说明、不能履行合同的原因和证明文件给对方。对方在接到通知后无论同意与否都应及时作出答复，不得长期拖延不理，否则会被对方视为默认。

（2）必须由合同规定的出证机构及时出具不可抗力事故的证明。如果合同中对出证机构无规定，在我国一般由中国国际贸易促进委员会出证。在其他国家，一般由当地的商会或合法公证机构出证。

（3）根据事故的性质、影响合同履行的程度，提出并协商解决的办法，或终止合同，或解除合同，对于超出合同约定范围的事故，要从严掌握和处理。

（4）双方当事人必须认真分析所发生的事故是否属于不可抗力事故范围，既不能有意扩大，也不能随意缩小，而应本着实事求是的精神解决。

第四节　仲裁

在国际货物买卖合同中，买卖双方常常会由于某种原因产生争议。正确处理这些争议，不仅关系到买卖双方的切身利益，而且关系到企业和国家的信誉。

一、国际贸易中争议的解决方式

在国际贸易中，双方在履约过程中有可能发生争议。一旦发生争议，首先应通过友好协商的方式解决，以利于保护商业秘密和企业声誉。如果协商不成，则当事人可按照合同约定或争议的情况采用调解、仲裁或诉讼方式解决争议。

1.友好协商（settlement by agreement）

双方当事人于争议发生后，不借助于外力，而是本着友好、合作的愿望，自行平等商谈，各作出一定的让步，在彼此谅解与妥协的基础上达成和解协议，解决争端。这种争议的解决方式不仅节约了大量费用，而且缓和了买卖双方的紧张气氛，灵活性极大，有利于双方贸易关系的发展。

2.调解（conciliation）

由双方当事人自愿将争议提交选定的调解机构（法院、仲裁机构或专门的调解机构），由该机构按调解程序进行调解。若调解成功，双方应签订和解协议，作为一种新的契约予以执行；若调解意见不为双方或其中一方接受，则该意见对当事人无约束力，调解即告失败。

我国在诉讼和仲裁中均采用先行调解的程序。

调解与友好协商一样，均需双方当事人意见一致才能解决存在的分歧。

3.仲裁（arbitration）

仲裁是指双方当事人在争议发生前后达成书面协议，自愿把争议提交给双方同意的仲裁机构进行裁决，仲裁机构作出的裁决是终局性的，对双方都有约束力。

仲裁方式具有解决争议时间短、费用低、能为当事人保密、裁决有权威性、异国执行方便等优点。

4.诉讼（litigation）

诉讼是指一方当事人向法院起诉，控告合同的另一方，一般要求法院判令另一方当事人以赔偿经济损失或支付违约金的方式承担违约责任，或者要求对方实际履行合同义务。

诉讼是当事人单方面的行为，只要法院受理，另一方就必须应诉。诉讼方式的缺点在于立案时间长，诉讼费用高，异国法院的判决未必是公正的，各国司法程序不同，当事人在异国诉讼比较复杂。

综上所述，仲裁方式既不同于友好协商与调解，又不同于诉讼。友好协商和调解都是解决争议的便利方式，但其强调自愿性，双方都同意了才可以进行，因此往往难以达到预期的效果。诉讼是单方面进行的，不仅耗费成本和时间，而且破坏争议双方之间的关系，不利于以后业务的开展。综合比较来看，仲裁方式既有强制性的一面，又有自愿性的一面，而且比诉讼灵活性强、费用低、时间短，因此，在国际贸易实践中，仲裁方式应用最为广泛。

二、仲裁

1.仲裁的含义

仲裁是指买卖双方在争议发生之前或者争议发生之后，签订书面协议，自愿将有关争议交给双方所同意的仲裁机构进行裁决的解决争端的方式。这种裁决是终局性的，双方必须遵照执行。

2.涉外仲裁的特点

(1) 仲裁与调解的异同

①仲裁与调解的相同点

A.两者均以双方当事人自愿为基础；

B.两者都由第三者出面按照一定的程序代为解决争议；

C.解决争议的方式较诉讼具有程序简便、结案快捷、费用低廉、省时省力的特点。

②仲裁与调解的不同点

A.当事人行为任意性不同；

B.调解员与仲裁员所起的作用不同；

C.调解书与仲裁裁决书法律效力不同。

(2) 仲裁与诉讼的异同

①仲裁与诉讼的相同点

A.两者都是由第三者出面处理纠纷；

B.两者都是按照一定的程序审理案件；

C.裁决书与判决书具有同等法律效力。

②仲裁与诉讼的不同点

A.审理案件的机构性质不同；

B.审理案件的程序不同；

C.审理人员产生不同；

D.审理制度不同；

E.审理案件的依据不同；

F.境外执行裁决和判决的条件不同。

(3) 仲裁的主要特点

①仲裁以双方当事人自愿为基础。仲裁机构只能根据协议管辖的原则受理案件，无强

制管辖权。双方当事人可选定仲裁员，具有一定的灵活性。

②国际仲裁往往涉及不同国家的当事人。发生争议的双方当事人通常是不同国家的，或在同一国家不同国籍的，或依照不同国家法律所组成的法人。

③仲裁裁决有时会涉及在另一个国家生效或执行。

④仲裁程序比较简单，并且仲裁员一般比较熟悉国际贸易业务，故仲裁解决问题较快，费用低廉。

⑤仲裁不会影响贸易双方继续发展贸易关系。

⑥仲裁的裁决是终局性的，对买卖双方均具有约束力，败诉方不得上诉，必须执行裁决，否则胜诉方可以要求法院强制执行。

三、仲裁协议

我国《仲裁法》规定，当事人采用仲裁方式解决纠纷，应当双方自愿，达成仲裁协议。没有仲裁协议，一方申请仲裁的，仲裁委员会不予受理。因此，发生争议的双方中的任意一方在申请仲裁时必须提交由双方当事人达成一致的仲裁协议。

1.仲裁协议的含义

仲裁协议是指双方当事人自愿将争议交付仲裁机构裁决的书面表示，是申请仲裁的必备材料。

2.仲裁协议的形式

各仲裁机构均要求仲裁协议采用书面形式。中国国际经济贸易仲裁委员会仲裁规则（2014版）规定：仲裁协议应当采取书面形式。书面形式包括合同书、信件、电报、电传、传真、电子数据交换和电子邮件等可以有形地表现所载内容的形式。它一般有两种形式：

一种是双方当事人在争议发生之前订立的，表示一旦发生争议应提交仲裁，通常为合同中的一个条款，称为合同中的仲裁条款（arbitration clause）。

另一种是双方当事人在争议发生后订立的，是表示同意把已经发生的争议提交仲裁的协议，往往通过双方函电往来而订立，称为提交仲裁协议（submission of arbitration agreement）。该仲裁协议是单独订立的，独立于合同之外。

这两种协议虽然形式不同，但具有相同的法律效力。

我国仲裁规则确认了仲裁协议的独立性，明确规定，合同中的仲裁条款应视为与合同其他条款分离地、独立地存在的条款，附属于合同的仲裁协议也应视为与合同其他条款分离地、独立地存在的一个部分；合同的变更、解除、终止、失效或者无效以及存续与否，均不影响仲裁条款或仲裁协议的法律效力。

3.仲裁协议的作用

按照多数国家以及我国《仲裁法》的规定，仲裁协议的作用主要表现在以下三个方面：

（1）约束双方当事人只能以仲裁方式解决争议，不得向法院起诉。仲裁协议表明双方当事人愿意将他们的争议提交仲裁机构裁决，任何一方都不得向法院起诉。

（2）仲裁协议排除法院对有关案件的管辖权。各国法律一般都规定法院不受理双方订有仲裁协议的争议案件，包括不受理当事人对仲裁裁决的上诉。

（3）使仲裁机构取得对争议案的管辖权。仲裁协议是仲裁机构受理案件的依据，任何仲裁机构都无权受理无书面仲裁协议的案件。

上述三方面的作用是相互联系、不可分割的，其中排除法院的管辖权是最重要的一个方面。

合同中的仲裁条款示例如下：

仲裁：

凡因本合同引起的或与本合同有关的任何争议，如果协商不能解决，应提交中国国际经济贸易仲裁委员会，按照申请仲裁时该会实施的仲裁规则进行仲裁。仲裁裁决是终局性的，对双方均有约束力。

Arbitration：

Any dispute arising from or in connection with the Sales Contract shall be settled through friendly negotiation.In case no settlement can be reached， the dispute shall then be submitted to China International Economic and Trade Arbitration Commission （CIETAC） for arbitration in accordance with its rules in effect at the time of applying for arbitration.The arbitral award is final and binding upon both parties.

4.仲裁协议的内容

仲裁协议的内容一般应包括仲裁地点、仲裁机构、仲裁程序、仲裁裁决的效力及仲裁费用的负担等。

（1）仲裁地点

仲裁地点是协议中最为重要的一个问题，也是双方达成仲裁条款时争议的焦点。因为仲裁地点与仲裁适用的程序和合同争议所适用的实体法密切相关。不同的国家有不同的法律，仲裁地点不同，仲裁适用的法律也不同，就有可能对争议双方的权利和义务作出不同的解释和裁决。通常在哪个国家仲裁，就适用仲裁所在地国家的仲裁法和实体法。

我国进出口贸易合同中的仲裁地点，视贸易对象的情况，一般采用下列三种规定方法：①在我国仲裁；②在被诉方所在国仲裁；③在双方同意的第三国仲裁。

由于我国企业目前大多缺乏在国外申诉的能力，所以应力争在我国仲裁。在规定的第三国进行仲裁时，应注意选择与我国关系比较友好的国家，该国的仲裁机构业务能力强，办事比较公道，该国的仲裁法和仲裁程序我们比较了解。对于与我国签有贸易协定的国家，仲裁地点按贸易协定的规定处理。

（2）仲裁机构

在签订仲裁条款时，应订明仲裁机构的名称。当事人不能就仲裁机构选择达成一致的，仲裁协议无效。国际贸易中的仲裁，通常由常设的仲裁机构受理，也有一部分是由临时仲裁机构受理的。

世界上许多国家和一些国际组织都设有专门从事国际商事仲裁的常设机构，如国际商会仲裁院、英国伦敦仲裁院、英国仲裁协会、美国仲裁协会、瑞典斯德哥尔摩商会仲裁院、瑞士苏黎世商会仲裁院、日本国际商事仲裁协会以及香港国际仲裁中心等。国际商会仲裁院成立于1923年，是附属于国际商会的一个国际性常设调解与仲裁机构。我国于1956年4月设立对外贸易仲裁委员会，1980年改名为对外经济贸易仲裁委员会，又于

1988年改名为中国国际经济贸易仲裁委员会，自2000年10月1日起同时启用“中国国际商会仲裁院”名称。该机构总部设在北京，在上海和深圳设有分会，在天津和重庆设有中心作为中国国际经济贸易仲裁委员会的派出机构。根据2012年《中国国际经济贸易仲裁委员会章程》和2014年《中国国际经济贸易仲裁委员会仲裁规则》，中国国际经济贸易仲裁委员会及其分会是一个统一的仲裁委员会，分会基于中国国际经济贸易仲裁委员会的授权从事仲裁业务。

临时的仲裁机构，即为解决特定的争议案件而组成的仲裁庭，一旦争议案件解决完毕，即告解散。

仲裁机构不是国家的司法部门，而是依据法律成立的民间机构。

（3）仲裁程序

仲裁程序是指进行仲裁的程序和做法，主要包括申请仲裁、组成仲裁庭、仲裁审理和仲裁裁决四个部分。各国仲裁机构的仲裁规则对仲裁程序都有明确规定。按我国仲裁规则规定，基本程序如下：

①申请仲裁（arbitration application）

申请仲裁是仲裁机构立案受理的前提。仲裁机构收到仲裁申请书之日，仲裁程序开始。申请人应提交仲裁协议和仲裁申请书，仲裁申请书的主要内容包括：申请人和被申请人的名称和住所；申请人所依据的仲裁协议；案情和争议要点；申请人的要求及所依据的事实和理由。在提交申请书时应附交有关证明文件和预交仲裁费，如合同、来往函电等的正本或副本、抄本。

仲裁机构收到仲裁申请书及其附件后，经过审查，手续完备后，即予立案，并立即将仲裁通知和申请书及附件连同仲裁机构仲裁规则、仲裁员名册和仲裁费用表各一份发送给被申请人。

被申请人收到仲裁通知之日起45天之内向仲裁机构提交答辩书以及有关证明文件。被申请人如有反请求，应自收到仲裁通知之日起45天内以书面形式提交仲裁机构，在反申请书上注明具体的反申请要求以及所依据的事实和理由，并附有关证明文件，交纳一定的反申请仲裁费。申请人可以对其仲裁请求提出修改，被申请人也可对其反申请提出修改，但是，若修改提出过迟而影响了仲裁程序的正常进行时，仲裁机构可以拒绝修改。

②指定仲裁员组成仲裁庭

当事人双方均可在仲裁机构所提供的仲裁员名册中指定或委托仲裁机构指定一名仲裁员，并由仲裁机构指定第三名仲裁员作为首席仲裁员，共同组成仲裁庭。也可由一名仲裁员组成仲裁庭，即独任仲裁员方式。

中国国际经济贸易仲裁委员会仲裁规则规定：仲裁庭由一名或三名仲裁员组成。除非当事人另有约定或本规则另有规定，仲裁庭由三名仲裁员组成。

需要指出的是，由双方当事人指定仲裁员，目的是争议可以得到公平合理的解决，而被指定的仲裁员并不是指定一方当事人的代理人。若被指定的仲裁员与案件有利害关系，应当向仲裁委员会请求回避。当事人若对指定的仲裁员的公正性和独立性产生有正当理由的怀疑时，有权提出书面申请要求仲裁员回避，由仲裁委员会主任决定仲裁员是否回避，但在仲裁委员会主任决定前，被请求回避的仲裁员应当继续履行职责。

按照中国国际经济贸易仲裁委员会仲裁规则，申请人和被申请人应各自在收到仲裁通知后15天内选定或委托仲裁委员会主任指定一名仲裁员。第三名仲裁员由双方当事人在被申请人收到仲裁通知后15天内共同选定或共同委托仲裁委员会主任指定。第三名仲裁员为仲裁庭的首席仲裁员。

如果采用独任仲裁员方式，可由双方当事人共同指定或委托仲裁机构指定。按照我国的仲裁规则，如果双方当事人约定由一名独任仲裁员审理案件，但在被申请人收到仲裁通知之日起15天内未能就独任仲裁员的人选达成一致意见时，则由仲裁委员会主任指定人选。

被申请人一方拖延时间或拒不指定或委托指定仲裁员，而超过仲裁机构规定的期限时，则由仲裁机构代为指定。

双方当事人指定仲裁员后，即由仲裁员组成仲裁庭，着手对争议案件进行审理。

③仲裁审理

各国仲裁机构的审理过程基本相似，均包括开庭、搜集数据和调查事实，必要时，还须采取保全措施。仲裁审理的具体步骤如下：

第一，开庭。仲裁审理案件有两种形式：一种是书面审理，也称不开庭审理，即根据有关书面材料对案件进行审理并作出裁决，海事仲裁常采用书面仲裁形式；另一种是开庭审理，这是普遍采用的一种方式。仲裁庭审是不公开的，以保护当事人的商业机密。

我国仲裁规则规定，除非当事人另有约定，仲裁庭可以按照其认为适当的方式审理案件。仲裁庭应开庭审理案件，但双方当事人约定并经仲裁庭同意或仲裁庭认为不必开庭审理并征得双方当事人同意的，可以只依据书面文件进行审理。当事人约定了仲裁地的，仲裁案件的审理应当在约定的地点进行。若未有约定，案件的审理应当在仲裁委员会所在地审理。第一次开庭日期由仲裁庭与仲裁委员会秘书局协商决定后，由秘书局不晚于开庭前20天通知双方当事人。当事人有正当理由延期的，由仲裁庭作出是否延期的决定。第一次开庭审理案件以后的开庭审理日期的通知，不受30天期限的限制。案件审理原则上不公开进行。若要公开审理，由仲裁庭作出是否公开审理的决定。不公开审理的案件，当事人及其他知情人不得对外界透露案件实体和仲裁程序进行的情况。

开庭时，若一方当事人不出席，仲裁庭可以进行缺席审理并作出缺席裁决。

第二，调解。我国涉外仲裁采用仲裁与调解相结合的解决争议的办法。在仲裁程序进行的过程中，若双方当事人有调解愿望或一方当事人有调解愿望并经仲裁庭征得另一方当事人同意，仲裁庭可以按照其认为适当的方法对其审理的案件进行调解。调解成功后，双方当事人应当签订书面和解协议，仲裁庭一般应按照双方当事人达成的书面和解协议的内容作出裁决书结案。当事人也可自行达成和解协议后请求仲裁庭作出裁决书或申请撤销案件。我国还规定，当双方当事人调解不成功时，可以停止调解，继续进行仲裁。

第三，搜集证据和询问证人。在仲裁审理过程中，为了准确地判断案情，当事人双方应对其申请、答辩、反申请所依据的事实提出证据，仲裁庭认为必要时可以自行调查，搜集证据，还可以向专家咨询或指定鉴定人进行鉴定，其中的专家可以是本国的也可以是外国的机构或公民。

第四，保全措施（interim measures of protection）。该措施又称临时性保护措施，是指仲裁程序开始后至作出仲裁前对争议的标的或证据，或者有关当事人的财产采取临时性强制措施。如出售易变质货物、冻结资金等。在我国仲裁规则中规定：如当事人申请采取财产保全，仲裁委员会应当将当事人的申请提交被申请人住所地或其财产所在地的人民法院作出裁决。若当事人申请证据保全，仲裁委员会应当将当事人的申请提交证据所在地的人民法院裁定。

④仲裁裁决

仲裁庭经过审理后对争议案件作出处理。裁决是仲裁程序的最后一个步骤，仲裁裁决作出后，审理程序即告结束。

我国仲裁规则规定，仲裁庭应在组庭后6个月内作出仲裁。除按照双方当事人的和解协议作出的裁决外，仲裁裁决书应说明理由，并由仲裁员全体或多数人署名。持有不同意见的可以在裁决书上署名或者不署名。裁决书上应加盖仲裁委员会印章，并写明作出仲裁裁决的日期和地点。该日期即为仲裁裁决生效的日期。

仲裁裁决是最终裁决，任何一方当事人均不得向法院起诉，也不得向其他机构提出变更仲裁裁决的请求。当事人应按照仲裁裁决书所规定的期限，自动履行其义务，未规定履行期限的，应立即履行。

（4）仲裁适用的实体法

合同当事人可以选择适用法律。当事人没有选择的，适用与合同有最密切联系的国家的法律，通常是指仲裁所在地的法律，也可以根据具体情况适用合同签订地或履行地所在国的法律。

5.仲裁裁决的法律效力

各国的仲裁规则均规定仲裁裁决是终局性的，仲裁裁决一经作出，对双方当事人均有约束力。任何一方当事人均不得向法院起诉，也不得向任何机构提出变更裁决的请求。

6.仲裁费用的负担

仲裁费用的负担通常在协议中有明确的规定，通常由败诉方负担，也可规定由仲裁庭裁决。仲裁费用一般按争议价值的0.1%~1%收取。

四、仲裁裁决的执行

在国际贸易仲裁中，裁决的执行是一个比较复杂的问题。仲裁裁决一经作出，即具有法律效力，对双方当事人都具有约束力。仲裁裁决应由当事人自行执行。裁决书写明期限的，应在规定的期限内自动履行，未写明期限的，应当立即履行。仲裁机构自身不具有强制执法的能力。一方如果逾期不予执行，另一方可向法院申请强制执行。但是，在国际商事仲裁中可能会出现在甲国进行仲裁，而败诉方在乙国，胜诉方在向国外法院申请强制执行时，很可能有困难。

为了解决是否承认和执行外国仲裁裁决的问题，1958年6月联合国通过了《承认及执行外国仲裁裁决公约》（简称《1958年纽约公约》）。我国于1987年4月正式成为该公约的缔约国，公约规定，各缔约国必须承认和执行外国的仲裁裁决。

在我国加入《1958年纽约公约》后，我国仲裁机构的涉外仲裁裁决可以在世界上加入该公约的国家和地区得到承认和执行。此外，我国政府与外国政府签订的贸易协定、航海协定和其他协定，一般也订有相互承认和保证执行仲裁裁决的条款，我国企业在与这些协定国家或地区的当事人发生争执的时候，可据此办理。对于未加入《1958年纽约公约》，又未与我国签订双边条约的，只要对方所在国执行外国仲裁裁决无特殊限制的，当事人也可以直接向外国有管辖权的法院申请承认和执行，一般也可以获得执行。如在国内执行，则可根据我国法律的规定，向败诉方所在地或者财产所在地的中级人民法院申请执行。

至于外国仲裁机构的裁决，需要我国法院承认和执行，一方当事人直接向被执行人住所地或财产所在地的中级人民法院申请。我国法院依照我国缔结或参加的国际条约，或者按照互惠的原则办理。

本章要点

进出口货物检验是指专门的商品检验机构，依照法律、法规和合同的规定，对进出口商品的品质、规格、数量、包装、安全性能等进行各种分析和测量，并出具检验证书的活动。货物检验内容包括品质、数量、包装、卫生及残损鉴定等。货物检验可以在出口国进行，也可以在进口国完成。检验结果以检验证书的结论为准，它是通关、征税、议付、计收运费、交接货物以及索赔、仲裁或诉讼的凭证。

我国进出口检验机构，是国家质量监督检验检疫总局及其设在各地的检验检疫机构。国务院机构改革后，质量监督检验检疫机构的职责由国家市场监督管理总局及各地分支机构承担。

我国进出口货物检验检疫程序有四个环节，即接受报验、抽样、检验和签发证书。

检验条款的内容有检验的时间、地点、机构、标准、方法以及复检的具体规定等。订立检验条款要注意与其他合同条款的衔接，准确规定检验标准和方法，明确复检的期限、地点和机构。

索赔、不可抗力、仲裁条款是买卖双方为了使争议或违约得到恰当解决而签订的条款。

索赔是指交易中受损一方根据合同或法律规定向违约方提出赔偿要求。对受损方而言，称作索赔；对违约方而言，称作理赔。索赔是处理违约的一种重要补救措施，在索赔时应注意查明责任、索赔期限、索赔项目与金额以及索赔所需单据；在理赔时应注意是否应该受理以及采取何种赔付办法等。

不可抗力（force majeure）是指买卖合同签订后，不是由于当事人一方的过失或疏忽，而是发生了当事人在订立合同时不能预见，对其发生和后果不能避免并且不能克服，以致不能履行合同或不能如期履行合同的事件。遭受不可抗力事件的一方，可以据此免除履行合同的责任或推迟履行合同，对方无权要求赔偿。不可抗力条款是一种免责条款。合同中的不可抗力条款主要包括：不可抗力事件的范围，不可抗力事件的处理，不可抗力事件发生后通知对方的期限与方式，不可抗力事件的出证机关等。

在国际贸易中，解决争端的主要方式有友好协商、调解、仲裁和诉讼。其中，仲裁是应用最广的方式。仲裁是指买卖双方在争议发生之前或者争议发生之后，签订书面协议，自愿将有关争议交给双方所同意的仲裁机构进行裁决的解决争端的方式。这种裁决是终局性的，双方都必须遵照执行。国际上的仲裁机构分为临时仲裁机构和常设仲裁机构，选取哪种仲裁机构，取决于双方的共同意愿。发生争议的双方通过仲裁方式解决争议，必须签订仲裁协议。仲裁协议不仅约束双方解决争议的方式，授予仲裁机构对仲裁案件的管辖权，而且排除了法院对案件的管辖权。仲裁条款的内容一般包括提请仲裁的范围、仲裁地点、仲裁机构、仲裁规则、仲裁的效力和仲裁费用等。

单元自测

一、单项选择

1.在合同中对卖方较为有利的索赔期限可规定为（　　）。

A.货物运抵目的港（地）后××天内

B.货物运抵目的港（地）后卸离海轮后××天内

C.货物运抵最终目的地后××天内

D.货物运抵最终目的地检验后××天内

2.卖方提供的是已装船清洁提单，到货后买方发现部分货物残损，并且到货数量少于提单所载数量，则买方应向（　　）提出索赔。

A.卖方　　B.承运人　　C.保险公司　　D.银行

3.Z国的A公司向Y国的B公司出口一批商品，以CIF价格成交，A公司按照合同规定加保战争险，货物系租用一国外船舶C公司的船进行运输。该船于7月10日到达该国指定港口，但由于港口拥挤未能卸货；7月30日该船遭炮火袭击，货物损失了一半，按照惯例，负责赔偿这一半损失的公司是（　　）。

A.A公司　　B.B公司　　C.C公司　　D.保险公司

4.国内某进出口公司向中东某国出口锁具，合同规定的装运期是8/9月，但合同中有“买方认可回样（Counter Sample）之后方能发运”的规定，买方开来的信用证上也有上述规定。该公司生产出样品后曾经三次向买方寄送回样，但买方一直未认可卖方的样品。我方也因此没有装船。10月份，买方提出，我出口公司延误船期，未能按时出运货物，因而应当给予对方高额赔偿。在这一案例中，未能按期交货的责任在于（　　）。

A.船方　　B.出口商　　C.进口商　　D.银行

5.不可抗力条款属于（　　）条款。

A.索赔　　B.免责　　C.补偿　　D.资金

6.根据中国国际贸易仲裁委员会的仲裁规则，有关首席仲裁员的产生由（　　）。

A.双方当事人协商指定

B.双方当事人各自指定的仲裁员协商指定

C.仲裁委员会主席指定

D.法院委派

7.以仲裁方式解决交易双方争议的必要条件是（　　）。

A.交易双方当事人订有合同　　B.交易双方当事人订有意向书

C.交易双方当事人订有仲裁协议　　D.交易双方当事人订有交易协议

8.国际商会下属的国际性常设仲裁机构是（　　）。

A.斯德哥尔摩商会仲裁院　　B.苏黎世商会仲裁院

C.美国仲裁协会　　　　　　　　　　　　D.国际商会国际仲裁院

9.我外贸公司在一笔出口业务中，遇到了买方不按时开出信用证的情况。我公司可以采取的措施是（　　）。

A.催促对方开证并规定期限，向对方要求损害赔偿

B.抓紧时间装运，以防信用证到达后来不及装运

C.催促对方简电开证，并凭简电出运

D.直接与买方银行联系开证事宜

10.在国际贸易中，一方当事人违约，并构成根本违反合同，受到损害的一方依法解除合同后（　　）。

A.无权再提出损害赔偿要求

B.有权再提出损害赔偿要求

C.是否有权再提出损害赔偿要求，要视损失的金额大小而定

D.要求损害赔偿的数额不可以超过合同价款的10%

二、多项选择

1.买卖双方发生争议的原因，主要有（　　）。

A.卖方违约　　　　　　　　　　　　B.买方违约

C.双方互有违约责任　　　　　　　　D.银行违约

2.不可抗力事件是指当事人（　　）的事件。

A.不能预见　　　B.不能避免　　　C.不能克服　　　D.不可遗忘

3.英国法律把违约分成（　　）两种。

A.违反要件　　　B.重大违约　　　C.违反担保　　　D.轻微违约

4.《公约》把违约分成（　　）。

A.违反要件　　　　　　　　　　　　B.根本性违反合同

C.违反担保　　　　　　　　　　　　D.非根本性违反合同

5.在进出口合同的索赔条款中，必须就（　　）作出明确的规定。

A.索赔依据　　　B.索赔期限　　　C.索赔金额　　　D.检验时间

6.合同中的违约金条款应订明（　　）。

A.违约金的金额　　　　　　　　　　B.违约金的计算方法

C.违约金的功能　　　　　　　　　　D.违约金的起算日期

7.如果发生不可抗力事件，可免除其相应责任，即有（　　）两种后果。

A.免除履行合同的责任　　　　　　　B.推迟合同的履行

C.补偿后撤销合同　　　　　　　　　D.取消合同

8.合同中不可抗力条款的规定方法有（　　）。

A.概括式　　　B.列举式　　　C.综合式　　　D.要式

9.判定为不可抗力事故的原则是（　　）。

A.意外事故的发生是偶然性的，是当事人无法预见或控制、克服的

B.意外事故必须发生在合同签订之后

C.由于合同双方当事人自身的过失或疏忽而导致的

D.不是因为合同双方当事人自身的过失或疏忽导致的

10.关于仲裁协议，以下表述正确的有（　　）。

A.是仲裁机构受理争议案件的必要依据

B.必须在争议发生之前

C.只能在争议发生之后

D.既可以在争议发生之前，也可以在争议发生之后

11.在同外商商订买卖合同中的仲裁条款时，关于仲裁地点可以作出如下（　　）规定。

A.在双方同意的第三国仲裁　　B.在被诉人所在国仲裁

C.在我国仲裁　　D.在对方国仲裁

12.诉讼与仲裁的不同点有（　　）。

A.两者审理案件的机构性质不同　　B.两者审理制度不同

C.两者审理的程序不同　　D.两者审理的依据不同

13.在国际贸易中，针对卖方的索赔案件，大多数的原因是（　　）。

A.卖方所交货物品质与合同规定不符　　B.卖方所交货物数量与合同规定不符

C.卖方不按期交货　　D.卖方未办保险

14.在国际贸易中，常用的解决争议的方式有（　　）。

A.协商　　B.调解　　C.仲裁　　D.诉讼

15.下列不属于不可抗力事故的有（　　）。

A.汇率波动　　B.地震　　C.价格涨跌　　D.通货膨胀

三、判断

1.《联合国国际货物销售合同公约》规定的索赔期限为买方实际收到货物后1年内。（　　）

2.在国际贸易中，如一方违约而使另一方受到损害，以至于实际上使他不能得到根据合同有权得到的东西，即为根本违反合同。（　　）

3.凡遇到不可抗力事故，遭受事故的一方即可提出撤销合同。（　　）

4.诉讼与仲裁的相同点是两者审理案件的机构性质相同。（　　）

5.中国国际经济贸易仲裁委员会是以仲裁的方式解决经济贸易争议的常设商事仲裁机构。（　　）

6.多数国家都认定仲裁裁决是无约束力的。（　　）

7.在国际贸易中，如果交易双方愿将履约中的争议提交仲裁解决，必须在买卖合同中订立仲裁条款，否则仲裁机构不予受理。（　　）

8.根据《联合国国际货物销售合同公约》的规定，买卖双方的一方如根本违反合同，另一方可以提出索赔，也可以宣告合同无效。（　　）

9.在任何情况下，卖方所交货物的数量都必须与合同规定的数量相符，否则买方有权拒收货物并提出索赔。（　　）

10.国际贸易中的索赔，必须在有效期内提出，过期无效，责任方有权不予受理。（　　）

关键术语

商品检验　公证鉴定　法定检验　争议　索赔与理赔　不可抗力　根本性违反合同　友好协商　调解　仲裁　仲裁协议

思考题

1.简述货物检验的含义和在国际贸易中的作用。

2.何为买方检验权？各国法律对买方检验权主要有哪些规定？

3.什么是法定检验？简述我国实施法定检验的范围、内容及意义。

4.在国际贸易中确定损害赔偿金额的基本原则是什么？

5.发生不可抗力后，处理原则是什么？

6.在进出口贸易中，解决争议的办法有哪些？

7.什么是国际贸易仲裁？为什么仲裁是国际贸易中最主要的争端解决方式？

8.什么是仲裁协议？仲裁协议有何作用？

推荐阅读文献

1.中华人民共和国进出口商品检验法［M］. 最新修正版. 北京：法律出版社，2018.

2.洪雷. 进出口商品检验检疫［M］. 3版. 上海：格致出版社，2018.

3.王晓川. 国际贸易争议与仲裁［M］. 北京：中国人民大学出版社，2008.

4.汪祖兴，梁慧星. 国际商会仲裁研究［M］. 北京：法律出版社，2007.

5.中国工业经济联合会解决国际贸易争端协调委员会. 应对国际贸易争端服务手册［M］. 北京：中国纺织出版社，2006.

6.中国国际经济贸易仲裁委员会仲裁规则（2012版）.

案例思考

1.进口方委托银行开出的信用证上规定：卖方须提交"商品净重检验证书"。进口商在收到货物后，发现质量不符，而且卖方仅提供重量单，未提供净重检验证书。买方立即委托开证行向议付行提出拒付，但货款已经押出。事后，议付行向开证行催付货款，并解释卖方所附的重量单即为净重检验证书。

（1）重量单与净重检验证书一样吗？

（2）开证行能否拒付货款给议付行？

2.我某公司与中国香港一公司签订了一份进口香烟生产线合同。设备是二手货，共18条生产线，价值100多万美元。合同规定，出售商保证设备在拆运之前均在正常运转，否则更换或退货。

设备运抵目的地后发现，这些设备在拆运前早已停止使用，在目的地装配后也因设备损坏、缺件根本无法马上投产使用。但是，由于合同规定如要索赔需商检部门在"货到现场后14天内"出证，而实际上货物运抵工厂并进行装配就已经超过14天，无法在这个期限内向外索赔。这样，工厂只能依靠自己的力量进行加工维修。经过半年多时间，花了大量人力、物力，也只开出了4条生产线。该公司应该从这一案例中吸取哪些教训？

3.甲方与乙方签订了一份出口某货物的合同，合同中的仲裁条款规定：“凡因执行本合同发生的一切争议，双方同意提交仲裁，仲裁在被诉方国家进行。仲裁裁决是终局性的，对双方都有约束力。”在合同履行过程中，双方因品质问题发生争议，于是将争议提交甲国仲裁。经仲裁庭调查审理，认为乙方的举证不实，裁决乙方败诉。事后甲方因乙方不执行裁决向乙国法院提出申请，要求法院强制执行，乙方不服。

乙方可否向本国法院提请上诉？为什么？

4.我方售货给加拿大的甲商，甲商又将货物转售给英国的乙商。货抵加拿大后，甲商已发现货物存在质量问题，但仍将原货运往英国，乙商收到货物后，除发现货物质量问题外，还发现有80包货物包装破损，货物短少严重，因而向甲商索赔，甲商又向我方提出索赔。

我方是否应负责赔偿？为什么？

5.中国某公司与欧洲某进口商签订一份皮具合同，以CIF鹿特丹成交，向保险公司投保一切险，用信用证支付。货到鹿特丹后，检验结果表明：全部货物潮湿、发霉、变色，损失价值10万美元。据分析，货物损失的主要原因是由于生产厂家在生产的最后一道工序中，未将皮具湿度降到合理程度。

（1）进口商对受损货物是否支付价款？

（2）进口商应向谁索赔？

6.某国一公司以CIF鹿特丹出口食品1 000箱，即期信用证付款，货物装运后，出口商凭汇票、发票、已装船清洁提单和已投保一切险及战争险的保险单，向银行收妥货款。货到目的港后，经进口商复验发现下列情况：

（1）该批货物共有10个批号，抽查20箱，发现其中2个批号（涉及200箱）含有沙门氏细菌超过合同标准；

（2）收货人实际收到998箱，缺少2箱；

（3）有15箱货物外表状况良好，但箱内货物共缺少60千克。

根据上述案情，进口商应分别向谁索赔？

7.有一份合同，印度A公司向美国B公司出口一批黄麻。在合同履行的过程中，印度政府宣布对黄麻实行出口许可证和配额制度。A公司因无法取得出口许可证而无法向美国B公司出口黄麻，遂以不可抗力为由主张解除合同。问：印度A公司能否主张这种权利？为什么？

8.我某出口企业以CIF纽约条件与美国某公司订立了500套家具的出口合同。合同规定某年12月交货。11月底，我企业出口商品仓库因雷击发生火灾，致使一半以上的出口家具被烧毁。我企业遂以不可抗力为由要求免除交货责任，美方不同意，要求撤销合同并提出损害赔偿。

依照《公约》，美方可主张何种权利？为什么？

第九章

国际货物买卖合同的商订

学习目标

重点掌握：交易磋商的过程；发盘、还盘与接受的法律地位及构成条件；合同成立的时间；合同生效的要件。

一般了解：交易磋商的含义；交易磋商的形式与内容；合同的形式及基本内容。

能力要求：具备进行交易磋商、确定合同内容和主要条款的能力。

意识培养：培养重合同、守信用的意识，通过签订严谨规范的合同条款，减少履约的不确定性。

第一节　交易磋商

一、交易磋商的含义

交易磋商又称合同磋商，是买卖双方为了买卖商品，对交易的各项条件进行协商以达成交易的过程，通常称为谈判。在谈判中，交易双方就共同关心或感兴趣的问题进行磋商，协调和调整各自的经济利益和政治利益，谋求在某一点上取得妥协，从而在双方都感到有利的条件下达成交易。谈判的目的是协调利害冲突，实现各自的经济利益。

在国际贸易中，交易磋商是一个十分重要的环节。因为交易磋商是签订合同的基础，没有交易磋商就没有买卖合同，举凡有关交易的价格和其他交易条件，都要通过谈判确定下来，也就是说，双方在一笔交易中的权利和义务是通过磋商确定下来的。一旦交易双方通过磋商对各项交易条件达成一致意见，合同即宣告成立，并具有法律约束力，不得轻易改变。因此，交易磋商的结果如何，直接影响合同的签订和以后的履行，关系着国家的宏观利益和企业的微观利益。

二、交易磋商的形式与内容

1.交易磋商的形式

交易磋商通常有口头磋商、书面磋商和行为磋商三种形式。

(1) 口头磋商

口头磋商是指交易双方在谈判桌上，面对面地就交易的主要条件和双方的权利与义务进行谈判，它包括举办各种形式的会展、派遣贸易团体出访等面对面的直接交流，也包括双方通过电话进行的谈判。口头磋商是国际贸易中通常采用的谈判形式。

（2）书面磋商

书面磋商又称书面谈判，是指交易双方通过函电往来，就交易的主要条件和双方的权利与义务进行谈判的方式，具体可采用信件、传真、电子邮件等。另外，随着社会经济信息化程度的不断提高，EDI系统（电子数据交换系统）和NII系统（国家信息基础设施）在国际贸易谈判中已经得到广泛应用。

（3）行为磋商

行为磋商即通过行为进行交易磋商，最典型的就是在拍卖市场中进行拍卖或者购进。

以上三种交易磋商形式均具有相同的法律效力，可根据不同的实际情况灵活运用。

2.交易磋商的内容

交易磋商的具体内容，就是将来要签订的合同中所涉及的各项条款，具体包括：商品的品名、质量、数量、包装、价格、装运、保险、支付以及商检、索赔、不可抗力和仲裁等。

商品的品名、质量、数量、包装、价格、装运、保险和支付属于主要交易条款，需要交易双方进行具体而详细的磋商，因为在每笔交易中这些条款都各不相同；商检、争议索赔、不可抗力和仲裁等条款与前者相比，属于比较固定的交易条款，被称为一般交易条款，它们在每笔交易中的规定大体相同。买卖双方第一次谈判时，可以将交易的主要条款和一般条款都列入具体谈判内容，并进行认真磋商。对于老客户来说，在长期的贸易交往中，一般交易条款已经形成习惯做法，为了节省时间和费用，在交易磋商中无须对其进行逐一谈判，按常规办理即可。

在实践中，为了简化磋商内容，提高磋商效率，降低磋商成本，往往在正式磋商之前，先就一般交易条件与对方达成一致。

三、交易磋商的过程

交易磋商的过程也就是合同订立的过程，可分成询盘、发盘、还盘和接受四个环节，其中发盘和接受是必不可少的，是达成交易所必需的法律步骤。

1.询盘（inquiry）

（1）询盘的含义与内容

询盘也称询价，是交易的一方为了销售或洽购某一种商品，向另一方提出关于交易条件的询问，即向对方探询交易条件，是表示交易愿望的一种行为。询盘多由买方作出，也可由卖方作出。买方发出的询盘称为“邀请发盘”（invitation to make an offer），卖方发出的询盘称为“邀请递盘”（invitation to bid）。

询盘的内容可详可略，多数的询盘都是以询问商品的价格为主，所以询盘也常被称为询价，如买方询盘“有兴趣购买东北大豆，请发盘”，或者“有兴趣购买东北大豆，11月装运，请报价”。

（2）询盘的法律地位

询盘在国际商务法律中又被称作要约邀请，其主要目的在于邀请对方发盘，本身不构成发盘，属于当事人订立合同的准备行为，所以询盘对双方都不具有法律上的约束力。买方发出询盘后，没有必须购买货物的责任；卖方发出询盘后，也没有必须出售货物的义务。

(3) 询盘应注意的问题

①正确选择询盘的对象

在实际业务中，一个潜在的买主在打算买进一种商品时，往往同时向几个厂商发出询问，然后根据厂商发来的价格及其他条件进行比较，择优进入实质性谈判，即所谓“货比三家”。这在进出口业务中具有重要意义，但必须指出，我们所说的“货比三家”中的“家”，是指不同的厂商或货主，而不是中间商或掮客；否则，会起相反的作用。

②对收到的询盘应积极答复

询盘不具有法律效力，也不是交易磋商的必经步骤，但它往往是一笔交易成功的起点。因此，无论买方还是卖方都应该积极答复所收到的询盘，以表示对对方的尊重。

③严格区分询盘与发盘

由于询盘所处的法律地位，在业务实践中，卖方寄送的报价单、拍卖公告、招标公告、各种商业公告等一般都属于要约邀请，不具有法律效力。在少数情况下，报价单、商业广告符合发盘规定的，视为发盘。因此，在实际操作中要严格区分询盘和发盘。

2.发盘 (offer)

(1) 发盘的含义与方式

发盘 (offer) 也称发价，指交易的一方 (发盘人) 向另一方 (受盘人) 提出各项交易条件，并愿意按这些条件达成交易的一种表示。《联合国国际货物销售合同公约》(以下简称《公约》) 第14条明确规定：“向一个或一个以上特定的人提出的订立合同的建议，如果十分确定并且表明发盘人在得到接受时承受约束的意旨，即构成发盘。”

发盘多由卖方提出 (selling offer)，也可由买方提出 (buying offer)。买方的发盘也称递盘 (bid)。实务中常见由买方询盘后，卖方发盘，但也可以不经过询盘，一方径直发盘。

发盘的方式可以通过函电进行书面表达，也可以是口头表达。无论哪种方式的发盘，一旦被对方即受盘人有效接受，合同即告成立，发盘人受其约束，不得反悔。看一个发盘的例子：

Example: An Offer

Dear Sirs,

We have white 50/50 polyester/cotton mixture men's shirts, as per sample, in assorted sizes between 35 and 44 individually packed in plastic bags and boxed in 100's no less than 50 of each size, packed in export crates of 1 000 shirts.

US$5.00 per shirt FOB Xingang and Payment by Irrevocable Letter of Credit opened in our favour.

Quantity: Minimum order 1 000 shirts, maximum present capacity 10 000 shirts a month.

Delivery: Within 3 months or notification of receipt of Letter of Credit.

Validity: This quotation is firm for orders dispatched before 1 August 2019.

Please let us know if you require any further information or samples.

> 尊敬的先生：
>
> 我公司有涤纶与棉各50%的混纺男式衬衫，如样品，尺码从35到44齐全。每件单独塑料包装，100件装盒，盒内每个尺码不少于50件，1 000件装出口木箱。
>
> 每件5.00美元FOB新港，以我方为受益人的不可撤销信用证付款。
>
> 数量：最小订货量1 000件，最多每月10 000件。
>
> 装运：收到信用证通知后三个月内发货。
>
> 有效期：该发盘对于2019年8月1日前发出的订单有效。
>
> 如果需要更多的信息和样品请通知我方。

（2）发盘的法律地位

发盘在法律上称为要约。在发盘的有效期内，一经受盘人无条件接受，合同即告成立，发盘人承担按发盘条件履行合同义务的法律责任。

发盘是交易磋商过程（合同订立过程）中必不可少的环节之一。

（3）构成发盘的条件

根据《公约》的定义，发盘是一种“订立合同的建议”，但并非这种建议都是发盘。构成有效发盘，还必须具备以下条件：

①向一个或一个以上特定的人提出

发盘中必须指明特定的受盘人的名称。受盘人没有数量上的限制，可以是一个人，也可以是多个人；可以是自然人，也可以是法人；但受盘人必须是特定的人。不指定受盘人的发盘，即使内容明确完整，也不属于发盘，仅应视为发盘的邀请。因此，出口商向国外广泛寄发商品目录、价目表以及在杂志或电视、广播中所做的商业广告等一般都不构成发盘。

②内容十分确定（肯定）（sufficiently definite）

《公约》第14条规定，发盘的内容必须十分确定，并认为“一个建议如果写明货物并且明示或暗示地规定数量和价格或规定如何确定数量和价格即为十分确定”。

在实践中，一个有效的发盘中所列出的交易条件必须是完整的（complete）、明确的（clear）、终局或无保留的（final）。根据《公约》的规定，发盘中包括了商品名称、价格和数量三项内容，就构成了发盘内容的完整性；明确是指意思表达清楚，解释确切，不会导致对当事人权利和义务理解的明显分歧；无保留是指发盘中不附有交易条件以外的限制性说明，如“以我方最后确认为准”等。

需要说明的是，过去我国在外贸业务中对发盘内容完整性的理解，是指发盘中必须包括一项交易所有的主要交易条件，包括品名、质量、数量、包装、价格、装运期和支付方式，如果发盘的内容没有包括完整的主要交易条件，则该发盘被认为是无效的。显然，这与《公约》的规定是不一致的。由于我国是《公约》的缔约国，许多合同要适用《公约》的规定，我国公司、企业应该按照《公约》的规定，谨慎处理我方的对外发盘和判断国外客户对我方的报价。

另外，《公约》关于发盘内容完整性的规定，只是对构成有效发盘的起码要求。在实际业务中，我们提倡在发盘中列明交易的主要条件，因为如果交易条件过于简单，会给合同的履行带来困难，并增加争议发生的可能性。

③明确表明订立合同的意思

发盘必须表明严肃的订约意思，即发盘应该表明当受盘人作出接受时，发盘人将按发盘条件承担与受盘人订立合同的法律责任。这种意思可以用“发盘”“实盘”“递盘”等术语加以表明，也可不使用上述或类似上述的术语和语句，而按照当时的谈判情形，或当事人之间以往的业务交往情况或双方已经确立的习惯做法来确定。

④送达受盘人

《公约》第15条明确规定：“发盘于送达受盘人时生效。”《国际商事合同通则》对何为“送达”作出了明确规定：如果是口头发盘，发盘于口头传达给受盘人时为送达；如果以其他方式发盘，则以发盘被递送到受盘人的营业地或通信地址时为送达。这就是说，即使发盘已经发出，但在送达受盘人之前该发盘并不对发盘人产生约束力，即使受盘人已经从某一途径获悉该发盘，也不能接受该发盘。

只要在发盘送达受盘人之前，即发盘生效之前，即使该发盘是不可撤销的，发盘人也可以随时发出撤回通知来撤回发盘。但是，撤回通知必须在发盘送达受盘人之前或同时送达受盘人，避免发盘生效。一旦发盘生效，撤回通知无效，发盘人必须履行发盘所规定的义务和责任。

一项发盘必须同时具备以上四个条件，才能构成法律上有效的发盘。缺少其中的任何一个条件，都不会对发盘人构成法律上的约束力。

(4) 发盘的有效期

发盘的有效期是指发盘供受盘人接受的期限，也是发盘人对发盘承受约束的期限。某项发盘期限的规定可能有以下四种情况：

①规定明确的时间

发盘人在发盘中明确规定受盘人作出接受的最晚时间。例如，“Offer valid subject to reply reaching us before Jun 11（发盘有效期至6月11日）”。由于国别间时差的存在，在规定发盘的有效期时，发盘人应说明以何方时间为准。在业务实践中，发盘的有效期限规定往往以发盘方所在地时间为准。

②规定在一段时间内有效

发盘人在发盘中明确要求受盘人作出接受的一段时间。例如，“Offer valid in 10 days（发盘10日内有效）”。《公约》第20条对如何计算“一段时间”的起讫问题作出了明确规定：

A.发盘人在电报或信件内规定的接受期间，从电报发出时或信上载明的发信日期起算，如信上未载明发信日期，则从信封上所载日期起算。发盘人以电话、电传或其他快速通讯方法规定的接受期间，从发盘送达受盘人时起算。

B.在计算接受期间时，接受期间内的正式假日或非营业日应计算在内。但是，如果接受通知在接受期间的最后一天未能送到发盘人地址，因为那天在发盘人营业地是正式假日或非营业日，则接受期间应顺延至下一个营业日。

③没有规定有效期

有的发盘中没有明确规定有效期，这些发盘会被理解为在合理的时间内有效。关于“合理的时间内”的界定，《公约》并没有给出明确的规定，各国法律也没有明确的规定。由于对“合理的时间内”认识的差别，可能会导致交易磋商过程产生谈判障碍，所以，在实际业务中，我们提倡在发盘中明确规定接受期间，以免为交易双方带来不必要的麻烦或损失。

④口头发盘必须立即接受

如果发盘人采用口头方式进行发盘，那么受盘人必须立即接受，否则发盘失效。也就是说，口头发盘的有效期是即时的。

（5）发盘的撤销与撤回

①发盘的撤销（revoke）

发盘的撤销是指发盘生效后，发盘人修改或取消发盘的行为。

在交易磋商过程中，发盘生效后，但被接受前，发盘人是否可以收回发盘，这不仅是一个业务做法的问题，而且是关系到合同是否成立的重要法律问题。关于发盘的撤销问题，各国的法律规定差别很大。大陆法系认为发盘在有效期内或渴望得到答复的时间内不得撤销；英美法系却主张发盘即使规定了有效期，只要未被接受，发盘人可以随时撤销。但同属英美法系的美国却在《统一商法典》中提出了“实盘”的概念，规定凡是商人提出的经签字的书面报价，如规定了有效期，在有效期（不得超过三个月）内不得撤销。

《公约》调和了两大法系在这个问题上的分歧，原则上承认在接受通知发出以前发盘可以撤销，但同时又规定了在特定情况下发盘是不可撤销的，详细规定在《公约》第16条：在未订立合同之前，如果撤销通知于受盘人发出接受通知之前送达受盘人，发盘得予撤销。但在下列情况下，发盘不得撤销：发盘写明接受发盘的期限或以其他方式表示发盘是不可撤销的；或受盘人有理由信赖该项发盘是不可撤销的，而且受盘人已本着对该发盘的信赖行事。

从上述规定可以看出，在发盘的撤销问题上，《公约》融合两大法系的规则于一体，既规定了可以撤销的原则，也规定了不可撤销的条件。鉴于当前国际贸易中的报价，不规定有效期的是少数，大多数发盘都带有有效期的规定，因此《公约》的基本态度是倾向于不可撤销原则。这一原则的确立，无疑将增强发盘的稳定性和交易双方的信心。

由于撤销通知在送达受盘人时生效，因此发盘人在发出撤销通知后，如有反悔，仍可以通过更快的传递方式发出取消该项通知的办法纠正。

②发盘的撤回（withdraw）

发盘的撤回是指在发盘尚未生效的情况下，发盘人采取措施阻止该发盘生效。

《公约》第15条规定：“一项发盘，即使是不可撤销的，如果撤回的通知在发盘到达受盘人之前或同时到达受盘人，也可以撤回。”只要撤回通知在发盘生效之前或与发盘同时送达受盘人，就可以撤回发盘。

(6) 发盘的失效（lapse of offer， termination of offer）

发盘的失效通常包括以下几种情形：

①拒绝：关于发盘的失效问题，《公约》第17条规定："一项发盘，即使是不可撤销的，于拒绝通知送达发盘人时终止 。"这就是说，当受盘人不接受发盘的内容，并将拒绝的通知送到发盘人手中时，原发盘就失去效力，发盘人不再受其约束。

②撤销：发盘人对发盘进行依法撤销。

③过期：发盘中规定的有效期届满而受盘人并没有作出接受，或接受通知没有在发盘有效期内送达发盘人。

④其他方面的问题造成发盘失效。这包括政府发布禁令或限制措施造成发盘失效，另外还包括发盘人死亡、法人破产等特殊情况。

3.还盘（counter offer）

(1) 还盘的含义

受盘人不同意发盘中的交易条件而提出修改或变更的意见，称为还盘，也称作还价。还盘既是受盘人对发盘的拒绝，也是受盘人以发盘人的身份提出的新发盘。

一方发盘，另一方如果对其内容不同意，可以进行还盘；同样，如果对一方的还盘内容不同意，另一方也可以针对该还盘再进行还盘。还盘可以在双方之间反复进行，还盘的内容通常仅陈述需变更或增添的条件，对双方同意的交易条件不须重复。作出还盘时，不仅可以对商品价格提出意见，也可以对其他交易条件提出意见。

(2) 还盘的法律地位

还盘在法律上叫反要约。还盘实际上是受盘人以发盘人的身份作出的一个新发盘，原发盘人成为新发盘的受盘人。还盘又是受盘人对发盘的拒绝，发盘因对方还盘而失效，原发盘人不再受其约束。

4.接受（acceptance）

(1) 接受的含义

接受是指受盘人接到对方的发盘或还盘后，同意对方提出的条件，并愿按这些条件与对方达成交易、订立合同的一种肯定的表示。对于接受，《公约》第18条规定："受盘人声明或作出其他行为表示同意一项发盘，即是接受。缄默或不行动本身不等于接受。"

(2) 接受的法律地位

接受在法律上称为承诺，其实质是对发盘表示同意。从法律责任来看，受盘人一般并不承担对发盘必须进行答复的义务，但是受盘人一旦对发盘作出有效接受表示并生效后，合同即告成立，发盘人与受盘人双方均受法律约束。

接受也是交易磋商过程中必不可少的法律环节之一。

(3) 构成有效接受的条件

按照《公约》的规定，只有同时符合下列条件的接受，才是一项有效接受：

①接受须由受盘人作出

构成发盘的有效条件中规定，受盘人必须是特定的人。与之相对应的就是，接受必须是发盘中所指定的特定受盘人作出的，由第三者作出的接受，只能视作一项新的发盘。如果受盘人依法授权代理人作出接受，也属有效。

②接受必须是无条件的

所作出的接受，必须是针对原发盘全部内容的、一揽子的、无条件的接受，不能只接受其中的某些内容。对发盘所作出的实质性更改或有条件的接受，只能视作还盘。

③接受必须在发盘规定的时限内作出

当发盘规定了接受的时限，受盘人必须在发盘规定的时限内作出接受，才是有效的。如果发盘是以对话方式作出的，应当即时作出接受；如果发盘没有规定接受的时限，受盘人应当在合理时间内表示接受。关于“合理时间内”的界定，需要依据发盘的方式、货物的特点以及货物的行情等因素去掌握。鉴于其模糊性，在实际业务中，我们主张在发盘中明确规定接受时限。

④接受必须表示出来

接受必须以口头或书面声明的形式向发盘人明确表示出来，另外也可以用行为表示接受。缄默或不行动，即不作任何方式的表示，不构成接受。一般来说，对待口头的发盘，采用口头的形式声明接受；如果发盘是书面的，则以书面形式声明接受。如果是内容详尽的发盘，受盘人可以用直接装运货物、付款或开立信用证等实际行为来表示对发盘的接受。

（4）接受生效的时间

在接受生效的时间上，各国的法律规定也有很大差别。英美法系采用投邮生效的原则，即接受通知书一经投邮或发出，立即生效；而大陆法系采用到达生效的原则，即接受通知书必须到达发盘人才生效。《公约》明确规定，接受送达发盘人时生效。

在与不同国家的客户进行业务往来时，需要了解对方所在国家或地区是否是《公约》的缔约国。如果是，双方都遵循《公约》的规定；如果不是，需要了解对方所在国家的相关法律规定，如与我方法律原则不一致，则要明确以哪方法律规定为准。

（5）有条件的接受

接受应该是无条件的，任何对发盘表示接受但对交易条件有所变更或添加，均可视为无效的接受。《公约》对发盘的交易条件的变更或添改，分为实质性变更和非实质性变更。实质性变更视作还盘；非实质性变更，在当事人没有及时提出异议的情况下，接受有效，并于该接受到达发盘人时生效。

《公约》和我国《合同法》都规定，对有关发盘中涉及的商品名称、质量、数量、价格、支付方式、交货时间和地点、一方当事人对另一方当事人的赔偿责任范围或解决争端的办法等条件提出的添加或变更，均为实质性变更。对上述条件更改或添加后的接受，只能视作还盘。不过，这在实际业务中掌握起来会有一定的难度。比较妥善的办法是，一旦接到国外客户的接受，如对我方的发盘内容有添加、修改或限制时，应及时回复对方，表明自己的意思。

（6）逾期接受

超过发盘的有效期才送达的接受，为逾期接受，一般情况下无效，应视为一项发盘。但《公约》第21条规定：

①逾期接受仍有接受的效力，如果发盘人毫不迟延地用口头或书面将此种意见通知受盘人。

②如果载有逾期接受的信件或其他书面文件表明，它是在传递正常、能及时送达发盘人的情况下寄发的，则该项逾期的接受具有接受的效力，除非发盘人毫不迟延地用口头或书面的形式通知受盘人：他认为发盘已经失效。

在第一种情况下，发盘人确认逾期的接受有效力，该接受从被送达发盘人时生效，即合同于接受通知书到达时生效，而不是受盘人收到确认通知后才生效。在第二种情况下，如果接受的逾期是由于传递不正常造成的，载有接受的信件和其他书面文件表明如果传递正常，它本应在有效期内送达，对于这种逾期接受，除非发盘人毫不迟延地通知受盘人，发盘因逾期而失效，否则该接受有效，合同于该接受到达时成立。

【个案讨论】

我国某进出口公司向国外某客商询售某商品，不久我方接到外商发盘，有效期至7月22日。我方于7月24日用电传表示接受对方发盘，对方一直没有音讯。因该商品供求关系发生变化，市价上涨，8月26日对方突然来电要求我方必须在8月28日前将货发出；否则，我方将要承担违约的法律责任。我方是否应该发货？为什么？

（7）接受的撤回和修改

接受的撤回，是指在接受生效之前采取措施，以阻止其生效。接受的修改，是指在接受生效前，受盘人将接受的内容进行变更，并阻止原接受生效。

在接受送达发盘人之前，受盘人将撤回或修改接受的通知送达发盘人，或两者同时送达，则接受可以撤回或修改。接受一旦送达，即告生效，合同成立，发盘人或受盘人均无权单方面撤销或修改其内容。

四、交易磋商中应注意的问题

从实际业务看，每一项交易的达成，都要经过认真的磋商。在磋商过程中，由于交易双方的立场及追求的具体目标各不相同，往往充满尖锐的利害冲突，因而需要反复讨价还价才能达成交易。所以，交易磋商是一项重要而复杂的工作，需要我们从制定商务谈判方案、确定谈判步骤到真正进行谈判的每一个步骤都应给予充分的重视。需要说明的是，在一项商务谈判中，一方赢并不一定是建立在对方输的基础上，谈判双方应该在双赢的原则下进行谈判，一场使双方都感觉赢的结局才是真正成功的谈判，也只有双赢的结果才有可能使双方建立长久的贸易关系。因此，在谈判过程中，谈判人员要围绕该原则来灵活运用各种谈判手段、谈判方法和谈判技巧争取谈判的成功。

在一项商务谈判过程中，谈判人员起着关键作用，他们对事物的认识以及据此作出的谈判行为会对交易成败和谈判结果产生重要的影响。为了保证交易磋商的顺利进行，买卖双方都应该为谈判工作选配精明能干的业务人员。一般来说，一名合格的外贸谈判人员需要具备以下条件：

（1）必须熟练掌握我国有关对外经贸活动的方针政策，以及我国政府颁布的有关涉外法律和规则；

（2）必须熟练掌握谈判中可能涉及的各种业务知识，包括商品知识、金融知识、市场知识等；

（3）必须具备一定的有关国际贸易法、外汇管制法以及有关国家的税法等方面的知识，应了解有关的国际贸易惯例和各种习惯做法；

（4）最好能够熟练地掌握外语，直接用外语与对方进行谈判。

第二节 合同的成立

一、国际货物买卖合同的含义

合同是平等主体的自然人、法人、其他组织之间设立、变更、终止民事权利义务关系的协议。国际货物买卖合同，根据《公约》的解释，是指营业地在不同国家的当事人之间订立的货物销售合同，它不同于一般的国内货物买卖合同，具有国际性。

国际货物买卖合同的成立、纠纷的处理可以适用有关国际贸易公约、国际贸易惯例或某一与合同有密切联系的国内法。

二、合同的有效成立

【个案讨论】

买卖双方订有长期贸易协议，协议规定“卖方必须在收到买方订单后15天内答复，若未答复则视为已接受订单”。11月1日卖方收到买方订购2 000件服装的订单，但直到12月25日卖方才通知买方不能供应2 000件服装，买方认为合同已经成立，要求供货。双方的合同是否成立？为什么？

提示：双方的合同已经成立。讨论一下，为什么？在本案中，合同的成立与下面介绍的合同的生效条件是否矛盾？

1.合同的生效

在交易磋商过程中，一方发盘经另一方接受以后，交易即告成立，买卖双方就构成了合同关系。根据《公约》和我国《合同法》的规定，合同于接受生效时成立，即一个正式的发盘被有效接受时，合同即成立。

2.构成有效合同的要件

根据各国的法律，通过发盘与接受的方式，双方当事人达成一项可执行的协议，只是具备了合同生效的最基本条件，合同的有效成立，还需要具备其他一些条件。不同的法律体系对合同成立的条件规定不尽相同，综合起来看，各国对合同有效成立的要求主要有以下几项：

（1）双方当事人必须具有订立合同的能力和资格

各国法律一般都规定，订立合同的当事人应当有订约的能力。在国际货物买卖合同中，涉及的当事人多为法人。因此，在与国外客户磋商交易和订立合同时，必须遵循以下原则：法人签订的合同内容不得超过其经营权限所规定的业务范围，否则，该合同在法律上是无效的；只有公司、被授权的代理人有资格代替其委托人签订委托人经营权限内业务的合同。

（2）双方当事人的意思表示真实

合同当事人必须自愿就合同条款达成协议，《国际商事合同通则》规定，对于因错误、欺诈、胁迫以及重大失衡而订立的合同，受害一方当事人可以宣告合同无效。在合同签订过程中，任何一方都不得使用欺诈、威胁和乘人之危等手段。

（3）合同的标的和内容必须合法

合同的标的必须是法律允许买卖的商品，合同的内容必须符合双方所在地国家的法律规定。

（4）合同必须有约因或对价

一些大陆法系国家要求合同的有效成立必须有约因（cause），英美法系国家则要求必须要有对价（consideration）。

对合同中约因的要求，以法国法的规定最为典型。依照法国法的解释，约因是指当事人订立该项合同所追求的最接近和直接的目的（immediate and direct end）。法国法强调要区分约因和动机（motives）。例如，甲向乙购买一套公寓，甲的动机可能是自己使用，可能是出租，也可能是赠与他人，但其购买该公寓的直接目的只有一个，就是为了获得该公寓；同样，乙的直接目的就是获得一笔金钱。所以，在买卖合同中，约因都是以商品换取金钱。

所谓对价，是指“合同一方得到的某种权利、利益、利润或好处，或是他方当事人克制自己不行使某项权利或遭受某项损失或承担某项义务”。近年来，英美法系在解释对价的含义时，主要是强调“双方当事人必须互为有偿”的关系：合同中涉及的双方必须都有相应的权利与义务，合同中任何一方所享有的权利都以合同规定为依据。一项货物买卖合同，卖方须交货，买方须付款。卖方交货是为了取得买方支付货款，而买方付款是为了取得卖方的货物，卖方的交货和买方的付款就是该合同的对价。

（5）合同必须符合法律规定的形式

《公约》和《国际商事合同通则》规定国际货物买卖合同的订立不拘形式，无论当事人采用何种方式，都不影响合同的有效性，也不影响证据力，但世界上仍有一些国家的法律规定，国际货物买卖合同必须采用书面形式或超过一定金额的合同必须采用书面形式订立，不承认口头合同为有效合同。

1999年10月1日起我国《合同法》生效后，法律允许当事人采用书面形式、口头形式和其他形式订立合同，但同时指出，法律规定用特殊形式的，应当按照法律的规定。

【个案讨论】

我国某公司与外商洽谈进口某商品一批，经往来电传洽谈，已谈妥合同的主要交易条件，但我方在电传中表明交易于签订确认书时达成。事后对方将草拟的合同条款交我方确认，但因有关条款的措辞尚需研究，故我方未及时给对方答复。不久，该商品的市场价格上涨，对方电催我方开立信用证，以便其可按期装运出口，而我方以合同未成立为由拒绝开证。我方的做法是否有理？为什么？

提示：根据我国《合同法》的规定，当约定合同于签订确认书生效时，双方签订了确认书，合同方成立。在本案中，我方在电传中表明，要签订确认书交易才达成，在我方研究有关条款的措辞时，对方向我方电催开立信用证，此时，合同未成立，我方可拒绝开证。

第三节　合同的形式与内容

一、合同订立的形式

过去，大多数国家都要求合同必须以书面形式订立，未采用书面形式订立的合同为无效合同，但是，随着近些年来全球市场经济和电子商务的迅猛发展，不少国家为了适应现代商务发展，都改为采用订立合同的形式自由的原则。《公约》和《国际商事合同通则》也规定，销售合同在形式方面不受任何其他条件的限制，即国际货物买卖合同的订立可以采用任何形式，包括书面、口头和其他形式。

我国在最初加入《公约》时，对第11条“销售合同无须以书面订立或书面证明，在形式方面也不受任何其他条件的限制。销售合同可以用包括人证在内的任何方法证明”进行了保留，只承认书面合同的法律效力。这在我国1985年开始实施的《涉外经济合同法》中体现得非常充分，该法第七条明确规定：“当事人就合同条款以书面形式达成协议并签字，即为合同成立。通过信件、电报、电传达成协议，一方当事人要求签订确认书的，签订确认书时方为合同成立。”但1999年10月1日《涉外经济合同法》已经失效。

2013年2月，我国政府正式通知联合国秘书长，撤回对《公约》第11条的保留，不再将合同形式限定为书面，使得我国《合同法》与《公约》对合同形式的规定实现了统一。

二、书面合同的形式

我国《合同法》第十一条规定，书面形式是指合同书、信件和数据电文（包括电报、电传、传真、电子数据交换和电子邮件）等可以有形地表现所载内容的形式。

在国际上，货物买卖书面合同的具体体现形式有正式的合同（contract）、确认书（confirmation）、协议（agreement），也可以采用备忘录（memorandum）、意向书（letter of intent）和订单（order）等。

1.合同和确认书

合同对交易的主要条款和一般条款通常都作出比较详细的规定，包括商品的品名、质量、数量、包装、价格、装运、保险、支付以及商检、争议索赔、不可抗力和仲裁等条款。它对双方的权利和义务以及发生争议后如何处理，均有详细的规定，适用于大宗商品或成交额较大的交易。确认书是合同的简化形式，其内容只包括商品的品名、质量、数量、包装、价格、装运、保险等交易的主要条款。因此，金额不大、批数较多的小件产品交易一般采用这种合同形式。

上述两种形式的合同，经双方当事人签署后生效，且在法律上具有同等效力，对买卖双方均具有约束力。

2.协议

我国《合同法》第二条写明：合同本身就是当事人为了设立、变更或终止民事权利与义务关系而达成的协议。所以，“协议”在法律上与“合同”是同义词，协议书只要对买卖双方的权利和义务作出了明确规定，它就与合同具有相同的法律效力。在贸易实务中，如果交易情况比较复杂，在磋商过程中，双方当事人往往会先就已经达成一致意见的交易条款签订一个阶段性协议，也称初步协议，其余条款再行磋商。该种协议应注明不属于有效正式合同，正式合同有待进一步磋商后签订，防止引起误解。

3.备忘录

备忘录形式的国际货物买卖合同在我国应用较少。如果它对交易条件进行了明确规定，并经双方当事人签字，那么该备忘录的性质与合同一样，具有法律效力；如果其内容与初步协议相同，即只对部分交易条件或磋商原则达成一致意见，其作用只是为今后进一步磋商提供参考，它在法律上不具有约束力。

4.意向书

意向书是买卖双方为达成某项交易，将磋商中争取实现目标的设想和意愿及部分交易条件记录于书面文件上，以供进一步磋商时参考。意向书不是法律文件，对当事人无约束力。但根据意向书，当事人彼此负有道义上的责任，在进一步磋商时，不应该与意向书的规定偏离太远。

5.订单

订单是指由进口商或实际用户拟制的货物订购单。经过磋商达成交易后所发出的订单，其效力相当于国外买方的购货合同或确认书。在未进行磋商之前直接发出的订单，须根据其内容区别它是发盘，还是发盘邀请。

三、书面合同的内容

在进出口贸易中，书面合同的内容一般包括三个部分：约首、本文和约尾。

1.约首

约首是合同的首部，写在合同的开头部分，主要包括以下几个方面的内容：合同名称、合同编号、缔约日期、缔约地点、缔约双方的名称和地址及序言等内容。

2.本文

本文是合同的正文，也是合同的主体，是对各项交易条件的具体规定，主要包括商品的品名、质量、数量、包装、价格、装运、保险、支付以及商检、索赔、不可抗力和仲裁等条款内容。另外，根据实际情况，有时还可以增加一些其他条款，如保值条款、溢短装条款、税捐条款和适用的法律等。

3.约尾

约尾是合同结尾部分，通常载明合同使用的文字及其效力、合同正本的份数、附件及其效力，以及双方当事人或代表的签字。

再次需要提醒的是，书面合同的内容必须符合国家法律和政策规定，力争做到内容完备、条款明确、文字简明严密，与交易磋商的内容保持一致。

附例

货物出口合同（Sales Contract）

编号（No.）：________________

签约地点（Signed at）：________________

日 期（Date）：________________

卖方（Seller）：________________

地址（Address）：________________

电话（Tel）：________传真（Fax）：________

电子邮箱（E-mail）：________________

买方（Buyer）：________________

地址（Address）：________________

电话（Tel）：________传真（Fax）：________

电子邮箱（E-mail）：________________

买卖双方经协商同意按下列条款成交：

The undersigned Seller and Buyer have agreed to close the following transactions according to the terms and conditions set forth as below:

1.货物名称、规格和质量（Name, Specifications and Quality of Commodity）：

2.数量（Quantity）：

3.单价及价格条款（Unit Price and Terms of Delivery）：

（除非另有规定，FOB、CFR和CIF均应依照国际商会制定的《2010年国际贸易术语解释通则》（INCOTERMS 2010）办理）

The terms FOB, CFR, or CIF shall be subject to the International Rules for the Interpretation of Trade Terms（INCOTERMS 2010）provided by International Chamber of Commerce（ICC）unless otherwise stipulated herein.）

4.总价（Total Amount）：

5.允许溢短装（More or Less）：________%。

6.装运期限（Time of Shipment）：

收到可以转船及分批装运之信用证________天内装运。

Within________days after receipt of L/C allowing transhipment and partial shipment.

7.付款条件（Terms of Payment）：

买方须于________前将保兑的、不可撤销的、可转让的、可分割的即期付款信用证开到卖方，该信用证的有效期延至装运期后________天在中国到期，并必须注明允许分批装运和转船。

By Confirmed, Irrevocable, Transferable and Divisible L/C to be available by sight draft to reach the Seller before________and to remain valid for negotiation in China until________after the Time of Shipment. The L/C must specify that transshipment and partial shipments are allowed.

买方未在规定的时间内开出信用证，卖方有权发出通知取消本合同，或接受买方对本合同未执行的全部或部分，或对因此遭受的损失提出索赔。

The Buyer shall establish a Letter of Credit before the above-stipulated time, failing which, the Seller shall have the right to rescind this Contract upon the arrival of the notice at Buyer or to accept whole or part of this Contract non fulfilled by the Buyer, or to lodge a claim for the direct losses sustained, if any.

8.包装（Packing）:

9.保险（Insurance）:

按发票金额的________%投保________险，由________负责投保。

Covering________Risks for______% of Invoice Value to be effected by the______.

10.品质/数量异议 （Quality/Quantity Discrepancy）:

如买方提出索赔，凡属品质异议须于货到目的口岸之日起30天内提出，凡属数量异议须于货到目的口岸之日起15天内提出，对所装货物所提任何异议属于保险公司、轮船公司、其他有关运输机构或邮递机构负责的，卖方不负任何责任。

In case of quality discrepancy, claim should be filed by the Buyer within 30 days after the arrival of the goods at port of destination, while for quantity discrepancy, claim should be filed by the Buyer within 15 days after the arrival of the goods at port of destination.It is understood that the Seller shall not be liable for any discrepancy of the goods shipped due to causes for which the Insurance Company, Shipping Company, other Transportation Organization /or Post Office are liable.

11.由于发生人力不可抗拒的原因，致使本合约不能履行，部分或全部商品延误交货，卖方概不负责。本合同所指的不可抗力系指不可干预、不能避免且不能克服的客观情况。

The Seller shall not be held responsible for failure or delay in delivery of the entire lot or a portion of the goods under this Sales Contract in consequence of any Force Majeure incidents which might occur.Force Majeure as referred to in this contract means unforeseeable, unavoidable and insurmountable objective conditions.

12.仲裁（Arbitration）:

凡因本合同引起的或与本合同有关的任何争议，如果协商不能解决，应提交中国国际经济贸易仲裁委员会华南分会，按照申请仲裁时该会实施的仲裁规则进行仲裁。仲裁裁决是终局的，对双方均有约束力。

Any dispute arising from or in connection with the Sales Contract shall be settled through friendly negotiation.In case no settlement can be reached, the dispute shall then be submitted to China International Economic and Trade Arbitration Commission （CIETAC）, South China Sub-Commission for arbitration in accordance with its rules in effect at the time of applying for arbitration.The arbitral award is final and binding upon both parties.

13.通知（Notices）：

所有通知用________文写成，并按照如下地址用传真/电子邮件/快件送达给各方。如果地址有变更，一方应在变更后________日内书面通知另一方。

All notice shall be written in________and served to both parties by fax/E-mail /courier according to the following addresses.If any changes of the addresses occur， one party shall inform the other party of the change of address within________days after the change.

14.本合同为中英文两种文本，两种文本具有同等效力。本合同一式________份。自双方签字（盖章）之日起生效。

This Contract is executed in two counterparts each in Chinese and English， each of which shall be deemed equally authentic. This Contract is in________copies effective since being signed/sealed by both parties.

卖方签字：　　　　　　　　　　买方签字：

The Seller：　　　　　　　　　　The Buyer：

附例　销售确认书

SALES CONFIRMATION

No.HIC 98102　　　　Date：12 March，2019

The Hengsheng Foodstuffs Co.Ltd.

92-98 Portland Place

London， WP4 S4Z

U.K.

Dear Sirs，

We hereby confirm having sold to you the following goods on terms and conditions as set forth below：

COMMODITY：Frozen Chinese PUD Shrimps

SPECIFICATION：100/200

QUANTITY：9 000.00kg

UNIT PRICE：US$4.75 per kg （CIF London）

TOTAL VALUE：US$42 750.00

TIME OF SHIPMENT：On or before 15 April，2019

PACKING：10×2 kgs per carton

PORT OF LOADING：Xiamen，P.R. China

PORT OF DESTINATION：London， U.K.

TERMS OF PAYMENT：

By Irrevocable Sight Letter of Credit for full invoice value， to reach us not later than 20 March，2019，and to remain valid for negotiation in China until the fifteenth day after the date of shipment.

INSURANCE： To be effected by us for 110% of Invoice Value against All Risks and War Risks.

REMARKS:
1.Shipping weight and quality to be certified by the Inspection Certificate issued by the Xiamen Commodity Inspection Bureau.
2.Delivery of 5% more or less than the total contract quantity shall be allowed and settled at the Contract price.
3.The terms and conditions specified in this Sales Confirmation shall be deemed as final. The terms and wording of the Letter of Credit shall be strictly in conformity with those as designated in this Sales of Confirmation.

Signature:	Signature:
(Haicheng Imp/Exp Co. Ltd.)	(The Hengsheng Foodstuffs Co. Ltd.)

本章要点

交易磋商又称合同磋商，是买卖双方为了买卖商品，对交易的各项条件进行协商以达成交易的过程，通常称为谈判。在国际贸易中，交易磋商是一个十分重要的环节，双方在一笔交易中的权利和义务都是通过磋商确定下来的。交易磋商通常有口头磋商、书面磋商和行为磋商三种形式，三种交易磋商形式均具有相同的法律效力，可根据不同的实际情况灵活运用。交易磋商的过程分为四个环节：询盘、发盘、还盘、接受，其中发盘和接受两个环节是必不可少的，是达成交易所必需的法律步骤。

根据《公约》的解释，国际货物买卖合同是指营业地在不同国家的当事人之间订立的货物销售合同，它不同于一般的国内货物买卖合同，具有国际性。在交易磋商过程中，一方发盘经另一方接受以后，交易即告成立，买卖双方就构成了合同关系。根据各国的法律规定，合同的有效成立，还需要具备其他一些条件：双方当事人必须具有订立合同的能力和资格；双方当事人的意思表示真实；合同的标的和内容必须合法；合同必须有约因或对价；合同必须符合法律规定的形式。

随着近些年来全球市场经济和电子商务的迅猛发展，大多数国家采用订立合同形式自由的原则。《公约》和《国际商事合同通则》也规定国际货物买卖合同的订立可以采用书面、口头和其他任何形式。鉴于有些国家法律规定国际货物买卖合同必须采用书面形式订立的原因，以及为了减少合同履行过程中争议的发生，在实际业务操作中，我们提倡以书面形式订立国际货物买卖合同。在国际上，货物买卖书面合同的订立形式，可以采用正式的合同、确认书、协议，也可以采用备忘录、意向书和订单等形式。在进出口贸易中，书面合同的内容一般包括三个部分：约首、本文和约尾。

单元自测

一、单项选择

1.一项接受由于电信部门的延误，发盘人收到此项接受时已超过该发盘的有效期，那么（　　）。

A.除非发盘人及时提出异议，该逾期接受有效，合同成立

B.只要发盘人及时表示确认，该逾期接受有效，合同成立

C.该逾期接受丧失接受效力，合同未成立

D.合同未成立

2.根据《联合国国际货物销售合同公约》的解释，接受于（　）。

A.合理时间内生效　　B.向发盘人发出时生效

C.送达发盘人时生效　　D.发盘人确认时生效

3.美国某买方向我国某出口商来电“拟购××品牌自行车1 000辆，请电告最低价格、最快交货期”，此来电属交易磋商的（　　）环节。

A.发盘　　B.询盘　　C.还盘　　D.要约

4.某项发盘于某月15日以电报形式送达受盘人，但在此前14日，发盘人以传真告知受盘人，发盘无效，此行为属于（　　）。

A.发盘的撤回　　B.发盘的修改　　C.一项新发盘　　D.发盘的撤销

5.国外某买主向我出口公司来电：“接受你方15日发盘，请降价5%”，此来电属交易磋商的（　　）环节。

A.发盘　　B.询盘　　C.还盘　　D.接受

6.我公司对某外商A就某产品发盘，下列（　　）情况下，双方可达成交易。

A.A商在发盘有效期内，表示完全接受我发盘

B.由A商认可的B商在发盘有效期内向我公司表示完全接受发盘内容

C.A商根据以往经验，在未收到我发盘的情况下，向我公司表示接受

D.A商在有效期内表示接受，但提议将装运日期提前

7.某出口公司对外报盘某产品，根据《公约》的规定，下列（　　）情况下，一经受盘人有效接受，双方即可达成交易。

A.发盘中规定了各项交易条件，同时注明“以我方最后确认为准”

B.发盘中只规定了商品的名称、数量及价格，同时向A、B、C三家公司发出

C.逾期接受完全有效

D.发盘以平邮方式发出，但在当天，发盘人又以传真方式要求撤回发盘

8.关于逾期接受，《公约》规定（　）。

A.逾期接受无效

B.逾期接受是一个新的发盘

C.逾期接受完全有效

D.逾期接受是否有效，关键看发盘人如何表态

9.根据《联合国国际货物销售合同公约》的解释，发盘生效的时间是（　）。

A.发盘一经发出立即生效　　B.发盘送达受盘人时生效

C.发盘人确认才能生效　　D.受盘人接受才能生效

二、多项选择

1.一般来说，交易磋商有四个环节，其中达成交易不可或缺的两个基本环节和必经的法律步骤是（　　）。

A.询盘　　B.发盘　　C.还盘　　D.接受

2.构成一项发盘必须具备的条件包括（ ）。

A.清楚地表明发盘人愿意按照所提条件订立合同，但可以附加保留条件

B.必须向一个或一个以上特定的人发出

C.发盘的内容即主要交易条件必须明确和完整

D.发盘必须送达受盘人

3.按照《联合国国际货物销售合同公约》的规定，一项发盘的内容必须十分肯定，只有同时具备（ ）等内容，才算十分肯定。

A.标明货物的名称

B.明示或默示地规定货物的数量或规定数量的方法

C.明示或默示地规定货物的价格或规定确定价格的方法

D.规定货物的包装

4.根据《联合国国际货物销售合同公约》的规定，受盘人对（ ）等内容提出添加或更改，均作为实质性变更发盘条件。

A.价格　　B.付款　　c.品质　　D.数量

5.根据《联合国国际货物销售合同公约》的规定，在（ ）情况下发盘失效。

A.受盘人作出还盘

B.发盘人在发盘规定的有效期内表示撤销原发盘

C.发盘有效期届满

D.发盘被接受前，原发盘人破产

6.根据《联合国国际货物销售合同公约》的规定，受盘人对发盘表示接受，可以有几种方式，（ ）属于此列。

A.通过口头向发盘人声明　　B.通过书面向发盘人声明

C.通过沉默或不行动表示接受　　D.通过实际行动表示接受

7.买卖合同都要规定交易双方的基本义务，买方的基本义务有（ ）。

A.开立信用证　　B.按合同规定支付货款

C.收取货物　　D.租船订舱、派船接货

8.买卖合同都要规定交易双方的基本义务，卖方的基本义务有（ ）。

A.按照合同规定交付货物　　B.移交一切与货物有关的单据

C.转移货物的所有权　　D.办理租船订舱工作

9.根据《联合国国际货物销售合同公约》的规定，受盘人表示接受的方式包括（ ）。

A.通过函电明确表示接受

B.在发盘的有效期内，以开立信用证这一行为表示接受

C.在发盘的有效期内，以派船这一行为表示接受

D.在发盘的有效期内，以申请办理进口许可证这一行为表示接受

10.发盘的有效期是（ ）期限。

A.收盘人发出接受的　　B.发盘人对发盘承受约束的

C.任何发盘都必须规定的　　D.供受盘人接受的

三、判断

1.在交易磋商中，接受是买方或卖方同意对方在发盘中提出的各项交易条件并愿意按照这些条件达成交易、订立合同的一种明确意思表达。（　）

2.还盘在形式上不同于拒绝，但还盘和拒绝都可导致原发盘的失效。（　）

3.买方来电表示接受卖方发盘，但要求将D/P即期改为D/P远期，卖方缄默，此时合同成立。（　）

4.关于逾期接受，《联合国国际货物销售合同公约》规定，逾期接受是否有效，关键看发盘人如何表态。（　）

5.按照《联合国国际货物销售合同公约》的规定，一项发盘发出后，发盘人可以随时将其撤销。（　）

6.一项接受，必须由受盘人作出。（　）

7.因传递原因造成逾期接受，如发盘人未及时表示同意与否，则该项逾期接受即视作有效的接受。（　）

8.按照《联合国国际货物销售合同公约》的规定，发盘可以撤回，但发盘人的撤回通知必须在受盘人发出接受通知前传达到受盘人。（　）

9.根据《联合国国际货物销售合同公约》的解释，如果一项发盘中规定了有效期，则该项发盘不得撤销。（　）

10.国际货物买卖交易磋商中的接受，应以声明或行动表示出来。（　）

关键术语

交易磋商　询盘　发盘　发盘的撤回　发盘的撤销　还盘　接受　一般交易条件

思考题

1.为什么说交易磋商是国际货物贸易业务中的重要环节？

2.交易磋商的环节有哪些？

3.交易磋商的内容一般包括哪些方面？

4.一项有效的发盘需要具备哪些条件？

5.一项发盘在什么情况下失效？

6.一项有效的接受需要具备哪些条件？

7.构成国际货物买卖合同的条件有哪些？

8.什么是逾期接受？逾期接受的法律效力如何？

9.合同成立的具体条件有哪些？

10.国际货物买卖书面合同都有哪些形式？分别包括哪些内容？法律效力如何？

推荐阅读文献

1.高旭军.《联合国国际货物销售合同公约》适用注释［M］.北京：中国人民大学出版社，2017.

2.奥古斯特，迈耶.国际商法［M］.高瑛玮，译.原书6版.北京：机械工业出版社，2017.

3.商务部条法司.国际商事合同通则［M］.北京：法律出版社，2004.
4.法律出版社法规中心.中华人民共和国合同法注释本［M］.北京：法律出版社，2017.
5.范剑虹，陈科汝.国际货物买卖合同法［M］.北京：法律出版社，2017.

案例思考

1.我出口企业对意大利某客商发盘，限10日复到有效。9日意商用电报通知我方接受该项发盘。由于电报局传递延误，我方于11日上午才收到对方的接受通知。而我方在收到接受通知前已获悉该种产品国际市场价格已经大幅上涨。对此，我方应如何处理？

2.某年6月20日，中国香港甲公司和内地乙公司在广州签订合同，乙公司向甲公司购买日本生产的家电零配件和维修设备，并就价格问题达成一致意见。合同的总金额为10万美元，最迟不应晚于7月10日装船发运。合同签订后，甲公司于6月15日电话通知乙公司，由于香港市场的日本产家电零配件短缺，且价格上涨，询问可否接受其他国家或地区的产品。乙公司于6月20日回函称，同意在保证产品质量的前提下，接受中国台湾或韩国产品，并要求立即供货。双方未就改变零配件产地条件后的产品价格问题进行协商。6月27日，甲公司向乙公司提供合同规定数量的货物，发票金额为10万美元。

货到后乙公司将货物交中国商检部门检验，上述零配件均系韩国与中国台湾的产品，7月25日取得商检部门的检验证书，乙公司支付了5万美元。9月25日，甲公司要求乙公司支付余款5万美元。10月5日，乙公司致函甲公司，称该批货物非日本产品，要求换货，如不能换货，则要求退货，并要求甲公司承担有关费用损失。甲公司回函称，乙公司已经同意接受非日本产品，不能以产品为非日本产而索赔。10月15日，乙公司再次致函称有些零件在使用中已发生问题，因而要求退货，如退货困难，要求重新核定产品价格并赔偿自身由此而遭受的经济损失5万美元。甲公司回函称，货物已经商检部门检验，乙公司在货物入库前已详细检查、核对，且已投入使用，因而再次拒绝赔偿，而要求支付欠款。

甲公司因为一直未收到所欠货款，12月25日提起仲裁，要求乙公司立即偿还所欠的货款5万美元及利息损失。

乙公司是否应当偿还所欠的5万美元货款？

资料来源　洪山.品质条款变更后价格条款未修改造成损失［EB/OL］.（2010-07-01）［2010-08-25］.http://ibdaily.mofcom.gov.cn/show.asp?id=86510.

3.我国某外贸公司3月1日向美商发去电传，发盘供应某农产品1 000公吨并列明“牢固麻袋包装”。美商收到我方电传后立即复电表示“接受，装新麻袋装运”，我方收到上述复电后即着手备货，准备于双方约定的4月份装船。两周后，某农产品国际价格猛跌，美商于6月20日来电：“由于你方对新麻袋包装的要求未予确认，双方之间无合同。”我方坚持合同已有效成立，双方发生争执。试评析此案。

4.我国某出口公司于3月1日向外商A发盘某商品，限3月8日复到。由于传递过程中的延误，外商A表示接受的电传于3月9日上午送到我方。我方认为答复逾期，未予理睬。这时，该商品国际市场价格已上涨，我公司以较高价将该商品出售给另一个外商。22日，外商A来电：“信用证已开出，请立即装运。”我公司复电：“逾期接受，合同不成立。”而外商A坚持认为合同已成立。根据《公约》的解释，此合同是否成立？为什么？

第十章

合同的履行

学习目标

重点掌握：CIF出口合同履行的程序，包括备货、催证、审证、改证、租船订舱、制单结汇等；信用证项下制单结汇的要求；出口合同履行各环节应注意的问题等。

一般了解：FOB贸易术语成交的情况下，进口合同履行的一般程序；进口索赔的一般程序和应注意的问题。

能力要求：具备严格按照合同和信用证要求履行出口商责任与义务、进口商责任与义务的能力。

意识培养：培养重合同、守信誉的意识，严格按照合同和信用证的要求去履行合同。

交易双方经过充分的磋商，并达成货物买卖合同以后，就应该严格按照合同的约定，履行自己的义务。合同是对交易双方都有法律约束力的文件，如果一方当事人没有或者没有完全按照合同的约定去履行自己的义务，则很有可能由此而产生纠纷。

合同的履行过程，也就是双方承担各自应尽的义务，并合理主张自己的权利的过程。合同的签订，就是为了履行合同或者解决贸易争端时有所依据。如果没有履行合同这一环节，贸易合同签订得无论多么周全，也没有实质性的意义。严格按照合同规定的条件进行履约，不仅关系到买卖双方行使自己的权利和履行相应的义务，而且也关系到企业的信誉和国家的信誉。因此，“重合同、守信誉”是我们进行对外贸易时必须遵循的原则。

第一节　出口合同的履行

一、出口合同履行的意义

1.出口合同履行的重要性

出口合同的履行是出口贸易中至关重要的环节。履行合同既是经济行为，又是法律行为，任何一方不按合同规定办事，都构成违约，必须承担相应的法律责任。重合同、守信用是履行合同应当遵循的基本原则。业务中偶尔的工作疏忽、交付了劣质货物、拖延了交货日期等，都可能使长期努力所建立起来的信誉毁于一旦。可见，信誉的建立和维护是通过对合同的切实履行来实现的。

2.出口合同履行的双务性

各国商法一般都承认一个依法成立的合同，在买卖双方当事人之间具有法律效力。正是由于这个原因，合同对卖方和买方具有一种无形的约束力（binding force）。在国际贸易业务活动的各个具体运转环节上，几乎都是通过合同的形式将有关的当事人联系起来，合同起着十分重要的作用。贸易双方各自按照规定的义务（obligation）去履行合同，从而使国际贸易活动整体有秩序、有节奏地运行。例如，在买卖这个环节中，一般而言，卖方自愿地按规定的时间、品质、数量交付货物，而买方又自愿地按期在约定地点接受货物，并支付价款。这是因为他们之间已存在一个贸易合同的关系，买卖双方都要受这个贸易合同的约束。一方在履行自己的义务的同时，也要获得相应的权利，双方的权利与义务基本对等。而且，从交易流程来看，买卖双方履约的过程是相互衔接的，如一方不履约，就会导致合同履行流程中止，另一方无法继续履约，或者使得履约失去意义。所以，出口合同的履行具有双务性。

3.出口合同履行的复杂性

出口合同的履行涉及面广，工作环节多，手续繁杂，且影响合同履行的因素很多，稍有疏忽，就可能导致很严重的后果。从出口合同履行中涉及的部门和单位来看，主要有商务主管部门、生产企业、仓储、银行、运输、保险、检验、海关、税务、外汇管理等部门，必须协调处理好与各部门的关系。外贸合同履约的环节比国内贸易合同复杂得多。例如，在采用CIF术语、通过海洋运输以及信用证支付的情况下，履约步骤涉及备货、催证、审证、改证、租船订舱、报关、投保、装船和制单结汇等项工作，其中以货（备货报验）、证（催证、审证和改证）、船（租船订舱、办理货运手续）及款（制单结汇）四项工作最为重要。

鉴于此，为避免履约失误，减少收汇风险，我们仅以货、证、船及款作为参考顺序，就履约的基本问题展开讨论并辅以相应的介绍：①备货流程；②落实信用证；③组织装运；④制单结汇。

假设出口合同签订有如下条款：CIF贸易术语成交、货物海运、信用证付款，则履行出口合同的流程如图10-1所示。

二、出口备货与报验

1.备货

备货也叫排产，是出口单位根据合同或信用证规定，向生产加工及仓储部门或国内工厂下达联系单或购销合同，并对货物进行清点、加工整理、刷制运输标志以及办理申报检验和领证等工作。卖方的基本义务是交付货物、移交与货物有关的单据并转移货物所有权。安排好货物是保证卖方按时、按质、按量履行合同的前提条件。在信用证结算的情况下，备货一般以信用证的开到为先决条件。在其他结算方式下，如何实施备货可以根据合同加以具体确定。

（1）按合同规定的时间交货

交货时间是买卖合同的主要条件。延迟装运或提前装运均可导致对方拒收或索赔。合同中如未规定允许分批装运或转运，则应理解为不允许分批装运或转运。合同中如规定允许分期/分批装运的，但同时又规定了每批的数量，则卖方必须严格照办。如果其中某一

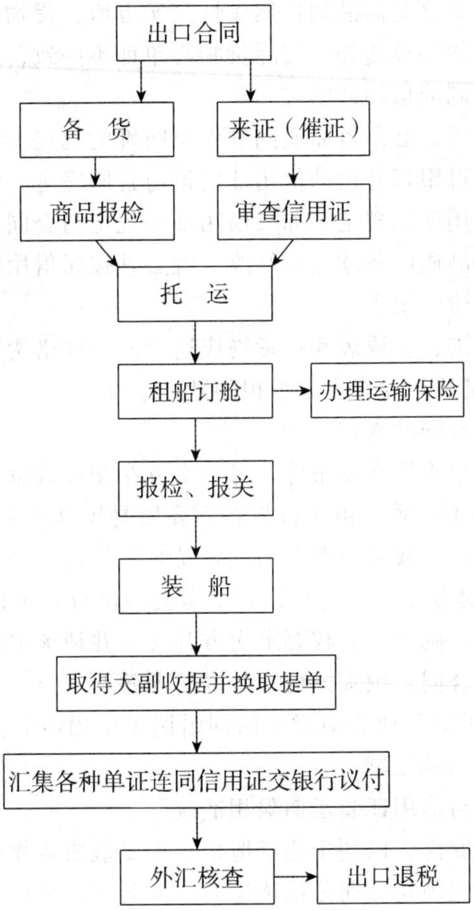

图 10-1　出口合同履行流程

期未按规定时间或数量装运，买方可按违约情况要求损害赔偿直至解除该期合同，甚至解除该期以后各期的合同。此外，卖方还应保证对货物拥有完全的所有权。

(2) 货物包装应与合同和法律要求一致

合同中对包装的要求有繁有简，凡是合同中有明文规定的，卖方必须严格照办。对于合同没有明文规定的，应注意符合有关法律的要求。

①《公约》的规定。在《公约》中，对于货物的包装有一般性要求："货物按照同类货物通用的方式装箱或包装，如果没有此种通用方式，则按照足以保全和保护货物的方式装箱或包装。"在合同包装条款不明确时，这是对卖方在包装方面的最低要求。

②各国国内法对包装及包装上的文字说明的相应规定。许多国家的国内法对包装和包装上的文字都有明确的规定，如美国食品与药物管理局（FDA）规定食品罐头不能使用焊锡。对包装上的文字说明以及外包装材料和填充物等，各国均有相应的规定。卖方必须在包装方面遵守这些强制性的规定。

(3) 货物的品质必须符合合同的规定和法律的要求

交付的货物品质要适应特定消费者的需要，这是商品的社会属性。同时，货物品质还应当稳定均匀，适合商销，这是商品的自然属性。卖方所交货物的品质不能低于也不宜高于合同规定，这两种情况均构成违约。实际货物与单证不一致，会给买卖双方造成麻烦。

①货物品质应符合合同或信用证的规定

买卖双方在签订合同时，必须就品质问题作出明确的规定。如果该项交易是采用信用证方式进行结算，买方通过银行开出的信用证应该与合同完全一致。在这种情况下，货物品质符合合同也即符合信用证的规定。如果信用证的规定与合同不完全相符，卖方又没有提出对信用证中关于商品品质的条款进行修改，就必须按照信用证的品质要求供货。

②货物品质应符合法律的要求

法律对货物品质的要求，主要表现在货物应适合同一规格货物的通常用途，具有可销性（或称适销品质）。这是法律要求卖方承担的默示条件。

（4）交货数量应符合合同的规定

交货数量是合同的一个重要交易条件。对于卖方在交货数量上应承担的义务，各国法律都有具体的规定，但并不一致。由于世界各主要贸易国基本上都是《公约》的缔约国，因而不论其国内法如何规定，我国企业在与其贸易时，均按《公约》规定处理。

《公约》规定，如果卖方多交，则买方对于多交的部分，可以拒收，也可以接收一部分或全部。如果卖方少交，则买方有权要求卖方补交，并请求损害赔偿。如果卖方少交货物的后果构成了根本违反合同，则买方可宣告合同无效并有权索赔。

信用证以“大约”“近似”或类似意义的词语用于信用证的金额、数量或单价时，应解释为允许有关指标有10%的增减。

（5）货物备妥时间应与信用证装运期限相适应

所备货物要结合船期安排，以利于船货衔接，不要造成货物长时间等船或船长时间等货物的局面，特别是信用证规定分期分批装运的，更要协调好出运时间。要注意落实信用证及各项条款后，才能安排货物生产，以防我方备好货物，买方不开证、不要货物或者因信用证条款有问题，影响安全收汇。

（6）卖方对货物要有完全的所有权，并不得侵犯他人权利

卖方所交付的货物，必须是第三方不能根据工业产权或其他知识产权主张任何权利或要求的货物。

2.出口报验

根据我国《商检法》的规定，一切出口商品都必须经过检验，未经检验或检验不合格的，不准出口。这里的检验，包括国家商检机构的检验和生产、经营单位的自行检验。出口报验是出口生产、经营单位按照《商检法》规定，向当地出入境检验检疫机构申请办理检验手续。

2000年以来，我国实施“三检合一”改革之后的检验检疫通关制度，采用的是“先报验，后报关”的通关模式，一般应在商品出运前一段时间内提出申请，报验时应填写“出境货物报检单”，并随附合同和信用证副本等凭据，向检验检疫部门报验。检验合格后，检验检疫部门签发“出境货物通关单”，加盖检验检疫专用章，海关凭以放行。

中国海关、检验检疫机构自2008年起正式执行“通关单联网核查”机制。出入境检

验检疫机构根据相关法律、法规的规定对法检商品签发通关单，实时将通关单电子数据传输至海关，海关凭以验放法检商品，办结海关手续后将通关单使用情况反馈质检机关。

为了促进跨境贸易便利化、改善口岸营商环境，从2018年9月份开始，我国在海关进出口监管等环节推广“单一窗口”建设试点，并于2018年11月份在全国推广应用。目前，“单一窗口”已实现与25个部委的系统“总对总”对接，可以提供许可证件申领、原产地证书申领、企业资质办理、查询统计、出口退税、税费支付、加贸保税、跨境电商等12大项基本功能，满足海运、空运、公路等各种口岸类型和特殊监管区、自贸试验区、跨境电商综试区业务办理。“单一窗口”实行免费申报制度，所有企业通过“单一窗口”申报全部实行免费，有效降低了通关成本，减轻了企业负担，受到企业热烈欢迎。“单一窗口”将大通关流程由“串联”改为“并联”，实现了“一点接入、一次提交、一次查验、一键跟踪、一站办理”，在贸易便利化方面发挥了至关重要的作用。

三、落实信用证

信用证是开证行和卖方之间的契约，信用证条款的落实关系到卖方按时履约、安全收汇问题。由于信用证结算方式比其他结算方式复杂一些，在我国应用又相对广泛，由此产生的问题也较多。合同规定了信用证结算，并不能保证结汇的顺利进行，必须在实施合同的相关规定时认真履行下列步骤，即催证、审证和改证。

1.催证

按时开立信用证是买方的一项义务，但在实务中，买方由于资金等种种原因，延误开证时间的事时有发生，卖方应注意向买方发出函电提醒或催促对方开立信用证。

在信用证结算方式下，没有收到信用证时，卖方在决定是否按照合同规定备货时一定要三思。一般情况下，没有收到合乎要求的L/C，不要急于备货、生产或实际采购。

（1）在合同规定的期限内，买方未及时开证。这一事实已构成违约。如卖方不希望中断交易，可在保留索赔权的前提下，催促对方开证。

（2）签约日期和履约日期相隔较远。应在合同规定开证日之前，去信表示对该笔交易的重视，并提醒对方及时开证。

（3）卖方货已备妥。虽然交货日期未到，卖方货已备妥并打算提前装运，可去信征求对方同意提前开证。

（4）买方资信欠佳。如果卖方发现买方资信有变或资信欠佳，可提前去信提示开证，有利于督促对方履行合同义务。

2.审证

信用证是银行开立的有条件的付款保证。信用证的条件必须与合同条件相吻合，否则，卖方将难以提交符合信用证要求的单据，失去银行所提供的信用保证。因此，卖方收到信用证后，应立即对其内容进行审核。审核的主要内容如下：

（1）开证行的资信状况

开证银行本身的资信应与其所承担的信用证付款责任相适应，特别对于实行外汇管制或国际支付能力薄弱或国内金融秩序混乱的国家的银行开出的信用证，更应重视审核该银行的资信状况。在我国，由我方银行作为通知行时，除核对信用证签名的真实性外，还承担审核开证行资信的道义上的责任。

（2）信用证的金额

信用证的金额应与合同一致。若合同中订有溢短装条款，则信用证金额也应有相应的机动条款。

（3）装运期、交单期和到期日及到期地点

信用证中规定的最迟装运日期，应与合同中的装运条款相一致，运输单据的出单日期或上面加注的装船或启运日期，不得迟于最迟装运日期。若信用证未规定装运期，则最迟装运日期即为信用证的到期日。

信用证还应规定一个在货物装运后必须向银行交单要求付款或承兑或议付的日期，即交单期。所规定的交单期应为受益人装运后制单留有充分的时间，如信用证未规定交单期，则理解为应在实际装运日（运输单据出单日期）之后21天内必须交单。受益人必须在交单期内交单，但无论如何不得迟于信用证到期日。

信用证还必须规定一个到期日和到期地点，即受益人必须在规定的到期日，在到期地点向银行交单要求议付或承兑或付款。没有规定到期日的信用证为无效信用证。实务中，到期日应与最迟装运日期有一个合理的间隔，以便受益人有充分时间制单，通常为7~15天。到期地点应在议付地，即在出口地到期，否则由于银行审单和邮递过程，受益人将难以把握及时交单。

（4）信用证有无限制性或保留条款

信用证中的这类条款有合理的，也有不合理的。合理的条款如信用证中规定“本证仅在受益人开具回头信用证并经本证申请人同意接受后才生效”，对于这类信用证，受益人必须等到所附条件满足并取得有关文件后，即信用证生效后才能交货。还有一类条款则是不合理的，带有明显的欺诈性，如规定受益人提交的单据中要包括“由买方签发的提货证明”或“检验证书应由申请人授权的签字人签字”。这类信用证实际上受申请人或其代理人控制，受益人收款没有保障，故不应接受。

（5）信用证的性质

是否不可撤销，是否保兑，汇票的付款人和付款日期、信用证对货物的描述、装运条件、保险条款以及所需单据等，都应与合同及惯例的规定相一致。值得注意的是，在UCP 600中明确作出规定：“信用证是不可撤销的，即使未如此表明。”因此，对于受益人来讲更为有利。

以上为审核信用证时应注意的要点。此外，对于开证行在信用证中的各种疏漏错误，也应仔细审核，以确保受益人能做到单证一致，安全收汇。

3.改证

（1）受益人审证后要求开证申请人改证

受益人审证后，发现内容与合同和惯例规定不一致，应及时向开证申请人提出改证。要求改证时应注意下列改证规则：

①需要修改的内容应一次性通知开证申请人，以节约对方改证费用。

②开证行的改证通知书，仍须通过通知行转递，以保真实。

③对于改证通知书的内容，如发现其中一部分不能接受，则应把改证通知书退回，待

全部改妥后才能接受。UCP 600第10条e款规定："对同一修改的内容不允许部分接受，部分接受将被视为拒绝修改的通知。"

④受益人审证时，如发现一些条款虽与合同或惯例不符，但经过努力是可以办到的，一般可以不改，以示合作，并减少周折。

（2）开证申请人主动改证

开证申请人主动改证应征得受益人的同意。若开证申请人事先未征得受益人同意，单方面改证，则受益人有权决定是否接受。在未表示接受前，原证条款继续有效，受益人有权保持沉默直至交单为止。若交单时按修改书制单，即表示接受；若按原证制单，则应另行开具通知书以示拒绝修改。

四、托运报关保险

一旦收到合格信用证，并备妥货物，卖方就应办理出口手续，这是履行出口合同的重要环节，一般可以分为四个步骤：租船订舱进行托运、办理出口报关履行法定手续、办理出口保险履行合同的规定、发送装船通知到收货人。

1.托运

按CFR、CIF条件成交的合同，由出口方办理租船订舱，或以FOB条件成交而进口方委托出口方代办的，出口方也需办理托运手续。CIF条件成交的合同，出口方应负责办理保险。以推定交货方式（象征性交货）成交的合同，出口方负责出口报关。

（1）租船订舱

出口商通常委托货运服务机构（国际储运公司、国际货运代理公司等）办理货物运输。按CIF或CFR条件成交时，出口商应及时办理租船订舱工作，如系大宗货物，需要办理租船手续，非大宗货物则需洽订舱位。一般情况下，各外贸公司订舱需要填写托运单（或者货物明细单），告之托运货物的基本情况以及希望的船期等，货运服务机构根据出口商的要求安排舱位，在安排妥当后，货运服务机构发给托运人进舱通知书，通知出口人送货地点和时间，如果是采用"门到门"方式，则通知托运人载有集装箱的车辆到生产企业拉运货物的时间。以FOB条件成交时，由买方安排海运，此时，出口商需要和进口商保持沟通，确保货物准时送到装货地，实现船货的良好衔接。

（2）托运

一旦信用证收妥无误，货物备妥，即应办理托运手续。在租船订舱时，各外贸企业可以委托货运代理机构办理或自己填制"托运单"，发出明确、详细、准确的托运指示。托运单的主要内容包括发货人、收货人、通知人、装运港、卸货港、运输标志或集装箱编号及封印号码、品名、数量等。这些内容都应和信用证完全相符，并应注明货物的毛重、体积。

托运时出口单位还须附交与本批货物有关的下列各项报关单据：出仓单（即出口单位的提货单，可凭以向指定仓库或生产厂提取货物）、出口发票及装箱单或重量单、出口货物报关单、出口收汇核销单、出口许可证（如属国家出口管理商品）。

货运代理机构接受托运后，即可向承运单位或其代理人办理租船订舱业务。待承运人（船公司）或其代理人签发装货单后，货运代理机构填制显示船名、航次和提单号码的"配舱回单"，连同装货单、收货单一起交付出口企业，托运工作即告完成。

2.出口报关

海关对进出口货物的通关手续，包括接受申报、审核单证、查验货物、征税、结关放行等五道手续。

（1）出口申报及审核单证

出口货物的发货人或其代理人应在装货的24小时之前向运输工具所在地或出境地海关申报。报关时应向海关提交下列单证：

①出口货物报关单。出口货物报关单是海关对出口货物进行监管、查验、征税和统计的基本单据。我国出口报关单的格式最近几年根据国家相关政策的变化，有一些调整。根据海关总署2018年6月发布的公告，最新的出口货物报关单于2018年8月1日启用，格式见表10-1。

表10-1　出口货物报关单

中华人民共和国海关出口货物报关单

预录入编号：　　　　海关编号：　　　　页码/页数：

境内发货人	出境关别		出口日期		申报日期	备案号	
境外收货人	运输方式		运输工具名称及航次号		提运单号		
生产销售单位	监管方式		征免性质		许可证号		
合同协议号	贸易国（地区）		运抵国（地区）		指运港	离境口岸	
包装种类	件数	毛重（千克）	净重（千克）	成交方式	运费	保费	杂费
随附单证 随附单证1：			随附单证2：				
标记唛码及备注							

项号	商品编号	商品名称及规格型号	数量及单位	单价/总价/币制	原产国（地区）	最终目的国（地区）	境内货源地	征免
1								
2								
3								
4								
5								
6								
7								

特殊关系确认：　　价格影响确认：　　支付特许权使用费确认：　　自报自缴：

②出口许可证。经国家正式批准有出口经营权的单位，在其经营范围内，出口不实行许可证管理的商品，可免领出口许可证。如出口超出其经营范围的商品以及国家规定必须申领出口许可证的商品，应向海关交验出口许可证或国家规定的其他批准文件。

③装货单或运单。装货单（shipping order）是船公司或其代理人签发给托运人的通知船方装货的凭证（非海运方式即为运单），海关查验放行后，在装货单或运单上加盖放行章发还给报关人凭以装运货物出口。

④发票。发票是海关审定完税价格的重要依据，故发票必须载明货物的真实成交价格。允许使用简式发票。

⑤装箱单。装箱单是对发票内容的补充，说明货物的具体规格、数量。如包装内容一致的件装货物或散装货物，可免交。

海关认为必要时应交验随附的贸易合同、产地证（见表10-2）和其他有关证明。

表 10-2

产地证

ORIGINAL

1.Goods consigned from (Exporter's business name, address, country) NANJING HUANGCHAO TEXTILE GARMENT CO., LTD. HARANG MANSION RM6901 NO.47 GUANJIAQIAO, NANJING 200105, CHINA	Reference No. GENERALIZED SYSTEM OF PREFERENCES CERTIFICATE OF ORIGIN (Combined declaration and certificate) FORM A Issued in THE PEOPLE'S REPUBLIC OF CHINA (country) See Notes overleaf
2.Goods consigned to (Consignee's name, address, country) ABC FASHION CO., LTD P.O.BOX 1657 NEW TERMINAL, ALTA, VISTA OTTAWA, CANADA	
3.Means of transport and route (as far as known) SHIPMENT FROM SHANGHAI TO MONTREAL BY VESSEL	4.For official use

5.Item number	6.Marks and numbers of packages	7.Number and kind of packages; description of goods	8.Origin criterion (See Notes overleaf)	9.Gross weight or other quantity	10.Number and date of invoices
1	ABC FASHION F01LCB05127 CTN NO. MONTREAL MADE IN CHINA	SALES CONDITIONS: CIF MONTREAL/CANADA SALES CONTRACT NO. F01LCB05127 LADIES COTTON BLAZER (100% COTTON, 40SX20/140X60) STYLE NO.46-301APO NO.10337QTY/PCS2550USD/PC12.80 ***************	"P" *********** TOTAL: 2 550PCS	2 550PCS	NT001FF004 Mar.20,201×

11.Certification It is hereby certified, on the basis of control carried out, that the declaration by the exporter is correct.	12.Declaration by the exporter The undersigned hereby declares that the above details and statements are correct, that all the goods were produced in CHINA (country) and that they comply with the origin requirements specified for those goods in the Generalized System of Preferences for goods exported to CANADA
NANJING, JIANGSU APL.14, 201×	
Place and date, signature and stamp of certifying authority	Place and date, signature and stamp of authorized signatory

（2）查验货物和结关放行

海关以出口货物报关单为依据，在海关监管区域内对出口货物进行查验。报关单位应派员在现场负责开箱装箱，协助海关完成查验工作。

经查验合格，在报关单位照章办理纳税手续后，海关在装货单或运单上盖上关印，即为结关放行。

3.保险

我方出口合同大多以CIF及CIP方式成交，由我方向保险公司投保。出口货物保险，采用逐笔投保方式。在完成托运手续取得配舱回单后，出口企业即可办理保险手续。

投保人先填制“运输险投保单”，内容包括投保人名称、货物名称、运输标志、船名或装运工具、装运地（港）、目的地（港）、开航日期、投保金额、投保险别、投保日期和赔款地点等，一式二份，一份由保险公司签署后交投保人作为接受投保的凭证，另一份由保险公司留存作为缮制保险单的依据。为简化手续，外贸公司也可将发票、出口货物明细单或出运货物分析单代替投保单，但仍须加注配舱回单的内容及投保险别和金额。

按FOB、FCA、CFR、CPT条件成交的，保险由买方办理，如卖方同意接受买方委托代办保险，应由买方承担费用和风险，投保手续同上，在信用证上应注明“保险费允许在信用证的额度以外超支”。

保险公司根据投保内容，签发保险单或保险凭证，并计算保险费，单证一式五份，其中一份留存，投保人付清保险费后取得四份正本，投保即告完成。

投保人在保险单证出具后，发现投保内容有错漏或需变更，应向保险公司及时提出批改申请，由保险公司出立批单，粘贴于保险单上并加盖骑缝章，保险公司按批改后条件承担责任。

申请批改必须在货物发生损失以前，或投保人不知有任何损失事故发生的情况下，在货到目的地前提出。

五、制单结汇

1.制作出口单据

（1）汇票

国际贸易中主要使用的是跟单汇票，作为出口方要求付款的凭证。制作汇票时应注意下列问题：

①出票条款。信用证项下的汇票，应填写出票条款，包括开证行名称、信用证号码和开证日期。

②汇票金额。托收项下汇票金额应与发票一致。若采用部分托收、部分信用证方式结算，则两张汇票金额各按规定填写，两者之和等于发票金额。信用证项下的汇票，若信用证没有规定，则应与发票金额一致。若信用证规定汇票金额为发票的百分之几，则按规定填写。这一做法，通常用于以含佣价向中间商报价，发票按含佣价制作，开证行在付款时代扣佣金的情况。

③付款人名称。托收方式的汇票，付款人为买方。在信用证方式下，以信用证开证行或其指定的付款行为付款人。若信用证未加说明，则以开证行为付款人。UCP 600第6条c款规定：“信用证不得开成凭以申请人为付款人的汇票兑用。”

④收款人名称。汇票的收款人应是银行。在信用证方式下，收款人通常为议付行；在托收方式下，收款人可以是托收行，均做成指示式抬头。托收中也可将出口方写成收款人（已收汇票），然后由收款人作委托收款背书给托收行。

（2）商业发票

商业发票（commercial invoice）是出口商开立的发货价目清单，是装运货物的总说明。发票全面反映了合同内容。发票的主要作用是供进口商凭以收货、支付货款和作为进出口商记账、报关纳税的凭据。在不用汇票的情况下（如付款信用证、即期付款交单），发票代替汇票作为付款的依据。

发票没有统一的格式，其内容应符合合同规定，在以信用证方式结算时，还应与信用证的规定严格相符。发票是全套货运单据的中心，其他单据均参照发票内容缮制，因而制作不仅要求正确无误，还应排列规范，整洁美观。

发票制作内容及注意事项如下：

①出口商名称。发票顶端必须有出口商名称、地址、电传、传真和电话号码，其中出口商名称和地址应与信用证一致。

②发票名称。在出口商名称下，应注明“发票”（commercial invoice，invoice）字样。

③发票抬头人。发票抬头人通常为国外进口商。在信用证方式下，除非另有规定，发票抬头人应为开证申请人。

④发票号码、合同号码、信用证号码及开票日期。发票号码由出口商自行按顺序编制。合同号码和信用证号码应与信用证所列的一致，如信用证无此要求，亦应列明。开票日期不应与运单日期相距太远，但必须在信用证交单期和有效期之内。

⑤装运地和目的地。装运地和目的地应与信用证所列一致，目的地应明确具体，若有重名，应写明国别。

⑥运输标志（唛头）。凡来证有指定唛头的，按来证制作。如无规定，由托运人自行制作。以集装箱方式装运，可以集装箱号和封印号码取代。运输单据和保险单上的唛头，应与发票一致。

⑦货物名称、规格、包装、数量和件数。关于货物的描述应符合合同要求，还必须和信用证所用文字完全一致。如需列明重量，应列明总的毛重和净重。

⑧单价和总值。单价和总值必须计算准确，与数量之间不可有矛盾，应列明价格条件（贸易术语），总值不超过信用证金额的超值发票，银行可以接受，也有权拒收。

⑨附加证明。附加证明大致有以下几种：A.加注费用清单：运费、保险费和FOB价；B.注明特定号码，如进口许可证号、H.S.编码等；C.注明原料来源地的证明文句。

⑩出单人名称。发票由出口商出具，在信用证方式下，必须是受益人。UCP 500和UCP 600都规定，商业发票可以只标明出单人名称而不加签署。如需签字，来证中应明确规定，如“signed commercial invoice”。

（3）运输单据

运输单据因不同贸易方式而异，有海运提单、海运单、航空运单、铁路运单、货物承运收据及多式联运单据等。

我国外贸运输方式以海运为主，这里着重介绍海运提单的缮制及注意事项：

①托运人（shipper）。托运人一般为出口商，也即信用证的受益人。如果开证申请人为了贸易上的需要，在信用证内规定做成第三者提单也可照办，例如，请货运代理做托运人。

②收货人（consignee）。该栏又称提单抬头，应严格按信用证规定制作，一般做成指示式抬头，即填写“凭指示”（to order）或“凭×××指示”（to the order of ×××）字样，不可做成以买方为抬头的记名提单或以买方为指示人的提单，以免过早转移物权。

③通知人（notify party）。这是货物到达目的港时船方发送到货通知的对象，通常为进口方或其代理人。但无论如何，应按信用证规定填写。如果信用证没有规定，则正本提单以不填为宜，但副本提单中仍应将进口方名称、地址填明，以便承运人通知。

④提单号码（B/L No.）。提单上必须注明编号，以便核查，该号码与装货单（又称大副收据）或（集装箱）场站收据的号码是一致的。没有编号的提单无效。

⑤船名及航次（name of vessel，Voy No.）。填列所装船舶及航次。如中途转船，只填写第一程船名航次。

⑥装运港（port of loading）和卸货港（port of discharge）。应填写具体港口名称。卸货港如不同国家有重名，则应加注国名。卸货港如采取选择港方式，应全部列明，如伦敦/鹿特丹/汉堡选卸，则在卸货港栏中填上“Option London/Rotterdam/Hamburg”，收货人必须在船舶到达第一卸货港前在船公司规定时间内通知船方卸货港，否则船方可在其中任意一港口卸货。选择港最多不得超过三个，且应在同一航线上，运费按最高者计收。如中途转船，卸货港即填写转船港名称，而目的港应填入“最终目的地”（final destination）栏内。也可在卸货港内填上目的港，同时注明在“××港转船”（W/T at ××）。唛头与发票所列一致。

⑦包装件数和种类（number and kind of packages）与货物描述（description of goods）。按实际情况列明。一张提单有几种不同包装应分别列明，托盘和集装箱也可作为包装填列。裸装有捆、件，散装货应注明“In Bulk”。货物名称允许使用货物统称，但不得与信用证中货物的描述有抵触。危险品应写明化学名称，注明国际海上危险品运输规则号码（IMCO CODE PAGE）、联合国危规号码（UN CODE NO）、危险品等级（CLASS NO）。冷藏货物注明所要求的温度。

⑧毛重和尺码（gross weight & measurement）。除信用证另有规定外，重量以千克或公吨为单位，体积以立方米为计算单位。

⑨运费和费用（freight & charges）。本栏只填运费支付情况。以CFR和CIF条件成交，应填写运费预付（freight prepaid）；以FOB条件成交，一般填写运费到付（freight collect），除非买方委托发货人代付运费。程租船一般只写明“AS ARRANGED”（按照约定）。如信用证另有规定，按信用证规定填写。

⑩正本提单份数（number of original B/L）。按信用证规定签发，并分别用大小写数字填写，如“（2）TWO”。信用证中仅规定“全套”（full set），习惯做两份正本，但一份正本亦可视为全套。实际业务中提单正本一般为三份。每份正本提单效力相同，但只要其中一份凭以提货，其他各份立即失效。

⑪提单日期和签发地点。除备运提单外，提单日期均为装货完毕日期，不能迟于信用证规定的装运期。提单签发地点按装运地填列。如果船期晚于规定装运期，要求船方同意

以担保函换取较早日期提单，这就是“倒签提单”（antedated B/L）；货未装上船就要求船方出具已装船提单，这就是“预借提单”（advanced B/L）。上述做法系国际航运界陋习，一旦暴露，可能造成对方索赔以至拒收而导致巨大损失。

⑫签署。按UCP 600规定，海运提单表面应注明承运人名称，并由承运人或其代理人、船长或其代理人签署。签署人亦须表明其身份。若为代理人签署，尚须表明被代理一方的名称和身份。

⑬其他。信用证要求在提单上加注的内容。如信用证规定“每份单据上均应显示信用证号码”“提单需提供贸促会证明”等，必须按信用证规定处理。

（4）保险单

保险单（insurance policy/certification）是保险人与被保险人之间订立的保险合同凭证，是被保险人索赔、保险人理赔的依据。在CIF或CIP合同中，出口商在向银行或进口商收款时，提交符合销售合同及/或信用证规定的保险单据是出口商必不可少的义务。

保险单主要内容如下：

①保险人及保险公司。前面章节已有论述。

②保险单编号。保险公司按照自身惯例填写。

③被保险人。被保险人即投保人。在CIF或CIP条件下，出口货物由出口商申请投保，在信用证没有特别规定的前提下，信用证受益人为被保险人，并加空白背书，以转让保险权益。

④标记。运输标志应和提单、发票及其他单据上的标记一致，通常在标记栏内注明“按××号发票”（as per Invoice No.××）。

⑤包装及数量。应与发票内容相一致。

⑥保险货物名称。可参照商业发票中描述的商品名称填制，也可填货物的统称。信用证有时要求所有单据都要显示出信用证号码，则可在本栏空白处表示。

⑦保险金额。按信用证规定金额投保，若信用证未规定，则按CIF或CIP价格的110%投保。

⑧保费及资费率。保费及资费率一般没有必要在保险单上表示。该栏仅填“AS ARRANGED”。但来证如果要求标明保费及资费率时，则应打上具体数字及费率。

⑨装载运输工具。海运货物应填写船名和航次。如果需在中途转船，如投保时已确定二程船名，则把二程船名也填上。如二程船名未能预知，则在第一程船名后加注“and/or Steamer”。

⑩开航日期、起运地和目的地。开航日期缮制为“as per B/L”（见提单），地点参照提单填写。

⑪承保险别。本栏是保险单的核心内容。它主要规定了保险公司对该批货物承保的责任范围，也是被保险人在货物遭到损失后，确定是否属保险公司责任的根据。本栏应按投保资料缮制，并要严格符合信用证条款的要求。

⑫赔付地点和赔付代理人。一般为保险公司在目的地或就近地区的代理人。

⑬保险单签发日期和地点。保险单的出单日期不迟于提单或其他货运单据签发日期，以表示货物在装运前已办理保险。

⑭保险公司签章。保险公司签字盖章以表明保险单生效并保证承担相应的责任。

（5）产地证明及其他实施政府管理的文件

原产地证明（certificate of origin）用以证明货物原产地或制造地，是进口国海关计征税率的依据。

我国出口商品所使用的产地证主要有以下几种：

①普通产地证。普通产地证用以证明货物的生产国别，进口国海关凭以核定应征收的税率。在我国，普通产地证可由出口商自行签发，或由进出口商品检验机构签发，或由中国国际贸易促进委员会签发。在实际业务中，应根据买卖合同或信用证的规定，提交相应的产地证。在缮制产地证时，应按《中华人民共和国原产地规则》及其他规定办理。

②普惠制产地证（GSP certificate of origin）。目前给予我国普惠制（GSP）待遇的有澳大利亚、新西兰、日本、加拿大、挪威、瑞士、俄罗斯及欧盟。凡是向给惠国出口受惠商品，均须提供普惠制产地证，才能享受关税减免的优惠，所以不管来证是否要求提供这种产地证，我出口商均应主动提交。普惠制产地证的书面格式名称为格式A（form A），但对新西兰还须提供格式59A（form 59A），对澳大利亚不用任何格式，只需在商业发票上加注有关声明文句。在我国，普惠制产地证由出入境检验检疫机构签发。

（6）检验证书

国际贸易中的检验证书（inspection certification）种类很多，分别用以证明货物的品质、数量、重量和卫生条件等方面的情况。检验证书一般由国家指定的检验机构出具，也可根据不同情况，由出口企业或生产企业自行出具。应注意出证机构检验货物名称和检验项目必须符合信用证的规定，还须注意检验证书的有效期，一般货物为60天，新鲜果蔬类为2~3个星期，出口货物务必在有效期内出运，如超过期限，应重新报验。2018年，我国全面推广国际贸易“单一窗口”，实行关检联合查验的新型的通关作业模式，一张报关单上将原来报检单上的关键信息全部囊括，因而手续更加简便。

（7）包装单据

包装单据（packing document）是指一切记载或描述商品包装种类和规格情况的单据，是商业发票的补充说明，主要有装箱单（packing list）、重量单（weight list）、尺码单（measurement list）等。

（8）其他单证

其他单证按不同交易情况，由合同或信用证规定，常见的有寄单证明（beneficiary's certificate for dispatch of documents）、寄样证明（beneficiary's certificate for dispatch of shipment sample）、邮局收据（post receipt）、快递收据（courier receipt）、装运通知（shipping advice）以及有关运输和费用方面的证明。

2.交单结汇

（1）交单

交单是指出口商（信用证受益人）在规定时间内向银行提交信用证规定的全套单据，这些单据经银行审核，根据信用证条款确定不同付汇方式，由银行办理结汇。

交单应注意三点：一是单据的种类和份数与信用证的规定相符；二是单据内容正确，包括所用文字与信用证一致；三是交单时间必须在信用证规定的交单期和有效期之内。

交单方式有两种：一种是两次交单或称预审交单，在运输单据签发前，先将其他已备妥的单据交银行预审，发现问题及时更正，待货物装运后收到运输单据，可以当天议付并对外寄单；另一种是一次交单，即在全套单据收齐后一次性送交银行，此时货已发运，银行审单后若发现不符点需要退单修改，耗费时日，容易造成逾期而影响收汇安全。因而出口企业宜与银行密切配合，采用两次交单方式，加速收汇。

（2）结汇

信用证项下的出口单据经银行审核无误后，银行按信用证规定的付汇条件，将外汇结付给出口企业。

在信用证付款条件下，目前我国出口商在银行可以办理的出口结汇的做法主要有三种：

①收妥结汇

收妥结汇又称收妥付款，是指信用证议付行收到出口企业的出口单据后，经审查无误，将单据寄交国外付款行索取货款的结汇做法。在这种方式下，议付行都是待收到付款行的货款后，即从国外付款行收到该行账户的贷记通知书，才按当日外汇牌价，按照出口企业的指示，将货款折成人民币拨入出口企业的账户。

②押汇

押汇又称买单结汇，是指议付行在审单无误的情况下，按信用证条款贴现受益人的汇票或者以一定的折扣买入信用证项下的货运单据，从票面金额中扣除从议付日到估计收到票款之日的利息，将余款按议付日外汇牌价折成人民币，拨给出口企业。

③定期结汇

定期结汇是指议付行根据向国外付款行索偿所需时间，预先确定一个固定的结汇期限，并与出口企业约定该期限到期后，无论是否已经收到国外付款行的货款，都主动将票款金额折成人民币拨交出口企业。

3.单证不一致时出口商可采取的措施

在出口业务中，由于种种原因造成单据不符，即单据存在不符点，而受益人又因时间条件的限制，无法在规定期限内更正，则有下列处理方法：

（1）凭保议付

受益人出具保证书承认单据瑕疵，声明如开证行拒付，由受益人偿还议付行所垫付款项和费用，同时电请开证人授权开证行付款。

（2）表提

议付行把不符点开列在寄单函上，征求开证行意见，由开证行接洽申请人是否同意付款。接到肯定答复后议付行即行议付。如申请人不予接受，开证行退单，议付行照样退单给受益人。

（3）电提

议付行暂不向开证行寄单，而是用电传或传真通知开证行单据不符点。如开证行同意付款，再行议付并寄单；若不同意，受益人可及早收回单据，设法改正。

（4）有证托收

单据有严重不符点，或信用证有效期已过，已无法利用手上的信用证，只能委托银行在向开证行寄单函中注明“信用证项下单据作托收处理”，作为区别，称为“有证托收”，而一般的托收，则称为“无证托收”。由于申请人已因单证不符而不同意接受，故有证托收往往遭到拒付，实是一种不得已而为之的方式。

以上履约流程是以海运、CIF、信用证为交易条件所进行的分析，在其他交易条件下，只要按照相关规则和国际惯例具体执行即可，总的流程基本一致。

第二节 进口合同的履行

进口商品要适应进口方市场的需求，还要适应国际市场法律、法规环境，遵守相关国家的法律、法规，尤其是在进口过程中遵守我国的相关法律、法规，特别是政府相关规章制度和技术规定（如非关税壁垒、技术壁垒），掌握并运用到实际进口操作中来。

在进口合同签订之前必须做一系列的准备工作，在本节我们只重点介绍签订合同后，进口合同履行中常见的问题及问题的解决。

下面以进口货物按照FOB条件成交并采用信用证付款方式为例，其履行合同的一般程序如图10-2所示。

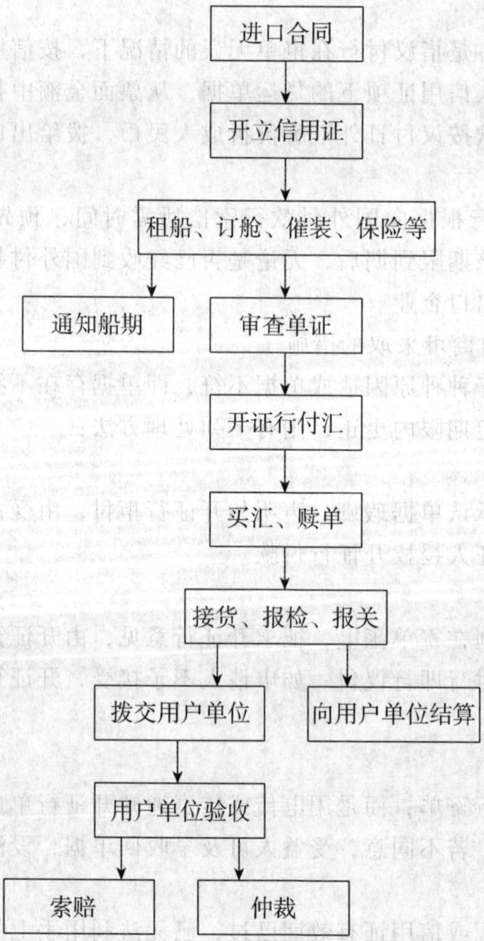

图10-2 进口合同履行流程

一、开立信用证

1.申请开证

进口合同签订后，进口方填写开证申请书向银行办理开证手续。开证申请书是银行开立信用证的依据，也是申请人和银行之间的契约关系的法律证据。开证申请书包括两个部分：

第一部分是信用证的内容，包括受益人名称、地址，信用证的性质、金额、汇票内容、货物描述、运输条件、所需单据种类份数，信用证的交单期、到期日和地点，信用证通知方式等。

第二部分是申请人对开证银行的声明，其内容通常固定印制在开证申请书上，包括：承认遵守UCP 600的规定；保证向银行支付信用证项下的货款、手续费、利息及其他费用；在申请人付款赎单前，单据及货物所有权属银行所有；开证行收下不符信用证规定的单据时申请人有权拒绝赎单等。

2.开证注意事项

（1）信用证的内容应是完整的、自足的

信用证内容应严格以合同为依据，对于应在信用证中加以明确的合同中的贸易条件，必须具体列明，不能使用“按××号合同规定”等类似的表达方式。因为信用证是一个自足文件，有其自身的完整性和独立性，不应参照或依附于其他契约文件。

（2）信用证的条件必须单据化

UCP 600第14条h款规定：“如信用证含有一项条件，但未规定用以表明该条件得到满足的单据，银行将视为未作规定不予理会。”在这一问题上，UCP 600基本上沿用了UCP 500的规定。

因而，进口方在申请开证时，应将合同的有关规定转化成单据，而不能照搬照抄。比如，合同中规定货物按不同规格包装，则信用证中应要求受益人提交装箱单；合同以CFR条件成交，信用证应要求受益人提交的已装船提单上应注明运费已付等。

（3）按时开证

如合同规定开证日期，进口方应在规定期限内开立信用证；如合同只规定了装运期的起止日期，则应让受益人在装运期开始前收到信用证；如合同只规定最迟装运日期，则应在合理时间内开证，以使卖方有足够时间备妥货物并予出运，通常掌握在交货期前一个月至一个半月左右。

（4）关于装船前检验证明

由于信用证是单据业务，银行不过问货物质量，因而可在信用证中要求对方提供双方认可的检验机构出具的装船前检验证明，并明确规定货物的数量和规格。如果受益人所交检验证明的结果和证内规定不符，银行即可拒付。

（5）关于保护性规定

UCP 600的第1条“UCP的适用范围”中明确规定：该惯例“适用于所有在其文本中明确表明受本惯例约束的跟单信用证。除非信用证明确修改或排除，本惯例各条文对信用证所有当事人均具有约束力”。如果进口方认为UPC 600的某些规定将给自己增加风险，则可利用“另有规定”这一前提，在信用证中列入相应的保护性条件，比如，按UCP 600

规定，禁止转运对集装箱运输无约束力，若买方仍要求禁止转运，则可在信用证中加列“即使货装集装箱，本证严禁转运”等。

（6）关于保兑和可转让信用证

我国银行原则上不开立保兑信用证，对可转让信用证也持谨慎态度。对此，进口商在签订合同时应予注意，以免开证时被动。

二、派船接运货物

以FOB条件成交，由买方负责租船订舱。我国外贸公司大都通过外运代理机构办理此项业务，也可直接向中国远洋运输公司等实际承运人洽办。

在办理运输中，应注意船货衔接，通常由卖方在交货期前的一定时间内，将预期交运的货物备妥后，将待装的日期通知买方。买方按该通知规定的日期，及时通过运输代理或自行办理租船订舱手续。在接到船方配舱回单后，应立即向卖方发出派船通知，告之船名及船期，以便卖方按照船期安排装船。

按《国际贸易术语解释通则》的规定，卖方装船后，应向买方发出货物已交至船上的充分通知，以利买方准备接货。该装船通知一般应列明合同号、货名、数量、金额、船名及启航日期。买方据此办理保险。

三、办理货运保险

1.预约保险

为了简化投保手续，防止漏保，我国外贸公司和经常有货物进口的企业，与保险公司订有预约保险合同（open policy）。该合同对进口货物的投保险别、保险费率、赔付方法和承保货物的范围都作了具体的规定 。

在预约保险合同规定范围内的货物，一经启运，保险公司即承担保险责任。外贸企业在接到国外卖方的装船通知后，应立即填制预约保险启运通知书或将装船通知送达保险公司，即完成投保手续。

2.逐笔投保

未与保险公司签订预约保险合同的企业，对进口货物需逐笔办理保险。进口企业在收到国外卖方的装船通知后，应立即填制投保单或装货通知单，内容包括货物名称、数量、保险金额、投保险别以及船名、船期、启运日期和估计到达日期、装运港和目的港。

保险公司接受承保后将签发一份保险单作为双方之间保险合同的证明文件。

3.进口货运保险的责任起讫

对于进口货物，买卖双方的风险责任以装运港海轮船舷为界。在货物装船前，物权和风险责任都属于出口商，货物装船后，买方承担货物的风险责任。故而，在货物装船前，买方不具有保险利益 ，即使买方在此之前已向保险公司投保，保险公司也不承担保险责任。一般情况下，保险公司对于由进口方投保的货物保险责任是从货物越过船舷（实际业务中为装船）开始，一直到货物运抵目的地仓库，或卸离海轮后60天终止。必要时，还可由投保人申请延长保险期限60天，但散装货、活牲畜和新鲜果蔬等商品的保险责任，在目的港卸离海轮时终止。

四、审单和付汇

1.审单

以信用证方式结算，出口商必须提交与信用证相符合的单据。开证行和进口方都必须对全套单据进行审核，银企双方应密切配合。现将主要单据审核要点简述如下：

（1）汇票

信用证名下汇票，应加列出票条款（drawn clause），说明开证行、信用证号码及开证日期。

汇票金额应与信用证规定相符，一般应为发票金额。如单据内含有佣金或货款部分托收，则按信用证规定的发票金额的百分比开列。金额的大小写应一致。国外开来汇票，也可以只有小写。

汇票付款人应为开证行或指定的付款行。若信用证未规定，应为开证行，不应以申请人为付款人。

出票人应为信用证受益人，通常为出口商，收款人通常为议付银行。

付款期限应与信用证规定相符。

出票日期必须在信用证有效期内，不应早于发票日期。

（2）提单

提单必须按信用证规定的份数全套提交，如信用证未规定份数，则一份也可算全套。

提单应注明承运人名称，并经承运人或其代理人签名，或船长或其代理人签名。除非信用证特别规定，提单应为已装船清洁提单。若为备运提单，则必须加上装船注记（shipped on board），并由船方签署。

以CFR或CIF方式成交，提单上应注明运费已付（freight prepaid）。

提单的日期不得迟于信用证所规定的最迟装运日期。

提单上所载件数、唛头、数量、船名等应和发票相一致，货物描述可用总称，但不得与发票货名相抵触。

（3）商业发票

发票应由信用证受益人出具，无须签字，除非信用证另有规定。商品的名称、数量、单价、包装、价格条件、合同号码等描述，必须与信用证严格一致。发票抬头应为开证申请人。发票必须记载出票条款、合同号码和发票日期。

（4）保险单

保险单正本份数应符合信用证要求，全套正本应提交开证行。投保金额、险别应符合信用证规定。保险单上所列船名、航线、港口、起运日期应与提单一致。应列明货物名称、数量、唛头等，并应与发票、提单及其他货运单据一致。

（5）产地证

产地证应由信用证指定机构签署。货物名称、品质、数量及价格等有关商品的记载应与发票一致，签发日期不迟于装船日期。

（6）检验证书

检验证书应由信用证指定机构签发。检验项目及内容应符合信用证的要求，检验结果如有瑕疵者，可拒绝受理。检验日期不得迟于装运日期，但也不得距装运日期过早。

2. 付汇与拒付

信用证受益人在发运货物后，将全套单据经议付行寄交开证行（或保兑行）。如开证行经审单后认为单证一致、单单一致，即应予以即期付款或承兑或于信用证规定的到期日付款，开证行付款后无追索权。

如开证行审单后发现单证不符或单单不符，应于收到单据次日起5个工作日内，以电讯方式通知寄单银行，说明单据的所有不符点，并说明是否保留单据以待交单人处理或退还交单人。

对于单证不符的处理：按UCP 600的规定，银行有权拒付。在实际业务中，银行需将不符点征求开证申请人的意见，以确定拒绝或仍可接受。作为开证申请人的进口方，对此应持慎重态度，因为银行一经付款，即无追索权。

开证行向外付款的同时，即通知进口企业付款赎单。进口企业付款赎单前，同样需审核单据，若发现单证不一，有权拒绝赎单。

对于远期信用证或因航程较短货物先于单据到达，进口方可以下列两种方式先行提货：

（1）信托收据。在进口企业尚未清偿信用证项下汇票时（往往指远期汇票），可向银行开出信托收据，银行凭其将货运单据“借给”进口商，以利其及时提货，然后在汇票到期日偿还货款。

（2）担保提货。进口货物先于提单到达目的地，进口企业可请求银行出具保函，向承运人申请不凭提单提取货物，如果承运人因此而蒙受损失，由银行承担赔偿责任。

五、报关、纳税

1. 报关

进口企业可自行报关，也可委托货运代理公司或报关行代理报关。

我国《海关法》规定，进口货物收货人应当自载运该货物的运输工具申报进境之日起14日内向海关办理进口申报手续，超过14日期限未向海关申报的，从第15日起按日征收5‰的滞报金。

进口报关需填写“进口货物报关单”，并随同交验下列单据：①进口许可证和国家规定的其他批准文件；②提单或运单（结关后由海关加盖放行章发还）；③发票；④装箱单；⑤减、免税证明；⑥报验单或检验证书或免验的证明；⑦产地证；⑧其他海关认为有必要提供的文件。

2018年8月1日起，我国海关实施新的报关单填制规范，进口货物报关单的格式和内容都发生了重大变化（见表10-3）。

在国际贸易“单一窗口”模式下，海关和检验检疫两部门协同执法，发现属于海关或检验检疫禁止、限制进境物品及其他重点监管物品或可疑情况的，关检依职责交由各自后台分别处置。

2. 纳税

进出口货物一律按照我国相关法律规定缴纳税费。减、免税费必须按照我国规定程序申请，申办相关证明文件。

表10-3　　　　进口货物报关单

中华人民共和国海关进口货物报关单

预录入编号：　　　　海关编号：　　　　页码/页数：

境内收货人	进境关别	进口日期	申报日期	备案号
境外发货人	运输方式	运输工具名称及航次号	提运单号	货物存放地点
消费使用单位	监管方式	征免性质	许可证号	启运港
合同协议号	贸易国（地区）	启运国（地区）	经停港	入境口岸

包装种类	件数	毛重（千克）	净重（千克）	成交方式	运费	保费	杂费

随附单证 随附单证1：　　　　随附单证2：
标记唛码及备注

项号	商品编号	商品名称及规格型号	数量及单位	单价/总价/币制	原产国（地区）	最终目的国（地区）	境内目的地	征免
1								
2								
3								
4								
5								
6								
7								

特殊关系确认：	价格影响确认：	支付特许权使用费确认：	自报自缴：

报关人员　报关人员证号　电话　兹申明以上内容承担如实申报、依法纳税之法律责任 申报单位　　　　申报单位（签章）	海关批注及签章

进出口商按照商品编码查找当年关税税率，向海关缴纳进出口关税、增值税、消费税（部分商品征收）等税费。

纳税金额的计算基础是完税价格的审定，所以应特别注意进出口货物完税价格的如实申报。完税价格是指我国海关对实行从价税的进出口货物征收关税时，必须依法确定货物应缴纳税款的价格，即经海关依法审定的完税价格，也是海关对进出口货物征收从价税时审查估定的应税价格，是凭以计征进出口货物关税及进口环节税的基础。

3.担保放行和保税货物

（1）担保放行

进口公司如果因各种原因不能在报关时交验有关单证，可以向海关提交保证金或保证函，申请海关先放行货物，后补办手续。海关经审查同意后，在货运单据上签章放行，收货人提货后可以投入生产和使用，但必须及时补办报关纳税手续。在此之前，不得出售、转让或移作他用。

（2）保税货物

保税货物系指经海关批准未办理纳税手续进境，在境内储存、加工、装配后复运出境的货物。返销产品的中小型补偿贸易、来料来件加工装配业务以及部分进料加工贸易，其进口料、件和设备为海关保税货物。料、件自进口加工之日起至加工成品出口之日止，有关设备自进口之日起至全部偿还并按海关规定期限解除监管止，均应接受海关监管。

六、验收和拨交货物

1.验收货物

进口货物运达港口卸货时，要进行卸货核对。如发现短缺，应及时填制“短卸报告”交由船方签认，并根据短缺情况向船方提出保留索赔权的书面声明。

卸货时如发现残损，货物应存放于海关指定仓库，待保险公司会同商检机构检验后作出处理。对于法定检验的进口货物，必须向卸货地或到达地的商检机构报验，未经检验的货物不准投产、销售和使用。如进口货物经商检机构检验，发现有残损短缺，应凭商检机构出具的证书对外索赔。对于合同规定的卸货港检验的货物，或已发现残损短缺有异状的货物，或合同规定的索赔期即将届满的货物等，都需要在港口进行检验。

一旦发生索赔，有关的单证，如国外发票、装箱单、重量明细单、品质证明书、使用说明书、产品图纸等技术资料、理货残损单、溢短单、商务记录等，都可以作为重要的参考依据。

2.拨交货物

在办完上述手续后，如订货或用货单位在卸货港所在地，则就近转交货物；对订货或用货单位不在卸货地区的，则委托货运代理将货物转运内地并转交给订货或用货单位。关于进口关税和运往内地的费用，由货运代理向进出口公司结算后，进出口公司再向订货部门结算。

七、进口索赔

在进口业务中，有时会发生卖方不按时交货，或所交货物的品质、数量、包装与合同规定不符的情况，也可能由于装运保管不当或自然灾害、意外事故等致使货物损坏或短缺，进口方可因此而向有关责任方提出索赔。

1.索赔对象

（1）向卖方索赔。凡属下列情况可向卖方索赔：货物品质规格不符合合同规定；原装数量不足；包装不符合合同规定或因包装不良致使货物受损；未按期交货或拒不交货。

（2）向承运人索赔。凡属下列情况可向承运人索赔：货物数量少于运单所载数量；提单为清洁提单，由于承运人保管不当而造成货物短损。

（3）向保险公司索赔。属于投保险别的承保范围内的损失，应按照保险单的规定，向保险公司申请赔付。

2.索赔注意事项

（1）索赔依据。索赔时应提交索赔清单和有关货运单据（如发票、提单（副本）、装箱单等）。在向卖方索赔时，应提交商检机构出具的检验证书；向承运人索赔时，应提交理货报告和货损货差证明；向保险公司索赔时，除上述各项证明外，还应附加由保险公司出具的检验报告。

（2）索赔金额。向卖方索赔的金额，应按买方所受实际损失计算，包括货物损失和由此而支出的各项费用（如检验费、仓租、利息等）；向承运人和保险公司索赔，均按有关章程办理。

（3）索赔期限。向卖方索赔应在合同规定的索赔期限之内提出。如商检工作确有困难可能需要延长时间的，可在合同规定的索赔有效期内向对方要求延长索赔期限，或在合同规定索赔有效期内向对方提出保留索赔权。如合同未规定索赔期限，按《公约》的规定，买方行使索赔权的期限自其收到货物之日起不超过2年；向船公司索赔的期限为货物到达目的港交货后1年之内；向保险公司提出海运货损索赔的期限，则为被保险货物在卸载港全部卸离海轮后2年。

（4）买方职责。买方在向有关责任方提出索赔时，应采取适当措施保持货物原状并妥为保管。按国际惯例，如买方不能按实际收到货物的原状归还货物，就丧失宣告合同无效或要求卖方交付替代货物的权利；按保险公司规定，被保险人必须按保险公司的要求，采取措施避免损失进一步扩大，否则不予理赔。

3.我方在办理对外索赔时应注意的问题

（1）认定违约的性质与程度

违约发生后，索赔人首先要对照买卖合同及其他相关文件（保险合同、运输合同等）的规定与违约事实确定违约责任的承担人。只有认定责任人确系买卖合同的另一方当事人时，才能向出口方索赔。如果违约属于不可抗力的范围，应当按照合同或有关法律的规定，无偿免除违约方的合同义务，或允许其延期履行合同。此外，索赔方还要正确认定违约程度，以便提出合理的索赔方案。

（2）备齐索赔的证件

对外索赔需要提供足够的索赔证件。首先，应填制索赔清单，并随附商检机构签发的检验证书、发票、装箱单及提单副本。其次，对不同的索赔对象，还要另附有关证件。向出口方索赔时，如系FOB或CFR合同，须随附保险单一份；向轮船公司索赔时，须另附由船长及港务局理货员签证的理货报告及船长签证的短卸残损证明；向保险公司索赔时，须另附保险公司与买方的联合检验报告等。在问题未解决之前，索赔的商品应当保持原状，有的还要拍照存查，以便必要时作举证之用。

（3）确定合理的索赔金额

除向船运公司和保险公司索赔金额须按特定方法计算外，关于向出口方索赔的金额，应与因对方违约所造成的损失相等，即应根据商品的价值和损失程度计算，还可以包括支出的有关费用，如商检费、装卸费、银行手续费、仓租、利息及合理的预期利润等。

（4）把握好索赔期限

对外索赔，必须在合同规定的索赔有效期内提出，逾期索赔对方有权不予受理。如因商检工作确有困难，需要较长时间的，可在合同规定的索赔有效期内向对方要求延长索赔期限。

（5）防止出口方借故推卸责任

凡属出口方直接承担的责任，应直接向出口方要求赔偿，有时也可留给出口方一段合理的时间，让其继续履行合同义务，或者采用减价、交付替代货物、修理货物等方式进行补偿，或者拒收货物。但不管怎样，在出口方同意赔偿前，应妥善保管货物，以防出口方制造借口向其他方面推卸责任。

目前，我国的进口索赔工作，如属于船方和保险公司责任的，一般由外运公司代办；如属于出口方责任的，则由进出口公司直接办理。为做好索赔工作，要求外贸公司、外运公司、保险公司、商检部门及订货单位等有关各方密切协作和配合，做到检验结果正确，证据属实，理由充分，赔偿责任明确、合理，并及时向有关责任方提出索赔，以保证进口货物所遭受的损失能够按期如数地得到应有的补偿。

本章要点

本章主要介绍了出口合同、进口合同的履行程序。

合同的履行涉及的部门广，业务环节多，业务流程比较复杂，因而对合同履行的每一个环节都应予以高度的重视。

在以CIF贸易术语成交，并以信用证方式进行结算的情况下，出口合同履行涉及的主要业务环节是：准备货物、落实信用证、组织装运及制单结汇等。

备货就是卖方根据合同的规定，按时、按质、按量准备好应交的货物，并做好申请报验和领证工作。审证、改证是卖方履行合同的重要步骤，直接涉及交易能否顺利完成。审证首先要从政策、银行资信和付款责任以及信用证性质等方面进行审查，再从商品品质、规格、数量、包装、单据及特殊条款等方面审查。发现问题，争取一次向客户提出改正，不要多次提出，否则会增加双方的手续和费用。另外，对修改内容只能全部接受或拒绝，部分接受当属无效。租船装运是卖方履行合同的根本，涉及几个部门的配合衔接，协调不好，会影响到货物的按时装运。制单结汇是一笔交易圆满结束的最后一环，它要求业务人员认真、仔细，具有高度的责任感。外汇核销与出口退税是保证出口企业取得预期经济效益的关键，它要求出口企业与海关、外管局、税务局及银行等部门密切配合。国家既要防止个别企业的退税诈骗，又要保证合法出口企业的经济利益。

业务的善后处理要特别注意的就是不论哪一方违约，都应本着实事求是的原则，认真、妥善地加以处理，该索赔的一定要索赔。出口企业必须善于运用国际惯例、法律、法规来维护自身利益。

进口合同的履行同样涉及诸多方面。在以FOB贸易术语成交、采用信用证方式进行结算的情况下，进口合同的履行主要涉及开立与修改信用证、安排运输、投保、审单、付款、报关、检验以及进口索赔等。在上述诸多内容和环节上不能有任何疏漏，必须认真对待，否则不同程度的损失或不良后果都可能发生。

虽然进出口双方执行的是同一份合同，但有各自的权利和义务，各自背后还有更为复杂的政治、经济、文化背景。因此，履行进出口合同的双方要想交易成功，最终达成双赢的结果，必须在各个履约的细节之处仔细推敲，认真把握；否则，不但合同履约率不会高，而且还有可能给交易对手以可乘之机，造成己方不利的被动局面。而由于国际贸易的复杂性和风险性，不论是索赔、仲裁，都会耗费大量人力、物力，最好的办法是事先预防。但是，一旦出现问题，就要想尽一切办法争取维护己方最大利益。

单元自测

一、单项选择

1.货物装船后，出口商持全套出口结汇单据送至（　）进行议付。

A.开证行　　B.议付行　　C.付款行　　D.银行

2.如果信用证没有规定最晚交单期，一般为装期后（　）。

A.10天　　B.15天　　C.20天　　D.21天

3.进口货物到达目的地后，进口商应及时填写（　），随附进口合同书、进口商业发票和运输单据等有关证件向当地的国际贸易“单一窗口”进行关检联合检验申请。

A.入境货物报验单　　B.出境货物报验单

C.入境货物报关单　　D.出境货物报关单

4.我国实施国际贸易“单一窗口”实现跨部门多业务一站式办理，目前，“单一窗口”已实现与（　　）个部委的系统“总对总”对接。

A.5　　B.7　　C.9　　D.20多

5.某进出口公司与某国外公司签订了一份买卖合同，在接到国外公司的订单后，认为订单上的有些内容不能接受，便在订单上将有关项目予以更改并加盖了更改章，随后将订单寄给了国外公司，在国外公司未复函确认的情况下便开始备货、发货。日后由于更改部分发生了纠纷，这种情况应由（　　）完全负责。

A.国外进口商

B.国内出口商

C.进口商和出口商

D.进口商和出口商分别承担30%和70%的责任

二、多项选择

1.商业发票的作用主要有（　　）。

A.进出口报关完税必不可少的单据　　B.是全套单据的中心

C.是结算货款的依据　　D.是物权凭证

2.企业审核单据的标准为“四相符”，即（　　）。

A.单证相符　　B.单单相符　　C.单货相符　　D.单同相符

3.关于信用证中英语“Date and place of expiry”，表述正确的有（　　）。

A.表明该证的到期日期和到期地点

B.信用证的到期地点可以在开证行所在地，也可以是受益人所在地

C.可以推算出信用证的开证日期

D.如果是开证行所在地，那么出口审单员一定要把握好交单时间和邮程，防止信用证失效

4.在我国的出口业务中，大多采用CIF价格条件、信用证支付和海洋运输方式成交。在该成交条件下，出口合同履行的主要环节有（　　）。

A.备货　　B.审证　　C.租船订舱　　D.制单结汇

5.信用证中对装运期规定的表示方法有多种，以下举例中符合UCP 600规定的有（　　）。

A.immediately　　B.on or about　　C.between　　D.beginning of a month

6.如果信用证没有规定货物数量有增减幅度，只要同时符合（　　）条件，对货物数量的容差允许有5%的增减幅度。

A.信用证未规定数量不得增减

B.信用证已有条款规定数量增减幅度

C.支取金额不超过信用证金额

D.货物数量不是按包装单位或个数计数的，如长度（米、码）、体积（立方米）、容

量（升、加仑）、重量（吨、磅）等

三、判断

1.在出口业务中，如果国外客户已下订单，不管是否已经收到信用证，为防止货价上涨，出口商必须提前备货。（　　）

2.在出口业务中，我出口公司收到进口商寄来的开证申请后，即可据此备货，办理出运。（　　）

3.运输包装上的标志除需刷在外包装上外，都应在货运单据上表示出来。（　　）

4.如按CIF贸易术语成交的贸易合同，出口货物在运输途中灭失，即使出口商提供了信用证规定的全套单据，进口商仍有权拒付货款。（　　）

5.某公司与日商签订一份出口销售合同，合同的标的是APPLE WINE（苹果酒）。日商来证中描述的品名是CIDER（苹果酒）。卖方按信用证规定如期装运，单据上货物的描述部分应该写APPLE WINE。（　　）

6.如果信用证未规定交单期限，根据UCP 600的规定，受益人必须在货物装船后21天内交单议付。（　　）

7.如果信用证规定交单期限为装船日后15天，根据UCP 600的规定，受益人只要在货物装船后15天内交单议付，在交单时间上都是符合要求的。（　　）

8.出口公司在收到对方开出的信用证后，应严格按照信用证的有关条款进行发货、装运、制单结汇。不管有什么情况，都无权要求开证行修改信用证。（　　）

9.在进口贸易中，我方对外开证时，一般不主动开出“可转让信用证”，以免使我方被动。（　　）

10.在广州春交会上，进口时申报价格为HKD150 000的中国台湾产健身器材，被内地公司以HKD135 000购买，海关应按HKD135 000作为其完税价格。（　　）

11.以CIF纽约成交的出口货物，从上海口岸申报出口，其完税价格为海关审定的CIF纽约价格扣除上海至纽约的运保费并扣除出口税。（　　）

12.根据UCP 600，单据日期可以早于信用证的开立日期。（　　）

13.根据UCP 600，单据日期不得晚于交单日期。（　　）

14.在国际买卖合同中，在货物的风险转移至买方之后，卖方对货物与合同不符概不承担责任。（　　）

关键术语

议付　托运单　装货单　大副收据　发票　海关发票　形式发票　报关　报检　收妥结汇　押汇　定期结汇　出口外汇核销单　开证申请书　电提

思考题

1.履行出口合同的环节有哪些？其中的主要环节是哪几个？

2.在对外贸易中，为什么要催证、审证和改证？审核信用证的重点有哪些？

3.审查信用证时发现不符点应如何处理？

4.装船通知的主要内容包括哪些？为什么卖方在发运货物后要及时发出装船通知？

5.进口方开立信用证应注意哪些事项？

6.在信用证方式下，制作和审核单据的依据是什么？

7.目前，我国银行的结汇办法有哪些？对出口人而言，哪一种方式最有利？

8.在近洋运输中，信用证通常要求出口方在发运后，将一份正本提单径直寄给开证人，为什么？这对出口方有何风险？应如何防范？

9.某信用证规定全套清洁提单是三份，而出口商不慎遗失一份，请问出口方应该如何补救？除请求进口方修改信用证外还有其他方法吗？

10.简述进口合同的履行程序。与出口合同的履行程序有何不同？

11.进口索赔时应注意哪些问题？

推荐阅读文献

1.国际商会.ICC跟单信用证统一惯例（UCP 600）［M］．北京：中国民主法制出版社，2006.

2.薛刚，阮坚.国际贸易合同操作实务［M］．广州：广东经济出版社，2009.

3.吴国新.国际贸易单证实务［M］．北京：清华大学出版社，2012.

4.罗俊勤.国际贸易结算［M］．北京：北京大学出版社，2012.

5.国家外汇管理局，海关总署，国家税务总局.关于货物贸易外汇管理制度改革的公告（国家外汇管理局公告2012年第1号）.

案例思考

1.我国某省TSM公司派大学刚刚毕业的小蔡参加春交会。来自中东某国的GSD公司的BD小姐不期而至，表示购买400公吨明绿豆，总值22万美元。双方愉快地签订了合同，并约定10个工作日内开出即期L/C。GSD公司如约开立了不可撤销的L/C，通知行是M银行，交单期限为船期起15天。TSM公司审证后发现两个问题：

（1）货物的描述，“CHINESE GREEN BEANS”被拼写为“CHINESE GREEN BAESN”。

（2）水分“MOISTURE”被拼写为“MSIOTRUE”。

TSM公司要求小蔡发传真给GSD公司修改L/C，很快BD小姐直接打电话给小蔡，指出TSM公司要求修改的部分只是字母拼写的错误，根本没有必要修改。小蔡还在犹豫之际，她承诺立刻发送一份确认书，承诺将不会因为这两个问题拒付L/C。小蔡当天收到了这样一份盖章签字的传真，于是TSM公司迅速组织货源，准备提交单据。小蔡在发票上打上正确的英文单词后，出于善意，又在其后的括号里打上L/C里的文字，在船期的第二天就向M银行提交了全套单据。

5天后，TSM公司却收到了拒付通知书，拒付理由就是商品名称所出现的不符点，小蔡赶紧联系BD小姐。BD小姐说可能是开证行按照惯例就先做了拒付通知，GSD公司向他们发送一个说明就没事了，让TSM公司等待几天，不要着急。几天后，小蔡联系BD小姐说，可以重新制作单据来消除不符点，BD小姐急忙答复开证行正在处理，再等几天，而且万一开证行再就第二处不符点提出拒付，麻烦的事更多。一转眼，到了L/C的最后交单期，BD小姐主动打电话要求降价60%处理货物，此时TSM公司才发觉事情不妙，但事已至此，只能接受外方的要求。TSM公司遭到了巨大的损失。

（1）小蔡这样做是否妥当？应该如何做？

（2）修改单据后，受益人TSM公司可否直接向议付行提交而不需要开证的GSD公司或开证行M银行同意？

（3）拼写错误对开证行审单影响有多大？

（4）BD小姐说开证行可能就第二处不符点提出二次拒付是否正确？

资料来源　赵瑞.信用证圈套在时间的拖延中收紧［EB/OL］.（2010-07-01）［2010-08-25］. http：//ibdaily.mofcom.gov.cn/show.asp？ id=114664.

2.湖南某包装公司同某港商于某年4月10日签订代理购销合同，购买美国某公司某规格白纸1 250吨，每吨7 820元，当年8月交货。4月18日和5月12日，某包装公司根据合同约定，按总货款的40%分两次支付定金390万元给某港商，但该港商并未按照合同约定的时间交货。某包装公司多次交涉未果，遂向市人民法院起诉，要求某港商返还定金并赔偿相应损失。法院经过调查，发现该港商根本无美国某公司的代理权，其经营的公司濒临破产，390万元定金无法收回。

该公司在签订合同和履行合同中有哪些失误之处？应该汲取哪些教训？

提示：在国际货物贸易中，为了保证大宗商品交易和成套机电设备等交易的顺利履行，买卖双方往往在合同中约定，由买方向卖方按合同标的额支付一定比例的预付货款，或在合同中约定一定数额的定金。我国《担保法》规定，定金的数额可由当事人约定，但不得超过主合同标的额的20%。为了有效地预防此类欺诈事件的发生，我方进口商与外商签订合同之前，或合同履行之前，需要对对方当事人的相关资信进行详细了解和确认。进口商既可以亲自了解，也可以委托国内或国外咨询机构代为了解。若合同签订人为合同的履行主体，则要详细了解当事人是否具备合同履行的能力，并争取合同担保。此类合同在国际贸易中是很常见的，但订立此类合同须格外谨慎。

3.某年某月，中国某服装进出口公司与墨西哥某外贸公司签订了一项关于运动衫的货物买卖合同。双方在合同中约定：由中国某服装进出口公司作为卖方向墨西哥某外贸公司出售一批运动衫，数量50 000件，合同采用的贸易术语为FOB上海。双方还约定这批货物应当在当年的3月15日前交付给墨西哥某外贸公司指定的承运人以便运输。

3月9日，中国某服装进出口公司将生产好的50 000件运动衫分别装在1 000个纸箱中，交付墨西哥某外贸公司指定的承运人——中国香港某远洋运输公司的"惠兴"轮进行运输。"惠兴"轮的船长在对这批货物进行了初步的检查以后，向中国某服装进出口公司签发了清洁提单，也就是说承运人并没有对这批货物从表面上看是否异常进行批注。中国某服装进出口公司收到清洁提单后到银行议付了货款，同时中方向墨西哥某外贸公司出示了一张"保函"。因为交货的最终期限临近，中方为了及时交货，特别是为了让承运人立即签发提单以便能够马上到银行议付货款，因此中方就在承运人并未对全部货物进行检查的情况下，要求香港某远洋运输公司出具清洁提单，并且保证如果因货物残损短缺而导致的一切损失，都由中方公司而非香港某远洋运输公司承担。

但是当这批运动衫运抵墨西哥后，墨西哥某外贸公司立即对这批货物进行了检查，结果发现在这1 000个纸箱中有100余个纸箱出现了运动衫数量短少的情况，短少的数量从几件到几十件不等。墨西哥某外贸公司随后又立即请一家商品检验机构对这批货物进行了检验，这家商品检验机构也随即出具了有关这批货物数量短少的证明。

鉴于此时中国某服装进出口公司已经从银行议付了货款，墨西哥某外贸公司根据双方在买卖合同中签订的仲裁条款，向中国某国际经济贸易仲裁机构提交了仲裁申请。试对该案进行分析：

（1）本案的焦点何在？FOB贸易术语在本案中起何作用？

（2）判断这批运动衫数量短缺在何时发生的最重要依据是提单吗？提单在本案中的作用如何？

（3）在本案中，“保函”起到了什么作用？

（4）请分析判断仲裁结果如何。中国某服装进出口公司最终需要承担这批运动衫数量短缺的责任吗？

第十一章

贸易方式

学习目标

重点掌握：包销、代理、寄售、招标投标、补偿贸易等贸易方式的概念及优缺点、具体运作流程、合同具体条款的拟订等。

一般了解：拍卖、租赁贸易、加工装配贸易、期货贸易等贸易方式的概念、优缺点以及运作流程。

能力要求：具备灵活运用各种贸易方式扩大出口的能力。

意识培养：培养多渠道拓展国际市场的意识，开拓思路，灵活运用各种贸易方式扩大出口。

第一节　包销

一、包销的含义

包销（exclusive sales）是指出口人与国外经销商达成协议，在一定时间内，把指定商品在指定地区的独家经营权授予该经销商，由包销商承购后自行推销，同时，包销商则承诺不经营其他来源的同类或可替代的商品。包销业务的展开，需要事先由出口商与包销商签订包销协议，并据此确定双方之间的包销关系，规定各自的权利和义务，达成包销协议。

通过包销协议，双方建立起一种长期、稳定的买卖关系，而具体的每一笔交易，则以包销协议为基础，另行订立买卖合同。这种贸易做法是在售定贸易方式的基础上发展而来的，但是它又不完全等同于售定贸易方式，它既具有售定贸易方式的性质，又具有不同于售定业务的特点，即包销商在一定时期和一定地区内对于指定的商品享有独家专营权。包销贸易方式是国际贸易方式中经常采用的贸易方式。

【个案讨论】

我国某公司与日本某公司签订一份包销合同，将该公司生产的产品在日本的独家经营权授予该日本公司，包销协议有效期为一年。但是，该日本公司并未付出实质性努力，产品基本没有销售多少，使得我方公司蒙受巨大损失。在这一包销业务中，我方公司应当汲取的教训是什么？

二、包销协议

包销协议是出口商和包销商之间包销关系成立的法律依据，出口商和包销商双方的关系是通过包销协议加以确定的。包销协议本身不是买卖合同，它规定了双方的权利和义务，以及一般交易条件，其主要内容如下：

1.双方的基本关系

明确出口方与包销商之间的关系是买卖关系。包销商应自筹资金买断商品，并自负盈亏进行销售。

2.包销的商品、地区和期限

包销协议应对包销商品的种类或型号、包销商享有经营权的地理范围等作出规定，以明确在包销协议存续期间双方应当承担相应责任的商品与地区范围。包销期限即为包销协议的有效期限，通常规定为一年，这样有利于出口商稳定包销商的信心，又可以避免在多元化经营和市场竞争日益激烈的情况下，给出口商带来难以预测的损失。当然，也可以不规定期限，只规定中止条款或续约条款。

3.专营权

专营权包括专卖权和专买权。前者指出口方承诺在协议有效期内不向包销地区内的其他客户出售包销商品。后者指包销商承诺只向协议出口方购买该项商品，不得向第三者购买同类商品或有竞争性的替代商品。

其中专卖权是包销协议必不可少的内容，是区别于一般经销协议的主要条件。

4.包销商品的最低数量或金额

在协议规定期限内包销商必须向出口人承购的最低限额，有的包销协议对此不作规定。

5.包销商品的价格和一般贸易条件

包销商品的价格可以一次性规定，也可以在订立买卖合同时按市场行情商定。一般贸易条件是指适合于协议期间每一笔交易的条件，如检验、索赔、不可抗力以及仲裁等贸易条件，可在包销协议中予以规定，以简化日后买卖合同的内容。

6.广告宣传、商品报道和费用负担

包销协议的双方是买卖关系，出口商并不涉足包销商的销售业务，但应当关心海外市场的开拓。因此，在包销协议中，一般要订明由包销商负责和出资在其包销区域内就其包销的商品登载广告，进行宣传，并要求包销商按期向出口商提供市场报道。

7.其他规定

如卖方所出售的商品涉及专利和商标权问题时，也应该在协议中作出具体的规定。一般应在包销协议中加以订明，包销人要对卖方的专利权和商标权给予应有的保护。此外，在包销协议中，应明确中止协议的办法。

三、包销方式的应用

对出口商来说，采用包销方式的主要目的是利用包销商的资金和销售能力，在特定的区域拓展市场。对包销商来说，由于取得了专卖权，因而在指定商品的销售中处于有利的地位，避免因多头竞争而导致降价减盈的局面，故其有较高的经营积极性，能在广告促销和售后服务中作较多的投入。

但是，由于包销方式是包销商买断商品后再自行销售，所以包销商需要有一定的资金投入并承担销售风险。若包销商资金不足或缺乏销售能力，则有可能形成“包而不销”。因此，对出口商来说，采用包销方式应注意以下几个问题：

1.选择好合适的包销商

选择包销商既要考虑其对我国的政治态度，又要注意其资信情况和经营能力，以及在该地区的商业地位。

2.适当确定包销商品的数量、地区范围和期限

包销商品的数量要适当，一般不宜过多，如果过多，可能会造成包销商垄断市场的局面，对推销不利。所确定的地区范围大小要适当，范围过大，对于包销商能力达不到的地区来说，等于自动让出一部分市场给竞争对手，对我方不利；范围过小，则不利于充分发挥包销商的积极性。包销期限的长短应视客户情况而定，期限过长，如果包销商经营业绩不佳，不便于及时调整包销商；期限过短，有时又难以完成销售限额。

3.在协议中规定中止条款

为防止包销商“包而不销”或操纵市场对我方压价，可在协议中规定：如买方在一定期限内推销数量达不到合同数量的一定比例，卖方有权撤销协议。

第二节　代理

一、代理的含义

代理在国际贸易中应用十分广泛，如银行代理、运输代理、保险代理、贸易代理等。本节主要介绍国际贸易代理。

国际贸易中的代理（agency）主要是指销售代理，是指出口商与国外的代理商达成协议，由出口商作为委托人，授权代理人代表出口商推销商品、签订合同，由此而产生的权利和义务直接对委托人发生效力。

代理人在委托人授权的范围内行事，不承担销售风险和费用，不必垫付资金，通常按达成交易的数额提取约定比例的佣金，而不管交易的盈亏。在代理方式中出口商可以借助代理商的销售网络、在国外的商业地位、销售渠道和专业知识扩展商品市场，代理商可以获取佣金。

在出口业务中，代理和包销有相似之处，但从当事人之间的关系来看，两者却有根本的区别。包销商和出口商之间是买卖关系，包销商完全是为了自己的利益购进货物后转售，自筹资金，自负盈亏，自担风险。在代理方式下，代理人作为委托人的代表，其行为不能超过授权的范围。代理人一般不以自己的名义与第三者订立合同，只居间介绍，收取佣金，并不承担履行合同的责任，履行合同义务的双方是委托人和当地客户。

二、代理的种类

根据委托人授予代理人权限的不同，销售代理可分为下列几种：

1.总代理（general agent）

总代理是委托人的全权代表，在指定地区内，代表委托人从事销售活动和其他范围广泛的商务活动。代理的区域可以是一个或几个国家，也可以是一个或几个地区，而且总代

理有权指派分代理，并分享代理的佣金。在我国的出口业务中，中国香港地区的华润公司、德信行、五丰行和中国澳门地区的南光公司都曾作为我国进出口公司在该地区的总代理。

2.独家代理（exclusive agent or sole agent）

在代理协议规定的时间、地区内，除对指定商品享有专营权的代理人外，委托人不得在以上范围内自行或通过其他代理人进行销售，这也是代理的专营权和包销的专营权的区别。当出口商授予国外企业包销权时，出口商不可以在该地区直接销售指定产品；但当出口商授予国外企业独家代理权时，出口商可以在该地区销售指定产品。为了不损害代理人的利益，有些协议规定，凡委托人直接与指定代理地区的买主达成交易的，仍然要向独家代理计付佣金。

3.一般代理（agent）

一般代理又称普通代理，指不享有独家代理专营权的代理商。委托人可同时委托若干个代理人在同一地区推销相同的商品，代理人完成授权范围的事务后按照协议规定的办法向委托人计收佣金。

三、独家代理协议

规定有专营权的代理协议，即为独家代理协议。其主要内容如下：

1.双方的基本关系

出口方与代理商之间的关系是委托代理关系。代理人应在委托人授权范围内行事，并应对委托人诚信忠实。委托人对代理人在上述范围内的代理行为，承担民事责任。

2.代理的商品、地区和期限

委托人对代理人的授权中，应明确说明代理销售商品的类别和型号，独家代理则必须明确其业务的地理范围，并约定代理协议的有效期限，或者规定中止条款。

3.专营权

在上述范围内，委托人承诺所指定的独家代理为唯一同买主进行交易的中间商，若委托人与买主直接发生交易，仍应按交易金额向独家代理支付佣金。是否授予专营权是独家代理与一般代理的主要区别。

4.佣金条款

佣金条款是代理协议中最重要的条款之一。代理协议中必须规定佣金率、支付佣金的时间和方法。佣金率可与成交金额或数量相联系，应明确是以合同成交额还是以实际成交额作为计算佣金的基础，同时这些金额是按FOB价计算，还是按CIF价计算等问题也应说明。佣金率的高低往往取决于代理商品的特点、市场上的习惯做法与委托人的经营意图等因素，一般为1%~5%。有时代理协议将佣金率与代理人的经营成绩相联系，根据代理金额的大小决定其佣金率。

5.最低成交额

独家代理通常承诺最低成交数量或金额。若未能达到该数额，委托人有权中止协议或按协议规定调整佣金率。在一般代理中，对最低成交额可以不作规定。

6.商情报告

代理人有义务向委托人定期或不定期提供商情报告，以使委托人了解当地的市场情况和代理人的工作业绩。能否提供高质量的商情报告是对代理人进行考核的重要依据。

四、代理的使用

出口商委托代理人销售商品，主要是利用代理商熟悉销售地市场，有广泛的销售渠道的优势。特别需要指出的是，代理人的商誉对商品的销售乃至出口企业的形象有着举足轻重的作用。选择一个代理商，不仅仅着眼于他的销售能力，也应重视代理商已有的商誉。当前国际市场上，有不少跨国公司进入了销售代理的领域，如何借助跨国公司的良好信誉去开拓市场，对我国企业来说，是一个值得研究的课题。

【个案讨论】

中国A公司与美国B公司签订了一份独家代理协议，指定B公司为A公司在美国的独家代理。在代理协议存续期间，A公司又推出指定产品的改进产品，并指定美国C公司做该改进产品的独家代理。A公司有无这种权利？

第三节　寄售

一、寄售的含义

寄售（consignment）是出口商委托国外代销商向用户销售现货的一种交易方式。采用寄售方式，出口商应在寄售地区选定代销人，签订寄售协议，然后将货物运往寄售地点由代销人进行销售。

出口商作为寄售人，将准备销售的货物先行运往国外，委托当地的销售商按照寄售协议规定的条件在当地市场上销售。商品售出后，代销商扣除佣金和其他费用后，将货款交付给寄售人。在货物售出前，所有权仍属寄售人所有，货物不能售出的风险由出口商承担。

二、寄售的特点和作用

1.寄售的特点

在寄售方式下，寄售人和代销人按照寄售协议的规定办理寄售业务，寄售人和代销人之间不是买卖关系，而是一种委托代售关系，但它又不同于一般的销售代理关系。其特点主要有：

（1）所有权和风险仍属货主

在寄售方式下，虽然货主把货物运交国外代销人，但在货物售出前，其所有权和风险并未转移，仍属货主。代销人不能侵犯货主对货物的所有权，因非代销人的过失所造成的货物风险，应由货主承担。

（2）代销人的权利高于代理人

代销人在货主授权范围内，可以用自己的名义与当地客户直接签订合同并履行合同，如果代销人与当地的客户发生贸易纠纷，代销人可以是直接的申诉人或被诉人。

（3）寄售是先发运后销售的现货销售

寄售是由寄售人先将待售的商品运至国外，再经代销人与买主凭实物进行现货买卖。这与在货物发运前已找到买家或凭成交合同和付款保证出运货物的方式有所不同。

（4）寄售人和代销人之间是一种委托代售关系

寄售人和代销人之间不是买卖关系，而是委托代售关系。代销人只是根据寄售协议规定的条件代为销售商品，因而代销人无须垫付自有资金，也不承担任何费用和风险。

2.寄售的作用

对于出口商而言，采取寄售的贸易方式有一定的积极作用：

（1）有利于开拓市场和扩大销路

寄售是一种实物买卖的贸易方式，买主可以直接见到实物。买方可以根据需要在当地进行采购，交易后立即办理付款和提货手续，这既可缩短从签约到收货的时间，又可避免垫付资金和承担货物在运输途中的费用和风险，从而节省资金周转的时间，提高经营效益。因此，采用寄售有利于通过增强买主的购买积极性而达到推销产品、开拓市场的目的。

（2）有利于随行就市

寄售货物售出前，货物的所有权仍属寄售人所有，所以对货物的销售价格的确定等，寄售人仍然拥有决定权，这有利于寄售人灵活掌握销售价格，从而提高运营效率。

（3）有利于调动代销人的积极性

由于寄售不占用代销人的资金，代销人也不承担费用和贸易风险，因此，一些有推销能力但资金不足的客户敢于接受寄售货物，乐意为货主销售，这就调动了代销人的积极性。

（4）有利于扩大销售渠道

在寄售方式下，寄售人可以利用代销人的贸易渠道推销商品，与当地的客户建立和发展贸易关系。

虽然寄售方式对寄售人有许多有利之处，但同时也存在一定的不利因素。寄售货物在售出前，寄售人要承担货物的一切风险，其中包括货物在运输和储存中的风险、价格变动的风险、货物不能脱手的风险以及由于代销人的资信不佳而导致的其他损失，承担的贸易风险大，费用较高，不利于资金的周转。

三、寄售协议

寄售协议属于信托合同性质，它规定了有关寄售的条件和具体做法。其主要内容如下：

1.双方的基本关系

寄售人和代销人之间的关系是一种委托代理关系。货物在售出前所有权仍属寄售人。代销人应按协议规定，以代理人身份出售商品、收取货款、处理争议等，其中的风险和费用由寄售人承担。

2.寄售商品的价格

寄售商品的价格有四种规定方式：①规定最低售价，代销人只能以底价或高于底价的价格出售；②由代销人按市场行情自行定价；③由代销人向寄售人报价，征得寄售人同意后确定价格；④规定结算价格，货物售出后，双方依据协议中规定的价格进行结算。其中，第三种做法应用较为普遍。代销人实际出售货物的价格，寄售人不予干涉，其差额作为代销人的收入。这种做法，代销人必须承担一定的风险。

3.佣金条款

在寄售协议中应规定佣金的比率，有时还可增加佣金比率增减额的计算方法。通常佣金由代销人在货款中自行扣除。

4.代销人的义务

代销人的义务包括保管货物，代办进口报关、存仓、保险等手续并及时向寄售人通报商情。代销人应按协议规定的方式和时间将货款交付寄售人。有的寄售协议中还规定代销人应向寄售人出具银行保函或备用银行证，保证承担寄售协议规定的义务。

5.寄售人的义务

寄售人按协议规定时间出运货物，并偿付代销人所垫付的代办费用。

四、寄售方式的应用

1.着眼于开拓新市场

寄售方式是开拓新市场的重要举措。通过开展寄售贸易，寄售人可以既销售商品，又树立企业形象，建立与客户的关系，故而所选商品应优质适销。

2.选择合适的寄售地点

寄售地点应选择交通便捷的贸易中心或自由港、自由贸易区，以方便货物进出转运，降低费用。

3.严格选择代销人

代销人应在当地有良好的商誉，有相关商品的营销经验和推销能力，并有能力代办报关、存仓等业务。

4.重视安全收汇

为减少风险，安全收汇，寄售人应采取必要的措施，并在寄售协议中作出相应规定，比如要求代销人开立银行保函，或以承兑交单方式发货。

【个案讨论】

我国某公司以寄售方式向中东某国出口一批积压商品。货到目的地后，虽经代售人努力推销，货物还是无法售出，最后只得运回国内。该公司在这笔寄售业务中应当汲取的教训是什么？

第四节 招标和投标

招标投标和拍卖是国际和国内贸易中两种常见的方式，在这些贸易方式下，买卖双方均不进行直接的交易磋商，而是借助于一定的竞争机制，确定双方的交易条件。招标投标是卖主之间的竞争，拍卖则是买主之间的竞争。标的公开、竞争公开、成交迅速，是这两种贸易方式的特点。

一、招标和投标的含义

招标和投标（invitation to tender & submission of tender）是一种贸易方式的两个方面。这种贸易方式既适用于采购物资设备，也适用于发包工程项目。

招标是由招标人（采购方或工程业主）发出招标通告，说明需要采购的商品或发包工程项目的具体内容，邀请投标人（卖方或工程承包商）在规定的时间和地点投标，并与所提条件对招标人最为有利的投标人订约的一种行为。

投标是投标人（卖方或工程承包商）应招标人的邀请，根据招标人规定的条件，在规定的时间和地点向招标人发盘以争取成交的行为。

由于招标和投标方式的公平竞争的特点，使得许多大中型工程项目和物资采购，特别是国家间的政府贷款项目和国际金融组织的贷款项目，都规定采用国际竞争性招标（ICB）的方式进行采购或发包，以保证贷款得到有效和合理的利用。

二、招标和投标的一般程序

1.招标阶段

（1）刊发招标通告。国际公开招标通常均在权威性的报刊或有关专业刊物上公布招标通告，比如我国对外发行的《人民日报》，世界银行出版的援助项目的招标月刊等。

（2）资格预审。投标人应填写招标人编制的“资格预审表”，包括投标人的经营规模、人员设施概况、工程记录等，并提供有关证明文件和资料，由招标人确认其是否具有投标能力。资格预审是保证招标工作顺利进行的关键步骤。

（3）编制招标文件（bidding documents）。招标伊始，招标人即组织有关人员制定招标书，说明采购商品或发包工程的技术条件和贸易条件。

2.投标阶段

（1）投标的准备工作。投标人取得标书后，应严格按照招标条件对商品或工程所要求的质量、技术标准、交货期限、工程量和进度安排等进行核算，并结合自身的条件和市场竞争态势，估计能否完全满足招标要求和能否提出有竞争性的报价。

（2）编制投标书和落实担保。投标书是投标人对招标人的一项不可撤销的发盘。其主要内容包括对招标条件的确认、商品或各个项目的有关指标和工程进度、技术说明和图纸、投标人应承担的责任，以及总价和单价分析表。招标人为防止投标人中标后拒不签约，通常要求投标人提交投标保证金，一般为总价的3%~10%，也可以银行保函或备用信用证代替现金作担保，故投标人应在投标前落实担保。

（3）递送投标文件。投标文件包括投标书、投标保函或备用信用证、关于投标书中单项说明的附件，以及其他必要文件。投标文件应密封后在规定的时间内送达指定地点，可以专人递交，也可以挂号邮寄。

3.开标

招标人在预先公布的时间和地点，当众开启密封的投标文件，宣读内容，允许在场的投标人作记录或录音。开标后，投标人不得更改投标内容。开标是对外公开标书内容，以保证招标工作公正进行的一种形式，并不当场确定中标人。

4.评标和决标

除价格条件外，技术质量、工程进度或交货期，以及所提供的服务等各方面的条件都将影响中标。招标人必须对投标进行审核、比较，然后择优确定中标人选。其主要工作如下：

（1）审查投标文件。审查投标文件内容是否符合招标文件的要求，计算是否正确，技术是否可行等。

（2）比较投标人的交易条件。可逐项打分或集体评议或投票表决，以确定中标人选，初步确定的人选，可以是一个或若干个替补人选。

（3）对中标人选进行资格复审。如果第一中标人经复审合格，即成为该次招标的中标人选。否则依次复审替补人选。凡出现下列情况之一者，招标人可宣布招标失败，重新组织第二轮招标：参加投标人太少，缺乏竞争性；所有投标书和招标要求不符；投标价格均明显超过国际市场平均价格等。

5.中标签约

确定中标人后，招标人以书面形式通知中标人在规定的期限内到招标人所在地签订合同，并缴纳履约保证金或以银行保函作履约担保。

第五节 拍卖

一、拍卖的含义

拍卖（auction）是一种古老的交易方式，经常被应用于特定商品的交易。

拍卖是专门经营拍卖业务的拍卖行接受货主的委托，在规定时间和地点，按照一定的章程和规则，将货物公开展示，由买主出价竞购，把货物卖给出价最高的买主的一种贸易方式。国际贸易中采用拍卖方式进行交易的商品，是一些品质难以标准化或难以久存，或传统上有拍卖习惯的商品，如裘皮、木材、茶叶、水果、花卉、羊毛以及艺术品等。

二、拍卖的竞价方式

1.增价拍卖

这是最常见的一种拍卖方式。拍卖时，由拍卖人宣布预定的最低价，然后竞买者相继出价竞购。拍卖行可规定每次加价的金额限度。至某一价格，经拍卖人三次提示而无人加价时，则为最高价，由拍卖人击槌表示成交。按拍卖章程规定，在拍卖人落槌前，叫价人可以撤销出价。如果货主与拍卖人事先商定了最低限价，而竞买人的叫价低于该价，拍卖人可终止拍卖。

2.减价拍卖

减价拍卖又称荷兰式拍卖，源于世界上最大的荷兰花卉拍卖市场，由拍卖人先开出最高价格，然后渐次降低价格，直到有人表示接受，即达成交易。这种拍卖方式，买主之间无反复竞价的过程，且买主一旦表示接受，不能再行撤销。由于减价拍卖成交迅速，特别适合于数量大、批次多的鲜活商品。

上述两种方式都是在规定的时间和地点，按照先后批次，由买主公开竞价，并当场成交。

3.密封递价拍卖

密封递价拍卖又称招标式拍卖，由买主在规定的时间内将密封的报价单（也称标书）递交拍卖人，由拍卖人选择买主。这种拍卖方式和上述两种方式相比较，有以下两个特点：一是除价格条件外，还可能有其他交易条件需要考虑：二是可以采取公开开标方式，也可以采取不公开开标方式。拍卖大型设施或数量较大的库存物资或政府罚没物资时，可能采用这种方式。

三、拍卖的一般程序

1.准备阶段

货主与拍卖行达成拍卖协议，规定货物品种和数量、交货方式与时间、限定价格以及佣金等事项。货主把货物运至拍卖地点，存放于拍卖人指定的仓库，由拍卖人进行分类、分批编号，拍卖人印发拍品目录，并刊登拍卖通告。买主在正式拍卖前可至存放拍卖商品的仓库查看货物，必要时可抽取样品供分析测试。

2.正式拍卖

在规定的时间和地点，按拍品目录规定的顺序逐批拍卖。以增价方式拍卖，买方出价相当于要约，拍卖人落槌相当于承诺。在落槌之前，买方有权撤销出价，卖方也有权撤回拍卖商品。以减价方式拍卖，拍卖人报价相当于要约，而买方一旦表示接受，即为承诺，交易成立，双方均受约束。

3.付款和交货

成交后，买方签署成交确认书，并支付部分货款作定金，待买方付清全部货款后，拍卖行开出提货单，买方凭单提货。拍卖行从货款中提取一定比例的佣金，作为提供拍卖服务的报酬，并扣除按合同应由货主承担的费用后，将货款交付货主。

四、拍卖的注意事项

1.关于商品的品质

由于参加拍卖的商品往往难以用具体规格加以描述，且买主在拍卖前有权查验货物，拍卖行通常在拍卖章程中规定“卖方对品质概不负责”，所以，拍卖后买方对商品没有复验权，也不存在索赔的问题。对于某些货物可能存在的隐蔽缺陷，凭一般的查验手段难以发现，有的拍卖章程中也规定了买方的索赔期限。

2.关于公开和公平的原则

拍卖和招标投标一样，是一种按公平竞争的原则进行公开交易的贸易方式。为保证公开和公平的原则不被违反，拍卖行制定了拍卖章程，买卖双方都必须严格遵守。买方不得互相串通，以压低报价；卖方也不得由代理人出价竞买，以哄抬价格。这些均构成违法违规行为。

第六节　租赁贸易

租赁贸易是当代经济交易中最为活跃的一种贸易方式。发达国家的固定资产投资，有1/3以上是通过租赁贸易方式实现的，无论在国内或国际贸易中，租赁市场是一个对供需双方均有吸引力的市场。

一、租赁贸易的含义和特点

租赁贸易是指出租人与承租人订立契约，以收取一定的租金为代价，将商品在一定期限内的使用权转让给承租人的一种贸易方式，它是企业之间较长期的动产租赁。

国际租赁的特点有：

（1）租赁对象主要是资本货物和耐用品。这些货物使用的年限较长，价格较贵，出租的时间也长，如机电设备、运输设备、建筑机械、医疗器械、飞机船舶，以及各种大型成套设备和设施等。

（2）出租人和承租人有特定性。出租人一般是专营租赁公司，或附属于银行及信托投资公司的租赁公司；承租人通常为生产或服务企业。

(3) 租赁贸易是在信贷基础上进行的。出租人向承租人提供所需设备，承租人则按租赁合同向出租人定期支付租金。设备的所有权属于出租人，承租人取得的是使用权。租赁期一般较长，是一种以融物的形式实现中长期资金融通的贸易方式。

(4) 租赁业务中商品的使用权和所有权分离。在商品的出租期限内，商品的所有权仍属于出租人，但使用权属于承租人。承租人不能擅自转移租赁物，不能用来抵押或出售，并且还要受到出租人的监管。

(5) 租赁业务通常至少涉及三个当事人。在租赁贸易中，除非承租人自身有足够好的信誉，经租赁公司评估后，在一定额度内实现租赁，通常租赁公司要求承租人提供由经济担保人，如银行、投资信托公司、保险公司等出具的保函。

租赁贸易往往是三边贸易，即有三个当事人：出租人、承租人和供货商。承租人选定所需设备和供应商后，由租赁公司洽谈购买；然后承租人再与租赁公司签订租赁协议。出租人既是出租者，又是购买者，承租人可以通过这种方式融通资金。

二、租赁贸易的种类

1.融资租赁（financial lease）

融资租赁是租赁公司出资购买用户选定的设备，出租给用户，租赁期较长，接近设备的使用期。租赁期内由用户自行维修保养，租赁期满，设备归用户所有，或者由用户支付残值后拥有设备。

融资租赁中，在整个设备使用期内只租给一个用户，租赁公司按设备成本，加上利息和费用，分摊成租金向承租人收取，故而又称为“完全支付租赁”或“一次性租赁”。这是最基本的租赁形式。

2.经营租赁（operating lease）

这种形式的租赁期限较短，在设备使用的有效期内，不仅仅租给一个用户，每个用户所缴付的租金只相当于设备投资的一部分，故又称为“不完全支付”租赁。在租赁期内，由出租人提供设备维修保养服务，以期保持设备的良好状态供再次出租。对承租人来说，这种租赁方式和提供的服务，使他获得了始终保持正常运转的高新技术设备，但租金也比较高。经营租赁的标的物是通用设备。当承租人只需短期使用某种通用设备时，往往采用这种租赁方式。

经营租赁的出租人通常是生产制造商兼营的租赁公司或者专业租赁公司。

3.转租租赁（sublet lease）

我国在以租赁方式引进国外设备时，往往由我国的租赁公司作为承租人向国外租赁公司租用设备，然后再将该设备转租给国内用户。经营转租业务的租赁公司，一方面为用户企业提供了信用担保，即以自己的名义承担支付租金的责任；另一方面又为用户承办涉外租赁合同的洽谈和签订，以及负责各项进口手续和费用。

我国租赁公司除办理转租租赁外，也作为中介机构为国内用户企业介绍国外租赁公司，由用户企业与国外公司直接签约。我国租赁公司开立保函，为国内承租人定期支付租金作保。

4.回租租赁（leaseback lease）

回租租赁指承租人向出租人租赁原来属于自己的设施。一般做法是先由承租人和出租人签订租赁协议，然后再拟订买卖合同，由出租人购进标的物，将其租给承租人，即原物主。这种租赁方式主要用于不动产，由于承租人缺少资金而出售不动产以筹措所需资金。

回租租赁均为融资租赁，标的物的售价将分摊在各期租金中，故在回租租赁业务中，标的物的售价往往并不反映真正的市场价，而更多地取决于承租人所需资金的数额，当然也不可能超过其真正的市场价。

三、租赁贸易的作用

租赁贸易实质上是出租人向承租人提供信贷的一种交易方式。

从利用外资、引进设备的角度看，它与一般的中长期信贷和延期付款有相似之处，但对供需双方来说，有其特有的优越性。

1.对承租人有利的方面

（1）有利于改善企业的财务状况。企业利用中长期信贷或延期付款方式购入设备，将记录在企业的资产负债表内。而租赁的设备，则不作为企业的负债记录，不影响企业的举债能力。即使企业能以自有资金购入设备，若改用租赁方式，也可增强企业流动资金的周转能力，改善企业的资产质量。

承租人支付的租金可列入生产或经营成本，从而降低企业应税收入的数额。

承租人可按自身需要选择生产厂商和所需设备，确定技术指标，而租赁公司作为市场中的大买家，往往拥有优越的谈判地位，能以相对优惠的价格购进设备，从而降低承租人支付的租金。

（2）手续简单，方便快捷。以租赁方式引进设备，承租人只须与租赁公司达成协议，而落实资金和采购设备均由租赁公司负责，故而业务环节减少，设备到位所需时间较短。

承租人可以分享租赁公司所享受的减、免税优惠以及所具有的资金运作优势，从而降低租金支出。

（3）租金支出相对固定。承租人所支付的租金，包括设备价款、利息和租赁手续费。租金在租赁期内一般固定不变，而中长期贷款的利率往往是浮动的，有上升的趋势。

（4）融资成本较低。国际市场是买方市场，卖方竞争激烈。承租人作为用户，具有一定的优势，可以充分利用这一优势。在一定条件下，通过租赁贸易获得的资金融通，比起直接获得国外出口信贷，更具现实性和更为经济，比起外商直接投资，在收益分配和经营控制上更有利于设备引进方。

2.对出租人有利的方面

出租人购买设备从事租赁业务，作为设备所有人，可享受投资减税待遇，以及折旧或按政策加速折旧的优惠。

租赁贸易也是一种金融业务，金融租赁公司作为出租人，可以由此扩大资金的投放市场。由于拥有设备所有权和应收租金的承诺，贷款风险较小。

专业租赁公司作为出租人，一般只需支付所购设备款项的20%~40%，其余部分则以设备所有权和租金受让权作为抵押，由银行等金融机构提供贷款，但出租人仍享有全部减税利益。

一些大型制造公司往往附设租赁公司，通过以租代销扩大出口业务，特别对于一些售价高、相对陈旧老化的设备，租赁是一种行之有效的促销方式。

四、租金和租期

构成租金的主要项目包括租赁标的物的购置成本、租赁期间的利息和费用、经营开支、税收和利润。一般可按下列公式计算：

租金=（租赁标的物的购置成本+租赁期间的利息和费用+经营开支+税收+利润）÷租期

其中利息是最关键的一个项目，它和租期有关，租期愈长，相应的利率就愈高；也和租赁公司的资金来源以及所享受的减、免税优惠有关。

融资租赁是一次性租赁，故租期最长可与设备使用的有效期一致，但如果承租人有足够的支付能力，在不造成企业负担过重的情况下，缩短租期，有利于减少利息负担。

五、国际租赁贸易的一般做法

以融资租赁为例说明国际租赁贸易的一般做法：

1.委托租赁

用户企业将已选定的租赁物向租赁公司提示，并填写租赁委托书。租赁委托书中应包括企业资产负债状况及经营指标。如有必要，应表明可以提供的担保。

2.洽购标的物

由用户企业或租赁公司或双方联合，与租赁标的物的制造厂或供应商磋商购买标的物的贸易条件。

3.签订租赁合同

当购买标的物的贸易条件已商定，租赁公司即出具租赁费估价单。双方然后就租期、租金、租赁标的物的交接验收、维修保养以及保险等条件达成一致，并签署租赁合同。

4.签订购货合同

租赁公司与制造商就事先谈妥的贸易条件，正式签订购货合同。

5.交货验收

制造商按合同规定直接向用户企业交货。我国企业以租赁方式引进设备，其手续等同于一般进口贸易。用户企业验收合格，以承租人身份向租赁公司出具验收收据。

6.支付租金和履行合同义务

承租人应按合同规定定期支付租金，并履行合同中规定的其他义务。租赁公司亦应按合同规定，承担保险和维修责任。在融资租赁中，一般由用户自行维修。

7.期满留购

融资租赁期满后，通常标的物所有权即归承租人所有。租赁合同中也可规定，由用户支付一定数额的设备残值后，才拥有所有权。

第七节 补偿贸易

一、补偿贸易的含义

补偿贸易（compensation trade）又称产品返销，指交易的一方在对方提供信用的基础上，进口设备技术，然后以该设备技术所生产的产品，分期抵付进口设备技术的价款及利息。

早期的补偿贸易主要用于兴建大型工业企业。如原苏联从日本引进价值8.6亿美元的采矿设备，以1亿吨煤偿还；波兰从美国进口价值4亿美元的化工设备和技术，以相关工业产品返销抵偿。

后期的补偿贸易趋向多样化，不但有大型成套设备，也有中小型项目。20世纪80年代，波兰向西方出口的电子和机械产品中，属于补偿贸易的占40%~50%。

我国在20世纪80年代也曾广泛采用补偿贸易方式引进国外先进技术设备，但规模不大，多为小型项目。近年来外商以设备技术作为直接投资进入我国，故补偿贸易更趋减少。但是，随着我国市场经济的发展，补偿贸易在利用外资、促进销售方面的优越性不容忽视。

二、补偿贸易的作用

1.补偿贸易对设备技术进口方的作用

第一，企业通过补偿贸易引进设备技术，可解决其缺少资金进行设备更新和技术改造的难题，从而使产品得以升级换代，增强市场竞争能力（包括国际市场和国内市场）。

第二，设备技术进口方将产品返销，在抵偿设备技术价款的同时，也利用了设备出口方在国外的销售渠道，使产品进入国外市场。以进口设备技术来带动产品的出口，被称为“以进带出”的方法，是当代中小型补偿贸易的一大特点。

一般情况下，以补偿贸易方式引进的设备技术往往并不十分先进，甚至是二手设备。但如果产品能够销往设备技术出口国，市场前景良好，设备价格合理，则对发展中国家增加产品出口，扩大国内就业机会，提高地区经济发展水平仍是有利的。

2.补偿贸易对技术出口方的作用

第一，出口方在提供信贷的基础上，扩大设备和技术的出口。

第二，出口方出于转移产业的需要，通过补偿贸易方式将特定产业转移至发展中国家，既获得了转让设备和技术的价款，又从返销商品的销售中获取利润，可谓是一举两得。

三、现代补偿贸易的特点

1.交易金额一般较大，交易的期限通常较长

在实际业务中，中小型补偿贸易确实不少，但大额补偿贸易也不少见。一项巨额的补偿贸易，其交易额往往可以达数亿元，大大高于一般的贸易方式。补偿贸易协议的期限可长达25年甚至更长，是一般贸易无法比拟的。

2.信贷和贸易相结合

补偿贸易以机器设备或技术、服务的供方提供一定的信贷为基础，购方的进口不用付现，仅需要支付15%的定金，所以它是一种信贷和贸易相结合的贸易方式，从这种意义上说，它既不同于易货贸易，也不同于售定贸易。

3.交易双方互为出口方和进口方

在补偿贸易方式下，机器设备（硬件）和技术（软件）的出口与补偿贸易的进口总是紧密交叉在一起，浑然一体，不可分离。它既不同于通常的进出口，也不同于单纯的技术输出和输入。

4.机器设备和技术的购买方提供一定补偿产品

设备和技术的购买方通过补偿贸易取得机器设备和技术的所有权和使用权，而供方则

可以取得补偿产品的占有权和利息。双方的这种交易属于买断性质，是一种买卖关系。

5.设备技术的先进性是补偿贸易双方的主要矛盾

为了加强对先进技术和设备的控制，发达国家的有关企业在产业转移中，面对市场的激烈竞争，采取了不同的方式。常见的是直接投资，只是利用东道国的土地、劳动力以及原料、动力资源，而把生产技术和设备的所有权、使用权都控制在自己手中，但由于补偿贸易对设备技术出口方有着双重利润的吸引力，使得进口方也有了争取引进先进设备技术的动力。双方达成交易的关键是：（1）技术设备出口方之间的竞争态势；（2）返销产品（或零部件）的市场前景；（3）设备技术进口方的配套能力；（4）偿付条件等。

四、补偿贸易的业务要点

以下三个方面是补偿贸易业务必须重点明确的内容：

1.引进设备技术的先进性、适用型及其保障措施

对引进的设备技术，必须就其质量保证和技术合作方式作出明确规定，技术上至少应该领先于国内水平，在国际上也应该是较为先进的。设备供应方还应对涉及工业产权的问题作出保证。

2.返销产品抵偿设备技术价款的规定

回购是设备出口方的基本义务。我国在补偿贸易中，通常用直接产品补偿，但在具体交易中，有不同做法：（1）全额补偿。全部设备技术价款由等额的返销产品抵偿。（2）部分补偿。由设备进口方支付部分现汇，其余大部分价款通过返销产品补偿。（3）超额补偿。要求设备出口方承诺回购超过补偿金额的返销商品。（4）以相关劳务补偿。这是一种与来料加工相结合的补偿贸易，即引进设备技术后，接受对方的来料来件加工业务，以工缴费抵偿设备技术价款。

3.偿还期限和结算方式

偿还期限和返销商品的数量与价格直接相关。必须对返销商品的作价原则、定价标准和方法作出规定，并应通过约定返销商品的数量或金额，安排偿还期限。补偿贸易虽然是以产品抵偿设备，但并非直接的易货贸易，双方仍要通过货币进行计价支付。设备进口方必须掌握先收后付的原则，选择适当的结算方式，通常采用的方式有：对开信用证、托收、汇付（结合银行保函）等。

第八节　加工装配贸易

一、基本概念

对外加工装配业务，是一种委托加工的贸易方式。由国外委托方提供全部或部分原材料、辅料、零部件、元器件、配套件和包装物料，必要时提供设备，由承接方企业按委托方的要求进行加工装配。成品交给委托方在国外销售，承接方收取工缴费。对于委托方提供的设备价款，可结合补偿贸易的做法，以劳务所得的工缴费抵偿。

二、加工装配贸易的形式

1.全部来料来件的加工装配

国外委托方提供全部原辅材料和元器件，由承接方企业加工后，将成品交给国外委托

方，制件和成品均不计价，承接方按合同收取工缴费。

2.部分来料来件的加工装配

国外委托方要求加工装配的成品中有部分料件需由承接方提供，承接方除收取工缴费外，还应收取所提供的料件的价款。

3.对口合同，各作各价

国外委托方和承接方签署两份对口合同。一份是委托方提供的原辅材料和元器件的销售合同，另一份是承接方出口成品的合同。对于全部来料来件，两份合同的差价即为工缴费；对于部分来料来件，两份合同的差价，既包括工缴费，也包括国内承接方所提供的料件的价款。以对口合同方式进行的加工装配贸易，必须在合同中表明，承接方无须支付外汇。

三、加工装配贸易和进料加工贸易的区别

这两种加工贸易的共同之处在于原材料和元器件来自国外，加工后成品也销往国外市场，但两者有本质上的区别：

1.交易性质不同

在进料加工贸易中，进口料件和出口成品是两笔独立的交易，进料加工的企业需自筹资金从国外购入料件，然后自行向国外市场销售；而装配加工贸易则进、出为一笔交易的两个方面，料件和成品的所有权均属委托方所有，承接方无须支付进口费用，也不承担销售风险。在加工装配贸易中，双方交易的实际上是从事加工业务一方的劳务，其价格以工缴费的方式体现。

2.利润来源不同

在进料加工贸易中，企业所获得的是出口成品的利润，利润的大小取决于出口成品的市场行情；而加工装配贸易，承接方收取的是工缴费，工缴费的大小以劳动力的费用，即工资水平作为核算基础。两者相比，进料加工贸易的收益大于加工装配贸易，但风险也较大。

3.自主程度不同

进料加工贸易，企业有自主权，根据自身的技术、设备和生产能力，选择市场上所适销的商品进料加工；而加工装配贸易，则由委托方控制生产的品种、数量和销售地区。

四、加工装配业务的作用

加工装配业务，对于委托方来说，是利用承接方的劳务，降低产品成本，增强了在国际市场上的竞争能力，同时也有利于本国的产业结构调整；对于承接方来说，克服了本国生产能力有余而原材料不足的矛盾，是以商品为载体的一种劳务输出，为本国取得了外汇收入，同时，有利于开发劳动力资源、增加就业机会和繁荣地方经济，而且，有利于引进国外的先进技术和管理经验，促进外向型经济的发展。

我国自20世纪70年代末至80年代初，把对外加工装配业务作为利用外资的一种形式，在政策上加以保护和支持，因而发展迅速。加工装配贸易额在我国进出口总额中已占有相当大的比重。应该说，这一贸易方式，在增加就业机会、繁荣地方经济和推动出口贸易方面，起了很大的作用。

目前承接对外加工装配贸易的企业有两种类型：一种是承接方为我国企业或合资企

业，和委托方之间是单纯的委托加工关系，通过承接加工业务，企业得以利用国外资金，发挥生产潜力，扩大出口，增加收入，并能获得国际市场信息，加快产品升级换代，改善管理水平和改进工艺技术；另一种是国外委托方在国内直接投资设厂，然后以委托加工装配的方式充分利用我国的政策优惠和低廉的劳动力，获利丰厚，并在一定程度上与我国原来的出口贸易争夺市场。尽管目前这种贸易方式对发展我国经济利大于弊，但从长远来看，把这一利用外资方式用政策引导进行适当的产业转型，并加强税务管理，是十分必要的。

五、我国对加工装配贸易的管理

1.合同报批

对外加工装配合同，须经商务部、国务院有关部委或者省、自治区、直辖市的商务部门，或由它们授权的机关审批。

报批时应填写“加工装配贸易申报表”一式四份，并附合同副本。

2.海关登记备案

自合同批准之日起一个月内，向海关提交批准文件和合同副本，如有必要，应随附料件和设备清单。

经审核后，由海关核发“对外加工装配进出口货物登记手册”（简称“登记手册”），其进出口货物凭“登记手册”办理报关手续。对没有办理“登记注册”的单位，其进出口货物，海关不予放行。

3.进出口货物的监管

料件、设备和成品进出口时，有关单位或其代理人应填写进出口货物专用报关单一式四份和发票、装箱单等有关单证，以及“登记手册”向进出口地海关申报。海关接受申报后，经查验认可后放行。加工装配贸易进口的料件，属海关保税货物。自进口之日起至加工成成品出口之日止，应接受海关监管，有关单位必须将进口料件的使用和加工成品出口的情况列入海关认可的专门账册，海关有权随时检查。

4.核销

加工装配合同执行完成之后，有关单位应于最后一批成品出口之日起1个月内，持“登记手册”和进出口货物报关单向海关办理核销手续。

对剩余的料件，根据不同情况予以征、免税。若进口料件或成品因种种原因转为内销，必须经原审批机关批准和海关核准，并按一般进口货物征收关税和进口增值税。

六、加工装配合同的主要内容

对外加工装配业务是一种劳务贸易，有关合同的当事人是委托方和承接方，与一般货物买卖合同有许多不同之处，其主要内容如下：

1.合同标的

买卖合同的标的是商品，而加工装配合同的标的是劳务，即为将原材料和元器件加工装配成指定的产品而付出的劳动以及一定的技术或工艺。

为了说明标的所提供的劳务的性质，应具体规定加工装配业务的内容和要求。

2.对来料来件的规定

料件是提供劳务的物质基础，合同中应规定料件的品质、数量，还必须规定委托方送交料件的时间、地点。为了明确责任，对委托方不能按质、按量、按时提供料件的情况，应在合同中规定处理方法。

3.对交付成品的规定

委托方对成品的品质规格均有严格规定，对交货数量和交货期限在合同中也应有明确规定，如承接方不能按合同规定交付成品应承担相应的损害赔偿责任。

4.关于耗料率和残次品率的规定

耗料率指单位产品消耗原材料或元器件的数额。残次品率指不合格产品在全部产品中所占的比率。这两项指标，与产品成本直接相关，又受到加工方技术水平和生产条件的限制，所以双方应协商规定一个合理的标准，超过规定的比率，应由加工方承担责任。

5.关于工缴费的规定

加工装配业务本质上是一种劳务贸易，工缴费即体现了劳务的价值。工缴费的规定，应以国际劳务价格作为参照标准。对我国来说，则以东南亚地区的工资水平作为计算标准，参照加工企业所提供的劳务质量和生产效率，计收的工缴费应既有利可图，又有竞争力。

6.运输和保险

在加工装配贸易过程中，料件和成品的所有权不转移，始终为委托方所有，因而，原则上运输和保险的责任由委托方承担。在具体业务中，对出口成品的运输和保险，以及料件进口和存仓保险，均可由承接方代办，费用由委托方另行支付或者计入工缴费内。

7.付款方式

委托方向承接方支付工缴费的方式有两种：一种是料件和成品均不计价，由委托方通过信用证或汇付方式，向承接方支付工缴费；另一种是料件和成品分别计价，其差额即为工缴费，对此承接方应掌握“先收后付”的原则。具体做法可以采用：（1）料件用D/A，成品用D/P即期；（2）料件用D/A，成品用即期信用证；（3）对开信用证方式，料件用远期信用证，成品用即期信用证。必须注意远期和即期的时间间隔应考虑加工全过程所需时间，以保证先收妥成品货款，再支付料件货款。

第九节　期货交易

一、期货交易的概念和特点

商品交易所及期货交易是商品生产和商品交换高度发展的必然产物，起源于19世纪后期。前者是国际贸易中商品交易的重要场所；后者是国际贸易中的重要贸易方式，其地位不断上升，作用日益增强，是一种值得重视和研究的贸易方式。

1.期货交易的概念

期货交易是指在期货交易所内，按一定规章制度进行的期货合同的交易。期货交易是在现货交易基础上发展起来的，作为一种新型交易方式，一方面与期货合约所代表的现货的国际市场行情密切相关，另一方面，期货交易又具有相对的独立性。

2.期货交易的特点

商品期货交易有其特殊之处，具体体现在：

（1）以小博大。在期货交易中，一般只需交纳2%~20%的履约保证金，就可控制100%的虚拟资金。

（2）交易便利。由于期货合约中主要因素如商品质量、交货地点等都已标准化，合约的互换性和流通性较高。

（3）信息公开，交易效率高。期货交易通过公开竞价的方式使交易者在平等的条件下公平竞争，同时，期货交易有固定的场所、程序和规则，运作高效。

（4）期货交易可以双向操作，简便、灵活。交纳保证金后即可买进或卖出期货合约，且只需用少数几个指令在数秒或数分钟内即可达成交易。当行情处于有利价位时再以相反的方向平仓或补仓出场。

（5）履约有保证。期货交易达成后，须通过结算部门结算、确认，无须担心交易的履约问题。

3.期货交易与现货交易的区别

期货交易与一般现货交易相比，具有明显的不同，主要体现在：

（1）标的物不同

期货交易的标的物是标准化的期货合同；而一般贸易的标的物是实物商品。在一般贸易合同中，交易双方需要磋商并规定交易商品的种类、规格、数量等；而在期货合同中，双方只要确定期货合同的价格，其余的合同条款如每份期货合同的商品数量、交货期等都是由期货交易所制定的标准化合同规定的。

（2）交易方式不同

一般交易基本上是双方通过交易磋商而成交，交易双方在法律允许的范围内按“契约自主”的原则签订买卖合同，合同条款是根据交易双方磋商的情况而订立的，其内容局外人是不知道的；而期货交易是在公开多边的市场上，通过喊价或竞价的方式达成的。期货合同的条款是标准化的，而且达成交易的信息，包括价格是对外公布的。

（3）交易目的不同

当事人进行期货交易的目的一般是转移商品交易的价格风险或套取利润；而一般贸易的参与者是为了获得商品的所有权或通过转让商品的所有权获取销售收入。

（4）法律关系不同

一般交易方式下，买卖双方达成交易就固定了双方的权利和义务，交易双方之间产生直接的货物买卖的法律关系，任何一方都不得擅自解除合同；而期货交易双方并不互相见面，合同履行也无须双方直接接触。清算所的替代功能使参加交易者通过有交易所会员资格的期货佣金商来代买或代卖期货合同，实际货物的交割、交易的清算和结算一律由清算所对交易双方负责。交易达成后，期货交易双方并不建立直接的法律关系。

（5）履约方式不同

期货交易并不需要进行实物交收，参与者可以通过期货合同的买卖对冲原交易；而一般的贸易中买卖双方必须按合同规定接受或交付实际货物。期货交易中，涉及实物交割的比例很小，大约在5%以下，其余的都是被期货合同的对冲或平仓所代替。

二、期货市场的构成

期货市场（futures market）是指按一定的规则买卖期货合同的有组织的市场。期货交易就是在期货市场上进行的交易。期货市场一般由以下几部分组成：

1.期货交易所

期货交易所是具体买卖期货合同的场所。期货交易所是非营利性机构，它不参与期货合同的交易，不拥有任何商品，只是为期货合同的交易提供平台并制定交易的规则，保证期货合同交易的规范性。期货交易所一般采用会员制形式，拥有会员资格的企业或个人才能在期货交易所内进行交易。

2.经纪商

经纪商是专门代理客户在期货市场上进行买卖交易，并提供各种服务，承担一定责任的个人或公司。经纪商必须是期货交易所的会员，才可以进入场内进行交易。他们可以为一些不具有会员资格的企业或个人进行期货买卖，或者为任何期货交易者提供信息，帮助决策，并从中获取佣金。

3.清算所

清算所是负责对期货交易所内进行交易的期货合同进行交割、对冲和结算的机构。清算所是随期货交易的发展以及标准化期货合约的出现而设立的清算结算机构。在期货交易的发展中，清算所的创立完善了期货交易制度，保障了期货交易能在期货交易所内进行，因此成为期货市场运行机制的核心。

4.交易者

凡是通过经纪商并按照交易各方一致同意的交易规则和惯例在期货交易市场进行期货买卖活动的个人或企业都是期货交易者。按照其交易目的的不同，期货交易者可以分为以下两种类型。

（1）套期保值者

套期保值者一般为实际商品的经营加工者和生产者，他们的主要目的是通过期货交易转移风险，减少或避免由于商品的价格波动带来的损失，保障现有的正常合理利润。关于套期保值的具体做法将在后面具体介绍。

（2）投机者

投机者是指在期货市场上从事“买空卖空”交易，希望以最小的资金来博取利润的投资者。他们和套期保值者不同，其目的不是利用套期保值来转移风险，而是试图通过各种期货交易来获取利润。投机者一般愿意为了获取期货交易的利润而承担期货价格变动的风险。一旦预测期货价格将上涨，投机者就会买进期货合同（或称“买空”或“多头”）；一旦预测期货价格将下降，就会卖出期货合同（或称“卖空”或“空头”），待价格与自己预测的方向一致时，再抓住机会进行对冲。

三、套期保值

1.套期保值的含义

套期保值又称为海琴，是期货市场交易者将期货交易与现货交易结合起来的一种市场行为。套期保值是指在买进或卖出现货的同时，在期货市场上卖出或买进期货合同，一段时间后，因价格变动而在现货买卖上所造成的亏损，可由期货合同交易的盈利弥补。套期保值的目的就是通过期货交易转移现货交易的价格风险，并获得这两种交易相配合的最大利润。

套期保值之所以能起到转移现货交易价格波动风险的作用，是因为同一种商品的实际货物市场价格和期货市场价格的变化趋势基本上是一致的，涨时俱涨，跌时俱跌。

因此，套期保值者经常在购入现货的同时在期货市场上出售期货，或者在出售现货的同时买入期货。这样，由于在期货市场和现货市场出现相反的交易，所以通常会出现一亏一盈的情况。套期保值者就是希望通过期货市场的盈利来弥补实际货物交易中可能遭到的损失。

2.套期保值的做法

套期保值者在期货市场上的做法有两种：卖期保值和买期保值。

（1）卖期保值（selling hedge）

卖期保值是指套期保值者根据现货交易情况，先在期货市场上卖出期货合同（或称建立空头交易部位），然后再以多头进行平仓的做法。通常生产者在预售商品时，或加工商在采购原料时，为了避免价格波动的风险，经常采用卖期保值的做法。下面我们用一个例子来具体说明卖期保值的运用。某谷物商在9月以每蒲式耳4.25美元的价格在现货市场买进10万蒲式耳小麦，准备以后出售。为了防止以后小麦价格下降而蒙受损失，该谷物商在期货交易所卖出20份小麦期货合同，每份合同的数量是5 000蒲式耳，交易价格为每蒲式耳4.50美元。到了10月份该谷物商找到了买主，将货物卖出，但当时小麦的价格已经下降到4.10美元，谷物商每蒲式耳小麦蒙受了0.15美元的损失。但是10月份期货市场上小麦的价格为每蒲式耳4.35美元，该谷物商可以买入4.35美元的小麦期货合同冲销原有的4.50美元卖出合同，并获得买卖差价每蒲式耳0.15美元，这样就刚好抵销现货市场上该谷物商所蒙受的损失，保持了该谷物商的正常利润。

（2）买期保值 （buying hedge）

买期保值是指套期保值者根据现货交易情况，先在期货市场上买入期货合同（或称建立多头交易部位），然后再以卖出期货合同进行平仓的做法。通常中间商在采购货物时，为避免价格波动，经常采用买期保值。例如，有一谷物进口商，将在10月份进口一批小麦，小麦的数量是10万蒲式耳，但是价格不确定。当时（8月5日）小麦现货市场的价格为每蒲式耳4.60美元，期货市场的价格为4.55美元。为了避免小麦价格的上升给谷物商造成的损失，该谷物商按4.55美元购入20份小麦期货合同，每份合同的小麦数量为5 000蒲式耳。到了10月份，小麦在现货市场上的价格上升到每蒲式耳4.75美元，谷物商每蒲式耳小麦蒙受了0.15美元的损失。但是同时在期货市场上小麦的价格涨到了每蒲式耳4.70美元，此时该谷物商可以按4.70美元卖出20份小麦期货合同，与原买入的4.55美元的期货合同进行对冲，并获得每蒲式耳小麦0.15美元的买卖差价，弥补了现货市场的损失，保证了企业的正常利润。

3.套期保值应注意的问题

在实践中，影响现货市场和期货市场的因素很多，而且情况复杂，两个市场不可能达到百分之百的衔接，套期保值多数都不会达到理想化的结果，所以我们在进行套期保值的时候应注意以下几个问题：

（1）套期保值虽然可以转移现货交易价格发生不利变动的风险，但也排除了交易者从现货价格有利变化中取得额外盈利的机会。

从套期保值的做法中得知，卖期保值是为了防范现货价格下跌带来的风险，买期保值是为了防范现货价格上升带来的风险。但是，如果在卖期保值后，期货价格非但没有下跌，反而上涨；买期保值后，期货价格没有上升，反而下降，那么套期保值的结果就会事与愿违。

（2）套期保值的效果往往取决于套期保值时和取消套期保值时实际货物和期货之间差价的变化，即基差的变化。

基差指的是在确定的时间内，某一具体的现货市场价格与期货交易所达成的期货价格之间的差额。用公式表示如下：

基差=现货市场价格-期货市场价格

由于期货合同都规定了固定的数量，每份合同代表一定量的期货商品，但是在实物交易中，商品的数量是根据买卖双方的意愿达成的，不可能与期货合同的要求完全一致。这就使得在套期保值时，实物交易的数量与套期保值的数量不一致，从而影响套期保值的效果。

四、进出口商的套期保值策略

从事国际交易的公司或企业，都将利用期货市场作为企业资产管理和国际营销的重要手段。在进出口业务中，进出口商的套期保值策略如下：

1.进口商的套期保值策略

（1）签订固定价格的进口合同

如果进口商与国外出口商愿意达成固定价格的合同，那么进出口商通常要参考与装运期接近的期货交易所的期货价格来确定价格。进口商为了避免在转售货物时遭受价格下跌的损失，在签订进口合同时，会在期货交易所内卖出一定数量的期货合同。等到进口商签订转售合同时，一旦价格下降，进口商就会在期货市场上盈利，从而弥补他在现货市场上出售货物时的损失。

（2）基差交易（basis trading）

基差交易是进口商经常采用的定价和套期保值策略。它是指进口商用期货市场价格来固定现货交易价格，从而将转售价格波动风险转移出去的一种套期保值策略。用这种方法，进口商在与出口商谈判时，可以暂时不确定固定价格，而是按交易所的期货价格固定基差，由进口商在装运前选择期货价格来定价。一旦进口商选择了某日的期货价格，则他同时会在期货交易所建立空头交易部位。等到转售货物时，进口商再以等于或大于买入现货的基差价格出售货物，并在期货交易所以多头平仓。这样，无论期货价格如何变化，进口商都不会在现货交易中受到任何损失，而且如果卖出现货的基差大于买入现货的基差，进口商还可以取得基差交易的盈利。

2.出口商的套期保值策略

出口商选择适当的期货交易进行套期保值，是回避出口价格变化风险的有效途径。出口商进行套期保值主要有如下三种情况：

（1）签订固定价格的出口合同

如果出口商愿意与国外进口商达成固定价格的合同，那么在确定出口价格时就要参考与装运期最接近的期货价格。为了避免在采购货源时价格上升，在签约那天，出口商会在期货交易所购入期货合同来临时代替远期的出口交易。在装运前，出口商寻找货源，购买现货，同时，在期货交易市场上以“空头”平仓。在出口交易中，进口商按合同规定的固定价格交付货款。一旦价格上升，出口商在期货市场上的盈利会弥补现货市场的亏损。

（2）签订固定基差的出口合同

固定基差的合同属于非固定价格合同，它是将合同价格的确定时间与出口合同的订立时间分开。合同的价格是以基差的形式同交易所的期货价格挂起钩来。无论期货市场价格如何变化，交易双方的价格均按期货价格加上或减去固定基差来计算。根据不同情况，期货价格可以由出口商在装运期前选定，也可以由进口商选择。如果是由进口商选择，那么对进口商而言，就有较灵活的定价余地。例如，出口商达成一项合同，交易双方就基差达成协议。合同价格暂定为“$0.15 over May CBOT”，即基差按5月份芝加哥商品交易所的期货价格+0.15美元（出口价格比芝加哥商品交易所5月份的期货价格高0.15美元）。在确定基差前，双方会考虑运输成本、产品品质差异以及时间差价等因素。

（3）签订固定基差合同和场外交易

这种保值做法与签订固定基差合同的做法基本一致，即在签订出口合同时，将基差固定下来，然后，出口商采购货源，并同时在期货市场上做套期保值。然而，所不同的是，进口商选定交易所期货价格时是在期货市场上以自己的账户买入期货合同。等装运期来临，出口商按期办理装运。进口商按约定，将期货交易部位与出口商的现货相互交换，也就是进口商将原来在期货市场上以自己名义买入的期货合约转到出口商的名下。这种做法必须通过交易所的清算所，称为“场外交易”（ex-pit trade）或期货换现货（exchange for physicals）。期货交易所和清算所一般允许进行这种交易。只要交易者有相等的现货交易部位相配合，就可以同另一个交易者的期货交易部位在场外相互交换，以对冲前者在交易所已经建立的空头交易部位。场外交易的好处就是交易者可以在交易所闭市时照常进行，但要向清算所进行登记和报告。另外，对于出口商而言，这种做法可以充分保障套期保值的效果。

本章要点

本章主要介绍了几种通用的贸易方式，包括包销、寄售、代理、拍卖、招投标、租赁贸易、补偿贸易、加工装配贸易以及期货交易。

包销是指出口人与国外经销商达成协议，在一定时间内，把指定商品在指定地区的独家经营权授予该经销商，由包销商承购后自行推销，同时，经销商则承诺不经营其他来源的同类或可替代的商品。包销协议是出口商和包销商之间包销关系成立的法律依据，出口商和包销商双方的关系是通过包销协议加以确定的。包销协议本身不是买卖合同，它规定了双方的权利和义务，以及一般交易条件，其内容主要有：双方的基本关系，包销的商品、地区和期限，专营权，包销商品的最低数量或金额，包销商品的价格和一般贸易条件，广告宣传、商品报道和费用负担，以及其他规定。

对出口商来说，采用包销方式的主要目的是利用包销商的资金和销售能力，在特定的区域建立一个稳定发展的市场。对包销商来说，由于取得了专卖权，因而在指定商品的销售中处于有利的地位，避免了多头竞争而导致降价减盈的局面，故其有较高的经营积极性，能在广告促销和售后服务中作较多的投入。

国际贸易中的代理主要是指销售代理，是指出口商与国外的代理商达成协议，由出口商作为委托人，授权代理人代表出口商推销商品、签订合同，由此而产生的权利和义务直接对委托人发生效力。根据委托人授予代理人权限的不同，销售代理可分为总代理、独家代理、一般代理。独家代理协议是规定有专营权的代理协议，其主要内容有双方的基本关系，代理的商品、地区和期限，专营权，佣金条款，最低成交额，商情报告等。

寄售是出口商委托国外代销商向用户销售现货的一种交易方式。采用寄售方式，出口商应在寄售地区选定代销人，签订寄售协议，然后将货物运往寄售地点由代销人进行销售。在寄售方式下，寄售人和代销人按照寄售协议的规定办理寄售业务，寄售人和代销人之间不是买卖关系，而是一种委托代售关系，但它又不同于一般的销售代理关系，其特点主要有：所有权和风险仍属货主，代销人的权利高于代理人等。这种方式对寄售人有积极影响：有利于开拓市场和扩大销路，有利于随行就市，有利于调动代销人的积极性，有利于扩大销售渠道。我们在实践中要注意，寄售协议属于信托合同性质，它规定了有关寄售的条件和具体做法。

招标和投标是一种贸易方式的两个方面。这种贸易方式既适用于采购物资设备，也适用于发包工程项目。招标是由招标人（采购方或工程业主）发出招标通告，说明需要采购的商品或发包工程项目的具体内容，邀请投标人（卖方或工程承包商）在规定的时间和地点投标，并与所提条件对招标人最为有利的投标人订约的一种行为。投标则是投标人（卖方或工程承包商）应招标人的邀请，根据招标人规定的条件，在规定的时间和地点向招标人发盘以争取成交的行为。

拍卖是一种古老的交易方式，经常被应用于特定商品的交易。拍卖是专门经营拍卖业务的拍卖行接受货主的委托，在规定时间和地点，按照一定的章程和规则，将货物公开展示，由买主出价竞购，把货物卖给出价最高的买主的一种贸易方式。国际贸易中采用拍卖方式进行交易的商品，是一些品质难以标准化或难以久存，或传统上有拍卖习惯的商品，如裘皮、木材、茶叶、水果、花卉、羊毛以及艺术品等。拍卖的竞价方式有三种，即增价拍卖、减价拍卖、密封递价拍卖。

租赁贸易是指出租人与承租人订立契约，以收取一定的租金为代价，将商品在一定期限内的使用权转让给承租人的一种贸易方式，它是企业之间较长期的动产租赁。租赁贸易的种类有融资租赁、经营租赁、转租租赁、回租租赁。租赁贸易实质上是出租人向承租人提供信贷的一种交易方式。从利用外资、引进设备的角度看，它与一般的中长期信贷和延期付款有相似之处，但对供需双方来说，有其特有的优越性。

补偿贸易又称产品返销，指交易的一方在对方提供信用的基础上，进口设备技术，然后以该设备技术所生产的产品，分期抵付进口设备技术的价款及利息。与一般贸易方式相比，补偿贸易的特点：交易金额较大，交易的期限通常较长；信贷和贸易相结合；双方互为出口方和进口方；机器设备和技术的购买方提供一定的补偿产品；设备技术的先进性是补偿贸易双方的主要矛盾。

对外加工装配业务，是一种委托加工的贸易方式。由国外委托方提供全部或部分原材料、辅料、零部件、元器件、配套件和包装物料，必要时提供设备，由承接方企业按委托方的要求进行加工装配。成品交给委托方在国外销售，承接方收取工缴费。对于委托方提供的设备价款，可结合补偿贸易的做法，以劳务所得的工缴费抵偿。

期货交易是指在期货交易所内，按一定规章制度进行的期货合同的买卖。期货合同一般对货物的规格、数量、质量、种类和交易成交的时间都有明确的规定，属于远期交易的合同。期货市场是指按一定的规则买卖期货合同的有组织的市场。期货交易就是在期货市场上进行的交易。在期货交易所内，可以进行套期保值和投机。

套期保值又称为海琴，是期货市场交易者将期货交易与现货交易结合起来进行的一种市场行为。套期保值是指在买进或卖出现货的同时，在期货市场上卖出或买进期货合同，一段时间后，因价格变动而在现货买卖上所造成的亏损，可由期货合同交易的盈利弥补。套期保值的目的就是通过期货交易转移现货交易的价格风险，并获得这两种交易相配合的最大利润。它包括卖期保值和买期保值两种做法。在实践中，影响现货市场和期货市场的因素很多，而且情况复杂，两个市场不可能达到百分之百的衔接，进行套期保值操作不一定达到完全理想化的结果，所以我们在进行套期保值的时候要注意由此产生的问题。

单元自测

一、单项选择

1.以包销方式出口，出口人与包销商之间的关系为（　　）。

A.代理关系　　B.买卖关系　　C.代销关系　　D.委托关系

2.在期货交易中，如果商人买进现买现卖的实物，例如制造厂买入生产实物进行加工，但为防止日后该原料价格下跌，亦可在买进现货的同时在期货交易所卖出同等数量来进行保值，将来价格跌落，以低价买进同等数量来冲抵期货，就可以用期货中赚取的利润来弥补先前以高价买进现货所受的损失。具体来讲，这种做法在商业上被称为（　　）。

A.多头　　B.空头　　C.卖期保值　　D.买期保值

3.国际货物买卖中采用独家代理，委托人与独家代理人之间是（　　）关系。

A.买卖　　B.委托代理　　C.归属者与管理者　　D.买卖合同

4.关于国际招标投标业务，下列表述正确的是（　　）。

A.公开竞买

B.招标人在开标后可根据对本身最有利的条件选定中标人

C.招标人可宣布招标失败

D.招标人可以拒绝全部投标

二、多项选择

1.我国开展对外加工装配业务，有关工缴费的结算办法可采用（　　）。

A.原料和成品均不作价　　B.原料和成品分别作价

C.原料作价，成品不作价　　D.原料不作价，成品作价

2.下列关于拍卖的表述，正确的有（　　）。

A.先看货　　B.当场叫价　　C.落槌成交　　D.公开竞卖

3.关于国际货物买卖中的招标投标业务，下列表述中正确的有（　　）。

A.是一种公开竞卖的方式　　B.必须通过公开广告的途径予以通告

C.是一种公开竞买的方式　　D.出价最高者中标

4.关于寄售贸易，下列表述中正确的有（　　）。

A.代销人享有对货物的控制权　　B.代销人不享有对货物的所有权

C.代销人不享有对货物的控制权　　D.代销人享有对货物的所有权

5.关于易货贸易，下列表述中正确的有（　　）。

A.交易双方相互交换货物　　B.必须以自由兑换货币计价

C.必须以硬币进行计价　　D.不涉及以货币进行计价和结算问题

三、判断

1.包销与独家代理两种贸易方式的最根本区别在于：前者是买卖关系，后者是委托代理关系。（　　）

2.在包销协议中，只需要规定专卖权就可以了，不需要规定专买权。（　　）

3.代理依照委托人的授权行事，只要完成了授权范围内的业务活动，就可取得佣金。（　　）

4.招标方式属于竞卖性质，卖方处于有利地位，因而这种贸易方式对卖方比较有利。（　　）

5.在招投标业务中，招标人发出的招标通告和招标单相当于法律意义上的发盘；而投标人发出的投标文件相当于接受。（　　）

6.在寄售业务中，货物售出前，其所有权属寄售人。（　　）

7.货物出售前的风险应由寄售人承担。（　　）

8.在寄售业务中，代销人以自己的名义出售货物，收取货款。（　　）

9.荷兰式拍卖是一种常见的拍卖方式，是由拍卖人叫出最低价，然后由买主竞相加价，最后由拍卖人把商品卖给出价最高的买主。（　　）

10.对外加工装配业务与来料加工由出口和进口两笔交易构成。（　　）

11.外商与我国某加工企业签订来料加工装配合同后，需在我境内购买供加工成品用的部分原料。根据有关规定，凡属出口货物许可证管理的商品，均应申请出口许可证。（　　）

12.在加工装配合同中，当采取来料、来件和成品分别作价时，对于价款的收付应坚持先收成品价款，后付来件、来料价款的原则。（　　）

13.通过商品交易所做套期保值，其目的是通过期货交易转移现货交易的价格风险，并获得这两种交易相配合的最大利润。（　　）

14.套期保值与投机最大的区别是：前者是为了转移价格风险；后者是为了争取投机利润。（　　）

关键术语

包销　包销协议　代理　代理协议　寄售　寄售协议　招标　投标　拍卖　增价拍卖　减价拍卖　密封递价拍卖　租赁贸易　融资租赁　经营租赁　转租租赁　回租租赁　补偿贸易　加工装配贸易　期货交易　套期保值

思考题

1.什么是包销？什么是包销协议？主要内容有哪些？

2.应用包销贸易方式时应注意什么？

3.什么是代理？什么是代理协议？主要内容有哪些？

4.应用代理贸易方式时应注意什么？

5.什么是寄售？什么是寄售协议？主要内容有哪些？

6.应用寄售贸易方式时应注意什么？

7.什么是招标和投标？

8.招投标的程序是怎样的？

9.什么是拍卖？拍卖的方式有哪些？

10.拍卖是怎样进行的？应注意些什么？

11.什么是租赁贸易？种类有哪些？

12.对于出租人和承租人而言，租赁贸易方式的作用是什么？

13.租赁贸易是怎样进行的？

14.什么是补偿贸易？其特点和作用有哪些？

15.应用补偿贸易方式时应注意什么？

16.什么是加工装配贸易？形式有哪些？

17.什么是套期保值？为什么套期保值可以在一定程度上转移商品价格波动的风险？

推荐阅读文献

1.石玉川．国际贸易方式［M］．北京：对外经济贸易大学出版社，2002.

2.熊斌．加工贸易实务操作与技巧［M］．北京：中国海关出版社，2011.

3.“关务通加贸系列”编委会．加工贸易典型案例启示录［M］．北京：中国海关出版社，2014.

4.“关务通加贸系列”编委会．加工贸易及保税监管政策实务［M］．北京：中国海关出版社，2014.

5.中国技术进出口总公司国际招标编写组．国际招标与投标实务［M］．北京：中国对外经济贸易出版社，2012.

6.柯伦栢．拍卖：理论与实践［M］．钟鸿钧，译．北京：中国人民大学出版社，2006.

7.李强．商品期货实务操作手册［M］．北京：中国财政经济出版社，2013.

案例思考

1.德国A公司通过其代理人中国香港××公司与中国B公司签订一份买卖合同，在买卖合同中写明：“德国A公司通过中国香港××公司签署本协议”，并约定德国A公司向中国B公司销售羊皮25 000件。货物运到中国港口后，中国B公司发现羊皮质量不符合合同约定，质量有明显的缺陷，遂依买卖合同中的仲裁条款向仲裁委员会提起仲裁，并将中国香港××公司及德国A公司作为共同被申请人。中国B公司将中国香港××公司列为被申请人的理由是中国香港××公司在买卖合同上以卖方身份签了字，因此，应对货物质量缺陷承担赔偿责任。中国香港××公司提出了答辩意见，称其虽在合同上签字，但只是以代理人身份在合同上签字，不能对货物的质量承担责任。

问题：中国香港××公司是否应该对货物的质量承担责任？

2.我国多次以补偿贸易方式从日本进口渔轮，用直接产品鱼品偿付渔轮进口价款。20世纪80年代，某省一外贸公司又进口一艘渔轮，其具体做法是先出口鱼品积存外汇，在达到一定金额后，即用以购买新渔轮。该公司把这种做法报请主管机关给予补偿贸易的优惠待遇，遭到拒绝。请分析原因。

3.某年6月，我国某外贸公司通过代理人向P国的一个政府机构投标，中标后与对方签订了买卖合同。合同中规定我方以CIF价格向P国供应电缆××桶，货价的90%采用即期信用证支付，另10%待货到目的地收货人仓库，经买方查验无误后汇付，并规定P国的招标书作为合同不可分割的一部分（招标书内规定按货价的100%投保，保险期不少于货到买方仓库后90天）。我方收到买方开来的信用证（证中注明由卖方办理保险）后，投保了一切险与战争险，并按规定时间发运了货物，收回了信用证部分款项。货物于次年4月2日送进买方仓库，4月23日发现若干件货物不同程度被盗，但保险公司不予赔偿。于是对方从最后的10%货款中扣除被盗货值183 000美元后，将剩余部分汇给我方了事，使我方受到了巨大损失。我方在此案例中应当吸取哪些教训？

4.某轻工业品进出口公司向尼泊尔出口一批灯具，合同上规定以纸箱包装，每箱装50支，共装120箱。工厂在进行包装时认为灯具体积较小，每箱装60支更为合理，这样可节约包装，就擅自改为每箱装60支，总数量没有增减，工厂的做法是否正确？为什么？

5.上海某进出口公司对日本出口100 000公吨大豆，外商来证规定不准分批装运。我方由于货在不同产地，便在规定的装运期限内，在大连、新港各装500 000公吨于同一航次的“奋发”号船上，提单上装运地和装运日各栏内分别注明了大连、新港和不同的装运日期。请问：这是否导致单证不一？为什么？

第十二章

跨境电子商务

学习目标

重点掌握：跨境电子商务的基本概念与特征；阿里巴巴、速卖通、亚马逊、eBay、Wish等平台的特点、基本运营及规则；一达通平台的业务模式、金融及物流服务。

一般了解：几种常见的跨境电子商务平台；跨境电子商务的交易模式。

能力要求：能够运用本章所学知识在跨境电子商务平台进行基本操作。

意识培养：培养创新意识及服务意识，借助于跨境电子商务平台拓展市场，通过为客户提供优质服务来提升市场影响力。

第一节 跨境电子商务概述

一、跨境电子商务的概念及发展历程

电子商务的迅速发展，改变了国际贸易运行的方式和环境，使得国际贸易的主体、国际贸易方式，以及经营管理方式都发生了重大的变化，促进了国际贸易的发展。在这一背景下，掌握一定的电子商务知识有助于我们更好地理解国际贸易这门学科，也有助于日后借助于电子商务来开展国际贸易。本节将从跨境电子商务的概念、特征、发展历程和意义等方面进行展开，并对几种常见的跨境电子商务平台进行简单介绍。

1.跨境电子商务的概念

跨境电子商务最初是由“小额贸易”这种外贸形式衍生而来的，而此种外贸形式最早出现在我国是在2005年前后，当时交易的双方大多数是通过PayPal等互联网第三方支付平台进行支付，进而完成交易活动的。但由于买方多为个人，并且交易量和交易金额较小，所以主要以DHL、联邦快递等快递方式进行运送，进而形成了一种不同于传统贸易流程的进出口交易方式。

跨境电子商务（cross-border electronic commerce）是指分属不同关境的交易主体，在电子商务平台达成交易、进行网络支付结算，通过跨境物流送达商品、完成交易的一种国际商业活动。从本质上讲，它是将商务作为核心，通过电子科学与技术，把原有的传统销售、购物渠道转移到互联网上，打破国家与地区之间的壁垒，使整个商品销售过程达到全

球化、网络化、无形化、个性化和一体化的状态，被社会普遍认为是一种以电子数据交换和网上交易为主要内容的商业模式。

从系统论的观点出发，跨境电子商务本身可以被视作一个系统，是由物流、信息流和资金流等元素按一定组织结构形式构成，在国与国之间进行，并具有商品交换功能的有机整体。跨境电子商务不仅具备复杂性、整体性和自发组织性等系统的基本特征，同时还具有虚拟性、差异性等跨境电子商务交易的特殊特征。

跨境电子商务有广义与狭义之分。狭义的跨境电子商务是指跨境零售，即分属于不同关境的买卖双方，通过网络进行磋商并完成交易，利用小包、快件等跨境物流的方式，将商品送达境外的消费者手中，再进行跨境支付结算的一种商业活动。广义的跨境电子商务就是外贸电子商务，即分属于不同关境的交易主体，利用互联网将传统外贸中的会展、谈判以及成交等环节信息化、电子化，并借助跨境物流运送商品，从而完成整个交易的国际商业活动。广义的跨境电子商务分为出口和进口两种类型的交易。研究结果表明，未来一段时间内，出口跨境电子商务仍将占据我国跨境电子商务的主流。

2.跨境电子商务发展现状

在全球经济一体化、国际贸易与国家间交往日趋频繁、互联网及信息技术的普及、后金融危机时代国内经济疲软等多种因素综合作用下，跨境电子商务顺应而生。跨境电子商务兴起于北美、西欧等发达地区，并迅速蔓延至亚太地区，以及拉美、非洲等新兴地区。这与电子商务的发展水平及趋势相吻合。

跨境电子商务增速显著，逐渐受到各国政府与企业的关注，在全球范围内快速扩张起来。全球经济一体化与国际贸易的迅速发展推动了国家及地区间的交往；互联网与信息技术提供了平台与技术支撑；电子商务的跨时空特征缩短了国家间、个体间的时间与空间距离；后金融危机时代面临着经济新常态，尤其是国内经济增长乏力，刺激了国际市场的开发与开拓。除了各国政府重视外，越来越多的行业和企业纷纷涌入跨境电子商务大浪潮。在制造业、零售业、食品业等传统行业借助于跨境电子商务寻求新的市场机会的同时，互联网企业、电子商务企业、国际运输企业、物流企业、金融机构等也纷纷加入跨境电子商务行业分一杯羹。

虽然跨境电子商务发展历程较短，但是从市场前景、市场潜力、市场活跃度、参与企业规模与数量、市场环境等方面看，跨境电子商务已成为一种发展趋势。从全球市场看，北美、西欧等老牌经济发达地区发展较早，市场相对成熟，属于成熟的跨境电子商务市场区域。

3.我国跨境电子商务的发展历程

1999年，阿里巴巴成立，拉开了中国跨境电子商务发展的序幕。初期，平台定位于B2B大众贸易。买方通过阿里巴巴平台了解卖方的产品信息，然后双方通过线下洽谈成交，大部分交易是在线下完成的。

2000年前后，少量国内卖家开始在eBay和Amazon等国外平台尝试跨境电子商务，但并没有形成规模。

2004年，敦煌网在北京成立，侧重于买卖双方在线完成交易，发生的交易多数是小额B2B贸易。

2007年，兰亭集势成立，整合国内供应链，建立了以其名义向国外消费者销售的B2C平台。

2009年，阿里速卖通成立。很多国内电子商务卖家和传统外贸卖家逐渐加入到B2C跨境电子商务行业，短短几年间，速卖通迅速赶超其他平台，成为国内卖家最集中的跨境电子商务平台。

2010—2014年，国内跨境电子商务卖家队伍迅速壮大，入驻Amazon和eBay平台的卖家队伍也壮大起来。

2013年，Wish平台上线，2014年大量中国卖家开始入驻Wish平台。

2016年4月起，阿里速卖通取消C2C贸易模式，仅限企业卖家入驻经营。

2017年起，阿里速卖通要求所有销售的商品必须有注册商标。

十几年的时间，我国跨境电子商务买家与卖家从无到有，从小额交易到形成规模，发展十分迅速。团队协作、供应链管理及跨境物流等都在一次次“双11”等大促中接受磨炼，跨境电子商务已经成为中国对外贸易发展的重要组成部分，未来将发挥更加重要的作用。

二、跨境电子商务的特征

在互联网快速发展的大环境下，国际贸易正在发生着深刻的变革，与传统的国际贸易相比较，跨境电子商务渐显优势，呈现出传统国际贸易所不具备的新特征。

1.全球化

网络是一个没有边界的媒介体，具有全球性和非中心化的特征，因此，依附于网络发生的跨境电子商务也具有了全球性和非中心化的特性。与传统的交易方式相比，跨境电子商务的一个重要特点是无边界，用户不需要跨越国界就可以把产品尤其是高附加值产品和服务销售到网络市场上。全球化的特征带来的积极影响是信息最大程度的共享，消极影响是用户必须面临因文化、政治和法律的不同而产生的风险。

2.多边化

多边化是指与跨境电子商务贸易过程相关的信息流、商流、物流、资金流已由传统的双边逐步向多边的方向演进，呈网状结构。跨境电子商务可以通过A国的交易平台、B国的支付结算平台、C国的物流平台，实现与其他国家间的直接贸易。而传统的国际贸易主要表现为两国之间的双边贸易，即使有多边贸易，也是通过多个双边贸易实现的，呈线状结构。

3.直接化

直接化是指跨境电子商务通过电子商务交易平台，实现多国企业之间、企业与最终消费者之间的直接交易。与传统国际贸易相比，进出口环节少、时间短、成本低、效率高。传统的国际贸易主要由一国的进出口商通过另一国的进出口商集中进出口大批量货物，然后通过境内流通企业经过多级分销，最后到达消费者手中。

4.虚拟化

网络的发展使数字化产品和服务盛行。数字化传输是通过不同类型的媒介，例如数据、声音和图像在全球化网络环境中集中而进行的，这些媒介在网络中是以计算机数据代码的形式出现的，是无形的、虚拟的。网络的虚拟化特征使人们可以很好地隐匿自己的身份和所处地理位置。在这里人们可以通过网络享受到最大的自由权利，却只需承担最小的责任，甚至可以完全逃避责任，导致权利与责任不对称的情况发生。

5.信息化

在电子商务中，电子交易取代了书面交易。用户发送或接收的信息以比特的形式存在和传送，整个过程实现了信息化。随着信息化的发展，企业的原有管理模式很难满足电子商务的发展需求。企业紧跟电子商务发展的脚步进行变革，在管理方面不断寻求信息化以适应市场的需求。企业管理信息化主要体现在物流信息化、财务信息化等方面。针对不同国家、不同商品等，采用多种物流模式配合实现跨境物流，能够有效凸显各种物流模式的聚合效应，使其应用面更广。财务信息化要求管理者做到远程遥控、在线管理以及业务协同和集中管理。

6.即时化

传统交易模式的信息交流方式，如信函、电报和传真等，在信息的发送与接收间存在着长短不同的时间差。电子商务中的信息交流，无论实际距离远近，发送信息与接收信息几乎是同时的，特别是数字化产品（如音像制品、软件等）的交易，还可以即时交货，免去了传统交易中的中介环节，提高了交易效率。此外，跨境电子商务单笔订单大多是小批量，甚至是单件，实现了单个企业之间或企业与消费者之间的直接交易，交易流程简便，中间费用降低，使得交易双方的交易频率大幅提高。

三、跨境电子商务平台

跨境电子商务平台是一个可以供不同国家或地区的交易主体在线完成信息交换、商品交易以及支付结算的虚拟化的场所，具有电子化、低成本、开放性和全球性等特点。

近年来，我国的跨境电子商务平台发展非常迅速。据商务部的统计，2015年我国已经有超过5 000家的跨境电子商务平台企业。为支持跨境电子商务的发展，我国专门设立了35个跨境电子商务综合试验区。这些试验区依托电子口岸建设机制和平台优势，实现跨境电子商务企业与口岸管理相关部门的业务协同与共享。目前，境内已经有超过20万家企业通过这些平台开展跨境交易。据电子商务研究中心发布的《2017年中国出口跨境电商发展报告》，2017年，中国出口跨境电子商务交易规模已达6.3万亿元。

在诸多的电子商务平台中，第三方跨境电子商务平台拥有海量商品信息数据库、个性化广告推送、商品智能检索、口碑聚合消费需求、支付方式简捷等多重优势。基于信息技术和电子商务发展起来的跨境电子商务平台，在整合社会生产要素、优化产业链、综合各种业务、创新商业业态、深度融合信息化与工业化、增强资源配置能力、提高社会生产效率等方面，发挥了十分重要的作用。

1.几种常见的跨境电子商务平台

目前跨境电子商务最主流的是B2B和B2C平台，为了更好地帮助中小企业开展跨境电子商务业务，特选取以下一些有代表性的电子商务企业（平台）供参考：

（1）亚马逊

亚马逊公司创立于1995年，总部位于美国华盛顿，目前已成为全球商品品种最多的网上零售商。亚马逊及其他销售商为客户提供数百万种独特的全新、翻新及二手商品，如图书、影视、家居园艺用品、玩具、婴幼儿用品、食品和服饰等。

（2）eBay

eBay创立于1995年，是一个可以让全球民众进行买卖物品的线上拍卖及购物网站，推翻了以往那种规模较小的跳蚤市场，将买家与卖家拉到一起，创造一个永不休息的市场。

（3）Wish

Wish是一款移动端购物APP，通过对用户的注册信息和网页浏览情况等网络相关行为进行分析，有针对性地推送给用户可能感兴趣的商品。

（4）阿里巴巴国际站

阿里巴巴国际站是阿里巴巴集团最早创立的业务，专注于全球中小微企业，是目前全球领先的跨境B2B电子商务平台，通过向海外买家展示、推广供应商的企业和产品，进而获得贸易商机和订单。而速卖通则是阿里巴巴帮助中小企业接触终端批发零售商，进行小批量多批次快速销售，融合订单、支付、物流于一体的外贸在线交易平台。此外，阿里平台不仅提供一站式通关、退税、物流等服务，还提供一站式的店铺装修、产品展示、营销推广、生意洽谈及店铺管理等全系列线上服务和工具，帮助企业低成本、高效率地开拓外贸大市场。

（5）敦煌网

敦煌网成立于2004年，采取佣金制，免注册费，只在买卖双方交易成功后收取费用。作为“中小额”B2B海外电子商务的创新者，敦煌网采用EDM（电子邮件营销）营销模式拓展海外市场，用户可以自由订阅英文EDM商品信息，第一时间了解市场最新供应情况。此外，敦煌网推出外贸开放平台拉拢中大型制造企业，引导其进行线上交易。

（6）海集供应链

海集供应链为海淘行业里的销售从业者提供一整套供应链服务。客户只需负责前端销售，整个后端的供应链全部由海集承包。海集供应链产品线分为进口奶粉、进口辅食用品、进口保健品和彩妆护肤品四大类，各品类下又包含来自各国的众多品牌。

（7）海外帮

海外帮是一家集海外采购、品牌引进、仓储保税、国际货运以及运营平台于一体的高新技术贸易型企业，致力于为全球商家及消费者提供专业、完整、高效的跨境贸易综合服务。海外帮不仅为国内大中型在线B2C电子商务平台提供供应链购销服务，还为国内中小型海淘商家提供保税代发、快件直邮等服务。

（8）海豚供应链

海豚供应链成立于2014年，是一家主营海淘类产品的供应链贸易公司，致力于为中小海淘企业提供正品货源，解决中小海淘企业的产品采购和代理发货问题。

（9）笨土豆电商

笨土豆电商成立于2015年7月，是一家主打进口食品的进口商品B2B采购及供应链服务平台，提供从国外到国内终端的物流、仓储、清关、配送等所有环节的服务。

（10）ICS国际货物电商平台

ICS成立于2015年5月，是一家国际航空物流的B2B撮合交易平台，平台集合了全国航空港口的运力资源和国际物流服务商，致力于打造一个集运价营销、市场推广、物流保险、融资垫付等职能的国际贸易和航空物流综合服务社区。

（11）跨境集市

跨境集市是国内首家跨境进口货源B2B撮合交易的互联网平台，旨在解决跨境供应链信息不对称、不透明的痛点，帮助跨境商家对接货源供需，整合资源，降低跨境电子商务门槛和成本。

（12）海带网

海带网的模式就是汇集全球的热销商品，让客户以最低的价格买到全球正品。海带有保税仓发货、海外直邮和国内现货三种发货渠道。

2.跨境电子商务平台的选择

在跨境电子商务业务发展初期，应慎重选择，切忌广撒网模式。跨境电子商务新人往往简单地认为在主流的跨境电子商务平台全部上架开店，机会最大，收益也会最大。然而值得跨境电子商务新人注意的是，专注永远比广撒网更有效率。

在进入跨境电子商务领域初期，由于经验、资源、精力有限，应选择一个平台集中资源投入，以提高效率。在选择平台时，应着重考虑以下三方面：

（1）根据目标市场选择

结合已经选定的目标市场，进行相应的平台选择。如将欧美地区作为主要市场，则优先选择亚马逊、eBay、Wish这些在欧美地区影响力较大的平台。由于这些平台流量大，利于企业快速开发市场。

（2）根据产品的特性选择

各平台对于产品的特性要求各不相同，应结合自身产品进行选择。例如，速卖通平台价格竞争激烈，适合新兴市场的卖家；亚马逊、eBay则重视产品的品牌、品质等方面；Wish则适合物美价廉、外观时尚的产品。

（3）根据平台的入驻规则选择

各大平台的入驻规则不尽相同，应在选择之前进行充分的考虑。敦煌网免注册费，没有入驻门槛，适合刚刚入门的跨境电子商务卖家。速卖通和Wish的门槛也较低，而亚马逊和eBay的规则比较复杂，入驻门槛较高，开店审核及规则较为严格，适合具有一定经验的卖家。

第二节　阿里巴巴跨境B2B电子商务平台

一、阿里巴巴平台概况

1.平台发展介绍

在现有的跨境电子商务中，阿里巴巴国际站是全球最大的B2B跨境电子商务平台，具有较大的市场份额和影响力，通过向卖家收取会费，提供包括广告在内的各种网络服务。

阿里巴巴电子商务平台（以下统称阿里巴巴平台）的发展经历了以下几个阶段：

（1）平台初期，仅能提供少量的功能，主要集中在发布供求信息，可以提供贸易供需信息和交易机会，也可发布产品信息和广告。1990年，中国互联网的利用还停留在Web1.0上，只是信息抓取的时代。平台所提供的只是一个电子商务网站，一个让信息上网的简单平台而已。

（2）2000—2004年，随着互联网硬件条件的逐步成熟，阿里巴巴有意识地大量加入和优化了平台的功能，实现了从产品上传到买家产品搜索排序功能，平台开始展现出其重要的特征。平台开始大量引入网络买家流量，极大地增加了平台上买家和卖家借助平台认识对方（阿里巴巴内部称其为Meet阶段）的机会。

（3）2005—2013年，中国供应商的数量大大增加，平台对产品发布、优化、排序等有了更明显的规则和优化，第一次有了"旺铺"的概念。同时，平台开始重视中国供应商的真实性认证，对自身的价值和发展方向有了很明确的界定。

（4）2014年至今，阿里巴巴平台正从一个"Meet"或者说是撮合交易的阶段正式迈向跨境电子商务交易的阶段。作为国内领先的跨境电子商务平台，阿里巴巴在2014年全资收购了深圳一达通之后，在2015年推出了信用保障体系，更是将该平台推到了所有中国外贸企业面前。

2.平台特点分析

跨境电子商务平台应该具备全球性的特点，能实现在线交易及在线完成物流组织工作。而阿里巴巴平台是众多中国电子商务平台中第一个尝试全面实现跨境电子商务平台几乎所有功能的电子商务平台。

阿里巴巴跨境电子商务平台已覆盖全球各大洲，并积极设立了分公司或办事处。2015年下半年，阿里巴巴在平台上已经实现通过信用卡直接支付的功能；2016年，阿里巴巴平台又实现了在线通过T/T（电汇）支付交易中涉及的跨国转账功能，并与各大船公司合作推出了物贸平台。2015年，阿里巴巴借助收购的"一达通"实现了在线安排海运、空运等交易，同时具备了在线交易和在线完成物流组织工作的功能。目前，阿里巴巴平台与其他平台最大的区别就是，借助2015年所推出的"信用保障体系"和"一达通"完成贸易闭环和数据积累的过程。

二、阿里巴巴平台操作

1.平台模块介绍

阿里巴巴平台具有非常复杂的功能模块，为了更加清晰地了解平台的运作，我们将其分为：产品模块、推广模块、信息及沟通模块和数据支持模块。

（1）产品模块

①产品发布

产品发布是跨境电子商务平台的重点内容，是决定能否将实物放到网络平台的关键。为了实现在平台上将产品正确地展示给客户的要求，平台对发布的产品作出了明确的填写要求，操作时应严格按照页面提示的内容进行发布，如表12-1所示。

表12-1 **阿里巴巴平台的产品发布模块**

名称	内容
产品类目	产品类目直接影响到产品发布后被客户搜索到的概率和曝光率，因此，要根据所发布产品的正确类目来进行
产品名称	作为产品的重要标识，一个具备良好阅读性的产品名称能够让顾客清晰、快速地了解产品
产品关键字	只有具备产品特征的关键字才是有效的，因此，在设定时应能体现产品名称、特点或其他内容，让客户搜索到相对满意的结果
产品图片	视觉对人的影响远超过单纯的文字，平台提供了多维图展示和图片银行功能，在降低客户的认知成本的同时提高了商家的工作效率
产品属性	完整的产品属性填写，能够更好地体现产品本身，利于平台识别产品，有针对性、高匹配度地推送产品，提高用户体验度
交易和物流信息	针对产品的供货能力进行准确的数据展示，进行正确规范的填写，能为买家对供应商的专业度评价加分
产品详情	利用智能编写和普通编写模板，供应商可以将产品介绍用分段的形式来展示，方便买家清晰、直观地进行阅读
产品分组	为了让客户在平台上方便地在同一供应商的不同产品分类中切换和查看，系统要进行合适的商品分组，恰当的分组利于产品的曝光

②产品管理

产品管理模块是对所有已发布产品进行有效管理的一个功能模块，可以对产品进行修改、查询、删除等操作。有关产品管理模块的解释如表12-2所示。

表12-2 **阿里巴巴平台的产品管理模块**

名称	内容
管理打样产品	主要针对的是在线交易中打样的产品
管理信保商城产品	针对阿里巴巴信用保障体系的一个特殊网上商城，进入此商城的产品需满足诚信规则，具有较强的服务意识及意愿和基本交易保障
产品分组与排序	完成对产品分组的组别名称及组别顺序的排序，或对已上传且审核通过的产品进行排序和所属组别的调整
管理橱窗产品	橱窗产品的天然曝光率高，但平台针对不同方案用户所提供的可用橱窗数量不同，应谨慎处理
管理认证产品	针对“金品诚企”用户设立的经过第三方专业认证公司全面认证过的产品
管理贸易记录产品	已开通“一达通”服务的供应商可根据规则在此模块设定与“一达通”服务关联的产品组和产品
回收站	对供应商误删或已删除的产品进行恢复或清空，但恢复操作需24小时且需进行重新审核

（2）推广模块

①产品排名

对产品进行排名，是为了让客户更快地搜索到所需要的产品，初期阿里巴巴平台的产品排名包含自然排名和付费排名两种。

自然排名指的是通过对产品名称、关键字及内容的优化来符合一定的规则。当买家搜索一个关键字后，与关键字对应的产品会在搜索列表页中显示，买家点击相应的产品图片或是产品名称后，则可进入该产品的详情页进行下一步的操作。所有显示在搜索页的产品，都统称为排名产品。

付费排名系统，指供应商选择不同的付费方案后选择某关键字对应的产品在排名页中显示的位置，现已被终止。经调整后，在阿里巴巴排名系统的规则中，产品搜索后展示的顺序为：顶级展位→外贸直通车产品→橱窗产品→自然排名产品。

顶级展位就是指搜索某个关键字后，购买了对应关键字的顶级展位的供应商可以为对应关键字选择一款产品显示在搜索页的第一位。

外贸直通车产品是一个根据关键字进行竞价来获取排名的系统。

橱窗产品是根据供应商所选择的平台方案提供给供应商用于在旺铺首页展示的产品。

②外贸直通车（P4P）简介

外贸直通车也称作P4P（pay for performance），是阿里巴巴会员企业通过自主设置多维度关键字，通过免费展示产品信息，并大量曝光产品来吸引潜在买家，是按照点击量付费的全新网络推广模式，仅针对付费用户（包括“出口通”和“金品诚企”用户）。

外贸直通车的产品评级体系似一只看不见的手，每个要参与推广的产品都和供应商的整站质量、产品的质量及供应商本身的区间内曝光量等因素相关联。所以，在选择待推广产品时，系统会先给出对应的星级，各星级每次点击费用不同。

③搜索功能区的更多筛选

卖家可以在搜索结果中进一步筛选或优化供应商所在的区域和供应商的类型，以得到满意的结果。在供应商类型体系中，当买家选择了某个不在其中的类型时，即使产品优化做到最好，也不可能出现在筛选结果中。常见的供应商类型如下：

A.信保供应商：指的是已经通过“一达通”审核且在平台中已经开通信用保障服务的供应商。如果不是信保供应商，在后期的产品搜索排名的结果上会受到相当大的影响。

B.金牌供应商：指阿里巴巴的付费用户。

C.“金品诚企”供应商：指购买了“金品诚企”方案并通过第三方认证的供应商。

（3）信息及沟通模块

阿里巴巴平台将可能实现交易的信息，称为贸易机会，包括询盘和RFQ（request for quotation）两部分。

询盘（亦称咨询），指交易的一方准备购买或出售某种商品，向潜在的供货人或买主探寻该商品的成交条件或交易的可能性的业务行为，是一种咨询的行为，不具有法律上的约束力。

根据客户发送询盘的不同，阿里巴巴平台将其分为对产品的询价和对公司的询价两个部分。面对已经有过交流的询盘，归类为会话，方便买家和卖家更直观地查阅来往的信息。此外还建立了客户档案管理模块，方便对客户的基本信息及活跃程度进行设置和管理。

RFQ是一方对产品或服务感兴趣而发起的一次索取该产品或服务的价格的行为，包括沟通和询价两部分。处理RFQ信息的过程与询盘类似，但应了解RFQ的规则，平台与信保订单相结合，大大提高了RFQ的效率。RFQ规则可到网站自行查阅。

虽然询盘和RFQ的发起一方都是买家，但后者相对更容易让买卖双方接近交易的核心。

（4）数据支持模块

ERP系统中相当有分量的部分被称为“企业决策支持系统”。此系统基于对ERP各部分沉淀的数据进行分析，制定出可用于帮助企业实现战略的决策等。阿里巴巴平台也需要利用后台数据为平台运营提供一些关键性的决策分析，被称为“数据管家”。在数据管家页面可以了解到以下几部分：

①诊断中心。其提供的数据是对供应商网站的基础建站、推广引流、买家沟通和订单转化等整站进行的一个全面分析，找到可进行优化的部分，以便于获得最佳的平台效果。

②知己。此部分主要针对站点效果、全球旺铺、产品、关键词以及子账号的使用效果和效率等进行非常详尽的分析。

③知买家。提供最新的针对供应商网站方的线索，并根据上传产品和选择推广的关键字推荐可能的买家信息等。

④知行情。整合了RFQ商机、热门搜索词和行业视角几个部分。这里提供将相关的关键词直接加入外卖直通车或直接参与推广的功能等，可以通过输入与自身产品相关的关键词来收集、整理有用的信息。

⑤专题。通过对系统数据的全面分析，总结线上交易的变化趋势，帮助供应商作出适当的战略调整和优化。

2.平台效果分析

对跨境电子商务平台的效果进行评估时，一般着重考虑以下几方面：

（1）产品的曝光量

产品曝光量，是指一定时间内会员产品和公司信息在阿里巴巴平台上被买家看到的次数。除从阿里巴巴以外链接进入的产品曝光外，都被统计在内，包含通过直接访问产生的产品曝光和通过搜索关键词产生的产品曝光。

不同行业的不同产品在市场中的冷热程度直接影响产品的曝光量，因此，电子商务平台并无特定的标准来界定产品的曝光量是否合格或达标，更多的是通过控制时间变量进行比较来评价的。例如，在一个时期内对当前的曝光量与上周期的曝光数据进行对比后，可知道当期曝光量的情况是否正常。

通过控制时间变量，我们可以知道在不同周期内包括曝光、点击、点击率、访客数量、反馈（也就是询盘）数量、及时回复率等数据的动态比较，进而判断产品的曝光是否正常。为了进行合理的优化，供应商可以在数据管家或通过联系平台的客户经理获得一些有用的数据，来找到差距，提升曝光值。

（2）询盘量

询盘量代表了投入阿里巴巴平台后所获得的贸易机会，在平台中，阿里巴巴把询盘数据称为反馈数。常规情况下反馈数量与产品曝光量基本是成正比的，即曝光数越多，询盘数也越多。但是，在某些情况下，由于搜索产品的客户很多，致使曝光量很大，询盘数量却很低。结合曝光量与询盘量的比值，通过与同行业的横向对比可以发现平台中的问题并给予优化，当询盘在某一特定的对比周期内发生不正常的浮动时，应立刻对产品、平台规则和市场进行分析，找到原因并进行调整。

（3）询盘转化率

询盘转化，即订单转化，指的是收到询盘后，进行沟通、洽谈等一系列的工作，最终达成交易的过程。询盘转化率就是通过询盘转化为订单与收到的询盘总数量之间的比值。

要提高询盘转化率，应做到以下几点：

①不断优化平台产品或平台本身。虽然优化只能确保曝光量和询盘量，不能直接提高询盘转化率，但会影响询盘的转化。

②提高供应商的服务能力。充分结合平台所提供的站内沟通工作及移动端的APP来实现全时段的沟通，努力让客户体验到高效的服务和高效的信息交换过程。

③充分利用好“信保”和“一达通”在线交易系统。通过两者实现的交易数据会沉淀在网站中，再通过一定的计算方式将之转化成供应商的信用额度，更快速地实现订单的转化。

3.平台客户

现代商业定义客户为通过购买产品或服务，满足其某种需求的群体。

跨境电子商务平台将客户定义为“可能通过平台完成购买或是销售产品或服务或者满足某种需求的客户群体”，而非具体的个人或企业，买卖双方成为互联网中的基本因子：资源。

在跨境电子商务平台中，每天均会有上千万次的产品访问，每时每刻都有可能产生贸易机会。如果我们将每时每刻产生的贸易可能都放到一个虚拟的池子中，有针对性地对每个可能进行分析，并建立一个相对有效的筛选方式，那么，便引出来了资源池的概念。云计算对资源池的定义为：“云计算数据中心中所涉及的各种硬件和软件的集合，按其类型可分为计算资源、存储资源和网络资源。”跨境电子商务平台是一个基于互联网而产生的平台，同时具备商务的属性和互联网资源的特性。对此，可以这样去理解客户：当一个贸易机会或交易可能在跨境电子商务平台中产生的时候，它就变成了平台中的一个资源。展示交易涉及的产品是“激活”这些资源的触发条件之一，供应商应结合商品的规格、商品的价格、贸易条件等，在适当的时候让这些“客户”真正地活起来，买卖双方达成交易。而没有将交易中所必需的因素全部激活之前，这些客户是处于“休眠”状态的，需要供应商想尽办法去“激活”。

结合互联网的特点，跨境电子商务平台客户与传统客户的不同之处在于：

（1）不确定性

与传统贸易不同，互联网的特点决定了在平台中绝大多数的买卖双方是素未谋面的，因此，在进行沟通或达成交易前，无法去判断客户的信息。虽然平台中提供了许多帮助买卖双方鉴别对方的方法和渠道，但互联网的基因决定了我们还是无法通过最直观的方式去判定双方的背景、真实信息等在交易行为中必需的因素。

（2）定位可变性

在互联网中，客户处于什么样的定位，取决于后续的行为。当交易需求发生变化的时候，买-卖家身份的互换是自然产生的。例如，初始阶段以卖家身份创建的资源池中，其本身也是一个“客户”，之所以它是卖家，只是因为在资源池建立的时刻，它是卖家而已，当交易需求发生变化时，自然会产生买-卖家身份互换的现象。

（3）客户黏性

单次贸易给买卖双方带来的仅仅是单次的利润，为了让买卖双方不断地通过交易获得持续的利润，就必须通过某种方法或是手段让买卖双方形成强大的黏性。跨境电子商务平台的不确定性和定位可变性，使之更加困难。一般平台都会通过建立邮件列表（SEO），利用社交网络建立社群等方式来保持访客的活性。同样，跨境电子商务平台中采用网站搜索引擎优化，只是同一方法换一种模式来实施。例如，邮件列表被改成了业务开发信；网站搜索引擎的优化则转换成了跨境电子商务平台中的排名；建立社交网络的社群变成了创建完善的客户档案系统，分类对客户信息进行管理和维护，周期性地对客户档案及客户进行更新和激活。

第三节　跨境电子商务B2C电子商务平台

一、速卖通平台

1.平台概况

速卖通（AliExpress），即全球速卖通，是阿里巴巴旗下面向全球市场打造的在线交易平台，被广大卖家称为国际版“淘宝”。速卖通于2010年4月上线，经过9年多的迅猛发展，目前已覆盖全球230多个国家和地区，主要交易市场为俄罗斯、美国、西班牙、巴西、法国等国家，海外成交买家数量突破1.5亿，支持世界18种语言站点。AliExpress App海外装机量超过6亿台，入围全球应用榜单TOP 10。

全球速卖通面向海外买家，通过支付宝国际账户进行担保交易，并使用国际快递发货，是全球第三大英文在线购物网站。速卖通是阿里巴巴帮助中小企业接触终端批发零售商，小批量多批次快速销售，拓展利润空间而全力打造的融合订单、支付、物流于一体的外贸在线交易平台。像淘宝一样，把产品编辑成在线信息，通过速卖通平台，发布到海外，类似国内的发货流程，通过国际快递，将产品运送到买家手上。

2.平台规则

（1）注册

新账户必须以企业身份进行店铺、账号注册和认证，并提供入驻速卖通所需的相关文件。店铺注册成功后会拥有唯一一个系统自动分配的会员ID，禁止出租、出借、转让会员账户；如果有相关行为，则由此产生的一切风险和责任由会员自行承担，平台有权关闭该会员账户。

全球速卖通有权终止、收回未通过身份认证且连续一年未登录速卖通或TradeManager

的账户。一旦因违规被关闭的账户，不得重新注册；若被发现重新注册账户，平台将及时关闭该会员账户。

（2）平台发布

在速卖通平台开店发布产品是免费的，但不允许恶意发布产品。

①禁售、限售产品

禁售产品指因涉嫌违法、违背社会道德或违背平台发展原则等原因，而禁止发布和交易的产品。限售产品指在信息发布前需要取得商品销售的前置审批、凭证经营或授权经营等许可证明，否则不允许发布产品。具体的禁售、限售产品列表请参见《全球速卖通禁限售商品目录》。

速卖通根据违规积分的等级制定了公平的处罚标准，分数按行为年累计计算。屡次被处罚的店铺，将被给予整个店铺不同程度的搜索排名靠后处理。

②搜索排序

速卖通的搜索排序是通过各因素的综合考量，为买家找到最符合其需求的产品。如果卖家商品有信誉或销量炒作、类目错放、标题滥用、重复铺货等严重违规行为的，将受到违规商品排名靠后甚至全店降权或关闭的风险。严重搜索作弊行为及具体内容见表12-3。

表12-3 严重搜索作弊行为及具体内容

违规类型	具体内容	处罚措施
类目错放	商品实际类别与发布时选择的类目不一致	违规商品给予搜索排名靠后的处罚；根据卖家搜索作弊行为累计次数对整体店铺给予搜索排名靠后或屏蔽的处罚；情节特别严重的，平台将给予冻结账户或关闭账户的处罚（注：对于更换商品的违规行为，平台将增加清除该违规商品所有销售记录的处罚）
属性错选	类目正确，但所选择的属性与实际不一致	
标题堆砌	多次使用关键词描述商品标题	
标题类目不符	商品类目或标题中部分关键词与产品不符	
重复铺货	商品在标题、价格、属性等字段上无明显差异	
广告商品	发布带有虚无广告性质的商品信息，用以宣传	
描述不符	商品的描述性信息带有欺诈成分，与实际不符	
计量单位作弊	计量单位设置成与常规明显不符的单位	
商品超低价	发布低于正常价格较大的商品，骗取曝光和流量	
商品超高价	发布高于正常价格较大的商品，骗取曝光和流量	
运费不符	卖家设置的运费与实际收取的运费不符	
SKU作弊	卖家刻意规避SKU设置规则，使商品排名靠前	
更换商品	修改原有商品的基本信息，误导买家购买	
商品错放	五类特殊商品未按规定放置到“special category”	

③发布产品

所发布的产品需遵守知识产权，平台禁止用户未经授权发布、销售涉及第三方知识产权的商品。

设置标题时，应充分考虑买家的需求，使所设置的词语符合买家的搜索范围。应严格按照收集数据、分析数据、总结设置的方式，根据不同类型的产品进行批量标题设置，例如爆款、引流款和利润款，以节省时间和精力。

产品的定价直接影响点击率、排序和转化率（买家最终决定是否购买）。而产品的进价、运费、折扣率、利润率、促销活动的价格空间、同行的定价、销售策略等，都影响产品的定价。因此，卖家在上架商品之前，要把爆款、引流款、利润款确定好，对商品折扣做好预估。

转化率、平均访问深度、平均页面停留时间、跳失率和客单价直接影响页面详情设置的优劣，因此，在设置时应充分体现其视觉性，将关联营销区域放在醒目位置，产品介绍真实、详细，放置实拍图和细节图，在真实的基础上体现美观，文案直白、简洁能够给人以购买的冲动。

（3）交易规则

交易管理是速卖通平台操作的一个重要环节，由订单管理、物流服务、资金账户管理和评价管理四部分组成。

在交易的过程中，严禁商家虚假发货、货不对版、成交不卖或是违背承诺，以不正当竞争或不法行为获利，进而严重扰乱平台秩序。速卖通平台严厉打击违反交易规则的行为，并对其制定了相应的处罚规则，详细处罚方式见平台。

（4）放款

速卖通根据卖家的好评率、拒付率、退款率等综合经营情况评估订单的放款时间，主要分为以下三种：

①最快放款时间为发货3天后；

②在买家保护期结束后放款；

③对于账号关闭，且不存在任何违规违约情形的，在发货后180天放款。

放款成功后，若订单产生纠纷退款，平台先从卖家账户的“可提现余额”中扣款，若余额不足，则会扣除冻结保证金中的资金；若仍不足扣款，平台有权（但无义务）垫资退款给卖家。

3.平台运营

（1）平台活动

平台活动是指由平台组织、筛选报名参与的商家和商品，以促进销售的主题营销活动。通常在活动期间买家流量和下单数量会显著升高，致使卖家订单量激增。在短期内客单量大幅上涨，通常称之为“爆单”。

每一期平台活动招商，卖家可在速卖通卖家后台“营销活动”板块下的“平台活动”栏目中找到报名入口，选择产品报名即可，一旦入选，该产品将出现在指定的推广板块中。

①主要大促活动

“328”周年大促，3月28日为速卖通周年庆大型促销活动日，活动力度堪比“双11”活动，形式包括店铺优惠券、预售时段和正式活动时段。

“双11”大促，已经从中国网购狂欢节走向世界网购狂欢节。在“双11”期间，速卖通面向全球买家进行大促活动。在活动预热阶段，平台会邀请多个国家的网络名人进行直播导购，与粉丝互动。

“Super Deal”，又称 “Today Deal”，是每天都在进行的特价促销活动，首页有明显的入口。

俄罗斯团购爆品团，是针对俄罗斯市场的营销活动，参加该活动的商品必须对俄罗斯、乌克兰、白俄罗斯等国家设置包邮。

②卖家的大促计划

平台的大促活动对卖家来说是最佳销售期，应注意以下四方面：

第一，店铺商品分层清晰。大促时，店铺内有竞争力的爆款（引流款），多以参加秒杀活动或主场5折精品活动的形式进行超低价销售来吸引买家进店。

店铺主推的应季商品（主推款），折扣一般在30%左右，需较同类产品具有一定的差异性、竞争力且价格吸引买家，才能够将引流款引入的流量更好地在店内转化。

上述两款产品数量有限，因此店铺整体要传递给买家强烈的促销感受，以便通过其他商品的促销来刺激买家，使得流量在店内充分转化。

第二，重视商品信息的优化。很多活动是通过系统抓取的方式来提取全店商品，展示到相关页面的，所以卖家应充分完善标题中信息、属性信息以及单个商品页面的产能，做好关联销售和交叉销售，以提高转化率。

第三，积极维护老客户。老客户本身对店铺和商品有一定认可，其维护成本远低于开发新客户。店铺活动都是唤回老客户的最佳时机，可将店铺优惠信息、优惠政策提前通知老客户，在此基础上提供一些额外的优惠，以增加其优越感，可更有效地挖掘老客户价值。

第四，店铺装修应充分体现大促信息。将店铺的优惠政策和商品信息与大促的设计元素相结合，能够更好地吸引流量和关注，也是最简单、有效的店铺装修方法。

(2) 速卖通无线端营销

①流量特点

卖家在无线端一般是通过浏览器或APP的方式打开网站，较PC端有其自身的特点和规律，表现为：周流量峰值常出现在周末；每天流量峰值通常出现在晚上；无线端用户反复购买频次比PC端高；无线端用户访问时间段短、频次高。

②营销活动

无线端的营销活动主要以抢购、试用和金币兑换为主。

无线端抢购活动（Flash Deals），是每天8场，每场10个单品售卖3小时，连续24小时的一种营销活动。每场的超高流量全部导给商品，以打造爆款。在APP首屏曝光最具性价比的明星单品，待商品售空后，引导买家进入店铺浏览其他商品，以吸引流量。

无线端试用活动，需由买家收藏店铺进行免费试用申请，在申请过程中填写详细的收货地址和申请理由，申请成功后提供试用报告。试用活动为卖家赢得店铺收藏量和有价值的试用评价，为该商品的营销奠定基础。

参加无线金币兑换活动的卖家商品价值必须超过100美元，将被展示在AliExpress APP的金币频道（Coins＆Coupons），供买家金币兑换。

(3) 推广和引流

常用的推广和引流方式为直通车和SNS两种。

①直通车

直通车是一种按效果付费的广告，简称P4P。付费方式是按点击计算的，简称CPC (cost per click)。速卖通平台的买家购买模式是：搜索关键词→浏览搜索结果页→浏览感兴趣的商品。卖家可通过价格排名使商品展示在搜索结果页靠前的位置，以达到高曝光、高流量的目的，从而获得点击率。

影响排名的两大因素是推广评分和出价。产品的展示曝光不扣费，当产生客户的有效点击时才扣费，扣费的具体标准可在卖家后台查看。直通车主要通过爆款的重点推广和新款的快捷推广两种方式进行，届时系统会根据商家近期的数据向其展示此段时间表现良好的商品。

在直通车的后台“数据报告”中，进入数据页面，可以根据账户整体营销状况进行分析，了解商品的数据效果，即曝光量、点击量、花费等核心指标，充分利用优化工具来确认下一步的优化方向。直通车推广可以使新品快速曝光，卖家在可控预算范围内花费合理的费用进行自主选择进而获得精准的流量和高曝光率。

②SNS

SNS（Social Network Service）指社交网络服务，其代表性的网站有Facebook、Twitter、Pinterest、vk.com、ru.itao.com和Instagram。

Facebook于2004年2月4日上线，最早的一批用户，已在平台上活跃10多年。Facebook分为个人页面和公司页面，在进行个人页面注册时，凡是要求买家填写的信息均属于真人社交网站信息，应据实填写。建立公司页面时，其页面命名尽量与自己的品牌名称一致，要有详细的介绍和账户名称，便于检索，增加卖家品牌的好感度。

Twitter是微博的鼻祖，所有消息都被限制在140个字符之内。和Facebook平台具有很强的互动性相比，Twitter更偏向于媒体传播性质。

Pinterest（中文“拼趣”）是为卖家发现创意点的图片社交网站，用户大多来自欧美国家和地区使用移动端的女性。网站采用瀑布流的形式展示图片，用户无须翻页，卖家也可观察图片的追粉情况，打折促销受欢迎的产品，以吸引流量。

vk.com是目前俄语系国家中最受欢迎的社交网站，网站对客户的黏性很强，俄罗斯的年轻人在此网站上较为活跃。

ru.itao.com是主要针对俄罗斯的商品分享网站，可在网站上找到合适的网红并进行联系合作。

Instagram是一个手机端图片分享网站，很多国外的明星、时尚博主、网络红人等都在上面发布自己的生活照或街拍照片，为时尚类品牌提供很好的营销渠道。

在设计SNS营销策划案时，卖家要充分了解客户群体的兴趣爱好和体验，参考客户的问题，制造话题点，并建立社区服务账号，不断维护老客户。

4.平台款项收付

（1）速卖通收款账户

国际支付宝由阿里巴巴与蚂蚁金融服务集团开发，是为了保护国际在线交易中买卖双方的交易安全所设的一种服务。已经拥有国内支付宝账户的用户，只需绑定国内支付宝账户，无须再申请国际支付宝账户。卖家的收款方式有美元和人民币两种。

若提前设置好美元收款账户，无论买家以何种外币支付，都按付款清算日该货币兑换美元的汇率进行换算，交易完成后转入卖家账户。若买家以人民币进行支付，交易完成后直接转入卖家的人民币账户。

①支付宝的注册和激活

进入支付宝网站（http：//www.aplipay.com），可以使用E-mail地址或者手机号码来注册，单击“新用户注册”按钮按提示进行。

支付宝账户分为个人和公司两种类型，可根据需要选择，但公司类型的支付宝账户一定要与公司银行账户匹配。

②申请国际支付宝账户

登录速卖通平台，单击“交易”按钮，在左侧菜单中，单击进入“支付宝国际账户”，仔细阅读服务条款，根据提示签署服务协议，设置支付宝密码，确认相关信息后，即成功开通。

③创建美元收款账户

中国供应商会员，直接登录“My Alibaba”，单击“交易”→“银行账户管理”，进入“收款账户管理”页面，单击“创建美元收款账户”。

速卖通会员，则登录“我的速卖通”，单击“交易”→“资金账户管理”，进入支付宝国际账户页面，在提现账户管理功能菜单中，按提示进行美元收款银行账户的设置即可。

④卖家提现

采用余额提现方式，分为美元提现和人民币提现，分别提款到不同的账户中。登录进入“支付宝国际账户”，找到“我要提现”功能下的“提现银行账户设置”，确认是否已经设置提现账户，若未设置，则根据提示进行。

⑤买家的付款方式

国际支付宝支持多种货币支付方式，包括信用卡、借记卡、QIWI、Yandex.Money、WebMoney、Boleto、TEF、DOKU、Western Union和T/T银行汇款等。

（2）主要的收款工具

①国际支付宝

买家下单支付后钱由支付宝进行担保监管，买家确认收货后再转付给卖家。交易完成后，卖家需支付订单交易额的8%作为手续费。

②PayPal

PayPal在中国的名字是“贝宝”，是eBay集团旗下的全资子公司。PayPal收款涵盖美元、欧元、英镑、澳元和日元等25种国际主要流通货币。PayPal在欧美国家和地区市场的普及率很高，被多个跨境电子商务平台用作收款工具。

买家通过PayPal付款后钱直接进入卖家账户，卖家可以立即提现，但是如果买家向PayPal提出纠纷，PayPal则从卖家的银行账户中撤回资金。

③Payoneer

Payoneer成立于美国纽约，是万事达卡组织授权的具有发卡资格的机构，可在Amazon、Wish、Lazada平台使用。开通账户申请实体卡（称为P卡），可在全球实体店刷卡消费，也可以在接受万事达卡的自动取款机上取现。

二、亚马逊平台

1.平台概况

亚马逊（Amazon）总部位于华盛顿州的西雅图，是美国最大的一家电子商务公司。1995年，Amazon成立时以自营在线书籍业务为主，现已发展为全类目、平台化的电子商务网站。Amazon平台所销售的商品包括自营商品和第三方卖家提供的商品。2012年，Amazon向中国开放了“全球开店”项目，大量中国卖家涌入Amazon平台，使得中国商品在Amazon的北美和欧洲市场占据了重要份额。“全球开店”项目对中国卖家开放的站点有：美国站（美国、加拿大、墨西哥）、欧洲站（英国、法国、德国、意大利、西班牙）和亚洲站（日本）。

较之其他跨境电子商务平台，Amazon有其三大独特之处：

（1）突出商品，弱化店铺。平台在确保品牌形象统一的同时，通过纳入第三方卖家商品来丰富商品库。因此，卖家上传商品时必须符合Amazon平台的形象要求，无过多的店铺选项要求。

（2）入驻门槛高，制度严。只有企业资质通过Amazon筛选的卖家才可以入驻，在运营和销售过程中所有卖家必须严格遵守Amazon对买家的服务承诺，否则将会被严厉处罚，甚至永久封号。

（3）个性化服务。Amazon看重价格、配送、售后服务，希望卖家把精力放在售后服务方面，而非大肆渲染商品特点。

2.平台运营

（1）平台注册

卖家注册店铺需要提前准备好材料并了解注册步骤。需要准备的材料如下：

①有效的电子邮箱和电话号码；

②支持美元支付的信用卡和账单地址；

③公司信息、公司注册地址等；

④税务登记信息。

注册的方法和步骤如下（以注册美国站点为例）：

登录美国Amazon平台，单击“Sell on Amazon”→填写注册邮箱，创建密码→输入公司个人信息，勾选“接受协议”→添加支持美元的信用卡账号信息→填写电话号码，并保持电话畅通等待接收电话验证，至此注册完毕。

（2）平台操作

①后台账户设置

关于后台账户设置的常用选项及功能见表12-4。

表12-4　　Amazon平台后台账户设置的常用选项及功能

常用选项	功能
Account Info	可以变换专业卖家和个人卖家
Seller Information	可以编辑卖家名称和客服邮箱、电话等信息
Storefront Link	设置自定义的店铺链接
Business Address	填写公司地址
Legal Entity	填写公司名称
Deposit Method	填写收款银行账号
Charge Method	填写信用卡信息
Return Information	填写退货地址
Merchant Token	用来跟第三方软件进行对接时使用

②假期模式

Listings Status，显示所有商品的状态，Active为正常上架状态，Inactive为下架状态。卖家放假期间，需及时把商品状态置于下架状态。

③提醒设置

Notification Preferences，在此可以选择需要邮件提醒的信息，如产品上传提醒、订单提醒和平台销售技巧提醒等。

④登录设置

Login Setting，设置登录邮箱、密码、安全问题。

⑤退货设置

Return Setting，设置退货地址，可设置一个或多个退货地址。

⑥礼品服务

Gift Option，设置是否提供礼品打包服务。

⑦用户设置

User Permission，可以设置多个子账号及其权限。

⑧其他设置

Your Info & Policies，可以设置卖家的公司信息、Logo、常见问题等。

（3）Selling Rating

Selling Rating，即卖家店铺评分。

计算方法：Selling Rating＝最近365天内所有订单的分数总和／最近365天内所有订单数。Selling Rating计算分数情况详情可到网页了解。

（4）Pending Order

Pending Order，即待处理的订单。产生Pending Order的主要原因有：①银行的处理时间差异，Amazon暂时未收到买家支付此笔订单金额的银行卡授权；②某些FBA订单，客户在不同的卖家店铺购买的商品已接近满足35美元包邮的条件，此时的“Pending”极可能是等待客户所购买的产品全部到齐的过程；③FBA订单，客户在一个订单中购买了多个产品，部分商品存在缺货现象，此时平台会选择分开派送，但此时订单的状态为“Pending”，这种情况发生的概率较小。

当产生Pending Order时，应如何处理？

①暂停发货，等确认货款到账后再发货。

②当出现Pending Order时，该订单在管理订单页面是呈灰色的，卖家不能对Pending Order进行确认发货或者取消订单的操作，直至“Unshipped”状态时才能进行操作。发货操作尽量在“Handing Time”时间内完成，否则为发货延迟。如果订单超过30天发货，此笔订单的费用将不能结算给卖家。

（5）刊登产品

进入卖家平台后，卖家可以根据自身需求创建新产品，此时应确定正确的产品品类，并尽可能地填写完整的产品信息，如SKU、标题、描述、品牌、功能、价格、生产厂家PUC码、图片和关键词等。此外，卖家还可以进行批量上传产品，只需在账户具有对应产品类目的销售权限后，选择模板根据页面信息进行操作即可。

3.物流

FBA（Fulfillment by Amazon）是Amazon提供的代发货服务。Amazon平台非常重视卖家的物流配送和售后服务。为避免因物流而影响综合评分，卖家把货物发往FBA的仓库，Amazon提供包括仓储、拣货、打包、派送、收款、客服、退货处理等一系列服务。

（1）FBA的优点

①Amazon为Prime买家会员提供2天送达和满足条件即可免运费服务，买家更倾向于此类产品，FBA可满足此物流需求。

②加入FBA服务可以提高Listing排名，增加抢存Buy Box的机会。

③FBA提供7×24小时客户服务热线，能让客户更好地体验物流服务，减少因物流而引起的差评。

（2）FBA的缺点

①若商品滞销，卖家需要支付很高的仓储费用，增加成本。

②FBA不负责清关和货物从中国运输到FBA仓库的过程，卖家需要自己解决头程运输的问题。

③买家退货便捷，易提高退货率。

（3）FBA费用

①订单处理费，根据订单数量收费。

②打包费，根据产品个数收费。

③重量计费，依据产品的长、宽、高划分到相应的尺寸类别→找到对应的重量单价→按照具体的重量进行计费。

三、eBay平台

1.平台概况

eBay公司于1995年9月在美国加利福尼亚州成立，成立之初是一个拍卖二手物品的网站。1997年后，eBay逐渐发展为全球在线商品交易平台。eBay集团旗下有在线交易平台（eBay）、在线支付工具（PayPal）和为企业提供零售渠道及数字营销便利的eBay Enterprise三大主要业务。

目前，eBay是全球最大的网络交易平台之一，为个人用户和企业用户提供国际化的网络交易平台。买家和卖家可以在这个网络交易平台浏览、买卖商品，eBay交易平台完全自动化，按照类别提供拍卖服务和固定价格交易，让卖家罗列出售的商品，买家对感兴趣的商品出价。公司在全球有超过3亿的注册会员，全球有40多个站点，在英国、德国、韩国、澳大利亚、中国和日本等地都设有分公司。

2.平台规则

（1）卖家表现的衡量标准——不良交易率

不良交易率（Defect Rate）指有下列一项或多项不良交易除以卖家所有成功交易所得的比例。

①买家在“物品与描述相符（Item as Described）”一项给予1、2或3分评级。

②买家在“运送时间（Shipping Time）”一项给予1分评级。

③买家留下中评或差评。

④买家要求退货，且原因与“物品与描述不符”相关。

⑤买家通过eBay退款保障（又称eBay买家保障）或PayPal购物保障开启了物品未收到或物品与描述不符纠纷。

⑥因卖家过失而取消交易。

不良交易率不超过5%或不超过8笔，未解决纠纷比例不超过0.3%或不超过2笔，视为合格卖家；不良交易率不超过2%或不超过5笔，未解决纠纷比例不超过0.3%或不超过2笔，年度交易数超过100笔，年度交易额超过10 000美元，视为优秀卖家。

（2）互评机制

每完成一个订单，买卖双方都可以互相评价，评价包括：正面（+1分）、中立（0分）、负面（–1分）。这些评分积累后以用户等级的形式呈现，在用户信息栏以不同颜色的星星代表用户的不同等级。

（3）平台重要规则

①禁止虚假出价

虚假出价是指以“拍卖”方式刊登产品时，卖家通过亲朋好友虚假出价以抬高价格的行为。此时，eBay会根据情节轻重作出不同程度的惩罚，包括：取消刊登的产品、限制账户权利、取消“超级卖家”资格和暂时或永久冻结卖家账户。

②禁止高额运费

禁止卖家为减少或避免交易费，故意降低商品价格、抬高运费的行为。

③禁止滥用关键词

禁止卖家为吸引买家注意，使用与所售商品无关的关键词。

④禁止违反知识产权的行为

禁止卖家销售假冒或侵权的产品。

⑤禁止不正当取得信用评价的行为

禁止卖家通过自卖自买自评取得相应信用评价的行为。

（4）搜索匹配排序

eBay的搜索排序系统标准称为最佳匹配（best match），也就是推荐给买家真正想要的产品。买家满意度、商品的相关度、价格和运费及近期销售转化率都会影响最佳匹配。卖家提高最佳匹配排名的关键在于准确的标题、精美的图片、精准的分类定位、有竞争力的价格和优惠的物流费用。此外，还应做好服务和售后，提高客户满意度，合理使用拍卖形式，并合理设置拍卖结束时间和适当的免运费。

3.平台特点

eBay创立之初是一个拍卖网站，现今依然延续了拍卖的模式，此为平台的一大特色。在eBay上有3种售卖方式：拍卖、一口价和综合销售。

（1）拍卖

卖家通过设定物品的起拍价及在线时间，开始拍卖物品，并以下线时的最高竞拍金额卖出，出价最高的买家即为该物品的中标者。即将结束的拍卖物品会在“Ending Soonest（即将结束）”排序结果中获得较高的排名，增加免费曝光机会。拍卖的形式虽好，但有其局限性，适合库存少、有个性且有市场需求的产品。当非职业卖家无法判断产品价值的时候，亦可采用此方式，设定一个可接受的起拍价，由市场决定其成交价格。

（2）一口价

以一口价方式刊登店铺中热卖的库存物品，可设置物品的在线时间长达30天，让物品得到充分展示，适用于库存大、SKU丰富、利润固定可控和需要长时间在线销售的产品。

一口价方式的特点是：物品刊登后，不能变更为“拍卖”方式；反之亦然。在结束12小时后，方可编辑“一口价”价格。

（3）综合销售

卖家可以在选择拍卖方式时，同时设置一个起拍价和保底价，让买家根据自己的需求灵活选择。此方式综合了拍卖和一口价方式的所有优势，能帮助竞拍者和买家了解其他销售物品或店铺，给商品带来更多商机。综合销售适合于销售种类多、希望最大限度地扩大买家对库存商品需求的卖家使用。

需注意物品刊登后，不能修改销售形式，在特定情况下，可增加、编辑或移除拍卖物品的“一口价”功能。若在结束时间12小时后，同时刊登的物品仍无人出价竞拍，则可新增、编辑或移除“一口价”功能。

4.平台运营

（1）开通账户

在eBay首页单击注册按钮，选择国家“中国”，按照对话框的相关要求进行填写。在进行邮箱注册时，建议选择大型服务商提供的邮箱，以确保收到平台的邮件。

认证的方式分为信用卡认证和手机短信认证两种。只需选择相应的选项，根据提示操作即可，但需注意每个手机号码仅支持一个账号认证。

（2）设置运营规则

账户注册好后需要设置必要的运营规则，告知买家关于卖家、支付、物流等信息，包括登记营业执照、卖家承诺、买家付款时的指定方式、物流政策、指定处理时间、运送方式、运费数据以及退货规则等。

（3）订单管理

①查收货款

eBay账户注册需绑定PayPal账户，当买家下单后，卖家可以在PayPal里查看收到的款项。与支付宝不同，eBay卖家在PayPal上是收到钱再发货的，如果卖家没有及时发货，买家可以通过申述要求撤回付款。此外，PayPal支持多种货币，在进行跨境电子商务交易时较为方便。

②取消交易

若买家拍下未付款，卖家在刊登3~30日内可通过E-mail、eBay讯息匣、电话联络等方式提醒买家付款。卖家亦可将该商品出售给其他出价的买家，或在成交日后4~32日内向平台提出未付款个案。

若买家已付款，此时由于卖家原因需要取消交易的，则影响卖家的不良交易率；若因买家原因需取消交易，则无此影响。此时可通过与买家沟通或在eBay的纠纷调解中心取消交易。

在交易成立后，卖家上传物流跟踪号之前，买家有1小时的时间可以自行取消交易。买家提出取消交易后，卖家可拒绝、同意取消或者不回应。

（4）PayPal提现

eBay卖家通过PayPal账户进行收款，可提现到国内银行卡、中国香港离岸账户或是向PayPal申请支票提现。申请支票提现的方式收费较低，但时间长且存在寄丢的风险。

四、Wish平台

1.平台概况

Wish是一款移动端购物APP，商品的推送原理是根据用户的注册信息和网络行为进行分析，有针对性地推送给用户可能感兴趣的商品。

Wish平台的买家端体验和其他跨境电子商务平台相比，具有自身的独特之处。

（1）个性化定制：平台可根据买家的个人偏好、设置来提供个性化展示。

（2）用户需求的碎片化：大部分买家是因兴趣和好奇心而非特定需求才浏览商品的。

（3）时间的不确定性：手机的便携性，使得用户可随时随地打开移动端浏览感兴趣的商品信息。

（4）移动端屏幕界面：设置商品介绍时，应适合手机屏幕，尽量做到简洁和清晰。

（5）冲动的购买决策：因为浏览时间、地点的限制，用户购买决策的过程相对短促。

2.平台特点

（1）商品推送原理

Wish平台淡化店铺的概念，更加注重商品本身的区别和用户体验的品质。相同商品，以往服务记录良好的卖家会得到更多的商品推送机会。

Wish平台推送权重最大的要素是标签（tag），根据用户注册信息和后期的浏览、购买行为，系统会自动为用户打上标签，实时地记录和更新用户标签，根据多维度的标签推算用户可能感兴趣的商品。这些过程都是由系统自动完成的。

（2）类目和商品策略

Wish平台排名前5位的类目分别是：Fashion、Gadgets、Hobbies、Beauty、Home。特点是：产品种类多、更换频率高、易产生话题。新卖家应考虑即将被拓展或有潜力的类目，选择差异化商品，增加流量和曝光。因为Wish平台的后台数据算法会去同质化，即被判定为同款的，只推荐其中一个商品，其他同质商品就不再被推荐了。在Wish平台上发布同质化的商品不会带来任何流量和曝光。

（3）平台的流量特点

Wish平台的98%用户来自移动端，大部分流量是从Facebook等SNS网站引流到平台的，用户的互动性高，浏览习惯以兴趣为导向。因此，买家可根据产品目标群体的兴趣，在SNS上制造话题或策划活动来吸引用户关注和参与，进行引流。

3.平台运营

（1）创建店铺

登录Wish商户平台，单击“免费使用”按钮，注册成为Wish会员。在注册过程中，如果有问题不能解决的话，可查看注册指南，填写信息，创建店铺。店铺审核过程，一般是通过邮件实现的。卖家可在后台修改配送范围，获取相应地区的流量。

（2）商品优化要素

多维度考虑，完善细节，能为卖家带来更多的流量和曝光。结合平台特点，卖家应注意：

①商品图片应进行多角度拍摄，商品轮廓清晰，画面简洁明了，以满足移动端用户对图片高质量的要求。产品描述简洁、清晰，尽量不用HTML代码。

②标题简洁，包含必要的品牌名、产品名、关键词、属性即可。

③认真填写标签：抓住热点，了解热卖产品关键词、精准词、宽泛词、产品词、属性词，标签写得越精准，转化率越高，推送权重越高。

除此之外，影响商品是否被系统推送的因素还有商品以往的转化率、产品评价、物流时间、库存状态和价格策略等。

（3）店铺优化要素

Wish平台用户是因兴趣而产生碎片化浏览，通常没有明确的购买目标，因此搜索权重在排名因素中占比很低。所以，卖家希望提升流量只能从其他几个方面着手：

①新品上架会增加流量，应保持高频率的新品上架。

②输入真实数量的库存和商品信息描述，以便客户作出正向反馈。

③及时上传与品牌相关的信息，平台对于开店最初提供品牌相关证件的店铺给予流量，后期则无此政策。

④接到订单后尽快发货，选择较为稳妥的物流公司进行合作。

（4）物流和售后

Wish平台非常注重物流的速度，发货速度在系统计算权重中占比很高，是影响买家满意度的重要因素。Wish物流系统分为线上发货和海外仓物流，要求卖家在交易后5天内上传物流跟踪号，否则系统会自动退款，实际操作中建议在3天之内上传单号。货物妥投时间应控制在平均时间内。此外，卖家还应控制或减少因缺货导致的退款率、Ticket处理速度、投诉率和退单率，及时回复评价，100%保证买家的退款退货政策。

第四节　跨境电子商务综合服务平台

本节主要以一达通为例，对跨境电子商务外贸综合服务进行讲解。外贸综合服务指将进出口业务中的各个环节的服务，整合到一个统一的平台，然后由平台企业投放给中小外贸企业，其主要服务包括融资、通关、退税以及物流、保险等。从本质上讲，外贸综合服务企业就是“可以退税的代理企业”，主要体现在“综合”和“服务”上，服务企业不牵涉实际的交易，并以电子商务的手段，解决外贸企业的服务难题。B2B是指商家与商家建立的商业关系，是电子商务中历史最长、发展最完善的商业模式，能迅速地带来利润和回报。B2C也就是我们通常说的商业零售，直接面向消费者销售产品和服务。一达通保障了B2B的进出口和B2C的派送。

一、一达通平台简介

1.平台概况

2001年国内第一个在线进出口服务系统立项开发，2003年投入使用。

2002年国内第一个进出口环节管理专业标准（1- TIEPM System）开发完成。

2003年与中国银行深圳分行合作开发国内第一个进出口资金监管系统。

2008年与中国银行深圳分行合作开发国内第一个中小企业外贸融资系列产品“外贸融资易”，无须任何抵押担保。

2010年阿里巴巴（中国）网络技术有限公司宣布收购一达通。

2011年与中国银行深圳分行联合推出“中小企业外贸通宝”系列融资产品，无须任何抵押和担保。

2012年与阿里巴巴联合推出“一达通数据服务”，全国首创第三方数据认证平台。

2012年被国家发改委列为国家电子商务试点平台。到2012年年底，一达通服务的中小客户突破10 000家。

2013年一达通全自助在线服务平台上线，企业进出口总额突破40亿美元。

2014年5月，一达通宣布“一奖一免一货”政策。

2.一达通平台特点

一达通平台的特点主要表现在：

（1）与阿里巴巴相辅相成

一达通被阿里巴巴并购后，阿里巴巴帮助一达通打通小额外贸业务的产业链。阿里巴巴切入中小企业的线下运营，帮助一达通提升用户黏性，为一达通带来强大的社会资源、金融资源和客户资源。

（2）提供“一拍档”新型外贸服务模式

2015年，一达通推出“一拍档”O2O新型外贸服务模式。一达通邀请各类本地化外贸服务企业成为一达通的合作伙伴，进一步为中小企业提供完整的本地化、个性化的低成本外贸综合服务方案，一达通将更多服务商纳入合作体系，从平台升级为一个外贸服务生态圈。

（3）提供全方位的融资产品服务

3.一达通业务模式

（1）基础服务

基础服务包括通关、外汇和退税三个方面。通关方面，以一达通名义完成全国各大口岸海关的申报，通过一达通平台专业的操作，享受绿色通关通道，造就优势通关速度。外汇方面，一达通帮助中小外贸企业完成出口收汇国际结算业务，同时可为客户提供外汇保值服务，有效防范汇率的波动风险。退税方面，以一达通名义统一帮助中小外贸企业快速办理退税，加快企业资金周转。

（2）金融服务

一达通提供完整的、覆盖贸易全程的金融服务，为买卖双方提供全面的资金安全保障，降低贸易风险。升级以后的金融服务有网络流水贷、超级信用证、备货融资及Pay Later和保单贷五种形式。

（3）物流服务

一达通专为中小外贸企业在配送、仓储、运输的进出口贸易等环节，提供覆盖全国各地的主要港口与全球贸易区之间的“海陆空”三种类型的一站式物流解决方案。一达通物流服务收费透明，简化繁杂的物流手续，覆盖面积大。

二、一达通平台操作

1.一达通平台业务的开通

搜索一达通平台进入首页“http：// onetouch.alibaba.com”，点击“申请一达通服务”进行注册。已有阿里巴巴国际站账号的用户可在报名页面点击“直接登录”，直接输入国际站账号和密码登录，根据提示操作即可；若无阿里巴巴国际站账号，需先免费注册阿里巴巴国际站账号，然后登录到一达通平台，点击“申请一达通服务”，后续流程同上。

一达通为了确保外贸进出口服务操作的合法合规，设定了“产品预审”和“开票人预审”用于准入检测。卖家可据此了解国家对产品的监管条件和退税等相关政策，确保出口安全。

2.一达通平台的业务流程

（1）出口综合服务（3+N）

阿里巴巴以集约化的方式，为外贸企业提供快捷、低成本的通关、外汇、退税及配套的物流、金融服务，以电子商务的手段，解决外贸企业的服务难题。这一揽子外贸服务解决方案即为“一达通外贸综合服务”。

一达通出口综合服务（简称3+N），即指在一达通的服务中通关、外汇、退税三项基础服务需要同时使用。

一达通出口综合服务规则如下：

①拒绝准入非供货企业；

②拒绝准入委外加工供货企业；

③供货企业一般纳税人认定时间需满足一定的年限；

④拒绝准入税务机关预警的风险地区、企业和产品。

一达通出口综合服务的优势如下：

①通关：顶级资质，快捷简单，以一达通名义完成全国各大口岸海关的申报。

②外汇：高效安全，专款专用，帮助客户完成出口收汇的国际结算业务。

③退税：合规办理，灵活选择，客户可选择一达通垫付退税的服务，以一达通名义帮助客户快速合规办理退税，满足条件后最快3个工作日到账。

一达通出口综合服务的流程如下：

产品审核及供货企业审核通过→下单→报关出口→收汇→开具增值税专用发票给一达通→一达通垫付退税款→结算。

需注意：

①不同物流方式出口，需要提供给一达通审核的资料也不尽相同，但所有的物流方式都需提供清晰的产品、包装和外箱图片，用以核对报关资料。

②结汇时银行按现汇买入价汇率结算，付汇时银行按现汇卖出价汇率结算。步骤：收到海外买家汇款水单→联系外贸顾问提交水单→接到外汇到账通知→确认最终收款账户→查收水单及外汇款。

③目前一达通只能收人民币、美元、日元、欧元、港币、英镑、加元、澳元、新加坡元9个币种。

（2）出口代理服务（2+N）

一达通出口代理服务流程为：下单→报关出口→收结汇→一达通开具“代理出口货物证明”→客户在当地税务机关自行申报退（免）税→结算。单证齐全可在3个工作日拿到退税款。

准入条件为：

①非境外（中国香港、台湾除外）或个人企业、非福建莆田地区企业；

②客户须具有“出口退（免）税资格认定”；

③出口产品非一达通出口代理服务禁止操作产品。

三、一达通金融服务

在金融产品全面升级后，一达通主要有网络流水贷、超级信用证、备货融资（如图12-1所示）及Pay Later和保单贷等产品。

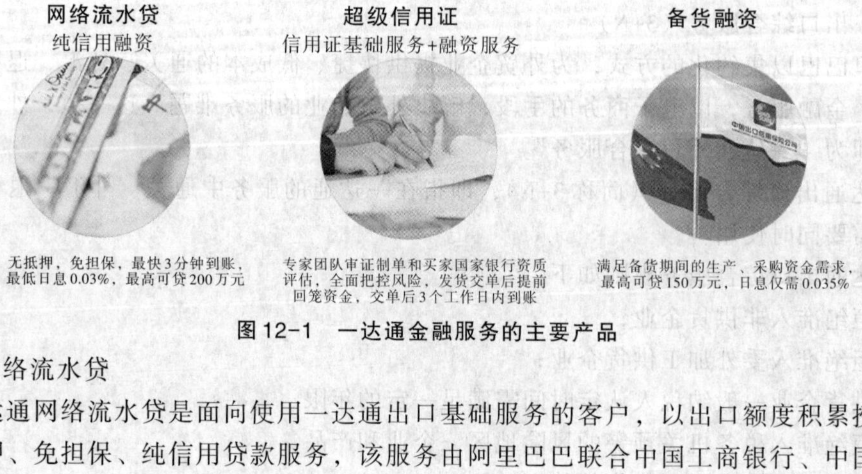

图12-1　一达通金融服务的主要产品

1.网络流水贷

一达通网络流水贷是面向使用一达通出口基础服务的客户，以出口额度积累授信额度的无抵押、免担保、纯信用贷款服务，该服务由阿里巴巴联合中国工商银行、中国建设银行、中国银行、上海银行、招商银行等多家银行共同推出，真正实现“信用＝财富”，助力中国中小微外贸企业的发展。

（1）一达通网络流水贷的准入条件

一达通网络流水贷的贷款人可以是企业，也可以是企业实际控制人（即法人或最大股东），其准入条件参考如下：

①企业法定代表人或个体工商户负责人（18～65周岁的中国内地居民）；

②企业工商注册时间满1年；

③阿里巴巴国际站付费会员、一达通会员。

（2）一达通网络流水贷的优势

①成本低：无抵押、免担保的纯信用贷款；

②额度高：标准版最高额度200万元；

③效率高：快速版最快3分钟到账；

④最低日息0.03%，支持多场景支用。

（3）一达通网络流水贷的申请流程

快速版申请流程：提交报名表→贷款审核（最快1分钟）→在线签约。

标准版申请流程：提交报名表→预审（约2个工作日）→上门采集资料（约2个工作日）→贷款审核（约2个工作日）→在线签约。

2.超级信用证

超级信用证是阿里巴巴专家审证、制单、交单，规避信用证软条款、不符点，同时对开证国家和银行做风险资质专业评估，全面把控风险，出货后，还可申请100%买断服务，把风险转让给阿里巴巴的一项金融服务。

（1）信用证的准入条件

满足以下条件，原则上可以通过一达通操作信用证基础业务：

①客户满足一达通业务合作要求（即完成通关产品预审和开票人预审）；

②进口国不在禁止合作贸易和收付外汇的国家名单：伊朗、朝鲜、叙利亚、古巴、苏丹、克里米亚（地区）。

满足以下条件，可操作一达通信用证交单后贷款业务（包含融资和买断）：

①信用证开证国家或开证银行不在除外名单内；

②如需买断，单据无不符点或银行承兑后，且受益人为一达通。

（2）信用证的基础服务

一达通的信用证基础服务分为信用证非代理交单和信用证代理交单两类。

①信用证非代理交单：是面向满足一达通平台操作条件的客户，在收到受益人为一达通的信用证且信用证约定货物在一达通平台报关出口的前提下，提供一站式信用证专业代操作服务，包括专业审证（包括草稿审核）、专业制单审单、交单收汇等服务（此服务下一达通不承担收汇风险）。

主要操作流程如图12-2所示。

非代理交单·由阿里巴巴完成审证、制单、交单服务

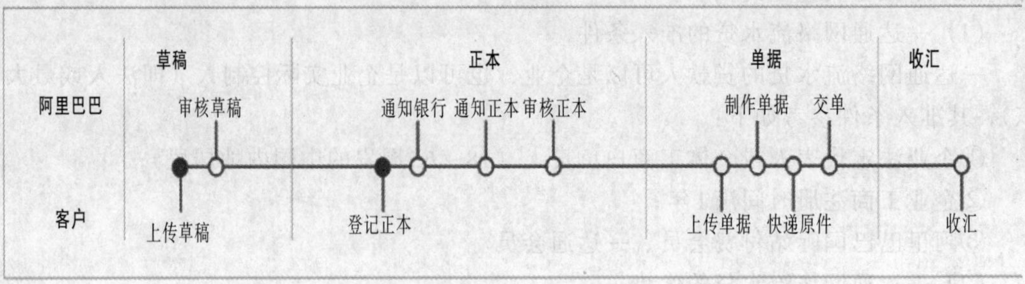

图12-2　信用证非代理交单的业务操作流程

②信用证代理交单：是面向对信用证收汇方式非常了解且本身有较强的制单能力的一达通签约客户推出的保留信用证受益人是一达通签约客户自己的代交单操作模式，提供专业正本审核、专业审单、代交单收汇等服务（此服务下一达通不承担收汇风险）。

主要操作流程如图12-3所示。

代理交单·推荐受益人为客户自己，有信用证制单能力的客户

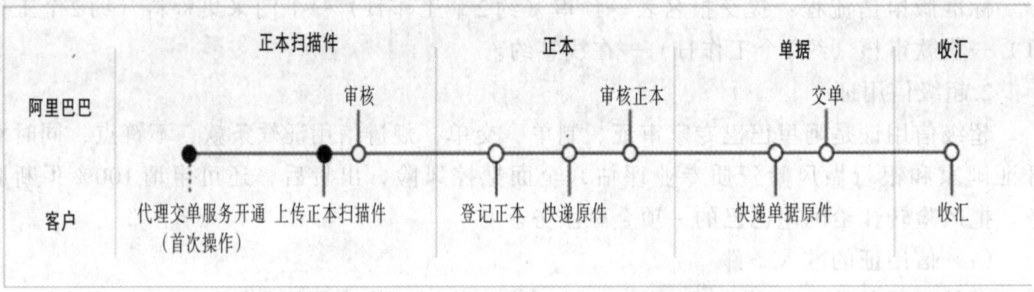

图12-3　信用证代理交单的业务操作流程

3.备货融资

备货融资是阿里巴巴联合网商银行推出的一款基于信用保障订单的低息短期贷款服务，帮助出口商解决备货期间的生产、采购资金需求问题，提升企业接单能力。

在信用保障订单收齐预付款（或收到信用证正本）后即可申请放款，支持企业/个人账户收还款，随借随还无压力。

（1）备货融资的优势

①额度高，最高200万元；

②利率低，借款1万元，每天利息低至2.7元；

③放款灵活，支持企业及个人账户收还款；

④还款简单，随借随还，自有资金还款、外汇还款、信用证交单后融资还款。

（2）备货融资的准入条件

备货融资是阿里巴巴优质客户专属的金融服务，申请为邀约制，需满足以下基础条件：

①企业：中国内地注册成立时间满12个月的企业，且已开通阿里巴巴信用保障服务；

②主申请人：企业法定代表人或个体工商户负责人必须为中国内地公民，年龄为18~65周岁，且开通个人支付宝账户；

③企业、法人无征信不良记录（包括阿里巴巴及其他金融机构）；

④其他阶段性数据要求。

（3）备货融资的申请流程

申请流程：信用保障订单→收预付款→生产备货→发货→收汇。

其中授信（额度）申请分三个部分（一次即可）：

①受理：在线填写申请信息，系统自动核对公司信息并返回受理结果（约5分钟）；

②上门：网商银行委托第三方公司上门核对申请人身份信息，并收集申请资料（约2个工作日）；

③授信审批：阿里巴巴核定客户授信额度（上门后5个工作日内）。

备货融资有额度但不使用，也不收取费用，当客户获得授信额度后未使用，不产生任何费用；支用后，也仅对支用部分按日收取利息，未支用部分不收取任何费用。

4.Pay Later

申请Pay Later需要满足下列条件：

（1）属于美国区域买家；

（2）成立需满1年；

（3）年销售额需超过5万美元或近3个月的每月销售额不低于4 200美元。

Pay Later向买家仅收取支用后的费用，无其他额外手续费。费用分6个月收取，前2个月费率最低为1.25%，最高为2.75%，后4个月费率最低为0.25%，最高为0.5%。

Pay Later的具体产品介绍可以进入paylater.alibaba.com进行了解，如需观看操作视频可以点击see how it works进行观看；如需预约美国服务团队进行电话了解，可以在该页面的book a meeting板块预约电话咨询时间。

5.保单贷

保单贷为阿里巴巴携手中国出口信用保险公司（以下简称“中信保”）推出的一款贷款产品。从风险保障和融资支持两个维度出发，通过买家征信调查、代买保险、备货融资、尾款融资等一揽子金融服务，解决国际贸易结算中的风险和融资问题，帮助客户最大化利用产能，赢得订单，并在激烈的市场竞争中赢得先机。从2017年3月2日24：00起，一达通暂时停止保单贷备货融资新增业务。

（1）准入条件

①申请企业成立满1年，且为一般纳税人；

②企业及实际控制人无不良信用记录；

③申请企业与海外买家非关联方；

④申请企业与海外买家存在稳定、可持续合作关系；

⑤海外买家通过中信保审核，并予以承保。

（2）申请流程

保单贷申请流程如图12-4所示。

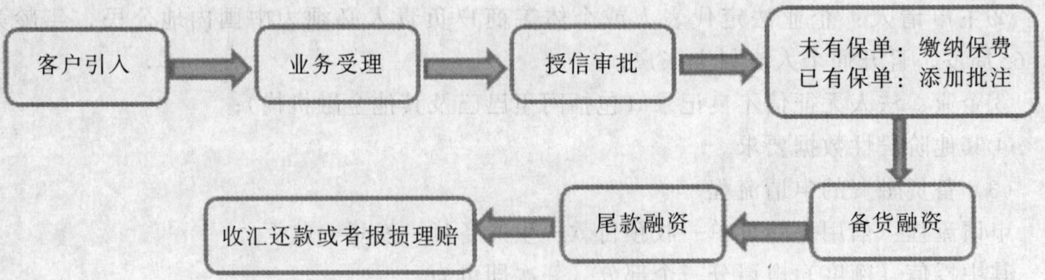

图12-4 保单贷申请流程

四、一达通物流服务

一达通的物流服务包括海运、国际空运、国际快递和陆运。

1.海运

阿里巴巴联合各大物流服务商，为企业提供船东专区、海运整柜和拼箱服务，在线查询船期、订舱、操作，费用透明、真实有效，同时提供拖车、报关，散货还有目的港送货到门等增值服务，已开通上海、宁波、深圳、大连、天津、青岛、厦门、广州八大起运港。

海运整柜已基本全航线覆盖，如欧地线、中东印巴线、东南亚线、日韩、澳洲、非洲线、美加、中南美。海运拼箱服务开通了中国台湾、日、韩、东南亚、欧地黑、美、加、澳洲、中东、印巴、南美等航线。

操作流程：查询价格→选择合适方案→在线下单→安排发货→付款拿提单。

2.国际空运

阿里巴巴与全球优质空运服务商合作，提供在线查看空运运费、在线比价、在线下单的服务，北京、上海、杭州、广州、深圳等多城市起运，航线覆盖170余个目的国和地区，更有拖车、报关等服务。

全球空运服务商Kuehne + Nagel（德迅）和DHL Global Forwarding （DGF）已经入驻阿里巴巴。德迅在线提供空运门到门服务。DHL Global Forwarding在线提供三种报价，满足不同时效需求。

操作流程：查询价格→选择合适方案→在线下单→付款→安排发货。另外，需注意空运货物须出具非危保函。

3.国际快递

阿里巴巴与UPS和FedEx等国际知名快递品牌合作，在完成线上下单支付后，提供快递公司上门取件服务，运费低至1.1折，北美平均3个工作日投递，支持全国36个城市上门取件服务，航线覆盖200多个目的国和地区。

操作流程：查询价格→选择合适方案→冻结120%运费→上门取件→账单结算。

4.陆运

中港运输：提供珠三角出口至中国香港的送货到门服务以及可承接各地送货至深圳仓库集中发货到中国香港的业务；在线查询、下单和支付并及时监控货物流转状态；价格、时效真实有效，拼车低至0.5元/千克，当天入仓当天派送；状态在线实时更新，货物零风险（赠送最高10万元人民币货运一切险，零免赔额）；依托阿里巴巴一达通外贸出口的综合服务优势，提供有运力保障的集装箱拖车服务；可实现全国至俄罗斯的门到门服务，节省时间，通关安全，运价透明。

服务三大特色：

（1）领先车辆监控技术，确保货物安全抵达；

（2）整合优质运输服务，合理规划，降低成本；

（3）承运车辆资源充足，满足旺季运力需求。

操作流程：在线查询→在线下单→接单、派车→出账单→付款→返回签收单。

第五节　跨境电子商务风险控制

一、跨境电子商务的风险

1.法律风险

电子商务立法滞后和全球化环境下各国法律的差异，使得企业只能尽量避免违背现行法律，但无法预测可能遇到的因法律、法规变化而产生的法律冲突。由于跨境电子商务网络可以连接到世界各地乃至每一个家庭，各种信息将呈开放或者无序状态，并且直接涉及甚至有可能威胁到每个家庭和个人的信息（隐私）。在跨境电子商务交易过程中，消费者在交易之前都会登记自己的个人资料，有些经营者将其整理成消费者数据库，出售给第三方，影响消费者的生活。其实，双方在交易的过程中，只需要提供基本的交易信息。跨境电子商务交易可以看作是一种无纸化贸易、数字化交易，而目前，网上交易支付、电子合同等相关合同的法律体制尚不成熟，也给企业带来了新的风险。

另外，跨境电子商务时代信息传播无国界、公开公用的新特性与知识产权具有的专有性存在强烈的冲突。跨境电子商务活动涉及的知识产品问题很多，需要慎重处理。例如，现在很多著作是以电子文档及课件浏览的方式进行出版和发行的，在电子交易过程中，很难保证购买者不会对所购买的产品进行随意传播，或供他人拷贝复制。在交易过程中，如果购买者将销售者的信息外漏，可能导致专利人的产品因缺乏新颖性而受到影响，给其带来专利权风险。此外，如果一方将另一方的知识产权泄露给他人，也会带来巨大的风险。

2.信用风险

（1）信用

信用是一种“道德观”或“人文观”，反映个人“修养”；信用也是一种“商业借贷”，是商品交易中商品和货币在时间和空间上的错位，是商品和货币所有权单方的暂时让渡，表示“借”和“贷”之间的关系；信用还是一种法律上的“契约”关系及双方当事人享有的权利和肩负的义务；信用甚至是一种资本，从货币角度出发，信用就是货币。信用的演变，使得人类社会因缺乏一定的信任关系而导致交易成本上升，进而引发信用风险。

信用，作为电子商务产生和发展的基本因素，可以促进改变消费者与营销者关系的战略机制。电子商务市场中各相关利益主体遵守各类隐性或显性合约的程度越高，则电子商务信用越高。

电子商务信用是一种非人格化信用，各相关利益主体间的关系是短期的。电子商务作为基于网络虚拟性及开放性的商务模式，相关交易主体信用不确定性、交易信用不佳、知识产权保护不力等问题亟待解决。

（2）信用风险

跨境电子商务信用风险指在跨境电子商务交易活动中交易一方不履行或不全部履行合约给另一方带来的信用风险，表现为交易主体不遵守合约的可能性或概率。信用风险控制是一个多维的体系，涵盖安全、物流和运营等方面。

跨境电子商务中引起信用风险的因素很多。就消费者而言，消费者的信用不良或欺诈，忠诚度和信任度低及丧失履约能力等都会引起信用风险；就经营者而言，存在信用不良或欺诈，自身对经营市场的不信任，由于各种因素将客户的信息外漏，物流配送及退赔不及时或是遭遇特殊情况丧失履约能力等也会引发信用风险；就双方而言，当存在未经许可经营法律专营、专卖或者其他限制性买卖的物品，实施法律禁止的交易活动等非法交易时，亦会引发信用风险。可见，在跨境电子商务中，买方或卖方都有可能引发信用风险，影响交易的顺利进行。

3.市场风险

（1）金融风险

跨境电子商务下常见的金融风险主要包括网络银行风险和企业投资风险。

①网络银行风险

网络银行风险主要表现为网络银行的系统风险和业务风险两大类。

网络银行的系统风险是指在网络银行运营的整个系统中，如果一个环节出现问题而无法解决，将会导致整个系统不能正常运转，以致最终威胁金融市场的稳定。当一个国家金融网络出现故障时，将会影响全球金融网络的正常运营，此时则会表现出连锁放大和扩散的效应，破坏整个金融体系。

网络银行的业务风险主要包括操作风险、市场选择风险、信誉风险和法律风险。网络银行的工作失误、系统安全缺陷、产品设计缺陷及操作失误等因素都会引发操作风险。客户利用互联网的特性隐蔽一些信息，导致信息不对称，使银行面临不利的选择会引发市场选择风险。网络银行业务采用了很多新技术，任何原因引起的系统问题都会给银行带来信誉风险，对银行造成很大的影响。不遵守网络银行涉及的法律，包括消费者权益保护法、财务披露制度、隐私保护法和知识产权保护法等，会引发法律风险。

②企业投资风险

跨境电子商务这种新的交易模式，收益的增加是长期的，短期内很难收回成本。加之此模式中技术等无形资产的投入比重较大，相关的硬件设施等固定资产折旧快，淘汰率高，而经济寿命短、变现能力差等都加大了企业的投资风险。

（2）金融风险产生的主要原因

①网络银行和系统方面

缺乏运营管理经验是跨境电子商务产生业务风险和技术风险的主要原因。从技术层面来讲，物联网本身的脆弱性和隐蔽性使得跨境电子商务买卖双方之间的安全问题更加凸显，而数据的真实性、可靠性和保密性又是规避风险的关键。

②法律、法规方面

我国的信用体系不完善，使得很多企业宁愿放弃客户和订单，也不采用信用结算方式。加之网络金融的跨国界经营方式，也使其跨越了各国的法律、法规体系。目前，各国尚没有专门监管网络银行的法律、法规体系，进而引起各种监管问题，阻碍跨境电子商务的发展。

4.管理与技术风险

（1）管理风险

跨境电子商务的管理风险是指行政管理风险以及由于企业交易流程管理、交易技术管理和人员管理的不完善所带来的风险。跨境电子商务交易属于国际经济领域的范畴，受到国家的管理，其经济活动无论以何种形式出现，都会影响到一国的利益和经济秩序。可见，跨境电子商务不仅会对活动地国家存在管理风险，也会对他国产生管理风险，虽然贸易活动是在一国发生的，但在贸易背后的经济利益依然是关乎两个甚至多个国家的利益。

在跨境电子商务中，交易方式的电子化，导致许多方面的非文本化，产生一系列问题和风险。例如，当企业管理层特别是高层领导对电子商务应用过程没有深刻的认识和实施电子商务的战略考虑，战略决策的失误可能会瞬间发生且不可逆转，加大跨境电子商务的战略风险。此外，有些企业不重视企业家的培养，使得领导层缺乏具有科技成果的实业家和复合型、高素质的知识企业家，无法制定高效率的人力资源管理体制，员工不能获得良好的培训，影响其忠诚度，引发人员管理危机，影响企业的发展和贸易的进行。

（2）技术风险

技术风险指由于电子商务的技术问题造成企业效率损失的风险。

随着互联网科技的发展，电子信息系统也越来越完善，其在给跨境电子商务带来便利的同时，也隐藏着风险。当系统遭到黑客入侵、功能或数据遇到毁坏以及受到病毒侵害时，都会对公司的数据、信息和程序造成安全隐患。此外，当产生网络盗窃或诈骗时，会使用户在无形中遭受巨大财产损失，引发网络环境风险。

企业的现有技术被淘汰、系统硬件选配不合适或是设备安装不规范等都有可能引起数据处理过慢、系统防范能力差，遭受网络环境风险，甚至造成系统瘫痪，给企业带来损失。此外，系统、数据或信息存取不当，也会使企业数据及信息流失或产生虚假订单。加之当前正在执行的网络法律、法规集中于发展初期，未能针对跨境电子商务建立健全相应的法律规范，使用户在进行网络支付时的可靠性和安全性受到威胁，影响交易的顺利进行。

二、跨境电子商务的风险防范

1.构建和完善跨境电子商务信用体系

跨境电子商务市场虽然是以电子形式进行交易的，但其本质仍然是发生在人与人之间、具有信用伦理特征的一种交换活动。而信用体制是一种与诚实相联系的经济道德规范，主要分为信用工具、相关制度和人的信用理念及价值观三个层面，是群体选择的结果。将信用机制制度化有利于规范人们的经济行为，维护市场交易的正常秩序，从而促进经济和社会的发展。

政府和电子商务市场参与者应当在一定程度上协调行动以确保信用监管体制及信用机

制的有效性，使电子商务活动形成“有法可依，有法必依，执法必严，违法必究”的法治环境，从而规范交易主体的行为，引导电子商务活动向诚信、守法、有序的方向发展。有必要向信用主体传授信用知识，培养信用意识，在全社会范围内形成一套信用及信用道德的教育、科研、培训和推广工作体系，进行信用教育培训活动等。同时，要进一步发展以报纸、电视、网络等媒体为主的信用教育舆论导向作用。利用计算机以及自动化的方法迅速及时地处理电子商务交易主体活动中的大量信息，并引导电子商务交易主体的行为。在线信用评价及管理系统支持买卖双方在交易完成后进行交易评价，而评价结果作为信用评价的部分数据，反馈到在线信用评估及管理系统，最终成为信用记录。改变信用主体信用行为的价值取向，在信用主体之间建立合理的信用关系与作用体系，使得电子商务买者和卖者的博弈产生的净收益之和最大化。

2. 建立完善的售前售后服务制度

售前售后服务在跨境电子商务的运营过程中起着重要作用，通过沟通，可以使消费者充分了解产品信息和企业文化，增强两者的情感，企业可获得更多的信息，赢得更多的忠实顾客。

在电子商务运营过程中，客服人员能够用良好的态度与顾客沟通，做到尊重顾客，耐心讲解，用真诚热情的态度去解答顾客的疑问，从而促进销售的完成，提高企业的信誉。企业应重新认知售后服务理念，它处于服务流程的末端，但也可以是再销售与服务的起点，企业应重视与消费者的沟通，结合自身特点，提供个性化服务。建立规范的售后服务流程，将售前服务、售中服务、售后服务很好地结合起来，将服务评价与员工的绩效相挂钩，建立正负激励机制，提高员工的积极性。此外，企业应重视第三方物流配送、网络支付等服务体系，选择满意的第三方服务，有助于电子商务活动的顺利推进，提升企业竞争力。企业只有有效地收集客户反馈的信息，找到现有问题，不断完善，将物流、商流和信息流融合到电子商务的各个环节，才能在电子商务市场中立于不败之地。

3. 加强企业监管机制

(1) 外部风险的防范

①建立完善的管理体系

完整而有效的信息管理系统是电子商务的信息基础。企业应在具备先进的管理思想和制度理念的基础上利用互联网开展业务，以完成企业电子商务化的运营。跨境电子商务企业应不断完善信息管理平台，结合客户关系管理、供应链管理和产品研发管理等先进管理理念，利用有效的信息管理来减少或避免信息滞后、不完善或虚假等可能带来的损失，有效进行信息管理。

就跨境电子商务企业而言，安全问题至关重要。企业在进行交易的过程中，应对所传输的数据、敏感性文件进行加密，确保其完整性，并使用安全的支付协议和可靠的支付系统来有效保障交易安全，以防范安全问题的发生。

②加强竞争风险的防范

在制定管理战略时，企业应充分考虑其在发展电子商务上的优势和劣势，结合调研的结果建立符合自身特点的信息平台，防止用户流失。此外，企业的管理者应具备开拓进取的精神和决策果断的素质，敢于接受新的商业经营模式。

对于自然灾害，企业应采取预防措施，防患于未然将损失减到最小，运用技术手段减少人为灾害发生的概率。

③运用法律手段进行规范

企业应充分利用法律手段来保证跨境电子商务的正常运行，并根据自身的情况作出相应的调整以规避风险，并逐步建立和完善法律风险防范的控制系统，避免因对法律不了解等原因遭受不必要的损失。此外，政府应为企业提供有力的法律保证，促进电子商务的顺利进行。

（2）内部风险的防范

①利用可靠的电子商务配置，防范技术风险和网络风险

企业一般通过搭建信息化管理平台来防范信息风险或技术风险。在选择开发电子商务系统之前，企业应充分确认软件开发商的资质，保证软件平台的可靠性，采用管理控制、奇偶校验及重复录入等方法避免操作错误，多方面地防范数据存取风险。

企业内部应重视员工个人素质的考察，采取加密措施，将信息资料按照秘密等级，安排专人管理，定期更换密码，避免来自企业内部员工对企业系统的攻击，造成内部网络风险。

②建立完善的管理体制，防范管理及人力风险

企业管理风险的防范主要依靠内部管理制度的建立，企业应针对安全管理、人员管理和保密工作制定相应的制度。企业应使用清晰的实施目标、客观的评价标准和科学的评价方法，并结合电子商务、消费者心理、经济学等多方面的研究成果，提升战略评估的准确性。对电子商务活动中可能出现的风险，做好应急方案，当风险发生时，有应急处理风险的能力和措施，将损失减到最低。

开展跨境电子商务后，企业应重组内部的业务流程。随着网络建设，生产部门、销售部门和财务部门等重要部门的业务相继展开，培训部门等常规部门的业务也会发生变化，所有的业务开展都将以网络为中心，以网络为手段。此外，企业还应不断完善人才的培养和激励制度，预防人才的流失，减少人力风险的发生。

本章要点

跨境电子商务是指分属不同关境的交易主体，在电子商务平台达成交易、进行网络支付结算，通过跨境物流送达商品、完成交易的一种国际商业活动，具有全球化、多边化、直接化、虚拟化、信息化和及时化的特点。常见的跨境电子商务平台有亚马逊、eBay、Wish、阿里巴巴国际站、敦煌网、海集供应链、海外帮、海豚供应链、笨土豆电商、ICS国际货物电商平台、跨境集市和海带网。从事跨境电子商务初期，在选择平台时，应根据目标市场、产品的特性和平台的入驻规则三方面进行综合考虑。

阿里巴巴平台具有全球化的特点，与其他平台最大的区别就是，借助2015年所推出的“信用保障体系”和“一达通”完成贸易闭环和数据积累的过程。阿里巴巴平台具有多个功能模块，包括产品模块、推广模块、信息及沟通模块和数据支持模块。对跨境电子商务平台的效果评估，一般着重考虑以下几方面：产品的曝光量、询盘量、询盘转化率。要提高询盘转化率，应积极做到以下几点：不断优化平台产品或是平台本身；提高供应商的

服务能力；充分利用好信保和一达通在线交易系统。跨境电子商务平台将客户定义为“可能通过平台完成购买或是销售产品或服务或者满足某种需求的客户群体”，而非具体的个人或企业。跨境电子商务平台客户较传统客户的不同之处在于：不确定性、定位可变性和客户黏性。

交易管理是速卖通平台操作的一个重要环节，由订单管理、物流服务、资金账户管理和评价管理四部分组成。平台运营主要以平台活动为主，平台的大促活动对卖家来说是最佳销售期，应注意以下四方面：店铺商品分层清晰；重视商品信息的优化；积极维护老客户；店铺装修应充分体现大促信息。速卖通无线端营销活动主要以抢购、试用和金币兑换为主。速卖通常用的推广和引流方式为直通车和SNS两种，主要的收款工具有国际支付宝、PayPal和Payoneer。FBA是Amazon提供的代发货服务。Amazon提供包括仓储、拣货、打包、派送、收款、客服、退货处理等一系列服务。eBay平台将不良交易率作为卖家表现的衡量标准，并建立了互评机制。在eBay上有3种售卖方式：拍卖、一口价和综合销售。Wish是一款移动端购物APP，商品的推送原理是根据用户的注册信息和网络行为进行分析，有针对性地推送给用户可能感兴趣的商品。

一达通平台的业务模式为：基础服务，包括通关、外汇和退税三个方面；金融服务，有网络流水贷、超级信用证、备货融资及Pay Later和保单贷五种形式；物流服务，提供覆盖全国各地的主要港口与全球贸易区之间的“海陆空”三种类型的一站式物流解决方案。业务流程分为出口综合服务（3+N）和出口代理服务（2+N）两种，各自都有其准入的规则、流程和注意事项。在金融产品全面升级后，一达通对每种金融产品的准入条件和操作流程都做了详细的介绍。一达通的物流服务包括海运、国际空运、国际快递、陆运。引发跨境电子商务风险的因素包括法律风险、信用风险、市场风险、管理与技术风险。跨境电子商务的风险防范措施包括：构建和完善跨境电子商务信用体系；建立完善的售前售后服务制度；加强企业监管机制。

单元自测

一、单项选择

1.Wish物流系统分为线上发货和（　　）。

A.海外仓物流　　B.空运　　C.陆运　　D.海运

2.速卖通主要的收款工具有国际支付宝、PayPal和（　　）。

A.信用卡　　B.Payoneer　　C.借记卡　　D.美元

3.速卖通常用的推广和引流方式为直通车和（　　）两种。

A.打折促销　　B.免费试用　　C.SNS　　D.积分兑换

二、多项选择

1.交易管理是速卖通平台操作的一个重要环节，由（　　）组成。

A.订单管理　　B.物流服务　　C.评价管理　　D.资金账户管理

2.一达通的信用证基础服务包括（　　）。

A.信用证非代理交单　　B.信用交单

C.信用证代理交单　　D.非信用交单

3.一达通的物流服务包括（　　）。

A.海运　　B.国际空运　　C.国际快递　　D.陆运

4.下列属于跨境电子商务特征的有（　　）。

A.多边化　　B.虚拟化　　C.全球化　　D.及时化

关键术语

跨境电子商务　自然排名　外贸直通车　询盘　询盘转化率　产品曝光量　一达通出口综合服务　平台活动　不良交易率　禁售产品　限售产品

思考题

1.速卖通平台的大促活动对卖家来说是最佳销售期，应注意哪些方面？

2.FBA的优缺点有哪些？

3.Wish平台的买家端体验和其他跨境电子商务平台相比的独特之处是什么？

4.超级信用证的准入条件有哪些？

5. Amazon的独特之处有哪些？

推荐阅读文献

1.陈道志，卢伟．跨境电商实务［M］．北京：人民邮电出版社，2018.

2.淘宝大学．电商运营［M］．北京：电子工业出版社，2014.

3.冯晓宁．跨境电商实务［M］．广州：暨南大学出版社，2016.

4.何传添．跨境电子商务（出口篇）［M］．北京：经济科学出版社，2016.

5.冯晓宁．跨境电商实务［M］．广州：暨南大学出版社，2016.

6.阿里研究院（http：//www.aliresearch.com）.

主要参考书目

［1］冷柏军，段秀芳. 国际贸易实务［M］. 北京：北京大学出版社，2017.

［2］程铭，等. 国际贸易实务案例与解答［M］. 上海：上海大学出版社，2012.

［3］国际商会中国国家委员会. 2000年国际贸易术语解释通则［M］. 北京：中信出版社，2000.

［4］于强，杨同明. 国际贸易术语解释通则（INCOTERMS 2010）深度解读与案例分析［M］. 北京：中国海关出版社，2011.

［5］邓旭. 国际贸易术语解释与国际货物买卖合同——以INCOTERMS 2010和CISG为视角［M］. 北京：经济管理出版社，2012.

［6］袁其刚. 国际贸易惯例规则教程理论与实务［M］. 北京：北京大学出版社，2012.

［7］海牙规则（The Hague Rules）（全称为统一提单若干法律规定的国际公约）.

［8］汉堡规则（The Hamburg Rules）（全称为1978年联合国海上货物运输公约）.

［9］吕鸣. 鹿特丹规则与相关货物运输公约的冲突及其协调［M］. 上海：上海人民出版社，2013.

［10］李勤昌. 国际货物运输实务［M］. 北京：清华大学出版社，2017.

［11］孙鉴，迟亮亮，林赞明. 国际贸易运输实务与法规指南［M］. 北京：化学工业出版社，2014.

［12］林益松，郑海棠. 国际集装箱班轮运输实务［M］. 北京：中国海关出版社，2010.

［13］姚大伟. 国际贸易运输实务［M］. 北京：中国商务出版社，2012.

［14］姚新超. 国际贸易保险［M］. 北京：对外经济贸易大学出版社，2012.

［15］粟芳，许谨良. 保险学［M］. 北京：清华大学出版社，2006.

［16］黄海东. 国际货物运输保险［M］. 北京：清华大学出版社，2012.

［17］户艳辉. ICC2009、CIC2009和AICC2004保险责任的划分及处理［J］. 对外经贸实务，2014（2）：59-62.

［18］张慧省. 进出口核算［M］. 西安：西安交通大学出版社，2016.

［19］黄心纯，刘庆珠，田书军. 进出口税费核算实务［M］. 北京：中国海关出版社，2017.

［20］庞红，尹继红，沈瑞年. 国际结算［M］. 北京：中国人民大学出版社，2016.

［21］姚新超. 国际结算：实务与操作［M］. 北京：对外经济贸易大学出版社，2018.

［22］陈岩，刘玲. UCP600与信用证精要［M］. 北京：对外经济贸易大学出版社，2007.

［23］国际商会. ICC跟单信用证统一惯例（UCP600）［M］. 北京：中国民主法制出版社，2006.

［24］中华人民共和国进出口商品检验法（最新修正版）［M］. 北京：法律出版社，2018.

［25］洪雷. 进出口商品检验检疫［M］. 3版. 上海：格致出版社，2018.

［26］王晓川. 国际贸易争议与仲裁［M］. 北京：中国人民大学出版社，2008.

［27］汪祖兴，梁慧星. 国际商会仲裁研究［M］. 北京：法律出版社，2007.

［28］中国工业经济联合会解决国际贸易争端协调委员会. 应对国际贸易争端服务手册［M］. 北京：中国纺织出版社，2006.

［29］中国国际经济贸易仲裁委员会仲裁规则（2012版）.

［30］高旭军.《联合国国际货物销售合同公约》适用注释［M］. 北京：中国人民大学出版社，2017.

［31］奥古斯特，迈耶，比克斯比. 国际商法［M］. 高瑛玮，译. 北京：机械工业出版社，2017.

［32］商务部条法司. 国际商事合同通则［M］. 北京：法律出版社，2004.

［33］法律出版社法规中心. 中华人民共和国合同法注释本［M］. 北京：法律出版社，2017.

［34］范剑虹，陈科汝. 国际货物买卖合同法［M］. 北京：法律出版社，2017.

［35］熊斌. 加工贸易实务操作与技巧［M］. 北京：中国海关出版社，2011.

［36］"关务通加贸系列"编委会. 加工贸易典型案例启示录［M］. 北京：中国海关出版社，2014.

［37］"关务通加贸系列"编委会. 加工贸易及保税监管政策实务［M］. 北京：中国海关出版社，2014.

［38］中国技术进出口总公司国际招标编写组. 国际招标与投标实务［M］. 北京：中国对外贸易出版社，2012.

［39］柯伦栢. 拍卖：理论与实践［M］. 钟鸿钧，译. 北京：中国人民大学出版社，2006.

［40］李强. 商品期货实务操作手册［M］. 北京：中国财政经济出版社，2013.

［41］陈道志，卢伟. 跨境电商实务［M］. 北京：人民邮电出版社，2018.

［42］淘宝大学. 电商运营［M］. 北京：电子工业出版社，2014.

［43］王荣. 跨境电商平台特点分析［J］. 中国管理信息化，2017（6）.

［44］何传添. 跨境电子商务（出口篇）［M］. 北京：经济科学出版社，2016.

［45］冯晓宁. 跨境电商实务［M］. 广州：暨南大学出版社，2016.

［46］阿里研究院（http：//www.aliresearch.com）.